Dysmas de Lassus

VERHEISSUNG UND VERRAT

Dysmas de Lassus

VERHEISSUNG UND VERRAT

Geistlicher Missbrauch in Orden
und Gemeinschaften der katholischen Kirche

Ins Deutsche übertragen
von Dominica Frericks

Münster
2022

Die Übersetzung des Werkes wurde gefördert
vom Verband der Diözesen Deutschlands

der Österreichischen Ordenskonferenz

und der Vereinigung der Höhern Ordensobern
der Schweiz

VOS | USM

Titel der französischen Originalausgabe:

Dysmas de Lassus
Risques et dérives de la vie religieuse
© Éditions du Cerf: Paris 2020

Für die deutsche Ausgabe: © 2022 Aschendorff Verlag GmbH & Co. KG, Münster

www.aschendorff-buchverlag.de

Das Werk ist urheberrechtlich geschützt. Die dadurch begründeten Rechte, insbesondere die der Übersetzung, des Nachdrucks, der Entnahme von Abbildungen, der Funksendung, der Wiedergabe auf fotomechanischem oder ähnlichem Wege und der Speicherung in Datenverarbeitungsanlagen bleiben, auch bei nur auszugsweiser Verwertung, vorbehalten. Die Vergütungsansprüche des § 54 Abs. 2 UrhG werden durch die Verwertungsgesellschaft Wort wahrgenommen.

Printed in Germany 2022
ISBN 978-3-402-24822-5
ISBN 978-3-402-24921-5 (PDF)
ISBN 978-3-402-24922-2 (E-Book)

Inhalt

Vorwort zur deutschen Ausgabe 11
Vorwort zur französischen Ausgabe 15
Zum Geleit 19

1 Leidenschaftliche Liebe. Zwischen Weisheit und Torheit .. 21

1.1 Perspektiven 21
Ermenonville, 3. März 1974 23 – Die Ursachen suchen 23 – Die Eigenart einer Krankheit 25 – Die Schwachstellen 26 – Das Immunsystem 28 – Ein Schatz in zerbrechlichen Gefäßen 28

1.2 Aufs Ganze gehen 30
1.3 Zwei Begriffe: Grenze und Risiko 33
Das Ordensleben hat etwas Extremes 34 – Abwege jenseits der Grenze 35

1.4 Sektiererische Entwicklungen 36
Sekten und religiöse Gemeinschaften 36 – Sich des anderen bemächtigen — kurze Beschreibung eines Phänomens 37 – Zusammenfassung einer Studie von Isabelle Chartier-Siben 39 – Zusammenfassung einer Publikation von Sr. Chantal-Marie Sorlin 41 – Die Zwiebel 41 – Ein Beispiel aus dem Leben 42 – Missbrauchende christliche Systeme 45 – Die Notwendigkeit von Weisheit 46 – Das Zusammenspiel der Tugenden 47 – Die discretio 49

2 Wie eine sektiererische Fehlentwicklung in die Wege geleitet wird 51

2.1. Der gut ausgebildete Gründer 51
2.2. Gruppendynamik und Wetteifern 53
2.3 Opfer und Komplize 55
2.4 Identische Sukzession 56
2.5 Die Kultur der Lüge 59
2.6 Der Pivot: Dreh- und Angelpunkt 60
2.7 Das Verhältnis zu Informationen 63
2.8 Die Konsequenzen eines solchen Klimas 66

Inhalt

3 Charisma und Institution 67
  3.1 Der Fisch stinkt vom Kopf 67
  3.2 Notwendigkeit der Institution 68
  3.3 Fruchtbare Spannung zwischen
      Institution und Charisma 70
  3.4 Objektivität und Affektivität 72

4 Das Gemeinschaftsleben 75
  4.1 Der Dienst der Autorität 76
  4.2 Autorität und Gehorsam gründen in der Inkarnation 78
      Für den Oberen tritt derjenige, der gehorcht, an die Stelle
      Christi 80 – Das Vorbild der Heiligen Familie 81
  4.3 Pyramidenförmige und sternförmige Strukturen ... 83
      Verbot von Gesprächen unter den Mitgliedern 84 –
      Das Denken kontrollieren 87
  4.4 Hochmut und Isolation 88
  4.5 Einheitsdenken 90
  4.6 Die Kultur der Ausnahme 91
  4.7 Die Falle der Institutionalisierung des Charismas ... 95
  4.8 Der Kult der Einheit 98
      Einheit: Uniformität oder Harmonie? 98 – Die Tyrannei
      der Einheit 101 – Gelübde der Einheit oder Gelübde des
      Vertrauens 102 – Verbot jedweder Kritik 105 – Die Einheit
      — eine fragile Schönheit 106
  4.9 Vorbild, Vertrauen und Gemeinschaft 107

5 Die Beziehung zur Außenwelt 109
  5.1 Trennung von der Welt 109
  5.2 Kriterien für eine gesunde Trennung 110
  5.3 Geheimhaltung 112
  5.4 Das Lesen der Post 113
  5.5 Das Erscheinungsbild gegenüber der Welt 113
  5.6 Die Grenzen, die dem externen Beichtvater
      gesetzt werden 115

Inhalt

6 Gehorsam, insbesondere sein dritter Grad 117

6.1 Gehorsam, ein Grundpfeiler des Ordenslebens 117

Der hl. Benedikt 117 – Gott, Regel und Abt 117 – Die Vorbildfunktion 120 – Rat einholen 121 – Der gegenseitige Gehorsam 121 – Der hl. Bruno 122

6.2 Die Grenzen des Gehorsams 123

Kann man von blindem Gehorsam sprechen? 125 – Handlung des Menschen und menschliche Handlung 128 – Der Wille des Oberen ist nicht der Wille Gottes 129

6.3 Der dritte Grad des Gehorsams: die Unterwerfung des Urteils 134
6.4 Reflexion über die Vorsehung 137
6.5 Wenn man die Grenzen des Gehorsams überschreitet 141

Wenn das Übel eindeutig ist 141 – Wenn das Übel nicht eindeutig ist 142 – Wenn das Prinzip der Unterscheidung selbst betroffen ist 143 – Kann man, darf man auf seinen Verstand verzichten? 145 – Eine Formulierung des hl. Johannes Klimakos 147

6.6 Gehorsam gegenüber der Kirche 148
6.7 Der königliche Weg des Gehorsams 151

**7 Askese und Verzicht
Zwischen Weisheit und Torheit** 155

7.1 Die Risiken einer auf die Spitze getriebenen Spiritualität...................................... 155

Nehmen Sie siebenmal so viel 156 – Traditionell ist nicht genug 157

7.2 Askese und körperliche Buße 160

– Ausgewogenheit 162

7.3 Demut 164
7.4 Das Opfer 170
7.5 Die Versuchung unter dem Deckmantel des Guten .. 171
7.6 Verzicht steht nie an erster Stelle 173
7.7 Spiritualität der Substitution 177

Inhalt

8 Geistliche Begleitung 181

8.1 Geistliche Vaterschaft 183

Der Vogel im Käfig 184 – Freiheit und Zwang in der Begleitung 187 – Die Risiken »importierter« Begriffe 189 – Der Starez 191 – Der echte und der falsche Starez 192 – Die Rolle des Abtes oder des Priors 195

8.2 Unterscheidung der Geister und Begleitung 197

Aufnahme ins Kloster 197 – Schwierigkeiten auf dem Weg 198 – Idealismus und Unkenntnis des Menschlichen 199 – Die Gnade setzt die Natur voraus 205 – Die Quelle in der Wüste 206

8.3 Das Herz eröffnen 211

Notwendigkeit der Herzenseröffnung 211 – Darf man zur Herzenseröffnung ermutigen? 212 – Transparenz oder Kontrolle? 214 – Die Verletzung der Verschwiegenheit 215 – Besondere Aspekte von Frauengemeinschaften 216

9 Geistlicher Missbrauch 219

9.1 Auswertung einer Feldstudie 220

Erste Achse: Macht über das Gewissen erlangen 221 – Niemand kann Autorität über das Gewissen beanspruchen 222 – Mitwirkung des Begleiteten 226 – Zweite Achse: Die Forderung nach völliger Selbstaufgabe 227 – Dritte Achse: Die geistliche Doktrin 229 – Das Übel genauer benennen 230

9.2 Das entstellte Gottesbild 231
9.3 Vorsichtsmaßnahmen treffen 233

Die Freiheit gewährleisten: Canon 630 des Codex von 1983, 233 – In rechter Weise begleiten 235 – Die Versuchungen des Seelenführers 237 – Effektivität 237 – Der Seelenführer als Prophet 238 – Die besondere Stellung des Novizenmeisters 240 – Gott, Quelle unserer Freiheit 242

Inhalt

10 Sexueller Missbrauch 245
10.1 Um welche Dynamiken geht es? 246
Machtmissbrauch oder Vertrauensmissbrauch? 246 – Vertrauen schwächt den kritischen Blick 247 – Spirituelle Rechtfertigungen 249 – Allmähliche Annäherung 250 – Eine unzulässige Sakralisierung des Gehorsams 250 – Das Unmögliche ist möglich 251 – Schuldgefühle erzeugen 252
10.2 Von einem anderen völlig beherrscht werden 254
In einer persönlichen Beziehung 254 – In einer Gemeinschaft 255
10.3 Eine seltsame Ähnlichkeit 256
10.4 Homosexueller Missbrauch im Ordensleben 261

11 Die Opfer 265
11.1 In den Mittelpunkt gehören die Opfer
der Vergangenheit, der Gegenwart und der Zukunft . 265
11.2 Den Opfern glauben 270
11.3 Der lange Leidensweg der Opfer 274
11.4 Ein mitfühlendes Herz für die Opfer 279
11.5 Keuschheit, Gerechtigkeit und Barmherzigkeit 281

12 Elemente der Gesundung und der Prävention 285
12.1 Ein klarer Blick 285
12.2 Wie kommt man aus dieser Sackgasse wieder heraus? . 288
12.3 Das freie Wort ermöglichen 291
12.4 Der Dienst der Wahrheit 293
Die kleinen Lügen 293 – Die Umstände 294 – Eine Lüge kann eine andere verdecken 295 – Die Rechtfertigung der Lüge 296 – Die Lüge zerstört die Beziehung, weil sie das Vertrauen zerstört 298 – Zeugen Gottes 299

12.5 Das Immunsystem 300
   Ordensregel und Kirchenrecht 301 – Kanonische und
   Apostolische Visitationen 303 – Der Blick von außen 305
   – In den Grenzbereichen des Ordenslebens 306
12.6 Ausbildung, Begleitung 308
12.7 Der Reichtum der christlichen Tradition 309

13 Eine unaufdringliche Schönheit 311
13.1 Lob der Einfachheit 312
13.2 Die Früchte des Heiligen Geistes................. 315
   Demut und Wahrheit 317 – Begeisterung und Freiheit 318
   – Vertrauen 318 – Geschwisterliche Liebe 319
13.3 Glücklich 320

14 Schlusswort 321

Anhang
Zeugnis einer jungen Frau,
die sich zum Ordensleben hingezogen fühlte 325

Literatur 333

Vorwort zur deutschen Ausgabe

Als ich vor acht Jahren das Buch »Nicht mehr ich – die wahre Geschichte einer jungen Ordensfrau« (Wien 2014) von Doris Wagner las, hatte ich ein Wiedererkennungserlebnis. Schon Anfang der 90er Jahre hatte ich nämlich den Bericht von Maria del Carmen Tapia gelesen: »Hinter der Schwelle. Ein Leben im Opus Dei – der schockierende Bericht einer Frau« (München 1996). Dort war schon nachzulesen gewesen, wie spirituelle Manipulation einen jungen, vom Evangelium und von der Suche nach Gott begeisterten Menschen in Abhängigkeit und Unfreiheit führen kann. Niemand reagierte seinerzeit auf den Bericht. Die Glaubwürdigkeit der Autorin wurde hinter vorgehaltener Hand diskreditiert, wenn man nachfragte.

Inzwischen ist der Begriff des »geistlichen Missbrauchs« in der kirchlichen Öffentlichkeit akzeptiert. Es lohnt sich deswegen auch eine Relecture von Betroffenen-Berichten, die bereits seit sehr vielen Jahren vorliegen. Geistlicher Missbrauch ist jedenfalls ein Verstoß gegen das zweite Gebot des Dekalogs: »Du sollst den Namen des Herrn, deines Gottes, nicht missbrauchen.« (Ex 20,7) Er ist in seinen Folgen für Betroffene genauso schädigend wie sexueller Missbrauch, auch dann, wenn es dabei nicht zum sexuellen Missbrauch kommt. Umgekehrt hat sexueller Missbrauch im Zusammenhang mit angemaßter spiritueller Dominanz immer auch den Charakter des geistlichen Missbrauchs.

In den Jahren des Pontifikates von Johannes Paul II. war es nicht allzu ratsam, kritische Fragen an Gründergestalten und die von ihnen gegründeten geistlichen Gemeinschaften zu stellen. Sie erblühten erfolgreich und stellten der Kirche ihre Dienste loyal zur Verfügung. Es waren die Jahre, in denen zum Beispiel die »Legionäre Christi« hochkamen, gegründet von Macial Maciel. Heute wissen wir, dass er ein notorischer Sexualstraftäter war, ein mehrfacher Verbrecher an Kindern, Seminaristen, Frauen und Abhängigen. Wie konnte es überhaupt sein, dass der Vatikan einen Orden anerkannte, der für

Vorwort zur deutschen Ausgabe

seine Mitglieder ein »Sondergelübde der Nächstenliebe« vorsah? Er verbot ihnen damit, Kritik an Oberen zu äußern und nach außen hin über negative Ereignisse im Orden zu sprechen.

Auch andere Gründergestalten kamen in diesen Jahren auf und wurden erst in letzter Zeit als autoritäre, sektiererische Tyrannen und Sexualstraftäter enttarnt. Ihre Gründungen waren der Hierarchie in Rom willkommen gewesen, weil sie nach außen hin loyaler und gefügiger erschienen als die klassischen Orden, deren Zeit vorbei zu sein schien. Mitglieder der klassischen Orden standen vielmehr innerkirchlich unter dem Generalverdacht der Illoyalität gegenüber dem Lehramt. In jenen Jahren erschien mir Johannes Paul II. nachts gelegentlich im Traum. Eigentlich war ich ja begeistert von dem Papst aus Polen. Aber nun schimpfte er mit mir, weil ich Jesuit war, und wegen einiger Zweifel, die ich tatsächlich an Aspekten der kirchlichen Lehre und des traditionellen Priesterbildes hatte. Er schimpfte mit mir, so wie er es mit erhobenem Zeigefinger 1983 bei seinem Nicaragua-Besuch mit dem vor ihm knieenden Trappisten und Befreiungstheologen Ernesto Cardenal getan hatte.

Es ist allerdings zu einfach, das Phänomen des geistlichen Missbrauchs in die Schemata des innerkirchlichen Lagerdenkens einzuordnen, oder in das Schema klassische Orden versus neue Orden und neue Gemeinschaften. Geistlicher Missbrauch geschah und geschieht auch in den klassischen Orden, und auch in liberalen Milieus. Ich begegnete der Symptomatik geistlichen Missbrauchs schon sehr bald nach meinem Eintritt in das Noviziat des Jesuitenordens, ohne sie – genauso wenig wie die allermeisten Mitbrüder – als Symptomatik zu begreifen. Ich erschrak, als Anfang der 1990er Jahre die angekündigte Versetzung eines jesuitischen Mitbruders zu Suizid-Drohungen aus seiner Gemeinde führte. Die Oberen ließen sich von den Drohungen nicht beeindrucken, sondern erkannten hinter ihnen entmündigende Abhängigkeitsverhältnisse. Aber es war ein harter Kampf, auch gegen die liberal tickende Presse, die den Konflikt mit den üblichen kirchenkritischen Klischees begleitete, also kritisch insbesondere gegenüber den Oberen.

Und kürzlich erschütterte die Aufdeckung von Jean Vanier, dem Gründer der Arche, als Missbrauchstäter gerade auch das ›liberale‹ Milieu in der Kirche. Emmanuel Carrère beschreibt noch in seinem

Roman über den Apostel Lukas (Das Reich Gottes, Berlin 2016) dieses Milieu in einer anrührende Fußwaschungsszene, zu der Jean Vanier am Ende von Exerzitien einzuladen pflegte: »Vielleicht irre ich mich, aber ich habe nicht den Eindruck, dass es sich um jene Art von Katholiken handelt, die gegen Schwulenehe und zu viele Einwanderer auf die Straße gehen. Eher kann ich mir vorstellen, dass sie illegal eingereisten Analphabeten helfen, amtliche Papiere auszufüllen: Linkskatholiken also, Verteidiger der Schwachen, gute Menschen.« (ebd. S. 499) Missbrauchstäter halten sich nicht an die links-rechts-Sitzordnung.

Auch sonst sind die klassischen Orden beim Thema geistlicher Missbrauch keineswegs aus dem Schneider. Es wäre bequem, schlimmer: selbstgerecht, wenn sie auf ihre durch zeitliche Ferne der Kritik enthobenen Gründerinnen und Gründer als Idealgestalten hinweisen, um sich so den nötigen kritischen Blick auf die eigene Tradition zu ersparen. Vielmehr ist genau das dran, was Dysmas de Lassus unternimmt: Der spirituelle Missbrauch fordert insbesondere die klassischen Orden heraus, Theorie und Praxis mit den drei Gelübden (Armut, Ehelosigkeit, Gehorsam) einer Überprüfung zu unterziehen. Vielleicht darf man sogar steigern: Gerade die Orden sind dazu herausgefordert, beanspruchen sie doch, einen Weg radikaler Nachfolge Jesu zu beschreiten, und auch, andere Menschen dazu einzuladen.

Die drei klassischen Ordensgelübde Armut, Ehelosigkeit und Gehorsam sind ja nicht um ihrer selbst willen attraktiv, sondern weil sie eine Lebensform darstellen, um sich von der Frage nach Gott herausfordern zu lassen, in der Bereitschaft, Bindungen einzugehen und sie auch wieder zu lösen, wohin und wie auch immer der Geist Christi ruft. Spiritueller Missbrauch ist deswegen ein »Zeichen der Zeit« gerade auch an die Orden. Alles muss auf den Prüfstand. Es muss nicht alles falsch gewesen sein, aber alles erscheint durch den geistlichen Missbrauch in einem neuen Licht und muss deswegen sorgfältig angeschaut werden.

Übrigens: Das ist auch eine große Chance. Die Kirche steht durch den Skandal des Missbrauchs, wie es ja zum Wesen eines »Skandals« gehört, vor einer großen Öffentlichkeit, auf einem hohen Berg. Sie würde lieber leuchtende »Stadt auf dem Berg« und erhellendes »Licht der Welt« (Mt 5,14) sein. Stattdessen erscheint sie vor den Augen der Welt wie ein Trümmerhaufen, in dem noch einige Lichter brennen, die wie Dochte glimmen, deren Zeit sich dem Ende zuneigt. Aber immerhin: Sie steht auf dem Berg. Sie ist weithin sichtbar, wenn auch in armseliger Gestalt. Da lohnt es sich hinzuhören, was in der Welt über die Kirche gesagt wird, genauer: was der Geist Gottes der Kirche durch das Sprechen der Welt sagt: Ist nicht der besonders strenge Blick der Welt auf die Kirche ein Hinweis darauf, dass sie von der Kirche berechtigterweise und auch erfreulicherweise mehr erwartet als von Sportvereinen? Ist die Enttäuschung über das Versagen von Klerikern, Bischöfen und charismatischen Führungsgestalten nicht deswegen so groß, weil vorher das Vertrauen so groß war?

Vertrauen ist eben das A und O für »Leben in Fülle«, wie das Evangelium es verheißt. Manchmal habe ich in der Aufarbeitung auch erleben dürfen, dass die Öffentlichkeit überhaupt erst zu verstehen beginnt, was denn »die Kirche« ist, über die sie so viel schreibt. Zum Beispiel entdecken viele Betrachter »in der Welt« erst im Zuge der Aufarbeitung, dass es einen Unterschied gibt zwischen Diözesen und Orden, zwischen Bischöfen, Äbten und Äbtissinnen, zwischen klösterlich-stabilen und wandernden Orden.

Das Zweite Vatikanische Konzil hat die Ekklesiologie und ihre pastorale Praxis so sehr vom Bischofsamt und der Gemeindetheologie her bestimmt, dass die Orden aus dem Blick gerieten, auch aus dem Blick des gesamtkirchlichen Selbstverständnisses. Orden haben sich aber nie primär als Dienstleister für die Pastoral in Diözesen verstanden. Vielleicht gehört auch dies zu den Chancen der kritischen Selbstüberprüfung der Orden in Zeiten der Aufarbeitung von Geistlichem Missbrauch: Ein erneuertes Selbstbewusstsein der Orden. Eines Tages könnte ein Drittes Vatikanische Konzil dann ein Dekret beraten und verabschieden, welches eine erneuerte Ordenstheologie formuliert. Dass sie nötig ist, ist jedenfalls durch den Geistlichen Missbrauch offensichtlich geworden.

Berlin, 22.2.2022

P. Klaus Mertes SJ

Vorwort zur französischen Ausgabe

Die Tatsache, dass über sexuellen Missbrauch inzwischen offener gesprochen wird, hat dazu geführt, dass auch Fälle geistlichen Missbrauchs in monastischen und geistlichen Gemeinschaften ans Licht gekommen sind. Die Gründung neuer Gemeinschaften oder der Wunsch, in den alten Orden zu einer authentischeren Lebensform zurückzukehren, hat bisweilen zu inakzeptablen Verhaltensweisen von Oberen oder Gründerinnen und Gründern geführt. In manchen Fällen hängt dies mit ihrer persönlichen psychischen Disposition zusammen, in anderen Fällen sind ganze Gemeinschaften aufgrund ihrer Hochherzigkeit und fehlender Weisheit gefährdet. Frauen und Männer, die sich mit dem ganzen Enthusiasmus ihrer Jugend Gott hingegeben hatten, brauchten manchmal viele Jahre, bis sie sich des Missbrauchs bewusst wurden, der an ihnen verübt wurde, und bis sie Mittel und Wege fanden, sich davon zu befreien – meistens indem sie ihre Gemeinschaft verließen. Der anschießende Weg der persönlichen, psychischen und spirituellen Gesundung ist lang und schmerzlich.

Dom Dysmas de Lassus, Prior der Großen Kartause und damit Generaloberer des Kartäuserordens, ist in der langen Tradition des monastischen Lebens und einer soliden Theologie des Ordenslebens verwurzelt. Im vorliegenden Buch gibt er diagnostische Hinweise, die uns ermöglichen, die Gefahren gewisser spiritueller Praktiken oder bestimmter Leitungsformen von Gemeinschaften zu erkennen. Zudem entwirft er einen positiven Ansatz zu wichtigen Aspekten einer Ausgewogenheit, die persönliches und gemeinschaftliches Wachstum ermöglicht und dabei den Menschen und die katholische Tradition respektiert. Über die Veröffentlichung dieses außergewöhnlichen Buches können wir uns nur freuen: Ein Kartäuser ergreift das Wort – das kommt selten vor; er belehrt niemanden und weiß, dass jede geistliche Gemeinschaft, sei sie jung oder alt, anfällig für Fehlentwicklungen, Missbrauch oder Exzesse ist. Er beschreibt, wie eine gute Ausgewogenheit präventiv wirkt und bezieht sich dabei auf die Erfahrungen der ältesten Orden. Da-

Vorwort zur französischen Ausgabe

mit seine Ausführungen nicht ausschließlich die eines Kartäusers sind, dessen Berufung einen ganz eigenen Charakter hat, war es dem Prior der Großen Kartause ein Anliegen, bei einem Abt und einer Äbtissin aus der benediktinischen Tradition und bei einem dominikanischen Theologen Rat einzuholen und sie bei der Redaktion seines Buches miteinzubeziehen. Dieser geschwisterliche Dialog verstärkt die Autorität der Ausführungen, die daher nicht die Worte eines einzelnen Mannes oder einer einzelnen Tradition sind.

Dieses Buch wird verschiedenen Zielgruppen gute Dienste erweisen können. In erster Linie richtet es sich an die Opfer verschiedenster Formen von Missbrauch, um ihnen Mittel an die Hand zu geben, die es ihnen ermöglichen, ihre Situation zu erkennen und die Dysfunktionen zu benennen, die sie gefangen halten. Es richtet sich aber ebenso an alle anderen Mitglieder von Gemeinschaften und insbesondere an die Verantwortlichen, um zu einer Bewusstwerdung möglicher Dysfunktionen, sowie unerlässlicher Faktoren, die zur Ausgewogenheit erforderlich sind, beizutragen. Außerdem kann es eine wertvolle Unterstützung bei kanonischen oder apostolischen Visitationen sein, da es den Visitatoren die Möglichkeit gibt, sich auf einen soliden und lang gereiften Text zu beziehen, über den die Gemeinschaften im Anschluss an die Visitation weiter meditieren können.

Möglicherweise werden innerhalb der Kirche manche mit Überdruss reagieren, wenn solche Fehlformen, die zum Glück eher selten vorkommen, aufgezeigt werden: Sollen hier wieder einmal die absonderlichsten oder widersinnigsten Abwege in den Fokus der Öffentlichkeit gerückt werden, anstatt die gesunden Gemeinschaften hervorzuheben? Dom Dysmas hat sich dieser möglichen Kritik mutig gestellt – aus zwei Gründen, wie mir scheint.

Auf der einen Seite ist es notwendig – und das muss von nun an immer so sein –, den Aussagen der Opfer Vorrang zu geben und auf das zu hören, was sie zu sagen haben, auch wenn es ans Unerträgliche grenzt oder wenn ihre Äußerungen das Bild, das wir uns von dieser oder jener Person gemacht hatten, die für uns bis dahin als Referenz für das geistliche Leben oder das Ordensleben galt, nachhaltig erschüttern wird. Die Veröffentlichung dieses Buches ist nicht nur für den Autor, sondern auch für die Kirche eine Möglichkeit, den Opfern von geistlichem Missbrauch zu bekunden, dass sie gehört und ernst genommen werden. Allzu oft haben sie einen langen Weg hinter sich, der von Leugnung oder Ablehnung durch die kirchlichen Autoritäten, denen sie sich anvertrauen wollten, geprägt war.

Aber es gibt noch eine weitere, kirchliche Dimension, die es notwendig macht, das Wort zu ergreifen, denn wenn ein Glied des Leibes krank ist, kränkelt der ganze Leib. Angesichts all der Ordensleute, die nicht in Gemeinschaften leben, die von solchen Missbräuchen betroffen sind, ist der Prior der Großen Kartause, trotz der Distanz, in der er selbst zur Welt lebt, der Ansicht, dass niemand »gleichgültig bleiben darf, wenn junge Menschen, die der Kirche und dem Ordensleben anvertraut haben, erleben müssen, dass ihr Vertrauen verraten und ihr Leben zerstört wurde. Gleichzeitig müssen wir versuchen, auch wenn wir in diesem Drama keine aktive Rolle gespielt haben, wiedergutzumachen, mitzufühlen, wiederherzustellen.«

Um ein Bild aufzugreifen, das dem Autor viel bedeutet: dieses Buch kommt gerade richtig, um die »Immunabwehr« der Kirche und aller Gemeinschaften zu stärken, damit sie bei der Prävention von Missbräuchen, die immer möglich sind, wachsam bleiben. Durch die klarsichtige Auseinandersetzung mit diesem Drama bietet er die Gelegenheit zu einer tiefen und scharfsinnigen Reflexion über das Ordensleben.

Erzbischof José Rodríguez Carballo

Sekretär der Kongregation für die Institute geweihten Lebens und für die Gesellschaften apostolischen Lebens

Euch allen, bekannt oder unbekannt, die ihr euer Leben mit der Begeisterung der Liebe Gott hingeben wolltet. Euch allen, die das Ordensleben enttäuscht oder manchmal sogar zerbrochen hat. Auch wenn ihr nicht mehr daran glaubt, Gott wird nie vergessen, dass ihr Ihm euer Leben weihen wolltet. Aus Respekt vor euch, und auch aus Trauer, wollten wir eurem Aufschrei Gehör verschaffen.

Zum Geleit

Dieses Buch ist nicht das Werk eines Einzelnen. Es entstand vor allem aus Begegnungen mit mehreren Opfern des Ordenslebens und einem Austausch mit ihnen, der sich über vier Jahre entwickelte. Die wesentlichen Inhalte dieses Buches sind ihnen zu verdanken. Für das Vertrauen, das sie mir entgegengebracht haben, und für ihre Unterstützung bei dieser Arbeit danke ich ihnen. Ihre Zeugnisse, die in der Regel aus diesem privaten Austausch stammen, werden ohne Namensnennung zitiert. Es schien nicht sinnvoll zu sein, Vornamen zu erfinden. Werden bei einem Zitat keine näheren Angaben gemacht, handelt es immer um ein persönliches Zeugnis.

Dieses Buch entstand auch aus einer zweijährigen Arbeit über sektiererische Fehlentwicklungen in Gemeinschaften, einer Arbeit, die 2016 von Dom François You, Vorsitzender der »Conférence Monastique de France«, initiiert wurde. Diese Arbeit war Anlass zu Begegnungen und Gesprächen, die zu beachtlichen Erweiterungen der Perspektive führten und insbesondere erstaunlich ähnliche Symptome in sehr unterschiedlichen Kontexten aufzeigten.

Ich danke all jenen, die diese Reflexion begleitet und daran mitgearbeitet haben, P. Pavel Syssoev OP und vielen anderen, die ungenannt bleiben wollten.

Ich danke Erzbischof José-Rodríguez Carballo, der dieses Vorhaben unterstützte, sobald er davon erfuhr und all jenen, die nach der Verbreitung einer ersten Version zur Fortsetzung der Arbeit ermutigten.

Ganz besonders danke ich P. Jean-Marie Gueullette OP, dessen anspruchsvolle Kritik mich veranlasst hat, Reflexion und Ausdruck noch weiter zu vertiefen. Die Qualität des Textes verdankt ihm viel.

In der Kartause ist es nicht üblich, einen Text mit dem eigenen Namen zu versehen, sondern man unterzeichnet ihn mit: *Ein Kartäuser*. Der besondere Umstand dieses Textes machte es erforderlich, von diesem Brauch abzuweichen. Das Thema hat zu großes Gewicht, als dass der Autor anonym bleiben könnte. Die Leser und Leserinnen haben das Recht, zu erfahren, wer da spricht.

Ich habe mich in erster Linie aus Mitgefühl für diejenigen, die leiden und die gelitten haben, zum Schreiben entschlossen. Gebe Gott, dass es für einige hilfreich sein kann.

Fr. Dysmas de Lassus

Prior der Großen Kartause

1 Leidenschaftliche Liebe
Zwischen Weisheit und Torheit

1.1 Perspektiven

Am Ende seiner Rede über die fünfzehn Krankheiten [die unseren Dienst für den Herrn schwächen] schrieb Papst Franziskus:

> »Ich habe einmal gelesen, dass Priester wie Flugzeuge sind: Schlagzeilen machen sie nur, wenn sie abstürzen – doch sehr viele gibt es unter ihnen, die fliegen. Viele kritisieren, aber wenige beten für sie. Es ist ein recht amüsanter aber auch sehr wahrer Satz, denn er beschreibt die Bedeutung und die Zerbrechlichkeit unseres priesterlichen Dienstes und welchen Schaden ein einziger Priester, der ›fällt‹, für den ganzen Leib der Kirche verursachen kann.«[1]

Diese Worte könnten wir auch auf das Ordensleben anwenden. Alles soziale Leben – in Familie, Schule, Unternehmen, Gemeinde, Land usw. – kennt Erfolge und Misserfolge. Das Versagen von Ordensgemeinschaften hat etwas besonders Schmerzliches an sich; hier passt das Sprichwort: *Corruptio optimi pessima*[2]. Diese Gemeinschaften sollten ihren Mitgliedern helfen, die innere Freiheit in der Hingabe, in der Liebe, im Dienen, in der Fülle des Heiligen Geistes zu finden. Wie ist es da möglich, dass manchmal das Gegenteil passiert und sie statt Leben Tod bringen? Diese Frage zu stellen hat nichts Umstürzlerisches an sich und will dem Ordensleben nicht schaden, sondern es ist im Gegenteil vor den Risiken schützen, die es bedrohen.

Flugzeugunfälle erregen Aufsehen, weil sie eine enorme Tragweite haben. Dennoch ist das Flugzeug seit langem ein unver-

---

[1] Ansprache von Papst Franziskus beim Weihnachtsempfang für die Römische Kurie, Montag, 22.12.2014, vorletzter Abschnitt.
[2] *Die Verdorbenheit des Besten ist das Schlimmste.* Mit anderen Worten: Ein hohes Gut wird, wenn es korrumpiert und verkommt, zu einem großen Übel. Ein Mensch mit großen Qualitäten wird viel Gutes bewirken können. Ist er aber korrumpiert, wird das Übel, das von ihm ausgeht, so groß sein wie das Gute, das er getan hat.

gleichlich sicheres Transportmittel, sicherer als das Auto. 1 000 Kilometer mit dem Auto zu fahren stellt ein 45-fach höheres Todesrisiko dar als sie im Flugzeug zurückzulegen. Auch wenn die 346 Toten des Absturzes einer DC-10 in Ermenonville die Gemüter mehr aufwühlen, sollten wir darüber die 13 000 Verkehrstoten, die es im selben Jahr auf den Straßen gab, nicht vergessen. Und doch fahren alle mit dem Auto. Diesen ersten Platz hat das Flugzeug durch Ausdauer erobert: Jeder schwere Unfall führt zu einer gründlichen und kostspieligen Untersuchung, um mit größtmöglicher Gewissheit die genaue Unfallursache zu ermitteln. Daraus lassen sich anschließend die Maßnahmen ableiten, die ergriffen werden müssen, damit sich ein ähnlicher Unfall nicht noch einmal ereignet.

Das Gleiche könnten wir von Unfällen im Ordensleben sagen. Auf den folgenden Seiten soll gezeigt werden, dass sie nichts anderes sind als klassische Unfälle des gesellschaftlichen Lebens; allerdings sind sie schockierender aufgrund des Bekenntnisses zu einem Leben nach den evangelischen Räten, das den Widerspruch deutlicher hervorhebt und ihnen eine größere Tragweite geben kann. Wie der Luftverkehr stellt auch das Ordensleben einen Extremfall dar. Die Ordensleute versuchen, bis an die Grenzen der Hingabe zu gehen, womit ein größeres Risiko einhergeht, diese Grenze zu überschreiten. Daher ist es notwendig, die Unfälle, zu denen es gekommen ist, zu untersuchen, damit die erforderlichen Präventivmaßnahmen ergriffen werden können. Hat man sich die Mühe gemacht, die Ursachen, die zu Versagen und Missbrauch im Ordensleben führen, zu untersuchen? Bis jetzt gab es nur sehr spärlich Literatur zu diesem Thema, wahrscheinlich weil die Vorstellung, dass das Ordensleben Risiken beinhalten kann, in den Köpfen der Menschen nicht wirklich präsent war. Ausgelöst durch die Frage des sexuellen Missbrauchs kam schließlich auch die Frage nach Missbrauch im Ordensleben an die Oberfläche. In Frankreich stellten die Zusammenkünfte der »Conférence Monastique de France«, die in den Jahren 2016 und 2017 zu diesem Thema stattfanden, zweifellos einen Wendepunkt dar. Seitdem kann über dieses Thema offen gesprochen werden. Das vorliegende Buch möchte einen Beitrag zur Analyse und zur Präventionsarbeit leisten, indem es so nah wie möglich beim Gemeinschaftsleben ansetzt, denn ein

1.1 Perspektiven

klar identifiziertes Risiko birgt weit weniger Gefahren als ein verborgenes. Welche Folgen Leichtsinn und Fahrlässigkeit in diesem Bereich haben, zeigt uns ein tragisches Beispiel, das uns helfen soll, zu verstehen, was auf dem Spiel steht.

Ermenonville, 3. März 1974

Der Türkisch-Airlines-Flug von Istanbul nach London stürzte nach einer Zwischenlandung in Paris über dem Wald von Ermenonville ab. 346 Tote, kein einziger Überlebender, das schwerste Flugzeugunglück auf französischem Boden. Die DC-10 schlug mit 700 km/h auf den Boden auf, das Flugzeug war völlig zerschellt, die Passagiere unkenntlich. Dieser Absturz hätte jedoch vermieden werden können.

Die Ursache wurde schnell gefunden: Während des Fluges war die Tür des Laderaums abgerissen worden. Dass dieser Defekt auftreten könnte, war seit Jahren bekannt gewesen. Er war bereits bei der Konzeption des Flugzeugs festgestellt worden. Nicht einmal ein Jahr nach der Einführung des Flugzeugs wurde der von den Ingenieuren vorhergesagte schwere Unfall nur knapp abgewendet: Die Tür war abgerissen und das Flugzeug schwer beschädigt worden. Nur weil der Pilot nicht die Kontrolle verlor, konnte es sicher landen. Da es keine Opfer gegeben hatte, wollte der Hersteller das Ausmaß der Gefahr nicht wahrhaben. Er erwirkte, dass er von den üblichen Sanktionen verschont wurde und verpflichtete sich, die erforderlichen Maßnahmen zu ergreifen, tat dies aber nur halbherzig. Letztlich verursachte eine Lüge die Katastrophe: Jemand hatte im Wartungsbuch des Ermenonville-Flugzeugs angegeben, dass man die erforderlichen Modifikationen vorgenommen hatte, obwohl das nicht stimmte. Die verborgene Gefahr zeigte sich schließlich auf tragische Weise.

Der Hersteller, der seinen Ruf hatte wahren wollen, bekam die Konsequenzen seines leichtfertigen Verhaltens in vollem Umfang zu spüren. Das Unternehmen wurde von Prozessen und Geldstrafen überrollt. 1997 wurde es aufgelöst.

Die Ursachen suchen

Die jüngsten Enthüllungen allzu vieler Fehlentwicklungen im Ordensleben übernehmen heute dieselbe Rolle wie der Unfall von

Ermenonville. Es ist nicht länger möglich, die Gefahren zu ignorieren, die dem Ordensleben durch fragwürdige oder offen sektiererische Verhaltensweisen drohen. Das psychische und geistliche Leben von Menschen steht auf dem Spiel. Sollten wir etwa die gleiche bittere Feststellung machen müssen wie die Spezialisten der Flugsicherheit? Braucht es erst eine gewisse Anzahl an Opfern, damit ein Fehler, der bereits bekannt ist, behoben wird? Solange es nämlich keine Opfer gibt, ändert sich nichts, da das Geld wichtiger ist.[3] Natürlich ist im Zusammenhang mit dem Ordensleben nicht Geld, sondern Ruf und Ansehen das entscheidende Kriterium.

Eine ernsthafte Analyse der Situation ist heute das Mittel der Wahl. Wir müssen zu den Ursachen der festgestellten Fehlentwicklungen zurückgehen und versuchen, die fehlerhaften Abläufe und Vorgangsweisen sowie die bestehenden Risiken und die Grenzen, die nicht überschritten werden dürfen, zu verstehen. Es geht um Sicherheitsvorkehrungen, die getroffen werden müssen, es geht um Aus- und Weiterbildungsmaßnahmen und um institutionelle Regelungen, die festzulegen oder zu verbessern sind.

Das Aufdecken dieser Fragen mag einige Menschen beunruhigen. Wenn dies jedoch dazu beiträgt, das Ordensleben sicherer zu machen, bestimmte Missstände zu vermeiden, wird das Image des Ordenslebens auf lange Sicht sogar gestärkt daraus hervorgehen und sei es auch nur durch das Beispiel eines klaren Blickes, der von innen, aus dem Ordensleben selbst, auf dessen Abläufe gerichtet wird.

Im Verlauf der Arbeit zeigte sich eine ungewöhnliche Übereinstimmung. In sehr unterschiedlichen Lebenskontexten traten dieselben Mechanismen auf: In neuen oder ganz traditionellen Gemeinschaften, die manchmal zu großen Orden gehören, in neuen Formen gottgeweihten Lebens, in Bewegungen – alle Varianten katholischen Gemeinschaftslebens waren anfällig für dieselbe Krankheit. Außerhalb des Katholizismus zeichnet das kleine Buch »Abus spirituel«[4] von Pastor Jacques Poujol ein völlig identisches Bild in einem ganz anderen Lebensumfeld, da es im Protestantismus fast

---

3 Boeing machte es mit den Türdefekten bei der 747 nicht viel besser als Douglas. Die Geschichte von Flug 811 der American Airlines belegt, dass die Weigerung, sich den Risiken zu stellen, kein Einzelfall ist.
4 Jacques Poujol, *Abus spirituel.*

1.1 Perspektiven

kein Gemeinschaftsleben gibt und daher die Kirchen (im protestantischen Sinne) oder die Pfarrgemeinden den Bezugsrahmen seines Buches bilden. Der Film »Emprise et abus spirituel«[5] von Anne und Jean-Claude Duret stellt Fälle aus neuen, nicht-christlichen Religionen vor. Der Geschäftsführer einer großen internationalen Bank sagte, er kenne in seinem beruflichen Umfeld Beispiele für alle genannten Probleme. Man würde sie sicherlich auch in anderen großen Strukturen wie z.B. politischen Parteien finden. Voneinander völlig unabhängige Arbeiten aus ganz verschiedenen Bereichen kommen also zum gleichen Ergebnis. Diese zunächst überraschende Feststellung erfordert daher von vornherein einen erweiterten Blickwinkel. Die Dysfunktionen, um die es in diesem Buch gehen wird, sind nicht spezifisch für das Ordensleben, sie sind Äußerungen einer grundlegenderen Dysfunktion, die der menschlichen Natur innewohnt und die mit der Ausübung von *leadership* zusammenhängt. Das englische Wort ist bewusst gewählt, weil es den französischen Begriff von Autorität nicht miteinschließt. Der *leader* ist ein geborener Anführer, jemand, der Eigenschaften hat, die mitreißen, die zusammenführen, die faszinieren. Diese Qualitäten können ihn zu einem großartigen Anführer machen, wenn sie mit anderen Qualitäten verbunden sind, die die natürlichen Schwächen des *leader* ausgleichen. Der *leader* kann aber auch ein großer Verführer und Ausbeuter werden, wenn er eine stark egozentrische Psyche hat.

Die Eigenart einer Krankheit

Formen der Beeinflussung und des geistlichen Missbrauchs sind also im Ordensleben, wie bereits erwähnt wurde, kaum anders als in anderen Kontexten. Ihre Besonderheit liegt in den Werkzeugen, die verwendet werden; es sind Werkzeuge, die das Ordensleben ihnen in die Hände gibt: Respekt vor der Autorität, die durch das Gelübde sakralisiert wird, der Wunsch nach Einheit wie sie im österlichen Vermächtnis Jesu deutlich wird, bräutliche Ausdrucksformen der Vereinigung mit Gott, die man bei den großen Mystikern findet, Opfer, Entsagung, Bekehrung, Armut – alle diese Dimensionen des Gemeinschaftslebens können von ihrem Ziel abgelenkt und in den Dienst einer Krankheit gestellt werden, die etwas mit Krebs gemeinsam hat. Krebs ist keine Entartung, son-

---

[5] Jean-Claude u. Anne Duret, *Emprise et abus spirituel* [Dokumentarfilm].

dern ein Leben, das außer Kontrolle gerät, in eine ungeordnete Vermehrung rast und schließlich toxisch wird. Wie können die grundlegenden Dimensionen des Ordenslebens toxisch werden? Diese Frage könnte den Leitgedanken der folgenden Seiten zusammenfassen.

Zu dieser Frage nach der Form muss noch die nach der Intensität hinzugefügt werden. Eine christliche Organisation hatte versucht, Merkmale zur Identifizierung von »Sekten« zu benennen, aber es zeigte sich, dass diese Merkmale, wenn sie in böser Absicht verwendet werden, auch auf das Ordensleben und insbesondere auf das Leben in Klausur zutreffen könnten. Es genügt also nicht, lediglich die Form zu berücksichtigen. Der Unterschied zwischen einer abendlichen Brise, einem starken Wind und einem Wirbelsturm liegt nicht in dem Element, um das es geht – es handelt sich immer um Luft, die in Bewegung ist, allerdings in unterschiedlicher Intensität. Seefahrer, für die es besonders wichtig ist, die Windstärke einzuschätzen, erstellten eine Skala von 0 bis 12. Jeder Kapitän muss wissen, was sein Boot aushält und welcher Windstärke seine Crew gewachsen ist. Für die Einschätzung sektenartiger Phänomene wurde dieses Kriterium nicht genügend betont. Es wurde vor allem versucht, Merkmale von etwas zu finden, das sektiererisch an sich wäre. Das Sektenphänomen bedient sich aber auch verschiedener Dynamiken, die bis zu einem gewissen Grad völlig normal und in Ordnung sind, die jedoch beginnen, gefährlich zu werden, wenn ihre Intensität gewisse Grenzen überschreitet. Das Fehlen dieses Kriteriums der Intensität macht die Beurteilung sektiererischer Fehlentwicklungen sehr schwierig, da die Gemeinschaft betonen wird, dass alle eingesetzten Mittel ganz der Tradition entsprechen. Dringender als eine Definition des Sektenphänomens brauchen wir vielleicht eine Skala, die es ermöglichen würde, einen guten Wind von einem Sturm zu unterscheiden.

Die Schwachstellen

Der Grad der Gefährdung hängt auch von den Schwachstellen des jeweiligen Systems ab, die wir nicht immer einschätzen können. Das Milgram-Experiment berührt auf sehr direkte Weise das Thema Missbrauch. Um zu ermitteln, wie Autorität Menschen beeinflusst, entwarf Milgram eine Versuchsreihe mit drei Personen: Eine

1.1 Perspektiven

Versuchsperson, die im Experiment getestet wurde, ein Student, der Listen mit Worten lernen sollte und ein Versuchsleiter, der das Experiment durchführte. Die Versuchsperson sollte den Studenten auffordern, sich Worte zu merken. Wenn dieser einen Fehler machte, sollte sie ihm Elektroschocks versetzen und zwar mit ansteigender Intensität bis zu 450 V, einem Wert, der eindeutig als gefährlich eingestuft war. Ab 150 V begann der Student zu schreien und bettelte um seine Befreiung. Allerdings war der Student ein Schauspieler, und es wurden ihm keine Elektroschocks versetzt, was die Versuchsperson aber nicht wusste. Die Psychologen und Psychiater, die vor dem Experiment konsultiert wurden, waren der Meinung, dass nur eine von 1 000 Versuchspersonen – also quasi niemand – bis zu einem Elektroschock von 450 V gehen würde. Unter dem Einfluss des Versuchsleiters, der fest und selbstsicher auftrat und die Versuchsperson aufforderte, weiterzumachen, wenn sie Unbehagen oder Sorgen zu äußern begann, gingen jedoch 62,5 % der Versuchspersonen bis zu 450 V. In einer modifizierten Form, bei der der Versuchsleiter nicht anwesend war, ging niemand so weit.

Das Ergebnis dieses Experimentes ist sehr beunruhigend, denn es zeigt, dass eine sehr selbstbewusste Person, die mit dem äußeren Erscheinungsbild einer anerkannten Autorität auftritt (weißer Kittel im Fall des Versuchsleiters), erheblichen Einfluss auf einen anderen ausüben kann, und zwar weit mehr, als man vermutet hätte, bis hin zu Handlungen, die der andere persönlich ablehnt, von denen er aber glaubt, sie ausführen zu müssen, weil die Autorität es ihm vorschreibt.

Dieses Experiment fand in den 1960er Jahren statt, als Autorität noch mehr respektiert wurde als heute. Wenn wir aber den Einfluss des »politisch Korrekten« sehen, das nichts anderes als ein bloßer Begriff ist, der von einer moralischen Autorität mit fragwürdigen Mitteln aufgezwungen wird, gibt es keinen Grund, sich in Sicherheit zu wiegen: Heutzutage ist der Mensch nicht weniger beeinflussbar als früher und der Mechanismus des Autoritätsmissbrauchs hat seine verheerende Macht in den Dramen des sexuellen Missbrauchs gezeigt. Der hohe Wert, der dem Gehorsam im Ordensleben beigemessen wird, macht ihn für geistlichen Missbrauch, der weniger offensichtlich und schwerer zu durchschauen ist, besonders anfällig.

Das Immunsystem

Schutzmaßnahmen sind daher unerlässlich, zumal die letzten Jahrzehnte gezeigt haben, dass es nur wenigen neuen Gemeinschaften gelungen ist, den verschiedensten Formen von Fehlentwicklungen zu entkommen. Wo liegt der Fehler, wurden diese Gemeinschaften doch noch vor wenigen Jahren als die Zukunft der Kirche vorgestellt? Sie sind von engagierter Frömmigkeit und großer Fruchtbarkeit geprägt, verfügen über eine gewisse Dynamik und besitzen die Fähigkeit, neue Wege zu gehen – warum haben sie sich als besonders anfällig erwiesen?

Jeder lebendige Organismus ist ständig einer Vielzahl von Angriffen ausgesetzt und verdankt sein Überleben einem Abwehrsystem, das auch Immunsystem genannt wird und für die Erkennung und Beseitigung gefährlicher oder störender Faktoren zuständig ist. Auch menschliche Gesellschaften haben ihr Immunsystem, das sowohl präventiv als auch repressiv wirkt, denn ohne ein solches System würden sie der Anarchie oder dem Recht des Stärkeren verfallen. Durch die hohen Ziele, die sich das Ordensleben setzt, ist es empfänglicher für verschiedenste Angriffe aus dem Bereich von Ehrgeiz, Unbesonnenheit, Eifersucht, Machtstreben usw. In den Erfahrungen des Scheiterns fehlte es oft an nichts anderem als an der *discretio*[6], im monastischen Sinne des Wortes. Die monastische Tradition hat diese Fähigkeit immer sehr geschätzt, denn in einem Leben, das auf Vollkommenheit hin ausgerichtet ist, trifft die Versuchung unter dem Deckmantel des Guten auf einen günstigen Boden.

Ein Schatz in zerbrechlichen Gefäßen

Wer in dem Text dieses Buches eine Infragestellung des Ordenslebens sehen möchte, würde sich völlig irren. Er wurde von Ordensmännern und Ordensfrauen geschrieben, denen sehr bewusst ist, was sie vom gottgeweihten Leben empfangen haben und denen es ein Herzensanliegen ist, dazu beizutragen, ihm all seine Schönheit zurückzugeben, wo es diese zu verlieren droht. Sie möchten Werkzeuge an die Hand geben, damit Unfälle auf dem Weg vermieden oder zumindest deren Folgen minimiert werden.

---

[6] Die *discretio* entspricht in der monastischen Literatur dem Gespür für das Maß, das die aus Erfahrung gewonnene Weisheit verleiht. Das Gegenteil wäre das Übermaß, der Exzess.

1.1 Perspektiven

Der Ausgangspunkt war allerdings eine tiefe Traurigkeit: das Leid all derer, die den Ruf der Liebe Gottes vernommen hatten und die ihm in der ganzen Begeisterung ihrer Jugend ihr Leben schenken wollten, im Vertrauen auf die jahrhundertealte Weisheit des Ordenslebens – und die dann getäuscht wurden. Sie wurden auf waghalsigen Wegen geführt und stürzten schwer, ihre Flügel sind gebrochen und ihr Gottesbild geschändet. Aufgrund der mehr oder weniger schwerwiegenden Verletzungen brauchten sie Jahre, um sich wieder aufzurichten, was nicht immer gelang. Die irreparablen Folgen, die auch noch nach Jahrzehnten vorhanden sind, der Schmerz, durch die Verantwortlichen der Gemeinschaften üblen Anschuldigungen und Vertuschungsversuchen ausgesetzt zu werden und von Seiten der Kirche auf Schweigen zu stoßen, auf Unverständnis, oder, was noch schmerzlicher ist, auf die Weigerung, hinzusehen, gepaart mit Bestrebungen, den Skandal zu vertuschen – all das durfte nicht ignoriert werden. Wir kennen den langen Kampf der Opfer von Pädophilie für die offizielle Anerkennung der schwerwiegenden Konsequenzen, die dieser Missbrauch für sie hat. Auch die Opfer des Ordenslebens haben es sehr schwer, Gehör zu finden, denn ihr Leid ist schwerer zu fassen. Es ist diese erdrückende Trauer und Betrübnis, die Auslöser für dieses Buch war, damit durch eine bessere Kenntnis der Gefahren und der jahrhundertealten Weisheit, die ein Vermeiden dieser Gefahren ermöglicht, dazu beigetragen wird, die Zahl der schmerzlichen Fehlschläge zu verringern.

Der geistliche Kampf, der eine wesentliche Dimension des Ordenslebens ist, darf sich daher nicht mit der persönlichen Dimension begnügen. Wir wissen, dass sich in uns das Gute und das Böse bekämpfen und dass dieser Kampf bis zu unserem Tod andauern wird. Die Gemeinschaften sind vor diesem Kampf und diesen Niederlagen nicht gefeit, denn sie tragen ihren »Schatz in zerbrechlichen Gefäßen«[7]. Auch in ihnen werden auf der gemeinschaftlichen oder der institutionellen Ebene die Konsequenzen des Bösen, das in uns wohnt, spürbar und bedrohen unablässig die Schönheit ihres Ideals.

Absicht der vorliegenden Arbeit war es, sich der Risiken und der Faktoren, die Korruptheit begünstigen, bewusst zu werden,

---

7 2 Kor 4,7.

alle Mittel zu ergreifen, um das Immunsystem, das die einzelnen Personen und die Gemeinschaften schützt, zu stärken oder aufzubauen, aus der in Jahrhunderten angesammelten und tradierten Weisheit zu schöpfen, damit eine anspruchsvolle Schule der Liebe und Heiligkeit nicht zu einer psychischen und spirituellen Versklavung wird.

Wir wollten auch, dass diejenigen, die Opfer von Leichtfertigkeit oder Unkenntnis wurden, wissen, dass ihr Leiden letztlich nicht umsonst gewesen ist, wenn es dazu beigetragen hat, dass andere nicht dieselben Wege der Finsternis gehen müssen. Wir haben jedoch die Verantwortung, uns nicht mit aufrichtigem, aber flüchtigem Mitgefühl zufrieden zu geben. Die doppelte Herausforderung der Verantwortlichen lässt sich mit zwei Worten zusammenfassen: Klarsicht und Mut. Dann kann jeder an seinem Platz die notwendigen Entscheidungen treffen, so schmerzhaft sie auch sein mögen. Es geht um die Glaubwürdigkeit des Ordenslebens.

1.2 Aufs Ganze gehen

Aufs Ganze gehen. Könnte man die tiefe Sehnsucht des Ordenslebens nicht auf diese Weise beschreiben? Aufs Ganze gehen in der Liebe, aufs Ganze gehen in der Hingabe an den, der uns »seine Liebe bis zur Vollendung erwiesen hat«[8]. Mit ihm bis ans Kreuz gehen, bis in den Tod gehen, aber auch bis in die Herrlichkeit. Aufs Ganze gehen, also bis an die Grenze gehen, wie es die manchmal so unvernünftigen Heiligen taten. Das Ideal ist schön, faszinierend, niemand wird es dem Ordensleben jemals nehmen können. Was auch immer man darüber sagen mag, das Herz des Ordenslebens, so unterschiedlich seine verschiedenen Formen auch sein mögen, schlägt hier: Liebe mit Liebe zu erwidern. Und angesichts der grenzenlosen Unermesslichkeit der göttlichen Liebe ist es die Sehnsucht des Herzens, sich grenzenlos hinzugeben.

Diese Grundhaltung führt schwerlich zu Weisheit, sondern eher zu Torheit. Einem begeisterten jungen Menschen wird Weisheit wahrscheinlich zu zaghaft, zu vorsichtig, zu menschlich vorkommen. Präsentiert man ihm ein umfassendes, absolutes, uneingeschränktes Ideal, kann er sich durchaus dafür begeistern und

[8] Joh 13,1.

1.2 Aufs Ganze gehen

darauf einlassen. Mangelt es dem Berater jedoch an Weisheit, ist davon auszugehen, dass der rechte Weg verlassen wird. Andererseits nähme eine Kultur des Null-Risikos dem Ordensleben allen Elan und würde die Ordensleute auf sich selbst und ihre Sicherheit zentrieren. Kann man sich eine Bergtour ohne Risiko vorstellen? Dann könnte man auch eine Seilbahn nehmen. Wie kann man den Schwung der Liebe und ihre scheinbare Verrücktheit bewahren, ohne sie zu einem destruktiven Wahnsinn zu machen? Die verschiedenen Traditionen des Ordenslebens, die sich über die Jahrhunderte hinweg erhalten haben, haben es verstanden, dieses Risiko in den Blick zu nehmen. Sie entwickelten Besonnenheit, Weisheit und Kohärenz, die sich in den verschiedenen Regeln konkretisiert haben. Zur Zeit des Zweiten Vatikanischen Konzils wurde diese Weisheit als zu starr beanstandet und bisweilen vernachlässigt. Nach einigen Jahrzehnten der Erfahrung ist klar geworden, dass es zweifellos klüger gewesen wäre, die überkommene Weisheit gründlich zu entstauben als sie preiszugeben, denn ihre Preisgabe erwies sich als kontraproduktiv. Besonders deutlich wird dies an den Folgen der Ablehnung von Buchstabe und Gesetz im Namen der Freiheit des Heiligen Geistes. Die Intention war hochherzig: Mehr Raum für das Evangelium und größere Treue zu Jesus. Allerdings hatte man vergessen, Leitplanken anzubringen. Das Gesetz, zur Tür hinausgejagt, kam durchs Fenster wieder zurück – in Gestalt allmächtiger Autoritäten, deren Worte, weil direkt vom Heiligen Geist inspiriert – wie zumindest behauptet wurde – allesamt als Weisheitssprüche galten.

Den Elan des Ordenslebens zu lenken und zu kanalisieren, ohne ihn auszulöschen, wird immer eine Herausforderung sein. Gibt es also eine Grenze der Liebe zu Gott? Nein, wie der hl. Bernhard sagt: »Das Maß der Liebe zu Gott ist, ihn ohne Maß zu lieben«[1]. Andererseits gibt es Grenzen unseres menschlichen Seins, unserer körperlichen Kraft, unserer Gesundheit, unserer Psyche – und genau da liegen die Risiken: Die Liebe hat keine Grenzen, niemand wird jemals zu viel lieben, aber die Mittel zur Entfaltung der Liebe ha-

---

1 »Der Grund, weshalb wir Gott lieben, ist Gott selbst, und das Maß dieser Liebe ist, ihn ohne Maß zu lieben.« Bernhard von Clairvaux, *L'amour de Dieu, De diligendo Deo*, 1, 16, 22.

ben Grenzen, und wenn diese Grenzen überschritten werden, kann das Mittel statt Leben den Tod bringen.

Aus diesen Anmerkungen lässt sich eine erste wichtige Schlussfolgerung ziehen: Die Liebe hat keine Grenzen, weil sie göttlich ist, aber die Ausdrucksformen der Liebe haben Grenzen, weil sie menschlich sind.

Ein einfaches Beispiel wird helfen, den entscheidenden Punkt zu verstehen: Ein junger Mann kann seiner Liebsten seine Liebe zeigen, indem er ihr einen Blumenstrauß zum Geburtstag schenkt. Wird diese Liebe besser zum Ausdruck kommen, wenn er ihr eine ganze LKW-Ladung Blumen schenkt, mit der sie natürlich nichts anzufangen weiß? Oder wäre diese Liebe besser ausgedrückt, wenn er einen Strauß seltenster Blumen zu einem exorbitanten Preis aussucht, der ihn später daran hindern wird, ihr weitere Geschenke zu machen, weil er sich diese nicht mehr leisten kann? In beiden Fällen würde das Mittel, das etwas ausdrücken soll, mit dem Ziel verwechselt: Die Liebe wird nicht an der Größe oder am Preis des Geschenks gemessen. Dostojewski hat dies in seinem Buch *Der Idiot* beschrieben: Rogoschin, der Kaufmann, konnte es sich nicht verkneifen, zu sagen, wie viele Sack Mehl der Wert der Geschenke betrug, die er Nastasia gemacht hatte und das zerstörte für sie den ganzen Liebreiz des Geschenkes. Wer liebt, muss akzeptieren, dass keine materielle Realität seine Liebe angemessen auszudrücken vermag; sie kann lediglich ein Zeichen dafür sein. Wenn diese Liebe echt ist, wird sie für immer bestehen und ins Unendliche reichen. Unendlichkeit aber kann nicht gemessen werden.

So kann sich die Liebe zu Gott durch Opfer ausdrücken, zum Beispiel durch Fasten. Dennoch werden ein Ordensmann oder eine Ordensfrau ihr Fasten mit wachsender Liebe nicht steigern, denn sie werden an zwei Grenzen stoßen: Die Zahl der Tage in einer Woche und das Bedürfnis des Körpers nach Nahrung.

Liebe kann also immer größer werden, nicht jedoch die konkreten Ausdrucksformen der Liebe. Diese werden immer hinterherhinken. Wer liebt, wird das immer ein wenig bedauern – aber zunehmend weniger, denn je tiefer die Liebe wird, desto mehr lässt sie sich in ein paar schlichten Worten zusammenfassen: »Ich liebe dich und bin mir deiner Liebe gewiss; das genügt uns«. Nimmt man die erforderlichen Anpassungen vor, könnte man dasselbe von allen Tugenden sagen – von der Demut, der Armut usw. – und

1.3 Zwei Begriffe: Grenze und Risiko

von allen Dimensionen des geistlichen Lebens, die uns mit Gott verbinden.

1.3 Zwei Begriffe: Grenze und Risiko

Ein Risiko ist in der Regel mit einem Limit verbunden. Ein Segler, der eine Regatta gewinnen will, versucht, den Wind bis an die Grenzen der Möglichkeiten seines Bootes auszunutzen. Wenn er zu weit geht, wenn er die Windstärke nicht einzuschätzen vermag, wenn er seine eigenen Grenzen und die seines Bootes nicht sehr genau kennt, riskiert er zu kentern. Und man müsste noch hinzufügen: Wenn er sich nicht sorgfältig vorbereitet hat, wenn er sein Boot nicht in allen Details überprüft hat, riskiert er, es zu zerstören. Weil er das Maximum geben und daher nahe am noch vertretbaren Limit bleiben will, muss er große Sorgfalt auf die Vorbereitung und große Umsicht in die Durchführung der Regatta legen. Ein Urlauber, der nur einen Steinwurf von der Küste entfernt zum Windsurfen geht, braucht nicht so viele Vorkehrungen zu treffen.

Das Risiko gehört zum menschlichen Leben. Insbesondere impliziert jede menschliche Beziehung ein Risiko, vor allem am Anfang. Das Risiko zu unterbinden hieße, Vertrauen, Freundschaft, Liebe, Hingabe zu unterbinden, alle Situationen, in denen wir eine Antwort von einem anderen erwarten, eine Antwort, der wir uns nicht sicher sein können, weil der andere, wie wir, ein freies Wesen ist. Simone Weil zählt auch das Risiko zu den Grundbedürfnissen der menschlichen Seele, ebenso wie das Bedürfnis nach Sicherheit.

»Das Risiko ist ein wesentliches Bedürfnis der Seele. Das Fehlen von Risiko erweckt eine Art Langeweile, die zwar auf andere Weise lähmt als Angst, aber fast genauso stark. Im Übrigen gibt es Situationen, die, da sie eine diffuse Angst ohne ein bestimmtes Risiko verbreiten, beide Krankheiten[2] auf einmal mit sich bringen.

Das Risiko ist eine Gefahr, die eine überlegte Reaktion hervorruft; es übersteigt also die Kräfte der Seele nicht so sehr, dass diese

---

2 Mit »beide Krankheiten« sind Angst und Langeweile gemeint, wie dem Satz, der dem zitierten Abschnitt unmittelbar vorausgeht, zu entnehmen ist: »Auch wenn fortwährende Angst ein latenter Zustand ist, der nur selten als ein Leiden empfunden wird, ist sie doch eine Krankheit. Sie ist eine halbe Lähmung der Seele« (Anm. d. Übers.).

vom Gewicht der Angst erdrückt wird. In manchen Fällen ist etwas Spielerisches dabei; in anderen Fällen, wenn eine bestimmte Pflicht den Menschen drängt, sich ihm zu stellen, ist es der höchste aller möglichen Antriebe.«[3]

Das gilt ebenso für Vertrauen und Liebe.

Das Ordensleben hat etwas Extremes

Wer mit dem Ordensleben beginnt, sollte sich bewusst sein, dass dessen extremer Charakter – aufs Ganze zu gehen – entsprechende Risiken birgt, ähnlich wie alle sportlichen Aktivitäten, die ein wenig ambitioniert sind. Dieses Bewusstsein fehlt den Kandidaten aber meistens; umso notwendiger muss es daher bei den Verantwortlichen vorhanden sein.

Wer sich auf das Ordensleben einlässt, will sich Gott ganz hingeben; er setzt sein ganzes Leben ein. Vertrauensvoll ordnet er sich einem (oder mehreren) anderen Menschen unter, um Erfahrungen zu machen, die ihm unbekannt sind. Keuschheit und Askese werden beispielsweise Dynamiken in ihm auslösen, die sich von denen der Welt sehr unterscheiden; das gemeinsame Leben im Gehorsam hat seine eigenen Gesetze. Innerlich kann die Arbeit genauso radikal sein. Ein Postulant sagte nach anderthalb Monaten: »Ich wurde mit dem Kärcher bearbeitet!«. Dieses Bild stand im Zusammenhang mit seiner Arbeit: Er war nämlich beauftragt worden, Mauern mit dem Hochdruckreiniger zu säubern. Das innere Leben enthüllt in der Tat, was unter der Hektik des gewohnten Lebens verborgen ist. Für junge Ordensleute ist es schwierig, die Grenze zwischen dem Normalen und dem Unnormalen zu finden, und aus Hochherzigkeit sind sie in der Lage, sich sogar sonderbaren Dingen zu fügen, wenn man sie dazu auffordert. Wenn es der ausbildenden Person an Klugheit fehlt, oder sie sich nicht bewusst ist, dass es Risiken gibt, kann es zu mehr oder weniger gravierenden Folgen kommen. Überschreitet sie einfach die Grenzen des Ordenslebens, indem sie fordert, dass man sich ihr bedingungslos und ohne nachzudenken unterwirft, gerät man auf sektiererische Abwege.

3   Simone Weil, *Die Verwurzelung*, 36.

1.3 Zwei Begriffe: Grenze und Risiko

Um nicht zu dramatisieren, sollte angemerkt werden, dass dieselbe Überlegung auch in Hinblick auf Familien angestellt werden kann: Die Pädagogik von Eltern ist nie perfekt, katastrophale Situationen sind möglich, können aber nicht als normal angesehen werden. Im Ordensleben gibt es jedoch einen wesentlichen Sicherheitsfaktor: Die Ordensregel setzt die notwendigen Grenzen (oder sollte sie setzen). Die Erfahrung zeigt jedoch, dass es Unfälle gibt, und wir sollten uns dessen bewusst bleiben.

Andererseits wird auch nicht verstanden, dass manche durchaus gut gemeinten Vorschläge durch ihre extreme Vorsicht den Elan des Ordenslebens zerstören. Risiken durch Verflachung unterbinden zu wollen, wäre vergleichbar mit der Anregung, die Geschwindigkeit beim 24-Stunden-Rennen von Le Mans auf 130 km/h zu begrenzen. Dann wird es zwar keine Unfälle, aber auch kein Rennen mehr geben.

Ein Null-Risiko gibt es nicht, weder in einer Familie noch in einem Unternehmen, noch überhaupt im Leben. Daraus darf man aber nicht schließen, dass alle Risiken normal sind – manche sind vertretbar, andere sind waghalsig. Ein Risiko muss man mit offenen Augen und einem guten Gespür für die jeweilige Situation eingehen.

Weder zu viel noch zu wenig: Das Ordensleben ist eine Gratwanderung, wenn es seinen Elan und seine Würze nicht verlieren und andererseits seine Mitglieder nicht in Gefahr bringen will.

Abwege jenseits der Grenze

Niemand kann leben, ohne dass ihn etwas trägt: Freude, Hoffnung, Liebe, Vergnügen oder anderes. Wenn ein Mensch eine schwierige und angespannte Situation am Arbeitsplatz durchlebt, wird er sie ertragen können, sofern er daheim eine warmherzige und verständnisvolle Atmosphäre vorfindet, durch die es ihm möglich wird, die aufgestaute Anspannung abzubauen. Wenn aber die Situation zu Hause ebenfalls schwierig ist, wenn er keine Freunde hat, denen er sich anvertrauen kann, kurzum, wenn es kein Ventil gibt, wird er früher oder später zusammenbrechen.

So können in einer grundsätzlich gesunden Gemeinschaft die Ordensleute einen schwierigen Faktor, wie z.B. einen mürrischen

Oberen, ertragen. Mit Hilfe des geistlichen Lebens können sie darin eine Gelegenheit sehen, um Geduld, Selbsthingabe, Mitgefühl für jene zu entwickeln, die noch mehr leiden. Die Qualität des geistlichen und des gemeinschaftlichen Lebens macht es möglich, die Last zu tragen. Wenn der Obere jedoch die Beziehungen innerhalb der Gemeinschaft blockiert hat, um seine Autorität zu verteidigen, und wenn er überdies Schuldgefühle auslöst, die einen innerlich zermürben, werden nur noch diejenigen durchhalten können, die schon ein sehr reifes geistliches Leben führen: Sie werden sich auf die Liebe Gottes stützen, während andere ernsthaften Schaden erleiden.

Was letztlich zu Fehlentwicklungen und Abwegen führt, lässt sich also nicht auf ein einzelnes Element reduzieren, sondern es sind immer mehrere Aspekte, die zusammenkommen, was bei der Beurteilung zu berücksichtigen ist.

1.4 Sektiererische Entwicklungen

Sekten und religiöse Gemeinschaften

Eine religiöse Gemeinschaft kann in sektiererische Muster hineinschlittern, denn zwischen dem Leben einer Sekte und dem einer normalen religiösen Gemeinschaft bestehen Ähnlichkeiten, wie es auch Ähnlichkeiten zwischen einer Diktatur und einer normalen Gesellschaft gibt. In beiden Fällen geht es um ein Gemeinschaftsleben mit einem Oberen, der geachtet wird, es geht um ein Ideal, das sich von der Außenwelt abhebt und daher zu einer gewissen Trennung von ihr führt, um ein Ideal, das anziehend ist, es geht um eine Formation, die den ganzen Menschen erreichen möchte, es geht um die Sehnsucht nach einer Radikalität, die einen die Härte der Lebensweise oder der Formation akzeptieren lässt, es geht um Verzicht auf manche Aspekte des Wohlbefindens, um so den Körper zum Wohle des Geistes zu disziplinieren. Dies kann eine Dimension der Armut und der gemeinsamen Nutzung von Ressourcen beinhalten. Alle diese Gestaltungselemente sind an sich neutral; alles hängt davon ab, wie sie eingesetzt werden.

Grégor Puppinck gibt uns in der Schlussbetrachtung seines Buches *Der denaturierte Mensch und seine Rechte* einen Interpretationsschlüssel an die Hand:

1.4 Sektiererische Entwicklungen

»Nichts sieht einer übernatürlichen Handlungsweise ähnlicher als eine widernatürliche Handlungsweise. Doch ist die eine human, die andere inhuman; die eine zielt auf ein höheres Gut, die andere auf die Vermehrung der eigenen Macht. Wir müssen jeden Tag zwischen der einen und der anderen unterscheiden. Die Unterscheidung ist oft schwierig. [...] Die Adoption eines verwaisten Kindes [ist] ein übernatürlicher Akt von großer Menschlichkeit, während die absichtliche Herstellung eines Waisenkinds im Reagenzglas, sei es durch Leihmutterschaft oder durch anonyme Samenspende, widernatürlich und inhuman ist. Die Richter irren sich, wenn sie die Leihmutterschaft deswegen erlauben, weil sie der Adoption ähnlich sieht. Dasselbe gilt für alle anderen hier behandelten Themenkreise.«[4]

Der Chirurg und der messerstechende Attentäter verwenden beide Gegenstände, die schwere Verletzungen verursachen können. Der gewaltige Unterschied zwischen beiden liegt sowohl in der Absicht – der eine will ein Leben retten, der andere will töten – als auch in der Art und Weise, wie der an sich gefährliche Gegenstand eingesetzt wird. Ebenso teilen Sekten daher viele Elemente mit einem gesunden Gemeinschaftsleben, wodurch es unmöglich wird, auf der Beschreibungsebene eine klare Grenzziehung vorzunehmen. Man muss auf das Ziel achten: Geht es darum, zu versklaven oder zu befreien?

Sich des anderen bemächtigen – kurze Beschreibung eines Phänomens

Der Film *Emprise et abus spirituel*[5] von Jean-Claude und Anne Duret, stellt dieses Phänomen hervorragend dar. Melanie, ehemaliges Mitglied einer spirituellen Bewegung aus dem Dunstkreis der neuen Glaubensrichtungen, beschreibt darin ihren Weg, ihre menschliche und spirituelle Suche, aus der heraus sie sich der Gruppe anschloss, in der sie mit Enthusiasmus aufgenommen wurde: »Ich hatte das Gefühl, wie ein VIP aufgenommen zu werden, ich hatte das Gefühl eines übertriebenen Empfangs und das hat mich ein wenig überrascht und verwundert«. Im Unterricht lernte sie, »dass es einen Meister gibt und dass der Meister auf alles eine Antwort hat. Der Meister sieht alles.« Ihre Beziehung zu Gott, die für sie immer im Vordergrund stand, rückte in den Hin-

---

4 Grégor Puppinck, *Der denaturierte Mensch*, 275.
5 Siehe Anmerkung 5.

tergrund. Ihr wurde in Aussicht gestellt, einer Elitegruppe anzugehören. Nach mehreren Jahren – sie war inzwischen ein vollwertiges Mitglied geworden – kam die Zeit, da der Meister ein Verhalten von Zuckerbrot und Peitsche an den Tag legte. Der Wechsel von Vertrauen und unerwarteten, öffentlichen Zurechtweisungen brachte sie völlig aus dem Gleichgewicht. »Ich wurde öfters terrorisiert. Dann kamen die sexuellen Forderungen. Eines Tages stellte mein Arzt fest, dass ich Krebs hatte. Ich ging [zum Meister], um ihn zu fragen, welchen Sinn dieser Krebs habe. Von da an wurde mir vorgeschlagen, ich solle sexuelle Szenarien aufschreiben, die dafür eine Lösung wären. Die ersten Etappen akzeptierte ich, auch wenn sie für mich heftig waren, denn ich wusste, dass ich in einem Schraubstock steckte und nicht anders konnte. Ich sagte mir: Wenn ich das akzeptiere, wird danach vielleicht nichts mehr kommen und es wird keinen Zorn bei ihm auslösen und ich werde Schlimmerem entgehen. Tatsächlich eskalierte es aber immer weiter.« In dieser Hölle war sie mit ihren Kräften völlig am Ende. »Ich fühle mich wie eine lebende Tote, das wird mir langsam bewusst. Ich kann nicht mehr, ich bin ausgelaugt, ich weiß nicht mehr, wer ich bin, ich verliere alles ...« Dann, eines Tages, als sie mit einer neuen Forderung konfrontiert wird, macht es klick und sie erkennt, dass der Meister sie zu einer Sklavin machen will; sie wacht auf und sagt nein.

Am Anfang offerierten die Gruppe und der Meister Befreiung, Offenheit. Am Ende stellte Melanie eine regelrechte Versklavung, auch des Denkens, fest: »Nach und nach verringerte sich unser bewusstes Denken immer mehr, denn es gab zu viele Widersprüche zwischen dem, was uns vorgegeben wurde, und dem, was wir selbst dachten«.

Eine ähnliche Dynamik kann in einer christlichen Gruppe auftreten; meistens wird es etwas nuancierter sein: verlocken, betören, eine von übertriebenen Komplimenten begleitete Aufnahme, der Eintritt in eine Welt, die auf alles eine Antwort hat und die sich durch die Überzeugung, außerhalb des Gewöhnlichen zu stehen, absondert. Dann, wenn die Gnadenfrist vorbei ist, führen harsche Kritik und die Abwertung von allem, was die Person wertvoll sein lässt, zu dem oft gehörten kleinen Satz: «Ich weiß nicht mehr, wer ich bin». Die Orientierungspunkte gehen verloren und meist beginnt die Hölle, weil nichts mehr einen Sinn hat.

1.4 Sektiererische Entwicklungen

Zusammenfassung einer Studie von Isabelle Chartier-Siben
Und doch präsentierten sich die angewandten Praktiken alle als sehr traditionell. Dr. Isabelle Chartier-Siben, Ärztin, Psychotherapeutin und Viktimologin[6], beleuchtet diesen Prozess.

❡ *Tugenden, die von ihrer wahren Bedeutung abgelenkt werden*
Der Gehorsam, durch den wir lernen sollen, zu lieben, kann dazu benutzt werden, um jemanden zu versklaven, bis hin zur Versklavung des Verstandes, bis hin zu serviler Unterwürfigkeit, die sogar gegen das eigene Gewissen handelt und die Verantwortung für das eigene Handeln und alles persönliche Denken abgibt. Die Demut, die uns in die Wahrheit über uns selbst führen sollte, kann sich als Zerstörung des legitimen und lebensnotwendigen Selbstwertgefühls entpuppen. Die Selbsthingabe, die in einer geistlichen Berufung eine vitale Kraft ist, kann so sehr auf die Spitze getrieben werden, dass sie zur Selbstaufgabe wird, weshalb man von *psychischem Mord* spricht.

Der Lobpreis Gottes, der an sich überaus positiv ist, wird zu einem Dementi, wenn man den Herrn überall, immer und für alles preist, ohne dabei zu differenzieren. Dann verschließt man die Augen vor manch wirklich schweren und schmerzhaften Situationen, für die weder nach Ursachen noch nach Abhilfe gesucht wird. Stattdessen engagiert man sich lediglich im Lobpreis Gottes, der die betroffene Person mit dem Leiden Christi vereint. Zugleich wird der Lobpreis zur Magie, wenn man meint, dass Gott automatisch intervenieren und alles verändern wird.

Vergebung, der Grundstein des geistlichen Gebäudes, kann seltsame Formen annehmen, bei der die Protagonisten vertauscht werden:

> »Der missbrauchende religiöse Führer verlangt, dass ein Christ dem Täter – und damit meint er natürlich auch sich selbst – vergibt, ohne dass dieser bereut. Angesichts eines offensichtlichen Fehlverhaltens des Manipulierenden, das der Gläubige erkannt und offen benannt hat, antwortet er ihm, dass er bedingungslos vergeben muss, sonst werde Gott ihm nicht vergeben. Er schafft es, den Geschädigten zum Schuldigen zu machen ... Der Gipfel der Perversion!«[7]

---

6 Präsidentin der Vereinigung *C'est-à-dire*, einer Vereinigung zur Unterstützung von Opfern physischen, psychischen und geistlichen Missbrauchs.
7 Jacques Poujol, *Abus spirituel*, 41.

Um es anschaulicher zu sagen:»Ich trete dir auf die Füße und du musst mich um Verzeihung bitten, weil du deine Füße unter meine gestellt hast«. Die Schuldumkehr, um die es im Zusammenhang mit sexuellem Missbrauch geht, veranschaulicht dieses Phänomen auf besonders dramatische Weise.

Das Schweigen – wertvoll, wenn es angemessen ist – kann unter verschiedenen Vorwänden zu einem unterbundenen Wort werden, etwa unter dem Vorwand,»besondere empfangene Gnaden« nicht preiszugeben oder um»das Gleichgewicht der Gemeinschaft« zu bewahren, was dazu führen kann, dass bei Besuchen von Bischöfen oder bei kanonischen Visitationen die Wahrheit verschwiegen wird.

Die Klausur, die der Vertiefung der Innerlichkeit dient und zugleich die wesentliche Beziehungsebene erhalten soll, kann vorgeschoben werden, um alle Verbindungen zur Außenwelt zu kappen und so jeden Einfluss zu verhindern, der bestimmte Aspekte des Gemeinschaftslebens in Frage stellen könnte.

¶ *Trügerische Verpflichtungen*
Erzwungene Transparenz kann die fruchtbringende Eröffnung des Herzens so verändern, dass in der geistlichen Begleitung die Verschwiegenheitspflicht oder sogar das Beichtgeheimnis aufgehoben wird, und es durch die Verpflichtung, dem Oberen alles sagen zu müssen, zu einem völligen Verlust der persönlichen Privatsphäre kommt.
Die von Jesus ersehnte Einheit wird zu einer»Treuepflicht«, zu einem»Gelübde, die Einheit zu wahren«, zu einem»Vertrauensgelübde«; es entsteht ein eingleisiges Denken, das jede gesunde Kritik und sogar jede persönliche Reflexion verbietet.

¶ *Aufgezwungenes Durcheinander*
Wird bei Widerstand oder Infragestellung ein Befreiungsgebet oder sogar ein Exorzismus durchgeführt, kommt es zu einer Vermischung von Forum internum und Forum externum, aber auch zu einem Durcheinander auf den Deutungsebenen: Weil Widerstand und Infragestellung die Einheit brechen, können sie ja nur vom Teufel kommen.
Betet man für ein Ordensmitglied, das vor seiner Profess Zweifel an seiner Berufung äußert, ein Befreiungsgebet, ist das geistlicher Missbrauch, denn die implizite Botschaft lautet ganz klar:»Gott will,

1.4 Sektiererische Entwicklungen

dass du die Profess ablegst; es ist der Teufel, der dich davon abhalten will«. Dann ist der Ordensmann oder die Ordensfrau nicht mehr frei, da an ihrer Stelle entschieden wurde – die Profess könnte ungültig sein. Während der Ablegung der Profess werden sie sich wahrscheinlich in einer sehr beklemmenden Lage befinden.

Zusammenfassung einer Publikation von Sr. Chantal-Marie Sorlin

Das Resümee von Sr. Chantal-Marie Sorlin über *Sektiererische Fehlentwicklungen in katholischen Gemeinschaften*[8], gibt auf weniger als 20 Seiten einen Überblick über die Dynamik sektiererischer Fehlentwicklungen, die in vier Phasen gegliedert werden: *1. Anziehung ausüben und betören, Personenkult; 2. isolieren, Abschottung von der Außenwelt; 3. konditionieren, Manipulation; 4. ausnutzen, Inkohärenz der Lebensweise.*

Alle Elemente, mit denen sich Sr. Chantal-Marie befasst, finden sich auf den nachfolgenden Seiten dieses Buches wieder, obwohl diese Untersuchungen völlig unabhängig voneinander durchgeführt wurden, wie es das Schlusswort ihrer Studie bestätigt:

»Alle diese Exzesse, die hier im Hinblick auf manche katholische Gemeinschaften dargelegt wurden, sind absolut identisch mit denen, die man gemeinhin in sektiererischen Gruppen vorfinden kann. Das zeigt, dass die Achse des Bösen nicht zwischen der Außenwelt und uns, zwischen unseren Gemeinschaften und der Welt verläuft, sondern in uns selbst. Ob christlicher oder ziviler Kontext: Die Auswüchse sind dieselben, weil alle Menschen aus dem gleichen Lehm geformt sind. Die drei Versuchungen: Macht, Besitz und Genuss sind universell. Nur ist das Vorhandensein solcher Auswüchse schwerwiegender, wenn man sie dort vorfindet, wo man das Recht hätte, Zeugen Gottes und Früchte von Heiligkeit anzutreffen.«[9]

Die Zwiebel

In ihrem Buch über spirituellen Missbrauch und sektiererische Fehlentwicklungen weisen Blandine de Dinechin und Xavier Léger, nachdem sie die Synthese von Sr. Chantal-Marie Sorlin zitiert haben, auf eine Schwierigkeit hin:

---

8   Sœur Chantal-Marie Sorlin (Mitglied der *Cellule pour les dérives sectaires dans les communautés catholiques)*: *Les dérives sectaires*, 7–25.
9   Ebd., 24.

»Diese Kriterien beinhalten jedoch eine Schwierigkeit: Sie wurden von Wissenschaftlern auf der Basis von Zeugnissen ehemaliger Mitglieder erstellt und enthüllen, mit welchen Tricks die meisten sektiererischen Gemeinschaften rekrutieren, manipulieren, betrügen. Wenngleich diese Auflistungen für die Opfer hilfreich sind, um ihre leidvollen Erfahrungen zu reflektieren, ermöglichen sie jedoch nicht, dass die Gefährlichkeit einer Gemeinschaft von außen unmittelbar beurteilt werden kann. Um mehr darüber zu erfahren, muss man in die Gemeinschaft eintreten.

Sektenexperten arbeiten dann mit einem Bild: Sekten sind wie Zwiebeln aus mehreren Schichten aufgebaut. Je tiefer man in die Sekte eintritt, desto mächtiger und erdrückender werden die Mechanismen der psychischen Überwachung.«[10]

Anschließend beschreiben sie dann das Phänomen in fünf Schritten: Was man von außen von der Gemeinschaft sieht; was man sieht, wenn man Kontakt zur Gemeinschaft aufbaut; was man entdeckt, wenn man in die Gemeinschaft eintritt; was man nach einigen Monaten entdeckt; was man (eventuell) nach einigen Jahren entdeckt.

Ein Beispiel aus dem Leben

Olivier Braconnier erzählt in seinem Buch[11] über seine Erfahrungen mit der *Familie von Nazaret*, deren Anfänge in das Jahr 1965 zurückreichen. Einige der soeben erwähnten Elemente werden in der kurzen Geschichte dieser *Familie*, die ein Priester namens Marcel C. gegründet hatte, erkennbar.

> »Ein wunderbarer Priester! Mir fiel sofort auf, dass er nicht nur wusste, wie man Menschen für sich einnimmt, sondern dass er auch zuhören konnte und verstand, was ich fühlte. Ich war beeindruckt von seiner Einfachheit, seiner Direktheit, seiner kommunikativen Fröhlichkeit und seiner außergewöhnlichen Begabung Geschichten zu erzählen. Es ging so weit, dass ich am Ende unserer ersten Begegnung gleich einverstanden war, der Gruppe, von der er mir zuvor ausführlich erzählt hatte, beizutreten.«

Begonnen hatte alles 1961 mit einem Bibelkreis, den dieser Priester in einer Pfarrei in einem der westlichen Vororte von Paris gegrün-

---

10 Blandine de Dinechin / Xavier Leger, *Abus spirituels*, 27.
11 Olivier Braconnier, *Radiographie d'une secte*. Alle folgenden Zitate ebd., 13, 15f., 49.

1.4 Sektiererische Entwicklungen

det hatte. Die jungen Leute begeisterte die Art, mit der er den biblischen Text lebendig werden ließ indem er immer wieder Parallelen zwischen der Bibel und aktuellen Ereignissen zog, was die jungen Menschen dazu brachte, sich wirklich zu engagieren. Nach einigen Wochen waren ungefähr 30 junge Menschen dabei. Die Bibelgruppe wurde zu einer Bruderschaft, verankert in der Spiritualität von Charles de Foucauld: Verbundenheit mit Jesus, häufige Kommunion und Anbetung, Bibelstudium und Einsatz für die Ärmsten. Marcel fügte noch die sogenannte »révision de vie« hinzu, eine Übung der Transparenz, die in einer Gruppe von fünf Kleinen Brüdern gemeinsam durchgeführt wurde. Einer von ihnen erinnert sich: »Wir hatten das Gefühl einer enormen Befreiung: Auf einmal sprachen wir über unsere Probleme, die wir bis dahin voreinander geheim gehalten hatten, obwohl wir so gute Freunde waren ...«. Der Autor fährt fort:

»Ich selbst fand diese Prozedur anfangs ziemlich schmerzhaft. Ich hatte Angst, man würde mich auffordern, als Erster zu beginnen und Sünden einzugestehen, von denen ich dachte, dass nur ich sie begehen könne. Als ich aber begriff, dass es den anderen Kleinen Brüdern genauso ging, war das für mich eine in jeder Hinsicht befreiende Erfahrung.«

Die Zuneigung unter den Brüdern kam deutlich zum Ausdruck; von ganzem Herzen liebten sie diesen Priester, von dem sie sich ebenso geliebt fühlten und zu dem sie volles Vertrauen hatten. 1968 kamen Schwestern hinzu und 1971 wurde die *Familie von Nazaret* vom Erzbischof von Chambéry offiziell anerkannt. 1973 zählte sie bereits 300 Mitglieder. Auch wenn es eine Probezeit gab und anschließend eine Bindung eingegangen wurde, handelte es sich nicht um eine Ordensgemeinschaft – auch Ehepaare wurden aufgenommen. Jeder konnte bei sich daheim leben, aber im Allgemeinen war man in Gruppen zusammengefasst. »Ab den siebziger Jahren war es nicht mehr Marcel, der die Menschen in seinen Bann zog, sondern eine Gemeinschaft vor Ort, die anziehend war und neue Mitglieder rekrutierte.« Bis dahin gab es nur Schönes, die *Familie* schien zur vollen Reife gelangt zu sein.

Wie konnte es dazu kommen, dass nicht einmal zwei Jahre später, im Sommer 1974, die Gemeinschaft mit der Kirche brach und unter dem Deckmantel einer Laienvereinigung namens *Vivre au grand air* eine Art Geheimbund bildete? Offiziell präsentierte sie sich als ein Freundeskreis; 1981 wurde daraus eine internationale wissenschaftliche Forschungsgesellschaft, deren Mitglieder sich als Atheisten bezeichneten. Mehrere von ihnen verlangten ausdrücklich die Annullierung ihrer Taufe. 1985 kam es zur Auflösung. Was war geschehen? Das Entstehen der Charismatischen Erneuerungsbewegung im Jahr 1973 hatte in verschiedenen Bereichen zu Exzessen geführt, die die Aufmerksamkeit der zuständigen Bischöfe auf sich zogen. Kurz darauf vertrat Marcel heterodoxe theologische Positionen, deren bemerkenswerteste in der Behauptung bestand, dass der Priester für die Wandlung von Brot und Wein unnötig sei. Er forderte die Bruderschaften auf, die Wandlung selbst vorzunehmen. Am Ende des Jahres verkündete Marcel, dass das Ende der Zeiten bevorstehe, und man begann mit einer spirituellen und materiellen Vorbereitung auf die unmittelbar bevorstehenden *Drangsale*. All das hatte etwas Überraschendes; mehrere Bischöfe sowie Père Voillaume äußerten ihre Besorgnis. Marcel interpretierte dies als ein Bestreben nach Vereinnahmung und sogar als Verfolgung. Nach einer intensiven Vorbereitung ließ er die Mitglieder der *Familie* über ihr Verhältnis zur Kirche abstimmen und die überwältigende Mehrheit zog es vor, sich von ihr zu distanzieren. Der Bruch wurde 1974 vollzogen. Im Oktober desselben Jahres vertrat Marcel die These, dass die katholische Kirche ein historischer Schwindel sei. In den folgenden Jahren versuchte Marcel zu sammeln, was von der *Familie* übrig geblieben war, die nun von ihm allein abhing. Nachdem seine immer größer werdenden Wahngebilde die Grenzen sprengten und er zur Seite gedrängt wurde, löste sich die Gruppe sehr schnell auf. Dabei hatte alles so gut angefangen.

In der Einleitung versucht der Autor das Phänomen zu analysieren und verweist zunächst auf zwei Elemente: Die große Faszination, die Marcels Talente auslösten, und das rettende Klima der *Familie* erzeugten im Gemüt des »Geretteten« eine unendliche Dankbarkeitspflicht und damit eine affektive Abhängigkeit, die sein kritisches Denken erheblich reduzierte. In einer solchen Dynamik wurde durch die Abhängigkeit der Mitglieder das Ego und bald auch das trügerische Hochgefühl des Leiters bestärkt, der nach und nach alle klassischen Techniken der Machterhaltung an-

1.4 Sektiererische Entwicklungen

wendete: Forderung nach Transparenz, um die Gedanken zu kontrollieren, Absonderung derjenigen, die sich Fragen stellen, Bruch mit der eigenen Familie[12]. Dieser letzte Punkt scheint dem Autor besonders wichtig zu sein: er schreibt, dass der wiederaufgenommene Kontakt der Ausgetretenen zu ihren Familien das deutlichste Zeichen dafür war, dass sie die Gruppe verlassen hatten[13].

»Heute bin ich davon überzeugt, dass dieses Gemeinschaftsabenteuer, das in den sechziger Jahren begann und fünfundzwanzig Jahre später endete, einen positiven Verlauf hätte nehmen können, d. h. es hätte sich dauerhaft etablieren können, wenn die katholische Hierarchie früher und energischer eingegriffen hätte, um (unter anderem) auf der Einhaltung der Konstitutionen der *Familie von Nazaret* zu bestehen. Damit hätte der Schaden zumindest begrenzt werden können (der sowohl auf der menschlichen Ebene als auch auf der Ebene des Glaubens beträchtlich war). [...]

Wenn die Kirche als ›Expertin für Menschlichkeit‹ in Zukunft keine Schutzmaßnahmen trifft, werden auch andere Gemeinschaften, für die sich die Kirche verbürgt oder die sogar von ihr protegiert werden, dramatisch scheitern.«[14]

Es ist nicht sicher, dass die Kirche die Entgleisung der *Familie von Nazaret* hätte verhindern können, aber es stimmt, dass eine bessere Kenntnis der entsprechenden Mechanismen dazu hätte beitragen können, den Schaden zu begrenzen, denn die anfänglichen Früchte waren gut.

Missbrauchende christliche Systeme

Der soeben zitierte Fall ist kein Einzelfall; ein Zeuge, der eine noch existierende Gemeinschaft verlassen hat, schreibt, dass es sich seitenlang »um ein getreues Abbild dessen handelt, was man selbst erlebt hat«. Im Fall der *Familie von Nazaret* ging alles von einer einzigen Person aus. Jacques Poujol unterscheidet zu Recht zwei Hauptquellen geistlichen Missbrauchs: Dieser kann von einer

---

12 Der Brief eines Sohnes an seine verwitwete Mutter, die drei Söhne in der *Familie von Nazaret* hatte, ist unfassbar brutal: »Für eine Frau wie Sie, die nichts von einer Mutter hat, außer der Rolle des Gebärens, ist dies der angemessene Ton«. Brief zitiert *ebd.* auf den Seiten 213–214.
13 Ebd., 221.
14 Ebd., 218–219.

1 Leidenschaftliche Liebe

»manipulativen Persönlichkeit« ausgehen wie bei Marcel C. Er kann aber auch von einem »missbrauchenden System«, also von einer Gruppe ausgehen. Beides kann Hand in Hand gehen – und die missbrauchende Gruppe ist oftmals das verselbständigte Überbleibsel der manipulativen Persönlichkeit. Im Fall der Gruppe fügt Poujol eine wichtige Bemerkung an: »Innerhalb eines missbrauchenden Systems ist auch jemand, der kein Missbrauchstäter ist, sich aber in einer solchen Gruppe befindet, nicht davor gefeit, wie ein Missbrauchstäter zu funktionieren«. Als Beispiel nennt er »das Opfer [, das,] ohne es zu merken, gegenüber seinen eigenen Kindern, seinem Ehepartner oder seinem Umfeld wahrscheinlich ein tyrannisches Verhalten an den Tag legt, aufgrund der schlichten Tatsache, dass es den Autoritarismus, dem es ausgesetzt ist, selbst reproduziert«[15]. Dieser Ansteckungseffekt, um den es im nächsten Kapitel geht, ist für die Aufrechterhaltung von Missbrauch von sehr großer Bedeutung. Poujol ist sehr pessimistisch, was die Möglichkeit der Entwicklung einer Gruppe betrifft: »Ein missbrauchendes religiöses System ändert sich nie«[16]. Er spricht in einem protestantischen Kontext. Im katholischen Kontext gibt es die Möglichkeit, sich an die nächst höhere Autorität zu wenden, was Auswege eröffnen kann. Wir können seine Behauptung jedoch bedenkenlos wiederholen, wenn wir sie leicht nuancieren: Ein missbrauchendes religiöses System ändert sich nie von selbst.

Die Notwendigkeit von Weisheit

Wird das, was gut war, also schlecht? Diese Frage kann einem nach dem eben Gesagten in den Sinn kommen. Aber in Wirklichkeit ist ein Mittel als solches weder gut noch schlecht, sondern alles hängt sowohl von der Intention desjenigen ab, der es verwendet, als auch von den Umständen. Ein Auto ist ein hervorragendes Transportmittel. Durch Umstände, die der Fahrer nicht beeinflussen kann wie z.B. mechanisches Versagen oder das Verschulden eines anderen Autofahrers, kann es jedoch Tod verursachen. Es kann auch aus Fahrlässigkeit Tod bringen: Die Absicht war nicht schlecht, aber die Art und Weise, wie das Auto verwendet wurde, war gefährlich. Es kann den Tod absichtlich verursachen, wenn ein Terrorist es dafür

15 Jacques Poujol, *Abus spirituel*, 12, 33, 59f.
16 Ebd., 69.

1.4 Sektiererische Entwicklungen

einsetzt. Auch wenn diese Fälle aus dem Blickwinkel der Intention völlig unterschiedlich sind, ist das Resultat aus der Sicht der Opfer dasselbe: Sie sind tot. Was in der Geschichte der *Familie von Nazaret* deutlich wird, ist das Abdriften der Intention und zwar ab dem Zeitpunkt, als Marcel davon besessen war, die Kontrolle über die Gruppe zu behalten. So wurden selbst Vorgangsweisen, die normalerweise gut sind, zunehmend schädlich, wenn beispielsweise das in Marcel gesetzte Vertrauen dazu benutzt wurde, um die Mitglieder am eigenständigen Denken zu hindern. Anstatt ihnen zu helfen, durch gegenseitiges Vertrauen zu wachsen, wurde das Vertrauen, das sie ihm schenkten, »gekapert«, um sie in seiner Hand zu halten.

Daher ist ein schlechter, ja sogar zerstörerischer Gebrauch von Mitteln möglich, die im Ordensleben durchaus Tradition haben und erfahrungsgemäß zu einem Fortschritt im geistlichen Leben führen, allerdings unter der ausdrücklichen Bedingung, dass sie mit Weisheit eingesetzt werden. Und genau hier wird das eigentliche Problem sichtbar.

Diese Bemerkung erlaubt uns, eine Ausrede, die leicht in die Irre führt, zurechtzurücken. Das Anwenden traditioneller Praktiken wird als eine Art Sicherheitsgarantie dargestellt: »Wir stehen in der reinsten Tradition des Ordenslebens, wir haben nichts erfunden, wir folgen den großen Prinzipien, die seit jeher empfohlen werden«. Es ist daher gut, zu betonen, dass eine traditionelle Praxis an sich noch keine Garantie für ihre gesunde Anwendung ist. Die Fruchtbarkeit des Ordenslebens kommt nicht aus dieser oder jener besonderen Praxis, sondern aus der Weisheit, die auf harmonische, differenzierte und personalisierte Weise Mittel zusammenstellt, die für sich allein genommen nichts sind, sondern die, jedes an seinem Platz, einer allen gemeinsamen Sehnsucht dienen: auf Gottes Liebe zu antworten.

Das Zusammenspiel der Tugenden

Angesichts der genannten Risiken steht das Ordensleben keineswegs auf verlorenem Posten. Die Tugenden finden ihre Abgrenzung in der altbekannten Formulierung: *in medio stat virtus* – die Tugend steht in der Mitte, d.h. zwischen zwei Auswüchsen. Diese Formulierung wird von denen, die das Extreme lieben, nicht so sehr gemocht und doch hat die Sprache Worte, um diese Mittelstellung auszudrücken: Die edle Tugend des Mutes wird rechts und links von der Kleinmütigkeit und der Waghalsigkeit flankiert. In der Mitte zu sein bedeutet in keiner Weise, mittelmäßig zu sein; es handelt sich vielmehr um einen schmalen Grat, der von zwei Steilhängen gesäumt wird. Geistliche Schriftsteller haben auch betont, dass die Tugenden voneinander abhängen – damit ist das Zusammenspiel der Tugenden gemeint. Der hl. Dorotheus von Gaza hat mit seiner genialen Begabung für bildliche Veranschaulichung diese wechselseitige Abhängigkeit in seiner Unterweisung *Über das Haus der Tugenden und ihr Zusammenspiel in der Seele*[17] illustriert.

»Aber wie wird das Haus der Seele aufgebaut? Von einem sichtbaren Haus können wir diesen Vorgang sehr genau lernen. Denn wer dieses Haus bauen will, muss es ringsum sichern und von vier Seiten den Bau emporziehen. Er darf sich nicht nur um eine Seite kümmern und die anderen geringachten, denn dann erreicht er nichts, sondern alle Mühe und Kosten sind umsonst. So ist es auch bei der Seele: Der Mensch darf nämlich keinen Teil seines Hauses vernachlässigen, sondern muss jeden gleich und angemessen emporziehen.«

Und wenn er von denen spricht, die versuchen, eine einzige Tugend zu beherrschen, fügt er hinzu:

»Solche [Menschen] gleichen einem, der eine einzige Mauer baut und sie erhöht, so hoch er kann. Dann betrachtet er die Höhe dieser Mauer und glaubt, dass er etwas Großes vollbracht hat, weiß aber nicht, dass ein einziger Sturm, wenn er will, sie umwirft. Denn sie steht allein und hat keine Verbindung zu den anderen Mauern. Auch kann man sich aus einer Mauer kein Obdach schaffen, denn man ist von allen anderen Seiten her ungeschützt. So darf man es nicht machen! Vielmehr muss derjenige, der sein Haus bauen und sich ein Obdach schaffen will, es von allen Seiten bauen und es ringsum befestigen.«

Dorotheus zählt dann einige Tugenden auf, und zwar zuerst den Grundstein, der der Glaube ist. Anschließend erwähnt er einen Stein des Gehorsams, einen Stein der Geduld, einen Stein der Enthaltsamkeit, einen Stein des Mitleids, einen Stein des Abschnei-

---

17 Dorotheus von Gaza, *Unterweisung XIV*, 395f.

dens des Willens, einen Stein der Sanftmut und so weiter ... Dorotheus vergisst nicht die Liebe, die das Dach des Hauses ist. Zum Schluss kommt »die Demut, die Umfriedung der Dachterrasse; sie umgibt und bewahrt alle Tugenden«.

Ein entscheidendes Element, ohne das die ganze Mühe vergebens wäre, fehlt aber noch:

»Das Haus ist vollendet. Fehlt ihm nun nichts mehr? Doch, eine Sache haben wir ausgelassen. Worin aber besteht sie? Dass der Baumeister ein Sachverständiger ist. Denn wenn er nicht sachverständig ist, errichtet er das Gebäude nur ein klein wenig schief, und irgendwann fällt es zusammen. So z.b. der unreife Mönch, der einen Akt der Demut vollbringt, weil er gelobt werden will. Seine Demut zeigt sich als mit Ruhmsucht gemischt. Das heißt, einen Stein legen und ihn wieder entfernen.«

Unterscheidungsvermögen und Ausgewogenheit scheinen daher besonders notwendig zu sein und beide machen das Wesen der *discretio* aus, im Sinne der monastischen Bedeutung dieses Wortes.

Die discretio

Sie ist eine Tugend, die von manchen Reformern wenig geschätzt wird. Diese Erfahrung machte bereits der hl. Johannes vom Kreuz, als er dem Generalvikar Nicolas Doria gegenüberstand, der strengste Askese propagierte und behauptete, dass mit der angeblichen *discretio* die Seelen verloren gingen. Niemand wird den hl. Johannes vom Kreuz verdächtigen, die asketische Dimension marginalisiert zu haben; bei ihm bleibt sie jedoch immer an dem ihr zustehenden Platz und ist der Liebe untergeordnet. Bei Doria hingegen nimmt sie den ersten Platz ein und dadurch wird die ganze Ausgewogenheit des Ordenslebens beeinträchtigt. Eine solche Situation stellt jedoch kein sektiererisches Abdriften dar, sondern zeigt, dass Risiken nicht neu sind. Die Reform der hl. Teresa von Ávila hätte davon tiefgreifend beeinflusst werden können. Die Geschichte hat darüber geurteilt: Wer erinnert sich heute noch an Doria?

Die Grenzen zwischen einem normalen Gemeinschaftsleben und sektiererischen Abwegen sind also nicht klar zu ziehen und daher schwerer zu erkennen. Auf beiden Seiten ist die Rede von Freiheit, von Respekt, vom Vorrang des Spirituellen, von Gehorsam, von Regel, von Tradition usw. Es werden dieselbe Sprache und dieselben Mittel verwendet; je problematischer die Situation ist, desto mehr wird die äußere Fassade gepflegt – ein Trugbild, das lange täuschen kann. Der Unterschied wird in der Unausgewogenheit liegen, in den Auswüchsen, in einem vermeintlich »Absoluten«, das sich vom Ziel auf die Mittel verschoben hat. Dieser Unterschied wird sich in den Konsequenzen zeigen, die er für die Menschen hat. Aber werden die Verantwortlichen in der Lage sein, die Alarmzeichen zu erkennen?

2 Wie eine sektiererische Fehlentwicklung in die Wege geleitet wird

Dom François You, ein Abt, der in unterschiedlichen Zusammenhängen mit mehreren Formen sektiererischer Fehlentwicklungen in Berührung kam, stellt sich Fragen[1]. Angesichts einer Gemeinschaft, die sich in einer Position und Mentalität »sektiererischen Abdriftens« verschließt, kommt man nicht umhin, zu fragen: »Wie ist das möglich? Wie können Brüder (oder Schwestern), die normal zu sein schienen, in einem solchen Klima leben oder es aufrechterhalten? Ist es unbedingt der Obere, der sich abartig und wie ein echter Manipulator verhält? Aber wieso folgen ihm die Brüder dann?, usw.« Wir werden hier nicht versuchen, alle diese Fragen zu klären – es gibt keine identischen Gemeinschaften – ich möchte nur versuchen, einige Anhaltspunkte zu geben, auf die ich hier und da gestoßen bin.

2.1 Der gut ausgebildete Gründer

Die Fälle sektiererischer Fehlentwicklungen in religiösen Gemeinschaften traditionellen Typs lassen sich anhand eines ziemlich klassischen Vorgangs erklären. In der Zeit nach dem Konzil und der Krise vom Mai 1968[2] waren die Christen sehr verwirrt und verunsichert. Man wusste nicht mehr, was richtig oder falsch, gut oder böse war. Die Konzilsväter hatten die katholische Lehre auf eine neue, weniger dogmatische Weise präsentieren wollen, mehr im Dialog mit dem, was an Gutem in der menschlichen Gesellschaft vorhanden war. All dies erforderte Umstellungen und einen Wechsel der Perspektive oder der Darstellung. Was früher als Wahrheit gegolten hatte, wurde in Frage gestellt, bzw. auf andere Weise dargestellt, und man verstand nicht mehr, wo die Grenze zwischen Gut und Böse usw. verlief ... In diesem Klima waren die Menschen

---

1 Das ganze Kapitel stammt aus seiner Feder.
2 In Frankreich hatte die 68er-Bewegung ihren Höhepunkt in den Mai-Unruhen an der Pariser Sorbonne (Anm. d. Übers.).

verunsichert und wussten nicht mehr, auf wen sie sich verlassen konnten, zumal man beispielsweise bei dem Versuch, übermäßige Starrheit zu korrigieren, oft einem gegenteiligen Extrem verfiel und alles neu erfinden, alles in Frage stellen wollte. So kam es zu verschiedensten Fehlentwicklungen, die jenen Fehlentwicklungen, die man bekämpfen wollte, entgegengesetzt waren. Kurzum, die ganze Darstellung unseres Glaubens war in einer Umbauphase.

In dieser Zeit traten einige starke Persönlichkeiten auf, Männer und Frauen, die auf klassische Weise ausgebildet und sich ihrer Wahrheiten sicher waren. Sie behaupteten, in Treue zu dem zu stehen, was die Kirche immer gelehrt hat. Diese Menschen flößten vielen jungen Leuten, die sich nach dem Absoluten, nach sicheren Wahrheiten, nach radikalen Verhaltensweisen sehnten, Vertrauen ein. Daraus entstanden Keimzellen mehr oder weniger religiöser Gemeinschaften. Der Gründer oder die Gründerin sprach mit Bestimmtheit und vermittelte Vertrauen. Solange ein Gründer es verstand, sich zumindest in seiner Sprache spirituell zu geben, zog er schnell viele Berufungen in seinen Bannkreis, die er anschließend in einer institutionellen Struktur zusammenführte.

Der Gründer tat diesen jungen Menschen und manchmal auch deren Familien gut. Das wurde ihm auch zurückgemeldet und man sagte von ihm: »Pater X. ist solide ...«, was beinahe zu einem Dogma wurde, und Pater X. wurde in der kirchlichen Landschaft der damaligen Zeit zu einem Referenzpunkt, auf den man sich bezog. Die Menschen kommen zu ihm, man fragt ihn bei allen Themen um Rat und der gute Pater beginnt, sich selbst ernst nehmen. Seine Radikalität, seine Forderungen vermitteln den jungen Menschen Vertrauen. Sie treten in großer Zahl ein, um in seinem Schatten Zuflucht zu suchen. Die vielen Eintritte in seine Gemeinschaft werden als untrügliches Zeichen für den Beistand des Heiligen Geistes gesehen, denn »man erkennt den Baum an seinen Früchten«. Er gilt als jemand, der den Heiligen Geist hat, und die Menschen beginnen, ihm blindlings zu folgen. Diejenigen, die von seiner Botschaft und seiner Persönlichkeit fasziniert sind, empfehlen ihn weiter. Er wird mehr und mehr zu einem der seltenen, sicheren Bezugspunkte in einer unruhigen Zeit. Dadurch steht seine Lehre in dem Ruf, eine der wenigen zu sein, die Licht bringt. Für diejenigen, die mit ihm leben, wird er fast zum einzigen Weg des Heils. Nun setzt ein gruppendynamischer Prozess ein, bei dem es fast unmöglich wird,

2.1 Der gut ausgebildete Gründer

anders zu denken als der Gründer. Der Kreis schließt sich. Man übergibt ihm ganz konkret alle Vollmachten; er wird als der alleinige Träger des Heiligen Geistes anerkannt, der die Gemeinschaft und jedes einzelne Mitglied führen kann.

Bei dieser Vorgangsweise muss es nicht unbedingt der Gründer selbst gewesen sein, der sich zum absoluten Meister erklärte, vielmehr war es ebenso die Gemeinschaft, die ihre Verantwortung abgab und vor ihrem Gründer niederkniete. Natürlich mag es unter den Gründern auch manipulative Persönlichkeiten gegeben haben, aber man kann nicht davon ausgehen, dass dies allgemein der Fall ist. Auch die Gemeinschaft kann dafür verantwortlich sein, wenn sie ihren gesunden Menschenverstand aufgegeben und den Gründer zum ultimativen Maßstab für Denken und Handeln gemacht hat. Der Gründer hatte dann zu akzeptieren, was man von ihm verlangte und musste den Erwartungen entsprechen. Er war sicherlich in dieses Spiel verwickelt, denn es stand ihm frei, diese Zeichen des Vertrauens, der Hochachtung, aber auch der Verehrung und manchmal der Beweihräucherung anzunehmen oder abzulehnen. Es ist wichtig, die Verantwortung der Gründer und die der Gemeinschaften genauer zu bestimmen. Erstere sind nicht unbedingt Monster, sie haben sich nicht unbedingt selbst in die Position gebracht, alles zu kontrollieren, was ihnen jedoch nicht ihren Teil der Verantwortung an der Entwicklung des sektiererischen Prozesses nimmt.

Hier stellt sich nun eine Frage. Wenn diese Gründer anfangs nicht geneigt waren, als absolute Meister aufzutreten und es dann doch taten: An welchen Warnzeichen kann man erkennen, dass eine Gemeinschaft oder ihr Oberer bzw. ihre Oberen Verhaltensweisen an den Tag legen, die ins Sektiererische umschlagen könnten?

2.2 Gruppendynamik und Wetteifern

Bei allen Fällen, denen ich begegnet bin, war eine Gruppendynamik entstanden, die dazu führte, dass man sich der Qualität des in der Gemeinschaft oder im Institut gelebten monastischen Lebens brüstete: »Wir, ja, wir haben Berufungen«, »wir, ja, wir sind treu«, »wir, ja, wir haben das Licht der Erkenntnis« usw. Diese Dynamik bringt jeden dazu, über sich selbst hinauszuwachsen, hochherzig zu sein, sich selbst zum Wohle der Gemeinschaft zurückzunehmen, sich nicht zu beklagen usw. All dies ist wunderbar und regt zur Heiligkeit an. Manche Brüder oder Schwestern spornt dieses Klima des Wetteiferns an, aber andere werden davon, ohne es zu merken, erdrückt, zermalmt. Eine Zeit lang halten sie durch, weil sie weder die Kraft noch die innere Klarheit haben, sich der Gruppe zu widersetzen, aber eines Tages werden ihre Kräfte erschöpft sein und es kann zu verschiedensten Formen psychischer Traumata kommen.

Dieses Phänomen der Gruppendynamik lässt uns auch verstehen, wie kompliziert und heikel es ist, einerseits die Vorgänge innerhalb dieser Gemeinschaft zu erkennen und andererseits die Möglichkeit einer Intervention zu beurteilen. Auf der einen Seite gibt es viele Brüder oder Schwestern (oft die überwiegende Mehrheit), die sich in einem Klima, das sie zur Heiligkeit anspornt, sehr wohl zu fühlen scheinen; die Gemeinschaft hat Ausstrahlung, sie zieht Berufungen junger Menschen an, die auf der Suche nach dem Absoluten sind. Auf der anderen Seite gibt es einige Mitglieder, die austreten, die nach und nach die Missstände der Leitung anprangern und sich allmählich bewusst werden, welche Schäden dies bei ihnen angerichtet hat! Sie als schwarze Schafe zu betrachten, als Menschen, die mit der Gemeinschaft abrechnen, weil »sie keine Berufung hatten«, ist dann eine sich leicht einstellende Versuchung.

Es braucht Zeit, um zu realisieren, was vor sich geht, und um zu verstehen, dass es zutiefst pervers war, auch wenn sich einige in diesem Klima wohlgefühlt haben. Manche sind schwer davon gezeichnet, bisweilen ihr Leben lang; einige unternehmen Suizidversuche, die manchmal auch gelingen, andere verlieren ihren Glauben ganz und gar, und können weder ihren Oberen verzeihen, durch die sie zerstört wurden, noch auch der Kirche, die solche Missstände zugelassen und vertuscht hat, und die sich weigert oder zögert, Sanktionen zu verhängen.

Man muss offen anerkennen, dass es, wenn man sich außerhalb dieser Gemeinschaften befindet, sehr schwierig ist, klar zu erkennen, was dort vor sich geht: Einerseits gibt es geistliche Früchte, die wunderbar zu sein scheinen (religiöser Eifer, viele Berufungen, Bekehrungen innerhalb oder außerhalb der Gemeinschaft usw.), andererseits gibt es einige, die sich über Missstände beklagen, die so schwerwiegend und so übertrieben zu sein scheinen, dass es schwerfällt, deren Echtheit anzuerkennen. Man befürchtet, durch eine Intervention »das Kind mit dem Bade auszuschütten« und mehr Schaden als Nutzen anzurichten.

2.3 Opfer und Komplize

Wir verstehen, dass in diesem Prozess das System selbst verdorben ist und versagt. Das Gleichgewicht der Kräfte und der Beziehungen bewirkt, dass die ganze Gemeinschaft an diesem Streben nach Heiligkeit teilnimmt ..., die jedoch eine aus purer Willenskraft erzwungene Heiligkeit bleibt. Der Obere gibt den Ton an und alle folgen, niemand wagt es, die Legitimität dieser oder jener Praxis in Frage zu stellen: »Bestimmt liege ich falsch«, denkt man spontan. Und wenn jemand bemerkt, dass ein anderer Bruder oder eine andere Schwester zu schwächeln beginnt, wird man sich unverzüglich bemühen, sie zu ermutigen, ihre Anstrengungen zu verdoppeln, um der Gemeinschaft, ihrem Ruf und der wunderbaren Einheit, die unter ihnen allen herrscht, nicht zu schaden.

So ist jeder sowohl Opfer des herrschenden Klimas als auch Komplize! Alle sind *Opfer*, weil niemand die Möglichkeit hat, sich zu beschweren oder eine Position zu vertreten, die von der offiziellen Position abweicht. Wenn es doch jemand tut, wird er aufgefordert, sich um seine eigene Bekehrung zu kümmern ...

Jeder wird zum *Komplizen*, denn alle sind von der Gruppendynamik oder den Manipulationen des Oberen geprägt und tragen in sich selbst einen urteilenden Blick auf die kleinsten Abweichungen der anderen, auf Anzeichen von Schwäche oder einfach auf das, was ihr Menschsein einfordert, und sie werden es ihnen zu deuten wissen.

Die ganze Kunst des Manipulators besteht darin, seine Beute so im Griff zu haben, dass sie sich »freiwillig« am herrschenden Klima beteiligt. Das macht es so schwer, die Wahrheit anzuerkennen, wenn sie ans Licht kommt ... Man hat sich am Bösen beteiligt und es ist schwer, dies anzuerkennen. Man hat es im guten Glauben getan, im Vertrauen auf die anderen und die Früchte konnten jeden von der Rechtmäßigkeit überzeugen. Daher ist es, besonders in einem geschlossenen Lebensumfeld, einfacher, das Licht, das zu dämmern beginnt, zurückzudrängen, als sich einer solchen Infragestellung auszusetzen.

Um fair zu bleiben sollten wir eine Abstufung im Blick behalten. An der Spitze solcher Gemeinschaften findet man oft zwei oder drei vertrauenswürdige Personen, Brüder oder Schwestern im Dunstkreis des Oberen oder der Oberin, die diesen als »Leibgarde« dienen. Diese Personen sind wie die Augen und Ohren der Oberen; sie melden ihnen alles, was sie wahrnehmen und werden dann beauftragt, alles, was der Obere oder die Oberin beschließt, umzusetzen. Es ist klar, dass die Mitglieder der »Leibgarde« für das herrschende Klima weitgehend mitverantwortlich sind. Sie wurden vom »Betriebssystem« verführt und ziehen zudem persönliche Vorteile daraus (Nähe zum Oberen oder zur Oberin, deren Vertrauen sie genießen, was ihnen möglicherweise ein wenig persönliche Autorität verschafft usw.). Es ist nur allzu oft der Fall, dass unter diesen drei oder vier Personen keine Verschwiegenheit herrscht, wenn es darum geht, Vertrauliches, das ihnen von den Brüdern oder Schwestern gesagt wurde, für sich zu behalten, sondern es wird mitgeteilt. So haben die Brüder oder Schwestern unter dem Vorwand, dass dies »zum Wohl der Gemeinschaft« geschieht, nicht länger einen geschützten Raum, wo sie ihre Sorgen, andere Meinungen oder Fragen zu ihrer Berufung frei äußern können. Alles gelangt zum Haupt und wird zwischen dem Oberen und seiner persönlichen Wache geteilt.

Unabhängig von dieser kleinen Gruppe gibt es in der Gemeinschaft auch jene, die sehen, dass etwas nicht stimmt, die aber lieber die Augen verschließen, um nicht in Schwierigkeiten zu geraten. Dann gibt es noch die Mehrheit, nämlich diejenigen, die sich in die Falle locken lassen und durch Manipulation faktisch zu unbewussten Kollaborateuren werden. Schließlich gibt es noch jene – wahrscheinlich sind es nur wenige – die sich der Manipulation bewusst sind, aber nicht die Mittel haben, sich ihr zu widersetzen.

Hervorzuheben sind auch diejenigen, die ein Gefühl von Sicherheit in einem sehr strukturierten Ganzen erleben, oder die es relativ bequem finden, die Verantwortung für ihr Leben abzugeben, weil jemand anderer sie übernommen hat. Das entgleisende System wird zu einer goldenen und beruhigenden Gefangenschaft, die allemal besser als der Lebenskampf ist, und trägt damit weitgehend zu dessen Aufrechterhaltung bei. Das erklärt auch, warum es viel Klarheit, Mut und Kampfgeist braucht, um diesem Geflecht zu entkommen. Nur wenige sind ohne eine Intervention von außen dazu in der Lage.

2.4 Identische Sukzession

Hier stellt sich nun die Frage: Gehen diejenigen, die die Gemeinschaft verlassen, nur deshalb weg, weil sie »keine Berufung« für diese Lebensform haben, während die anderen, die sich in diesem

2.4 Identische Sukzession

Klima zu entfalten scheinen, bleiben können? Man könnte schnell versucht sein, zu sagen: »Sollen sie doch leben, was sie leben wollen und was ihnen zusagt!«

Damit würde man aber verkennen, dass eine Autorität, die auf perverse Weise agiert, auch ein Vorbild dafür abgibt, wie man eine Gemeinschaft leitet. Ihre Nachfolger werden, da sie nichts anderes erlebt haben, genauso – und oft sogar noch radikaler – handeln, beseelt von dem Wunsch, die früheren Oberen nachzuahmen, und aus Treue gegenüber dem Gründer. Auch wenn dieses Verhalten überraschen mag, ist es doch sehr bekannt: Wer Missbrauch erlebt hat, wiederholt diesen häufig selbst.

Zwei Gemeinschaften waren von zwei allmächtigen Äbtissinnen geleitet worden, von denen eine durch die übergeordnete Autorität abgesetzt wurde. Die Äbtissinnen, die anschließend gewählt wurden, kannten kein anderes Leitungsmodell und kopierten die autoritäre Leitungsform der abgesetzten Äbtissin, ohne jedoch dieselben Fähigkeiten oder dasselbe beeindruckende Geschick zu haben. Bei den nächsten Wahlen wurden sie nicht wiedergewählt, was für sie ein Drama war.

Wer sich einem System unterordnet, in dem alle Autorität, alle Urteilsfähigkeit vom Oberen kommt, folgt lediglich einem anderen und lernt nie, selbst zu erkennen, wohin der Heilige Geist ihn führt; er lernt nicht, als Sohn oder als Tochter Gottes zu leben.

Wir sind hier sehr weit entfernt von dem wunderbaren Kapitel drei der Regel des hl. Benedikt, der empfiehlt, dass der Abt,»sooft etwas Wichtiges im Kloster zu behandeln ist«, die ganze Gemeinschaft zusammenrufen und selbst darlegen soll, worum es geht. Dann soll er die Brüder anhören, um den Heiligen Geist zu erkennen, da dieser durch alle sprechen kann, auch durch die Jüngsten – vorausgesetzt sie sprechen mit Demut und im Geist der Unterordnung. Dann soll der Abt selbst entscheiden und alle werden sich ihm in einer Haltung des Glaubens unterordnen.

Der hl. Benedikt bildet Söhne und Töchter heran. Eine zu pyramidale, eine zu autoritäre Leitungsform, in der jeder wie der Obere denkt, ähnelt auf gefährliche Weise dem Turmbau zu Babel: »Auf, formen wir Lehmziegel und brennen wir sie zu Backsteinen [...] Auf, bauen wir uns eine Stadt und einen Turm mit einer Spitze bis zum Himmel und machen wir uns damit einen Namen«[3]. Sie alle

---

3 Gen 11,1–4.

wollten Gott durch ein einheitliches Denken, einen einheitlichen Willen, ein einheitliches Werk erreichen. Gott aber ist Trinität, das heißt, er ist Einheit in der Vielfalt der Personen. Daher kommen wir nicht durch Uniformität zu Gott, sondern indem wir lernen, einander in der Vielfalt zu respektieren und zu lieben. Könnte dies nicht der Grund gewesen sein, warum Gott die Menschen, die ihn durch die Macht der Uniformität erreichen wollten, zerstreute? Auf diese Weise kommt man Gott nicht näher; das ist nicht der geeignete Weg. Um Gott ähnlich zu sein, müssen wir notwendigerweise lernen, einander in der Verschiedenartigkeit der Personen zu lieben, während wir auf dasselbe Ziel zugehen.

Es gibt vielleicht ein wichtiges Zeichen, auf das man achten sollte: Strebt die Gemeinschaft nach Einheit in der Verschiedenartigkeit der Personen oder nach Einheitlichkeit und Uniformität? Uniformität ist in vielen Bereichen sicher sehr effektiv und für junge Menschen attraktiv, aber sie ist nicht der Weg, Ebenbild des dreifaltigen Gottes zu sein! Eheleute wissen das gut: Damit eine Beziehung Bestand hat, müssen die Ehepartner lernen, ihre Unterschiede anzunehmen und zu respektieren und sie gleichzeitig in den Dienst des angestrebten gemeinsamen Wohls zu stellen.

Die Falle der Uniformitäts-Einheit scheint ein Charakteristikum von sektiererisch funktionierenden Gemeinschaften zu sein. Für die Brüder oder Schwestern ist es schön zu spüren, dass in ihrer Gemeinschaft Einheit herrscht. Es ist auch beruhigend, denn es scheint ein Zeichen dafür zu sein, dass der Heilige Geist am Werk ist. Sie trauen sich daher nicht, andere Positionen einzunehmen, denn das würde als Zeichen vermessenen Stolzes gelten. Sollte jemand zögerlich sein oder schwanken, übernehmen es die anderen, ihn daran zu erinnern, dass er die Einheit der Gemeinschaft nicht verletzen darf. Sie erinnern ihn daran, dass die Gemeinschaft von der Außenwelt nicht verstanden wird, dass sie manchmal »verfolgt« wird, was sogar bis zu einer »Verfolgung durch die Kirche selbst« gehen kann. Daher fühlt sich niemand berechtigt, die Gemeinschaft durch eine Sichtweise zu schwächen, die von der allgemeinen Meinung abweicht. Schließlich wird auch verkannt, dass echte Gemeinschaft die Vielfalt der Standpunkte nicht auslöscht, sondern sie in eine umfassendere und vielschichtigere Sichtweise integriert.

2.4 Identische Sukzession

Daher ist es unerlässlich, zu intervenieren, selbst wenn die Brüder oder Schwestern mit einem solchen System gut zurechtzukommen scheinen. Es ist wichtig, dass Vielfalt zum Ausdruck gebracht werden kann. Natürlich soll dadurch keine Kakophonie entstehen, aber echte Harmonie ist in der Lage, Vielfalt zu integrieren, indem sie den Reichtum jedes Einzelnen anerkennt. Ein solches Klima ist das Zeichen für die gute Gesundheit einer Gemeinschaft.

2.5 Die Kultur der Lüge

Damit kommen wir zu einem Element, das in Gemeinschaften mit sektiererischen Zügen wahrscheinlich allgegenwärtig ist. Nicht, dass dort die Kunst des Lügens offiziell befürwortet wird – weit gefehlt! –, denn jeder hat den Eindruck, vollkommen auf den Herrn ausgerichtet zu sein, aber im konkreten Tun geschieht genau dies, eben wegen dieser vollkommenen Ausrichtung auf den Herrn, die die Außenwelt nicht verstehen würde. Das führt dazu, dass die Gemeinschaft sich vor den Blicken der Außenwelt zu schützen beginnt; sie schließt sich in eine Blase der Selbstrechtfertigung ein. Äußere Ereignisse werden durch das Prisma der kommunitätsinternen Sprache gefiltert, interpretiert und beurteilt, die oft gar nicht mehr mit der Realität übereinstimmt. Bei allem, was nach außen über das Leben der Gemeinschaft gesagt wird – auch da, vor allem da –, wird sorgfältig ausgewählt, was man zeigen will; die Dinge werden auf eine Weise präsentiert, die in Distanz zur Realität, zur Wahrheit steht ..., daher kann man von einer Kultur der Lüge sprechen.

> »Anlässlich des ersten regulären Besuchs, den ich erhielt, erklärte uns die Oberin, dass die Begegnung mit dem Besucher im Sprechzimmer nicht dazu diene, etwas Schlechtes über andere zu sagen, sondern um sich selbst für seine Fehler anzuklagen ... Das blieb mir mein Leben lang; bis zu meinem Austritt habe ich nie gewagt, auch nur ein einziges kritisches Wort über das zu sagen, was ich gesehen oder erlebt habe.«

Diese Lügenkultur trifft im Ordensleben auf Elemente, die sie sehr begünstigen können. Die Tugend des Gehorsams regt dazu an, dem Oberen zu vertrauen, nicht unaufhörlich zu diskutieren und für alles Erklärungen zu fordern. Auch das Taktgefühl ist eine fromme Eigenschaft, die einen lehrt, nicht vor allen Menschen auszubreiten, was in der Gemeinschaft vor sich geht. Das sind die »Zutaten«, die eine manipulative Person zu ihrem Vorteil zu nutzen weiß.

»Von den ersten Tagen des Noviziates an wurde mir erklärt, dass unser Leben von außen nicht verstanden werden kann: Es sei ein Geheimnis, zu dem nur diejenigen Zugang haben, die es von innen leben. Würde sich also nach einigen Jahren ein Angehöriger von mir beunruhigt zeigen und versuchen, mich zum Nachdenken zu bringen, würde ich taub bleiben: Er kann mich ja nicht verstehen!«

Hinzu kommt die Kunst des Vertuschens und ein Verhalten, mit dem sie andere gezielt für sich einnehmen wollen; beides wird gegenüber Autoritäten (Bischof oder Generaloberer) eingesetzt, damit diese erst gar nicht erkennen, was in Wirklichkeit gelebt wird, denn das, was sie sehen, fesselt sie und damit werden sie unfähig, Kritik, die im Zusammenhang mit dieser Gemeinschaft geäußert wird, zuzulassen: Während die häufigen Besuche der örtlichen Oberin bei ihrem Bischof den Eindruck erwecken, dass sie gehorsam ist, offenbart die Art und Weise, wie sie die Dinge präsentiert, damit die Autorität ihr beipflichtet, eine vollendete Kunst des Vortäuschens.

»Eine Priorin, die zugleich auch das Amt der Novizenmeisterin innehatte, zeigte die typischen Schwankungen von Nähe und Distanz, von Schmollen oder Wut, wenn die Schwestern nicht so gehorchten, wie sie es wollte. Dabei trat sie innerhalb der Gemeinschaft sehr einschüchternd auf, während sie sich gegenüber Außenstehenden ganz charmant gab. Sie war für ihr sicheres Urteilsvermögen bekannt, wurde in angesehene Kreise eingeführt und hielt manchmal beeindruckende Vorträge, die geschätzt wurden.«

2.6 Der Pivot: Dreh- und Angelpunkt

In einer solchen Gemeinschaft wird eine Person als Mittelpunkt von allem fungieren. Der Einfachheit halber nennen wir sie Pivot, »Dreh- und Angelpunkt«. Sehr oft, aber nicht immer, wird das der Obere sein. Es kann auch ein Bruder oder eine Schwester sein, oder jene Cellerarin, die ihre Äbtissin so sehr unter ihrer Fuchtel hatte, dass eine Novizin nach der anderen vertrieben wurde. Es kann sogar eine Person von außen sein, die in der Gemeinschaft einen Platz bekommt und dann das Sagen hat, wobei außenstehende Autoritäten nicht unbedingt Kenntnis von dieser Person haben und noch weniger von den Auswirkungen auf die Gemeinschaft.

2.6 Der Pivot: Dreh- und Angelpunkt

Nach und nach wird sich ihr Einfluss auf alle ausdehnen und alles wird in Hinblick darauf funktionieren, dass es von »Herrn X.« oder »Frau Y.« gewürdigt und geschätzt wird. Ein Beispiel: Eine Gemeinschaft hatte zur Hilfe bei der Arbeit einen Laien in ihre Mitte aufgenommen, der eine solche Autorität einnahm, dass der Obere nichts mehr sagen konnte, womit der Pivot nicht einverstanden gewesen wäre: Begonnen hatte es mit der Regelung der Arbeitszeit, es weitete sich aber auf die Entscheidung über Schulungen im Rahmen der Ausbildung und schließlich auf das ganze Klima in der Gemeinschaft aus. In einer anderen Gemeinschaft ging es um die Wahl der Tischlektüre im Refektorium, um die Einladung von externen Referenten oder sogar um den Inhalt beim Kapitel. Wenn der Pivot nicht einverstanden war, ließ ein großer Teil der Gemeinschaft den Oberen dies wissen …, der sich dann zu fügen hatte! Denn in solchen Situationen ist nichts mehr gefürchtet als der Zorn des Pivots.

Diese Person wird für die Gemeinschaft zum Bezugspunkt schlechthin, so dass es nicht mehr um das Gemeinwohl, sondern um die Befindlichkeiten des Dreh-und Angelpunktes geht, und vor allem darum, ihn nicht zu verärgern! Es spielt keine Rolle, ob die Entscheidung richtig oder falsch ist, ob die Einschätzung einer Situation mit der Faktenlage übereinstimmt oder nicht; wichtig ist nur, dass der Pivot ihr zustimmt. Nun ist nicht länger das Wahre und das Gute der Bezugspunkt – das Ego des Pivots hat diesen Platz eingenommen. Wird dies tagein und tagaus gelebt, und hat man keinen anderen Bezugspunkt mehr als diesen einen, der noch dazu durch die Klausur geschützt wird, führt das zu einer Deformierung der Denkweisen und Haltungen. Die Menschen, die in einem solchen Geflecht leben, wissen nicht mehr, wer sie sind, sie existieren nicht mehr auf eine identifizierbare Weise, sie werden zu einer Emanation des Pivot, ohne eigene Persönlichkeit. Dem hl. Benedikt zufolge geht man ins Kloster, um Gott zu suchen, indem man einer Regel und einem Abt[4] folgt, während man im Falle eines sektiererischen Abdriftens nur noch unter dem Blick des Pivots lebt, der den Platz Gottes eingenommen hat – und das ist eine Katastrophe!

Einige weitere Beispiele: Beschuldigt der Pivot eine andere Person, wird – wenn sie unschuldig ist – ihr erster Reflex darin be-

---

4 *Benediktsregel*, 1,2.

stehen, sich zu verteidigen, um die Wahrheit wiederherzustellen. Wenn jedoch der Pivot seine Anschuldigung aufrechterhält, kann es passieren, dass das Klima in der Gemeinschaft und die übermächtige Beeinflussung durch den Pivot so stark werden, dass die Person einknickt und sich selber dessen beschuldigt, was ihr zu Unrecht vorgeworfen wurde. Auf lange Sicht weiß die Person nicht mehr, wer sie selbst ist; sie ist davon überzeugt, total wertlos und völlig unfähig zu sein. Sie nimmt alles, wodurch sie zerstört wird, hin, denn sie sagt sich, dass sie immerhin schon das Glück hat, von dieser Gemeinschaft angenommen zu sein. Außerdem wurde ihr oft genug eingehämmert, dass es an ihr liege, sich zu bekehren.

Und wenn diese Person nicht biegsam und anpassungsfähig genug ist, um dem Pivot zu entsprechen, wird sie oft »verstoßen« und an einen Platz gestellt, an dem sie möglichst wenig Einfluss auf die Gemeinschaft hat.

Ist die Oberin der Pivot, wird den kleinsten Ereignissen, die ihre Person betreffen, eine unverhältnismäßige Bedeutung beigemessen: Ihre Ausgänge oder ihre Rückkehr in die Gemeinschaft werden kolossale Bedeutung erlangen, ihr Gesundheitszustand wird das Thermometer der Gemeinschaft sein, ihre Stimmungen werden anzeigen, was jetzt zu tun ist.

> »Als ich nach einer langen Zeit der Abwesenheit aus einem anderen Kloster der Kongregation zurückkam, besuchte mich meine (leibliche) Schwester. Später sagte sie mir: ›Ich wollte wissen, was du durchgemacht hast; ich habe aber nur die Launen der Äbtissin mitbekommen ... und da sich das bei jedem Besuch wiederholte, haben wir es schließlich aufgegeben, dich zu besuchen. Wir hatten unsere Schwester verloren!‹.«

Sehr oft beherrschen die Vorgesetzten die Kunst der Vereinnahmung; der äußere Schein ist wichtiger als die Wirklichkeit, die Wahrheit hat nur dann ein Recht, wenn sie die großartige Bedeutung der Vorgesetzten steigert, wenn sie ihre Autorität und ihre Macht in der Gemeinschaft festigt. Hierfür ist man zu allen möglichen Rechtfertigungen und affektiven Argumenten bereit: »Nach allem, was ich für dich getan habe, könntest auch du ...«, »Du stehst mir am nächsten und verstehst mich am besten«. Nach solchen Äußerungen kann es äußerst schwierig sein, eine von der Vorgesetzten abweichende Position zu vertreten, weil die Gefahr zu groß wäre, diese Vorzugsposition zu verlieren.

Damit berühren wir ein sehr wichtiges Element: Solche Gemeinschaften haben den Kontakt mit dem Wirklichen, dem Wahren verloren und verspüren daher ein enormes Bedürfnis, sich zu rechtfertigen, und zwar unter allen Umständen und mit Argumenten, die keine sind, um die anderen – und vielleicht vor allem sich selbst – zu beruhigen. Die Wahrheit selbst verspürt dieses Bedürfnis nicht. Sie genügt sich selbst. Was ist, das ist, und muss nicht mit verschiedensten mehr oder weniger plausiblen Argumenten untermauert werden! Vielleicht haben wir hier, in diesem Bedürfnis nach Rechtfertigung, ein erkennbares Element, das außenstehende Beobachter alarmieren könnte, zum Beispiel bei einer kanonischen Visitation: Wenn ein großer Teil der Gemeinschaft diesen Reflex an den Tag legt, ist es dann nicht ein Zeichen dafür, dass etwas falsch läuft? Steht in einer solchen Gemeinschaft immer die Wahrheit an erster Stelle? Das darf man sich zu Recht fragen.

2.7 Das Verhältnis zu Informationen

Wir haben verstanden, dass eine solche Gemeinschaft in einem sehr starren System aufgebaut ist, manchmal im Kontrast zu dem, was anderswo gelebt wird, was für junge Menschen oft anziehend sein kann. Es gilt daher, dieses System um jeden Preis aufrechtzuerhalten. Zugang zu Information wird in diesem Kräfteverhältnis eine zentrale Rolle spielen, nicht so sehr im Hinblick auf Nachrichten aus aller Welt – obgleich dies auch der Fall ist –, sondern vor allem im Hinblick auf Informationen innerhalb der Gemeinschaft.

In den meisten Gemeinschaften, die sektiererische Tendenzen aufweisen, ist die horizontale Kommunikation zwischen den Brüdern oder den Schwestern verboten. Somit ist es die Oberin oder der Obere, die filtern, über welche Ereignisse informiert wird und wie die Ereignisse dargestellt werden. Wenn ein Bruder oder eine Schwester die Gemeinschaft verlässt oder ausgeschlossen wird, kennen die anderen Mitglieder weder die tieferen Gründe, noch erfahren sie, wohin die betreffende Person gegangen ist, noch wie lange sie abwesend sein wird; vor allem erfahren sie nicht, in welchem physischen oder psychischen Zustand sie ist. Eines ist jedenfalls klar: »Es war ihre Schuld« ...

2 Sektiererische Fehlentwicklung

Im Allgemeinen werden Informationen vorenthalten; es wird nicht alles gesagt, sondern nur das, was die anderen veranlassen wird, so zu urteilen wie der Pivot der Gemeinschaft. Damit bleibt also ein Teil der Wahrheit verborgen und schließlich glauben alle der Lüge, die aufgetischt wurde. Je mehr gelogen wird, desto mehr wird man zum Gefangenen des aufgebauten Systems, denn man will versuchen, ihm ein Minimum an Kohärenz zu bewahren ... und das Ganze wird zu einem Gefängnis, aus dem es kein Entrinnen mehr gibt.

Ein Beispiel: Ein Bruder soll einen anderen Bruder vom Bahnhof abholen und es wurde mit dem Oberen abgesprochen, dass die beiden die Fahrt nutzen, um miteinander zu reden. Von diesem Gespräch sollen die anderen Brüder aber nichts wissen. Anstatt also nichts über die Details des Fahrplans zu sagen, erklärt der Obere der Gemeinschaft, dass die Reisenden sicherlich zu spät zum Abendessen kommen werden, da der Zug mit Sicherheit Verspätung haben werde! Man könnte sagen, dass dies ein harmloses Beispiel ist, aber die Brüder lernen daraus, dass sie den Erklärungen, die ihnen gegeben werden, nie trauen können. Alles wird verzerrt, je nachdem, was ihnen gezeigt oder verborgen werden soll. Sie verlieren den Bezug zur Wahrheit und zur Wirklichkeit.

Man beachte, wie harmlos und unbedeutend die angeführten Beispiele zu sein scheinen. Wenn ein Bruder oder eine Schwester sie bei einem Außenkontakt oder bei einer kanonischen Visitation überhaupt erwähnt, wird jeder vernünftige Mensch seinem Gegenüber helfen wollen, den kränkenden Vorfall zu relativieren. Niemand wird darin einen Skandal sehen, geschweige denn eine sektiererische Fehlentwicklung! Sicherlich könnte man schwerwiegendere Beispiele anführen, die jedoch nicht alltäglich vorkommen. Die Kunst des Manipulierenden besteht darin, keine Handlungen zu setzen, die für ihn selbst gefährlich werden, sondern ein Klima zu schaffen, in dem er herrschen kann. Durch die unzähligen Häufungen solch kleiner Abweichungen von der Wahrheit werden schließlich die Gewissen der Mitglieder der Gruppe abstumpfen; sie gewöhnen sich an dieses Klima der Falschheit und beteiligen sich schlussendlich an diesem System. Von außen bemerkt man jedoch nichts Gravierendes, nichts Konkretes, das man anprangern müsste, ... und selbst wenn bei einer kanonischen Visitation die Visitatoren in der Gemeinschaft leben, werden sie in den wenigen Tagen nicht in der Lage sein, die toxischen Auswirkungen dieses

2.7 Das Verhältnis zu Informationen

Giftes der Lüge zu ermessen, die an solchen Orten herrschen. Dafür müssten sie dort länger leben.

Dies gilt umso mehr, als unter dem Vorwand einer übernatürlichen Sichtweise – und ohne rationale Grundlage – jedes Ereignis spirituell interpretiert wird, um damit alles zu verteidigen, was dem Pivot am Herzen liegt. Scheint das Ereignis vorteilhaft zu sein, wird es als ein Segen Gottes betrachtet. Thematisiert es eher eine Schwierigkeit, erkennt man darin eine Entfesselung des Teufels, und dass der Herr seine Freunde prüft. Das ist vor allem dann der Fall, wenn eine Autorität von außerhalb beginnt, Zweifel zu äußern und engmaschiger zu intervenieren. Darin sieht man dann eine Prüfung Gottes, die er zulässt, um die Hochherzigkeit anzuregen, und eine Aufforderung, noch intensiver weiterzumachen. Dadurch soll dem Herrn gezeigt werden, dass man ihn liebt ... Eine spirituelle Lesart von Ereignissen hat natürlich ihren Platz in unserem Leben, allerdings unter der Voraussetzung, dass wir in der Lage sind, uns in Frage zu stellen, wenn nicht alles unseren Erwartungen entspricht. Der Glaube an das Übernatürliche darf nicht zu einem Kurzschluss im Kontakt mit dem Realen führen. Durch diese ungezügelten spirituellen Interpretationen besteht die Gefahr, Ereignissen einen Wert beizumessen, die keinen haben. Umgekehrt können Sachverhalte legitimiert werden – selbst auf die Gefahr hin, dass sogar schwerwiegende Fehler so beschönigt werden, dass eine Unterscheidung von Gut und Böse unmöglich wird. Es herrscht ein völliges Durcheinander der Werte.

Worte werden oft doppeldeutig verwendet, um eine Sachlage zu verschleiern; Formulierungen bleiben ausweichend, ein Satz wird begonnen, aber nicht beendet. So beklagte sich beispielsweise ein Oberer, dass er ständig drangsaliert werde – ohne dass sein Umfeld auch nur die leiseste Ahnung hatte, was für ihn so belastend sein könnte. Es schien eher eine Taktik zu sein, um Zuwendung zu erhalten und ihm häufige Übertretungen der gemeinsamen Regel nachzusehen.

Auch die Orte, an denen Kommunikation stattfindet, sind nicht angemessen: Der Obere erteilt einen neuen Auftrag, während er einem Bruder auf dem Gang begegnet, und die Versammlung im Kapitel wird als Moment der Erholung genutzt. Er hat keine Scheu, jemanden mitten im Offizium, während des Gebetes usw. zurechtzuweisen. Dass dies alles natürlich ab und zu passieren kann, ist klar, aber wenn es ständig vorkommt, verliert man die Orientierung, fühlt sich jederzeit durch einen möglichen Angriff des Oberen bedroht, und ist schließlich zutiefst verunsichert. Das Schlimmste ist vielleicht der ständige Wechsel zwischen Äußerungen von Wertschätzung und Verachtung, von Vertrauensbeweisen und plötzlicher Wut, ohne dass es dafür irgendeinen ersichtlichen Grund gibt. Die daraus resultierende Verwirrung führt dazu, dass man bereit wird, alles zu akzeptieren, um das Schlimmste zu vermeiden: neuerliche verbale Aggressionen, denn sie sind unvorhersehbar.

2.8 Die Konsequenzen eines solchen Klimas

Man wird unfähig, einen eigenen Gedanken zu äußern, man findet keine Worte mehr. Und wenn man es wagt, eine Meinung zu äußern, die nicht mit der offiziellen Linie übereinstimmt, wird einem sofort die Befähigung abgesprochen und man wird scharf in die Schranken verwiesen. Der Körper rächt sich schließlich mit Schlaflosigkeit, Rückenschmerzen oder anderen somatischen Erkrankungen. Im fortgeschrittenen Verlauf kann es dazu kommen, dass man mit sich selbst schlecht umgeht (selbstverletzendes Verhalten, Gewalt gegen sich selbst), man achtet nicht mehr auf die Körperpflege oder flüchtet in eine erdrückende Arbeit; es kann aber auch sein, dass man Erpressungsversuche unternimmt oder einer Haltung des Schmollens verfällt, was als einzige Möglichkeit wahrgenommen wird, um noch ein wenig zu existieren.

Nicht alle Mitglieder der Gemeinschaft werden eine solch schädliche Entwicklung durchmachen. Beginnen wird es mit einem, der dann weggeschickt wird, dann folgt ein weiterer und noch einer. Von außen betrachtet wird dies anfangs mit persönlichem Fehlverhalten erklärt oder damit, dass er keine Berufung für diese Gemeinschaft hat. Es ist jedoch zu hoffen, dass die höhere Autorität (Bischof oder Generaloberer der Gemeinschaft) diese deutlichen Reaktionen schnell zur Kenntnis nimmt und sich Fragen zu stellen beginnt.

Ein menschliches System kann nicht auf Lügen, auf Loslösung von der Wirklichkeit, von der Wahrheit aufgebaut werden. Früher oder später werden Risse auftreten, die von den Vorgesetzten erkannt und ernst genommen werden müssen. Der menschliche Schaden, der angerichtet wird, ist groß. Es geht um Personen, Seelen, die den Hirten anvertraut sind. Und sie werden darüber Rechenschaft ablegen müssen!

3 Charisma und Institution

3.1 Der Fisch stinkt vom Kopf

Unabhängig davon, welches Konzept man verfolgt – das des Pivots, der sich selbst aufdrängt, oder das der Gemeinschaft, die ihn nach vorne puscht, oder eine Mischung aus diesen beiden Formen –, bleibt doch der Kopf (der Obere) das wichtigste Element; er bestimmt die Richtung und lenkt. Aus diesem Grund wird es auf den folgenden Seiten viel um die Oberen gehen. Auch der Leib (die Gemeinschaft) kann Verantwortung haben, aber er kann nichts ohne den Kopf tun. Im Falle eines Abdriftens ist dies von großem Nachteil. Die Außenstehenden, die intervenieren könnten, kennen meistens die Oberen der Gemeinschaft und stehen ihnen vielleicht sogar nahe. Aus psychologischer Sicht kann dies eine erforderliche Intervention sehr viel schwieriger machen. Bischof Ravel beschreibt sehr gut, wie schwierig es für einen Bischof ist, einen seiner Priester[1] anzuzeigen – und das ist leicht nachvollziehbar. Würde man den eigenen, leiblichen Bruder leichten Herzens anzeigen, wenn man entdeckt, dass er pädophil ist? Man darf diese ganz natürliche, psychologische Hemmung, die weit über Missbrauchssituationen hinausgeht, nicht außer Acht lassen. Häufig, wenn nicht sogar meistens, trifft ein Entscheidungsgremium wie z.B. ein Generalkapitel nur zögerlich strenge, aber notwendige Entscheidungen in Bezug auf einen beim Kapitel anwesenden Oberen. Er ist allseits bekannt, er ist ein Freund, man will ihm keinen Schmerz zufügen, so dass man schließlich, um dem Oberen keinen Schmerz zuzufügen, die Gemeinschaft leiden lässt. In der Diskussion lässt sich das leicht erkennen: Das Leid, das dem betroffenen Oberen mit einer solch schmerzhaften Entscheidung zugefügt wird, wird viel häufiger erwähnt als das aktuelle und künftige Leid der Gemeinschaft.

Die Institution ist also notwendig, damit erforderliche Entscheidungen nicht ausschließlich von persönlichen Beziehungen abhängen. Andernfalls besteht die große Gefahr, dass sich eine unantastbare Oligarchie bildet, für die der Leib den Preis zahlen muss.

1 Mgr Luc Ravel, *Comme un cœur qui écoute*, 46.

3.2 Notwendigkeit der Institution

Warum braucht es die Institution? Genügt der Heilige Geist nicht? Die Kirche braucht Institutionen, weil »Jesus Christus nicht nur gekommen ist, um die Seelen zu retten und sie in den Himmel zu führen, sondern er ist gekommen, um ein Volk aufzubauen«. Diese aufschlussreiche Bemerkung von Edward O'Connor[2] versetzt uns unmittelbar in die Perspektive des Leibes Christi, der nicht vollendet ist, denn »der ganze Leib wird durch Gelenke und Bänder versorgt und zusammengehalten und wächst durch Gottes Wirken«[3]. Auch die Ordensgemeinschaft ist ein kleines Volk.

Paul Ricœur stellt einen Ansatz vor, der sich besonders gut für die religiöse Lebenswelt eignet. Er definiert die Institution als »die Struktur des Zusammenlebens einer historischen Gemeinschaft[4]«. In dieser Sicht von *Zusammenleben* bezieht sich der Begriff der Institution eher auf gemeinsame Werte als auf eine Sammlung verbindlicher Regeln.

Warum dem *Zusammenleben* eine Struktur geben? Weil das archaischste aller Gesetz – nämlich das des Stärkeren – sich schnell durchsetzen würde, wenn die Beziehungen zwischen den Menschen durch nichts geregelt wären. »Zwischen dem Starken und dem Schwachen, zwischen dem Reichen und dem Armen, zwischen dem Herrn und dem Knecht, ist es die Freiheit, die unterdrückt und das Gesetz, das frei macht[5]«. Recht allein würde nicht ausreichen, um alles zu regeln, es muss darüber hinaus auch solide sein, wie Lacordaire sagt: »Jedes unbeständige Recht ist dem Stärkeren ausgeliefert, unabhängig von der Herrschaftsform«[6].

In einer Gemeinschaft, die sich in einer Gründungs- oder Reformsituation befindet, kommt es zu Rechtlosigkeit oder unbeständigem Recht, wenn der Obere die Regel nach eigenem Belieben än-

---

2 Edward D. O'Connor CSC, *Charisme et institution*. Als Theologe, der mit der Charismatischen Erneuerungsbewegung verbunden ist, entging ihm die Bedeutung des Charismas natürlich nicht.
3 Vgl. Kol 2,19. Siehe auch Eph 4, 16: »*Durch ihn wird der ganze Leib zusammengefügt und gefestigt in jedem einzelnen Gelenk*«.
4 Paul Ricœur, *Soi même comme un autre,* 227.
5 Henri-Dominique Lacordaire, *Du double travail de l'homme,* Conférences de Notre-Dame, Bd. III, 233–247.
6 Ders., *De l'influence de la société catholique,* Conférences de Notre Dame, Bd. II, 79–103.

dert. Er hält dann alle Macht und alle damit verbundenen Risiken in seiner Hand. Eine solche Situation ist am Anfang, wenn noch nichts Gestalt angenommen hat, manchmal unvermeidlich. Es gibt jedoch ein allgemeines Recht, das kanonische Recht, das bereits klare Grundsätze festlegt. Das Befolgen dieses allgemeinen Rechts, das auf langer Erfahrung beruht, wird bereits viele Missbräuche vermeiden, denn die Tatsache, dass eine Gemeinschaft noch keine eindeutige kirchenrechtliche Existenz hat, bedeutet nicht, dass sie sich nicht an das allgemeine kanonische Ordensrecht halten muss, vor allem wenn sie eines Tages in dieses kirchliche Gefüge eingegliedert werden will. Andererseits muss auch der Obere, sobald eine echte Gemeinschaft vorhanden ist, dem Recht der Gemeinschaft unterstehen, denn auch er ist ein Ordensmann und hat das Gelübde des Gehorsams abgelegt. Die Institution stellt die notwendige Gegenmacht dar, durch die es der Macht möglich wird, nicht der Versuchung zu erliegen, über ihren legitimen Bereich hinauszugehen.

Anschließend muss man sich mit der Schwierigkeit auseinandersetzen, wie Gerechtigkeit für alle gewährleistet werden kann. Wir neigen von Natur aus dazu, uns mehr um diejenigen zu kümmern, die wir kennen, und sehr viel weniger um die anderen. Um diese Fürsorge und Zuwendung dauerhaft zu verankern und auf alle auszudehnen, muss sich das soziale Leben auch für »Dritte öffnen, deren Antlitz ich nie kennen werde«[7], die ich aber dennoch berücksichtigen muss. Ich kenne ihr Gesicht nicht, weil sie entweder räumlich weit entfernt sind, wenn sie beispielsweise in einem Ordenshaus leben, das ich nicht kenne, oder weil sie zeitlich entfernt sind, wenn sie noch nicht in die Gemeinschaft eingetreten sind. Mit ihnen ist eine »Ich-Du«-Beziehung daher nicht möglich und doch muss sich diese Fürsorge auch auf sie erstrecken. Es ist die Institution, die eine Ausdehnung dieser Fürsorge auf die Gesamtheit des Leibes ermöglicht, während ich diese Fürsorge, selbst mit bestem Willen, nur einigen wenigen zukommen lassen könnte. Und es ist ebenfalls die Institution, die ihrerseits dieser Fürsorge ermöglicht, sich in der Zeit verankern zu können, indem sie diejenigen überlebt, die sie als Erste praktiziert haben.

---

7 Paul Ricœur, ebd., 228.

3.3 Fruchtbare Spannung zwischen Institution und Charisma

»Charisma und Institution können mit dem Saft und den Fasern eines Baumes verglichen werden: Ohne Saft gibt es kein Leben, ohne Fasern gibt es keinen Baum. Die institutionelle Struktur des Christentums sichert ihm seine Einheit, seine Ordnung, seine Kontinuität und seine Wirksamkeit; die Inspiration des Heiligen Geistes verleiht ihm sein Leben, seine Dynamik und letztlich seine Daseinsberechtigung«[8]

Ein Leib besteht aus Fleisch und Knochen. Das Skelett allein symbolisiert den Tod, aber wenn unser Leib sein Skelett verlieren würde, wäre er nur noch ein kleines, unförmiges Häufchen, das sofort zum Sterben verurteilt wäre. Die Schönheit eines Gesichtes hängt sowohl von den Knochen als auch vom Fleisch ab.

Es ist interessant, aus einer protestantischen Feder, nämlich der von Jean-Louis Leuba, zu erfahren, dass es für die Kirche notwendig ist, die Charismen zu kontrollieren, weil der »charismatische Dienst« (auf vielleicht überraschende Weise) eine »autokratische« Konzeption«[9] begünstigt. Aber wir müssen noch weiter gehen.

»Wir müssen jetzt noch einen weiteren Schritt machen und zeigen, dass im Christentum – und zwar in seinem ureigenen und sakralen Kern – Institution und Charisma auf eine Weise miteinander verbunden sind, für die es in der säkularen Gesellschaft keine Entsprechung gibt. In der Kirche sind nämlich die Institutionen selbst die privilegierten Träger der kostbarsten Charismen wie z. B. der Heiligen Schrift, der Sakramente und des pastoralen Dienstes. [...]

Die Bibel ist in der Tat ein offizielles, öffentliches Dokument, das ein für alle Mal festgelegt wurde und bis zum Ende der Zeit unveränderlich bleiben soll. Wie jede andere Institution kann sie auf einen toten Buchstaben und eine todbringende Quelle für diejenigen reduziert werden, die sie mit einem Schleier über dem Herzen lesen.«[10]

Aber gleichzeitig ist das Wort lebendig und wirksam, weil es von dem Geist beseelt ist, ohne den es nichts ist. »Wir erleben hier eine

8   Edward. D. O'Connor, *Charisme et institution*, 5.
9   J.-L. Leuba, *L'Institution et l'Événement*, 96. Zit. v. Karsten Lehmkühler, Pouvoir de guérir, 109–129.
10 Edward D. O'Connor, *Charisme et institution.*, 11–12, am Schluss wird 2 Kor 3,15 zitiert.

innige Durchdringung von Institution und Charisma, die sich gegenseitig stärken.«[11] Das gilt ebenso für die Sakramente und in einem etwas geringeren Maß für den pastoralen Dienst. Die geistlichste aller Gaben, nämlich der Leib und das Blut Christi, wurde der äußerst institutionellen Realität der apostolischen Sukzession unterstellt.

Diese ganz besondere und sehr innige Verbindung zwischen Institution und Charisma, die das Christentum kennzeichnet, hat ihre Wurzeln – oder vielleicht besser ausgedrückt, ihre Vorausgestalt – im Alten Testament, welches das Volk Gottes an diese geistliche Erfahrung der Institution gewöhnt hat. Man braucht nur zu betrachten, was das Gesetz für Israel bedeutet, so wie es beispielsweise vom Psalmisten in Psalm 119 besungen wird; dieses Gesetz, das uns so drückend erscheint und das der hl. Petrus mit einem »Joch« vergleicht, »das weder unsere Väter noch wir tragen konnten«[12]. Dieses Gesetz bereitete allerdings die Menschwerdung Gottes bevor, und Jesus unterwarf sich dem Gesetz: Lediglich die Beschneidung, die Reinigung seiner Mutter, die Wallfahrt zum Tempel, werden im Evangelium explizit erwähnt, aber die gesamte Jugend Jesu war vom Gesetz durchdrungen.

Das Ordensleben ist von dieser Spannung stark geprägt. Die Stille in einer Gemeinschaft kann nicht ohne Regeln für diese Stille erreicht werden, denn eine einzige Person, die sich ihr entziehen will, genügt, um alle zu beeinträchtigen. Eine solche Regel ist aufgrund unserer Schwäche notwendig, damit wir unterstützt werden auf dem Weg zu einem Ziel, das wir erreichen wollen, aber nur mühsam erreichen können.

> »In der ersten Zeit fällt uns das Schweigen schwer. Bleiben wir aber hierin treu, so steigt nach und nach gerade aus unserem Schweigen etwas in uns auf, das uns dazu drängt, noch mehr zu schweigen. Daher dürfen die Brüder nicht wahllos sprechen, was, mit wem oder wie lange sie wollen[13].«

Ist das Gesetz entsprechend angepasst, steht es im Dienst des Charismas, und das Charisma gibt dem Gesetz seinen Sinn. Daraus

---

11 Ebd.
12 Apg 15,10.
13 *Statuten des Kartäuserordens*, 14.1f. Vgl. Isaac von Ninive, *De perfectione religiosa*, c. 65, 450. Die *Statuten* werden nach der offiziellen deutschen Ausgabe zitiert.

können sich zwei Fehlhaltungen ergeben: der Legalismus[14], der sein ganzes Bemühen auf die Anwendung des Gesetzes legt, und zwar unabhängig von dessen Bedeutung, und sich so mit einem Buchstaben ohne Geist begnügt. Die andere Fehlhaltung hat keinen Namen. Sie vertritt die Auffassung, dass der Geist vom Buchstaben und damit vom Gesetz dispensiert. Aber um welchen Geist geht es hier? Um den Heiligen Geist oder um den Geist des Menschen – den Eigenwillen – oder gar um den Geist des Widersachers? Die Mönche vom Berg Athos, die im Namen der Freiheit des Heiligen Geistes ein Experiment mit idiorhythmischen Klöstern machten, in denen jeder seine eigene Regel aufstellte, gaben dieses Experiment angesichts der daraus resultierenden Dekadenz schnell wieder auf.

Die Institution bremst das Leben und schützt es – das ist ihr Paradox. Sie hat etwas Schwerfälliges an sich, gegen das der charismatische *leader* protestieren wird, denn diese Schwerfälligkeit hindert ihn daran, die Dinge und die Menschen nach seinem Belieben zu manipulieren. Sie kann auch eine wünschenswerte Entwicklung bremsen, vielleicht weniger aus sich selbst heraus, sondern weil sie von denen, die ungern etwas ändern wollen, leicht zu instrumentalisieren ist, denn die Institution existiert nicht durch sich selbst, sondern es sind die Menschen, die sie existieren lassen. Sie beschützt aber auch die Existenz des Ordenslebens vor unserem unbeständigen Wollen, weil sie weiß, dass »der Geist willig, aber das Fleisch schwach ist[15]«. Und das ist nichts Neues.

3.4 Objektivität und Affektivität

Manche kritisieren die Institution als zu kalt und zu unpersönlich. Das kann aber auch von Vorteil sein, um unerfreuliche Konfusionen zu vermeiden. Wenn ein Pilot nicht fähig ist, ein Flugzeug bei schlechtem Wetter korrekt zu fliegen, wird man ihn nicht auf seinem Posten lassen, *nur um seine Gefühle nicht zu verletzen*, denn das Leben von 150 Passagieren ist wichtiger als die Enttäuschung des Piloten. In Klöstern mit regelmäßiger Wahl der Oberen kann man jedoch feststellen, dass eine Tendenz besteht, einen Abt, eine Äbtissin oder eine Priorin erneut zu wählen, *um ihre Gefühle nicht*

---

14 Auch Pharisäertum genannt, was jedoch etwas gemein gegenüber den Pharisäern ist, die nicht allesamt Legalisten waren.
15 Mk 14,38.

3.4 Objektivität und Affektivität

zu verletzen, auch wenn sie das Kloster nicht zufriedenstellend geleitet haben. Abt, Äbtissin oder Priorin können damit auch spielen, sogar unbewusst. Ein typisches Beispiel für diese Art von Konfusion ist die Reaktion einer Nonne, die durchaus ein gutes Urteilsvermögen besitzt. Als eine Priorin nicht wiedergewählt wurde, sagte sie: »Sie wird sicher enttäuscht sein, dass sie nicht die Zuneigung ihrer Schwestern hat«. Diese Bemerkung vermischt die Ebenen: die Abstimmung bei der Wahl einer Priorin ist kein Zeichen von Zuneigung oder Abneigung, sondern damit wird anerkannt, dass sie fähig ist, eine Gemeinschaft klug zu leiten.

Dieselbe Vermischung kommt bei Abstimmungen auf den verschiedenen Etappen des Ordensweges vor. Die Gemeinschaft, und damit jeder einzelne Mönch, ist aufgerufen, darüber zu entscheiden, ob ein Kandidat die Fähigkeit hat, sich auf diese Lebensweise zu verpflichten. Dabei ist das Wohl des Kandidaten und das der Gemeinschaft zu bedenken; die Abstimmung dient nicht der Feststellung, ob er sympathisch oder unsympathisch ist. Daraus folgt: Die Gemeinschaft muss natürlich ausreichend lange vor der Abstimmung ordnungsgemäß informiert werden, damit über die Abstimmung nachgedacht und – wenn man so sagen darf – gebetet werden kann und sie nicht rein emotional geschieht.

4 Das Gemeinschaftsleben

»Seht doch, wie gut und schön ist es, wenn Brüder miteinander in Eintracht wohnen.« (Ps 133,1)

Dieser Psalmvers könnte die Charta für das Gemeinschaftsleben bilden. Die Realität ist meist weniger idyllisch, da das Zusammenleben nie von selbst funktioniert, weder in einer Gemeinschaft noch in einer Ehe. Hier wie überall zeigen sich menschliche Schwächen; eine jahrhundertealte Weisheit hat Begrenzungen setzen müssen, damit dieses gemeinsame Leben gelingt und auf größtmögliche Weise mit dem Evangelium übereinstimmt.

»Wer seinen Bruder nicht liebt, den er sieht, kann Gott nicht lieben, den er nicht sieht« (1 Joh 4, 20). Das ist ein sicherer Weg, um zu lernen, Gott nicht mit Wort und Zunge zu lieben, sondern in Tat und Wahrheit[1]. Das Gemeinschaftsleben ist eine Schule der Nächstenliebe, der Geduld, der Selbsthingabe, des Dienens, der Demut, der Vergebung, des Hinhörens, der Feinfühligkeit ... – die vollständige Liste würde lang werden. Aber nichts von alldem geschieht automatisch, und das folgende Wort des Herrn ließe sich auf das Gemeinschafsleben anwenden: »Das Tor, das zum Leben führt, ist eng und der Weg dahin ist schmal«[2].

Es ist daher überhaupt nicht verwunderlich, dass auch im Gemeinschaftsleben verschiedenste Reibungen, Egoismen, Eitelkeiten, Empfindlichkeiten, Rivalitäten, Zorn, Groll ... gedeihen – auch hier würde die vollständige Liste lang werden. Warum sich darüber wundern? Das Ordensleben ist ganz einfach menschlich und wer ins Kloster geht, tut dies nicht, weil er heilig ist, sondern um heilig zu werden. Die Mönchsväter sahen die Wüste ganz klar als einen Ort des Kampfes gegen das Böse – in der Nachfolge Christi, der in der Wüste versucht wurde. Alle Formen des Ordenslebens wissen dies.

Damit das Gemeinschaftsleben gelingt, müssen eine Struktur und Regeln aufgestellt werden. Der hl. Pachomius, der Begründer des Zönobitentums, machte diesbezüglich eine bittere Erfahrung.

---

1 Vgl. 1 Joh 3,18.
2 Mt 7,14.

Von Nächstenliebe erfüllt, hatte er eine Gemeinschaft gegründet und sich zu deren Diener gemacht. Er dachte, dass sich seine Brüder ebenso wie er selbst danach sehnen würden, dem Herrn zu folgen. Weit gefehlt! Schließlich musste er sich der Tatsache stellen, dass sie alle Ideale verloren hatten und sich in einem völlig weltlichen Geist bedienen ließen. Er jagte alle davon und fing wieder bei null an, diesmal stellte er jedoch Regeln auf.

Die Kreativität des Ordenslebens hat sich in zahlreichen Ausgestaltungen entfaltet, die oft von den Kulturen abhingen, die es hervorbrachten. Die *Benediktsregel* ist eng mit der römischen Gesellschaft verbunden und der Abt hat etwas von einem *paterfamilias*. Das Mönchtum hat eine recht monarchische Struktur beibehalten, die Bettelorden brauchten mehr Flexibilität. Für alle Formen von Leitung gibt es im Ordensleben eine Entsprechung. Das Wissen um diese Vielfalt ist von großer Bedeutung, damit das Gemeinschaftsleben und die Art, wie es geleitet wird, nicht auf ein einziges Modell reduziert werden.

Es gab unterschiedlichste Formen … und auch unterschiedlichste Fehlentwicklungen, von der Tyrannei bis zur Anarchie. Aber das Böse ist weitaus weniger erfinderisch als das Gute, und die Erfahrung zeigt, dass es sich oft wiederholt.

4.1 Der Dienst der Autorität

Die Ausübung von Autorität ist ein Dienst, ohne den keine Gesellschaft auf Dauer bestehen kann. Es ist ein anspruchsvoller und riskanter Dienst für den, der ihn ausübt, da Macht eine große Versuchung beinhaltet. Der hl. Benedikt erinnert den Abt immer wieder daran, dass er eines Tages seinem Herrn Rechenschaft ablegen muss, da auch er eine Autorität über sich hat. Richtige Autorität steht im Dienst des Lebens, des Friedens, der Gemeinschaft. Sie freut sich daran, wenn jeder seinen eigenen Reichtum sowohl im Gemeinschaftsleben als auch im persönlichen Leben entfalten kann. Sie vermag zuzuhören, zu verstehen, mitzufühlen, zu trösten. Sie versteht es auch, zu ermutigen, voranzutreiben, zu helfen, das Beste von sich zu geben. Manchmal muss sie zügeln und korrigieren oder versuchen, die Dinge wieder in Ordnung zu bringen, wenn der natürliche Hang nach Bequemlichkeit zu sehr überhand genommen hat.

4.1 Der Dienst der Autorität

In der *Benediktsregel* finden wir an mehreren Stellen anschauliche Beispiele für diese ganz besondere Haltung des Abtes, der in der Lage sein soll, Festigkeit und Güte miteinander zu verbinden. Diese Stellen schildern Situationen, in denen er einem Mönch eine Sanktion auferlegen muss. Das ist typischerweise ein Akt der Autorität, bei dem die ganze Macht des Oberen spürbar wird. Aber die *Benediktsregel* formuliert in ihrer unermesslichen Weisheit die Sanktion – die notwendig ist, damit sich der Mönch seiner Verfehlung bewusst wird und damit die Ordnung im Gemeinschaftsleben respektiert wird – stets mit Güte und Aufmerksamkeit gegenüber der betroffenen Person. Wenn nämlich die Sanktion den Mönch bricht und ihm alle Hoffnung nimmt, aus der Sackgasse, in die er sich manövriert hat, wieder herauszukommen, wird sie nichts Gutes bewirken. Nachdem die *Regel* einen Strafkodex aufgestellt hat, der die verschiedenen Formen von Sanktionen festlegt, die einem Mönch, der sich verfehlt hat, auferlegt werden können, betont sie in Kapitel 27, dass sich der Abt »mit größter Sorge« um die Brüder kümmern muss, die sich verfehlen. Diese Fürsorge hindert ihn nicht daran, zu strafen, aber untersagt ihm, zu demütigen oder zur Verzweiflung zu bringen.

> »Mit größter Sorge muss der Abt sich um die Brüder kümmern, die sich verfehlen, denn nicht die Gesunden brauchen den Arzt, sondern die Kranken (Mt 9,12). Daher muss der Abt in jeder Hinsicht wie ein weiser Arzt vorgehen. Er schicke Senpekten, das heißt ältere weise Brüder. Diese sollen den schwankenden Bruder im persönlichen Gespräch trösten und ihn zu Demut und Buße bewegen. Sie sollen ihn trösten, damit er in nicht zu tiefe Traurigkeit versinkt (2 Kor 2,7). Es gelte, was der Apostel sagt: ›Die Liebe zu ihm soll erstarken‹ (2 Kor 2,8). Alle sollen für ihn beten.«[3]

Die Weisheit dieser Lehre zeigt sich auch darin, dass sich der Abt in der Fürsorge um den Bruder, der sich verfehlt hat, nicht allein weiß. Es liegt natürlich an ihm, die erforderlichen Entscheidungen zu treffen, aber er wendet sich auch an die ganze Gemeinschaft und bittet sie um ihr Gebet; darüber hinaus wendet er sich an einige andere Mönche, die demjenigen, der sich in Schwierigkeiten befindet, mit Feingefühl beistehen sollen. Eine öffentliche Verfehlung, vor allem wenn ihr eine Sanktion folgt, ist in Gemeinschaften sehr oft Anlass

---

[3] *Benediktsregel*, 27.

für eine viel radikalere Exkommunikation als sie vom Lehramt der Kirche ausgesprochen werden kann. Der Schuldige wird als Aussätziger betrachtet und in erdrückendste Einsamkeit verbannt. An dieser Stelle räumt die *Regel* ein, dass in bestimmten Fällen ein vorübergehender Ausschluss notwendig sein kann; sie setzt aber einen Rahmen, der verhindert, dass eine solche Sanktion zum Verhängnis wird, und der sicherstellt, dass sie nur vom Abt ausgeht.

Der Abt, der Prior, der Obere stehen also im Dienst Lebens, des geistlichen, menschlichen und gemeinschaftlichen Lebens. Das Beispiel Christi, der »nicht gekommen ist, um sich bedienen zu lassen, sondern um zu dienen«[4], trägt und leitet sie. Aber darüber muss noch mehr gesagt werden, denn religiöse Autorität kann nicht ohne die Inkarnation verstanden werden.

4.2 Autorität und Gehorsam gründen in der Inkarnation

Das Ordensleben in der Nachfolge Christi hat seinen Ursprung ganz und gar in der Inkarnation. Als das Wort Fleisch annimmt, ist davon nicht nur Jesu persönliches Menschsein betroffen. Der hl. Augustinus spricht vom »ganzen Christus«, ein Begriff, der einfach damit erklärt werden kann, dass der »ganze Christus« aus Haupt und Gliedern besteht; der »ganze Christus« sind also er und wir. Jesus hat dies besonders stark zum Ausdruck gebracht als er vom Jüngsten Gericht sprach: »Ich war hungrig und ihr habt mir zu essen gegeben; ich war durstig und ihr habt mir zu trinken gegeben; ich war fremd und obdachlos und ihr habt mich aufgenommen«[5]. Alle klösterliche Gastfreundschaft hat hier ihren Ursprung, alle Dienste der aktiven Kongregationen haben hieraus ihre Inspiration empfangen. Wir dürfen nämlich dieses Wort, das in der ersten Person gesagt ist, nicht verwässern: »Ich war hungrig«.

> »Wenn wir einem Menschen konkrete Liebe erweisen, ist es auch Christus, der sie empfängt. Die Grundlage dieser Wahrheit (des Glaubens) ist, dass Christus sich diesen Menschen ›zu eigen‹ gemacht hat; er hat ihn mit sich identifiziert oder er hat sich mit ihm identifiziert. Das ist die Weiterführung der Inkarnation, auf die die Väter – insbesondere Cyrill von Alexandrien – großen Nachdruck legten. Christus hat sich das ganze Menschsein ›zu ei-

---

4 Mt 20,28.
5 Mt 25,35.

gen gemacht‹, nicht nur in moralischer Hinsicht, sondern tatsächlich und ontologisch. Sogar der hl. Augustinus sieht das so, wie die bewundernswerte Meditation in seiner Auslegung zu Psalm 85 bezeugt, die ein echter ›Schlüssel zum Leben‹ ist. In ihr sieht man, wie die Menschen aller Generationen schreien, dann zu Fall kommen und der nachfolgenden Generation den Platz überlassen, die ebenfalls schreien und dann fallen werden. Dieser Schrei setzt sich im Menschengeschlecht fort, sagt Augustinus; in Wirklichkeit ist es der Schrei Christi, dessen Passion bis zum Ende der Welt andauert. Dies rechtfertigt das ebenfalls erstaunliche Wort von Papst Benedikt XVI.: ›Keine einzige Träne geht verloren‹.«[6]

So wissen wir, dass die ganze Fürsorge und Liebe, die den Kranken erwiesen wird, Christus erwiesen wird. Es geht nicht darum, zu sagen, dass der Kranke nicht zählt, weil ich in ihm Christus pflege, denn Christus empfängt nur das, was der Kranke wirklich empfängt, nämlich Fürsorge und Liebe. Der Kranke soll um seiner selbst willen geliebt und umsorgt werden, aber diese Liebe, die ganz auf ihn ausgerichtet ist, berührt gleichzeitig und in einer einzigen Bewegung Christus, ohne dass man auch nur daran denken müsste. Es ist unermessliche göttliche Güte, die uns damit die Möglichkeit gibt, Christus genauso konkret zu dienen wie es Maria und Josef und die Zeitgenossen Jesu taten. Welcher Christ würde Maria von Betanien nicht ein wenig um die wundervolle Geste beneiden, als sie das Öl, das sie über die Füße Jesu gegossen hatte, mit ihren Haaren trocknete? Der Infirmar, der die Körperpflege eines Kranken durchführt, erhält diese Möglichkeit, wenn er es mit Liebe und Feingefühl tut.

Auch die religiöse Autorität und der religiöse Gehorsam haben ihre Grundlage in der Inkarnation. Die Quelle ist im Leben von Nazaret zu suchen und wurde vom hl. Lukas mit vier Worten ausgedrückt: »Er war ihnen gehorsam«[7]. Als Christus Fleisch geworden ist, um unser menschliches Leben zu erfahren und anzunehmen, hat er sich ganz darauf eingelassen. Als echtes Kind gehorchte er seinen Eltern. Doch der Evangelist hat soeben gezeigt, dass Christus tiefer um das Mysterium wusste als sie: »Sie verstanden nicht, was er damit sagen wollte. Dann kehrte er mit ihnen nach Nazaret zurück und war ihnen gehorsam.« Jesus erahnt durch die Worte seiner

---

6 Ein Kartäuser, unveröffentlichter Briefwechsel.
7 Lk 2,51.

Eltern, dass für ihn das »in dem sein [...], was meinem Vater gehört«, in diesem Moment bedeutet, ihnen gehorsam zu sein, auch wenn sie einen wesentlichen Aspekt seines Mysteriums nicht verstehen. Die Unterordnung des fleischgewordenen Wortes bringt jenen Gehorsam in die Welt, der den Ungehorsam von Adam und Eva wiedergutmachen wird. Dieser Gehorsam wird sich am Kreuz vollenden – »Es ist vollbracht!« – aber er beginnt bereits in Nazaret. Und so wie sich der Gehorsam Jesu gegenüber seinem Vater während seiner Passion dadurch zeigt, dass er sich erschreckend menschlichen Vorgängen unterwirft, so zeigt sich in Nazaret die Tiefe seines Gehorsams indem er seinen Eltern untertan ist, die selbst ganz und gar menschlich sind, mit all den Grenzen, die das mit sich bringt. Diese Grenzen sind alles andere als ein Hindernis, sondern essentiell, denn wäre sonst das Leben Jesu ganz das unsere gewesen?

So wie der Krankenpfleger oder die Krankenschwester Christus im leidenden Menschsein des Kranken ganz konkret dient, so folgen die Ordensleute Christus in seinem freiwilligen Gehorsam gegenüber einer menschlichen Autorität nach, die ihre Grenzen hat, die von Sünde[8] gezeichnet und daher fehlbar ist. Diese Grenzen sind keineswegs ein Betriebsunfall, sondern integraler Bestandteil des Ordensgehorsams.

Heutzutage ist es ziemlich gefährlich geworden, sich allzu sehr auf die klassische, aber schwer verständliche Aussage zu berufen, die besagt, dass der Obere *den Platz Gottes einnimmt*. Das bedeutet keineswegs, dass der Obere kraft seines Amtes an den göttlichen Vorrechten teilhat und dass sein Wort Wahrheit ist, sondern dass er bei den Ordensleuten eigentlich den Platz einnimmt, den Maria und Josef bei Jesus einnahmen. Er hüte sich jedoch davor zu vergessen, dass er weitaus unwürdiger ist als sie, um an diese Stelle zu treten.

Für den Oberen tritt derjenige, der gehorcht, an die Stelle Christi
Diese theologische Sichtweise von Gehorsam hat eine weitere Konsequenz: Der Obere muss seine Autorität über seine Brüder als Kinder Gottes ausüben. Wenn es also heißt, dass der Obere *für uns den Platz Gottes einnimmt*, wie soeben dargelegt wurde, muss diese Aussage durch eine weitere vervollständigt werden: Für den

---

[8] Das gilt für die Ordensleute, aber auch für Jesus, denn der hl. Josef war wie wir alle ein reumütiger Sünder.

4.2 Autorität und Gehorsam gründen in der Inkarnation

Oberen, tritt derjenige, der gehorcht, an die Stelle Christi – und zwar aus demselben Grund. So wie der Krankenpfleger Christus im Kranken, dem seine Fürsorge gilt, dienen kann, wenn er dies mit Liebe tut, so kann der Obere im Bruder, dem er eine Anweisung gibt, Christus dienen, vorausgesetzt, er tut dies mit Liebe und Respekt, sonst ist es Christus, den er schlecht behandelt.

Wenn die Krankenschwester im Kranken, den sie pflegt, Christus begegnet, kann auch der Kranke in der Krankenschwester, die ihn pflegt, Christus begegnen. Diese Wechselseitigkeit der Gegenwart Christi im Kranken und im Pflegenden findet sich auch in einem schönen Text von Guigo:

> »Die Kranken werden daher ermahnt, ihre Aufmerksamkeit auf die Leiden Christi zu richten und ihre Pfleger auf seine Barmherzigkeit. So werden die einen stärker, um die Leiden zu ertragen und die anderen bereitwilliger, um ihnen beizustehen. Während sie Christus ganz nahe sind, und die einen an die empfangenen Dienste und die anderen an die geleisteten Dienste denken, werden Erstere nicht hochmütig und Letztere vernachlässigen sie nicht, denn beide erwarten von demselben Herrn den Lohn für ihren Dienst – die einen für ihr Leid, die anderen für ihr Mitleid.«[9]

Man könnte den Text abändern, um ihn auf die Autoritätsbeziehung anzuwenden: Der Ordenschrist soll den Gehorsam Christi betrachten, der Obere seine Milde. Dann werden Erstere unverzüglicher gehorchen und Letztere mehr darauf achten, gerechte Anordnungen zu treffen. Wenn alle bedenken, dass es aus Liebe zu Christus geschieht, dass sich die einen unterwerfen und die anderen anordnen, dann wird es weder auf der einen Seite Nachlässigkeit noch auf der anderen Seite Härte geben, sondern jeder wird von demselben Herrn den Lohn für die vollbrachte Aufgabe erhoffen, die der eine mit Fügsamkeit und der andere mit Feingefühl ausgeübt hat.

Das Vorbild der Heiligen Familie

Die Vollmacht, die der Obere empfangen hat, beschränkt sich daher nicht auf eine Übertragung, die nur die materiellen Aspekte der zu erledigenden Dinge betreffen würde. Neben der konkreten

---

[9] Guigo, fünfter Prior der Kartause, der die erste Regel, *Consuetudines* genannt, verfasste. Guigues, *Coutumes*, 38.2, 241f.

Aufgabe, die Gemeinschaft lebendig zu halten, hat er die geheimnisvollere Aufgabe erhalten, seinen Brüdern zu ermöglichen, Christus in ihrem täglichen Leben zu gehorchen. Die Grenzen seines Charakters, seiner Weisheit oder seiner Kompetenz stehen diesem Geheimnis nicht völlig im Wege, wie aus einer humorvollen Antwort der hl. Teresa von Ávila hervorgeht, die sie ihren Mitbrüdern in einem geistlichen Wettstreit gab, als sie sagte,

> »dass sie jedem Ritter der Jungfrau, der ganz entschlossen jeden Tag auch nur einen einzigen Akt setzt, sein ganzes Leben lang einen sehr dummen, böswilligen, gefräßigen und übelgelaunten Oberen auszuhalten, dass sie dem [Ritter] an dem Tag, an dem er das macht, die Hälfte dessen schenkt, was sie an jenem Tag [...] an Verdiensten erwirbt ...«[10]

Um den richtigen Grundton zu finden, ist es gut, über das erstaunliche Bild zu meditieren, das uns die Heilige Familie bietet: Wenn Maria Jesus bittet, ins Bett zu gehen, wird er ins Bett gehen, und wenn Josef ihn bittet, ein Brett zu bearbeiten, wird er ein Brett bearbeiten. Diese Unterordnung des fleischgewordenen Wortes hat etwas Erstaunliches an sich. Aber sie impliziert natürlich, dass Maria und Josef Jesus entsprechend seiner Würde als Sohn Gottes behandeln. Sich einen Jesus vorzustellen, der unreflektiert und ohne Urteilsvermögen gehorcht, wäre nicht nur absurd, sondern vielleicht sogar häretisch, weil es einen Keil zwischen seinen menschlichen Willen und seine Göttlichkeit treiben würde. Jesus hat einen menschlichen Willen, der sich von seinem göttlichen Willen[11] unterscheidet, weil jede der beiden Naturen in der Menschwerdung vollständig erhalten bleibt. Da sie jedoch zu ein und derselben Person gehören, können sie nicht im Gegensatz zueinander stehen. Das Gleiche gilt für die göttliche und die menschliche Vernunft Jesu.

Der Ordensobere, der Anweisungen erteilt, erteilt einem Sohn Gottes Anweisungen – und das ist im engen Wortsinn zu verstehen. Er erteilt ihm die Anweisungen sogar *weil* dieser ein Sohn

---

10 Teresa von Ávila, *Geistlicher Wettstreit*, 28. Werke, Bd. 1, 1629.
11 Das Gegenteil zu behaupten wäre Monothelitismus, eine Häresie, gegen die der hl. Maximus Confessor unermüdlich kämpfte und die ihm die Palme des Martyriums einbrachte. (Der Monothelismus – mit »l« geschrieben – behauptet, dass Christus nur *einen* Willen hat.)

Gottes ist, denn das Gehorsamsgelübde, das sich auf Gott richtet, verleiht dem Oberen Autorität über den Ordensbruder. Dies erfordert tiefen Respekt vor seiner Freiheit und Würde.

»Der Prior, dessen Amt keine geringe Selbstverleugnung verlangt, beziehe auf sich die Worte Guigos, der sagt: Du bist von deinem Herrn zum Dienst an deinen Söhnen bestellt. Lass sie deshalb nicht tun, was dir gefällt, sondern was ihnen nützt. Zu ihrem Nutzen musst du dich hinneigen, nicht sie zu deinem Willen. Denn sie sind dir anvertraut, nicht damit du ihnen vorstehst, sondern damit du ihnen nützt.«[12]

Er hat auch die furchterregende Aufgabe, seinen Brüdern ein Bild zu vermitteln, das es ihnen nicht allzu schwer macht, seine Autorität als Gegenwart Christi, des Meisters, zu erkennen. Seine eigene sündige Menschlichkeit ist für diese Sendung ein Hindernis, und nur wahre Demut wird diese Trübung transparent machen, denn er wird wissen, dass die Ordensbrüder nicht ihm gehorchen, und dass er eher jenem Esel ähnlich ist, der Reliquien trägt, wie La Fontaine in einer seiner Vers-Fabeln[13] beschreibt.

4.3 Pyramidenförmige und sternförmige Strukturen

Der Mensch ist jedoch Mensch und es kann zu einer Machtverschiebung kommen, bei der die Macht nicht mehr im Dienst der anderen steht, sondern stattdessen anfängt, andere in ihren Dienst zu stellen[14]. Je strahlender die Persönlichkeit und je bewunderns-

---

12 *Statuten des Kartäuserordens*, 23.25, die Guigo zitieren: »Trachte nicht danach, dass deine Herren, d.h. die Söhne deines Herrn, zu deren Dienst du von ihrem Vater, dem Herrn, deinem Gott, berufen worden bist, tun, was du willst, sondern was ihnen nützlich ist. Denn du musst dich dem beugen, was ihnen nützlich ist, und sie nicht deinem Willen unterwerfen. Denn sie sind dir nicht anvertraut worden, damit du ihnen befiehlst, sondern damit du ihnen nützlich bist.« Übers. n.: Guigues 1er, *Méditations*, 346, 225.
13 »Ein Esel, der Reliquien trug, war dumm genug, zu glauben, dass man *ihn* verehre; Weihrauch und Lobgesänge nahm er hin, als ob man's ihm beschere. Sprach einer, der dahinterkam: ›Herr Langohr, lasst die Eitelkeit, sie zeigt uns nur, wie dumm ihr seid. Wir singen nicht zu Eurem Ruhm, wir ehren hier das Heiligtum‹.« La Fontaine, *Fabeln*, 54.
14 Man darf Autorität und Dienst nicht in Gegensatz zueinander stellen. Die Autorität soll ihre Rolle nicht aufgeben, um ein Dienst zu werden; sie soll mit Gerechtigkeit und reiner Absicht ausgeübt werden. Jede soziale Körperschaft braucht Autorität.

werter die Gemeinschaft ist, desto größer wird die Versuchung sein. Allmählich wird die Gemeinschaftsstruktur auf subtile Weise modifiziert, um ihren Zweck zu verändern und sie in den Dienst der Autorität und deren Erhaltung zu stellen. Während reiner und einfacher Autoritarismus leicht zu erkennen ist, weil er die Empfindungen unmittelbar verletzt, kann eine solche Verschiebung des Handlungsziels sehr viel unbemerkter vor sich gehen. Sie manifestiert sich jedoch deutlich darin, dass alles vom Haupt der Gemeinschaft ausgeht und alles dorthin zurückkehrt.

In den alten und gut strukturierten Orden oder Kongregationen mit ihrer langen Geschichte wurden seit langem Korrekturelemente eingefügt, die sie zwar nicht vor einem auf Abwege geratenen *leader* schützen, aber im Allgemeinen wird eine solche Störung auf eine einzelne Gemeinschaft beschränkt bleiben und nicht die Gesamtheit erfassen. Es ist schwer vorstellbar, dass der gesamte Benediktinerorden vom Kurs abkommt, während dies in der einen oder anderen Abtei durchaus schon vorgekommen ist. Aber in solchen Fällen verfügt die Institution über Mittel, mit denen das Abdriften behoben werden kann. Solche Mittel sind insbesondere kanonische Visitationen oder die Kapitel.

Ein größeres Risiko besteht in einer Gründungs- oder Reformsituation, wenn der Obere auch der Verfasser der zu erarbeitenden Konstitutionen ist und diese nach seinem Belieben ändert. Er hat dann sämtliche Befugnisse in seinen Händen: legislative, exekutive und judikative. Alle Entscheidungen, alle Vorgaben kommen von ihm. Da man ihn für den Hort des Charismas hält, besteht die Gefahr, dass er die einzige Referenz für die Gemeinschaft bleibt. Dann werden die Qualitäten des Oberen zu einer Falle – zuerst für ihn selbst und dann für die Gemeinschaft, die fasziniert ist.

Verbot von Gesprächen unter den Mitgliedern
Wenn alles vom Haupt ausgeht und wieder zum Haupt zurückgeht, handelt es sich um eine pyramidenförmige Struktur, die eine Machtstruktur ist. Sie stützt sich typischerweise auf eine sternförmige Beziehungsstruktur. Ein Abt, der in verschiedenen Gemeinschaften unmittelbar mit sektiererischen Entgleisungen in Kontakt gekommen war, sagte: »Jedes Mal stellte ich fest, dass die Beziehungen immer vertikal und nie horizontal verlaufen: Man kom-

4.3 Pyramidenförmige und sternfömige Strukturen

munizierte mit seiner oder seinen Oberinnen, aber es wurde nie mit den anderen Mitgliedern der Gemeinschaft auf einer tieferen Ebene kommuniziert.«

Er ist nicht der Einzige, dem diese Tatsache auffiel, die – betrachtet man sie von außen – immer überrascht. Versuchen wir, uns eine Familie vorzustellen, in der es den Kindern verboten wäre, miteinander zu sprechen, und die nur mit ihren Eltern persönliche Beziehungen haben dürften. Wäre das nicht eine offenkundige Absurdität? Dennoch kommt dies in Gemeinschaften vor, in denen die Kommunikation unter den Mitgliedern verboten ist. Warum ist das so?

Eine normale Gemeinschaft hat eine Netzstruktur. Es besteht eine Verbindung zwischen jedem Mitglied und dem Haupt, zusätzlich kommen aber noch vielfältige Verbindungen zwischen den einzelnen Mitgliedern hinzu. Wenn der Obere nach eigenem Belieben schalten und walten will, muss er jeden Widerstand zum Schweigen bringen. Abgesehen von starken Persönlichkeiten wird sich ein einzelner Mönch nur schwerlich seinem Prior widersetzen, wenn er sieht, dass kein anderer etwas in Frage zu stellen scheint. Man wird diesen Mönch leicht davon überzeugen, dass er übertreibt oder etwas falsch beurteilt. Die Gefahr besteht also darin, dass er bemerken könnte, dass ein anderer, oder sogar mehrere, so denken wie er, was in ihm die Überzeugung stärken könnte, dass sein Ansatz letztlich doch richtig sein könnte.

Um dieses Risiko zu vermeiden, muss der Obere lediglich alle Querverbindungen kappen, wodurch jede wirklich persönliche Beziehung und jedes Gespräch über wesentliche Themen unter den Mitgliedern verhindert wird. Da die Ordensleute nur noch mit dem Oberen eine tiefere Beziehung haben – und zwar ausschließlich mit ihm – besteht nicht mehr die Gefahr, dass sie von der Linie abweichen, die er beibehalten will. Es mag dabei Mittelspersonen geben, aber sie sind gewissermaßen nur Antriebsriemen. Wer also Zweifel am Funktionsprinzip der Gemeinschaft haben könnte und niemanden hat, mit dem er darüber reden kann, wird nicht die Bestätigung erhalten, die er braucht, damit aus einer Intuition, selbst wenn sie diffus ist, eine Überzeugung wird. Er wird im Zweifel bleiben und nicht weiterkommen. In einer Klausurgemeinschaft werden die Mitglieder dann in großer Isolation sein.

4 Das Gemeinschaftsleben

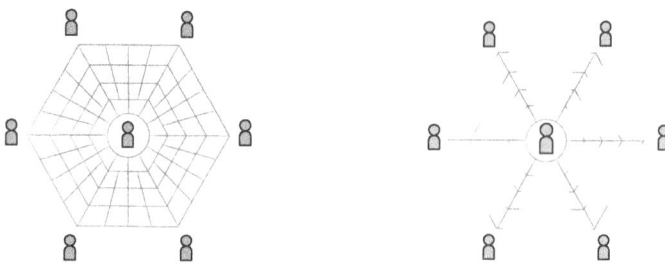

Die obige Zeichnung soll dem besseren Verständnis dienen: Links ist die normale, netzförmige Struktur zu sehen, rechts die sternförmige Struktur, bei der alle Querverbindungen durchtrennt sind, so dass nur noch das Gerüst, das Skelett, vorhanden ist. Die Beziehung zwischen zwei Mitgliedern geht zwangsläufig über das Zentrum, das daher alles kontrollieren kann. Das Skelett ist wichtig, aber wenn nur noch das Skelett da ist, gibt es kein Leben mehr.

Durch welchen spirituellen Prozess kann eine solch unglaubliche Situation für die Mitglieder akzeptabel werden? Die eingesetzten Mittel sind sehr unterschiedlich und bedienen sich verschiedener Aspekte des Ordenslebens, wie z.B. das Betonen von Verschwiegenheit, von Diskretion; es werden spirituelle und mystische Gründe angeführt wie die vollkommene Gemeinschaft der Auserwählten oder der Dreifaltigkeit, oder der Respekt vor der Innerlichkeit des anderen – alles kann angeführt werden, man braucht nur ein wenig Fantasie zu haben. Wer aufmerksam hinschaut, wird den wahren Grund leicht erkennen, wenn er das Ergebnis sieht: nämlich die Unterdrückung der so natürlichen und notwendigen Realität einer echten, persönlichen Kommunikation zwischen den Mitgliedern. Da alles vom Haupt kommt, wird der Leib ganz passiv, und die Persönlichkeiten – vor allem die facettenreichen – werden sehr bald nicht mehr genug Luft zum Atmen haben oder erstickt werden.

Sieht man es von der Seite der Macht, die der Versuchung erlegen ist, alles kontrollieren zu wollen, ist die Reaktion logisch. *Teile und herrsche* – diese Methode ist seit langem bekannt. Solschenizyn zeigt in *Der Archipel Gulag* die Taktik der bolschewistischen Machthaber, mit der sie ihre früheren Verbündeten, die revolutionären Sozialisten, ausschalteten: Versetzung. Da sie keine wirkliche Verfolgung riskieren wollten, versetzten sie die Anführer der

Bewegung von einer Stadt zur anderen. In einer Welt, in der es noch kein Internet gab, war jeder, der in einer unbekannten Stadt ankam, plötzlich ohne Beziehungen, und wenn er wieder ein Netz von Beziehungen aufgebaut hatte, wurde er wieder versetzt. Die Methode ist anders, aber das Ziel ist dasselbe: Beziehungen zwischen Menschen unterbinden, die sich widersetzen könnten. In einer Gemeinschaft ist die erste Gegenmacht die Gemeinschaft selbst. Der Abt oder der Prior machen nicht, was sie wollen. Es gibt die Regel und es gibt die Gemeinschaft. Auf der Ebene der Kongregation gibt es Räte und Kapitel. Auch der Obere gehorcht und ordnet sich der Realität der Gemeinschaft unter – und das ist gut so. Gibt es freien Austausch zwischen den Mitgliedern der Gemeinschaft und hat die Gemeinschaft wirklich die Möglichkeit, sich zu äußern, ist eine Einheit, die nur Fassade wäre, nicht mehr möglich. Entweder ist die Einheit echt oder es wird keine Einheit geben.

Das Denken kontrollieren

Die sternförmige Struktur ist, ob beabsichtigt oder nicht, von ihrem Wesen her eine Kontrollstruktur: Der Obere kontrolliert alles, da er alles erfährt. Den Mitgliedern, die keinen anderen Referenzpunkt haben als ihn, fehlt jede Möglichkeit, eine Situation anders zu beurteilen als er, zumindest wenn sie immer in einer solchen Struktur gelebt haben.

Eine solche Situation kann dazu führen, dass der Zugang zu Büchern drastisch eingeschränkt wird. Die Bibliothek ist verschlossen, und was ins Haus gelangen kann, wird stark gefiltert. Sollen dadurch die Mitglieder vor den Gefahren einer Gedankenwelt geschützt werden, die dem internen Gedankensystem fremd ist, einschließlich der Gefahr, dass sich dieses Gedankensystem gar nicht als so überlegen erweisen könnte wie behauptet wird, und dass dies offenkundig würde?

Natürlich werden dafür scheinbar triftige Gründe angeführt. »Wir haben unsere Spiritualität. Wenn du aus anderen Quellen schöpfen willst, wirst du nicht in der Lage sein, in die Tiefe deiner Berufung vorzudringen. Du solltest dich nicht verzetteln, es reicht, eine einzige Furche zu ziehen. Die Wüstenväter wollten keine Bücher.« Entäußerung, Weltflucht, Einfachheit usw. Da man sich in diesem Zusammenhang auch auf die Tradition der Kartäuser berufen hat, ist es angebracht, dies zu korrigieren. In den ersten Jahren des Noviziates gibt es eine gewisse Beschränkung, damit sich der frisch angekommene Novize nicht mit allem auf einmal befasst. Aber anschießend haben alle freien Zugang zur Bibliothek.

Es ist freilich normal, die Mönche oder Nonnen aufzufordern, bei bestimmten Arten von Lektüre, die für ihre Berufung nicht relevant sind, zurückhaltend zu sein. Unser Leben ist Gott geweiht und gehört ihm; wir müssen uns vor unserer Neugier hüten. Noch gravierender wird die Frage, wenn es um einen Zugang zum Internet geht. Eine Einschränkung kann daher normal und sogar notwendig sein, aber es gibt ein Kriterium, das uns ermöglicht, Sinn und Angemessenheit einer solchen Einschränkung zu beurteilen, denn alles hängt von der konkreten Intention ab: Wenn die Restriktion darauf abzielt, die Berufung zu schützen und wenn sie sich ganz natürlich aus der gewählten Lebensform ergibt, ist sie normal; wenn sie aber darauf abzielt, den exklusiven Einfluss einer einzigen Denkweise zu schützen, ist sie nicht normal. Das Kriterium kann sich auch auf den Inhalt beziehen. Eine Zugangsbeschränkung zu den übermäßig vielen und oft unnötigen Informationen, die unsere Epoche kennzeichnen, kann gerechtfertigt sein. Wenn sie sich auf den Zugang zu Büchern aus dem Bereich von Spiritualität und Theologie oder auf Dokumente des kirchlichen Lehramtes bezieht, ist dies keineswegs mehr hinnehmbar.

4.4 Hochmut und Isolation

Warum wird eine solche Festung errichten, indem die Mitglieder der Gemeinschaft untereinander und die Gemeinschaft von der Außenwelt isoliert werden? Darauf gibt es keine einfache Antwort. Das Streben nach Macht und der Wunsch, sie zu erhalten, stehen nicht unbedingt an erster Stelle. Als Erzbischof Carballo, Sekretär der römischen Kongregation für die Institute des geweihten Lebens, die Große Kartause besuchte, machte er eine auf den ersten Blick überraschende Bemerkung: »Sektiererische Fehlentwicklung beginnt dann, wenn sich eine Gemeinschaft oder ein Institut allen anderen überlegen fühlt«. Diese Bemerkung von jemandem, der so viele Fälle sektiererischer Irrwege persönlich kennt, gibt zu denken. Ja, solche Institute, solche Gemeinschaften werden sich aufgrund ihres Überlegenheitsgefühls schnell vom Leib trennen.

4.4 Hochmut und Isolation

»Schon vor der Erschaffung der Welt hat Gott unsere Ordensfamilie erwählt, damit wir heilig und untadelig vor ihm leben.« Das Tragische an diesem Satz ist, dass es sich um ein Zitat handelt. Er wäre eine perfekte Definition für die Berufung der erlösten Menschheit, d.h. der triumphierenden Kirche. Er gilt also für den ganzen Leib und er gilt auch für ein Glied als Glied des Leibes. Eine Ordensfamilie darf ihn daher nicht auf sich allein beziehen, das wäre Usurpation. Unabhängig von den verwendeten Formulierungen bleibt der Gedanke derselbe: Ein Gefühl der Überlegenheit oder sogar der Exklusivität, das sich in Formulierungen wie »Wir sind die Besten« oder sogar »Wir sind die einzig wahren Ordensleute« ausdrücken kann. Gewöhnlich geht dies mit einer gewissen Geringschätzung für andere Ordensangehörige einher, die möglicherweise als dekadent angesehen werden. Dieses Empfinden, außerhalb – und natürlich oberhalb – des Gewöhnlichen zu stehen, trennt die Gruppe, die autoreferentiell wird. Alles wird von innerhalb der Gruppe her gedacht und zwar nur von innerhalb. Das Denken der Gruppe wird zum Maßstab der Wahrheit und der praktischen Lebensführung. Unterschwellig oder sogar explizit formuliert, liegt der Gedanke einer göttlichen Mission zur Rettung des Ordenslebens oder der Kirche zugrunde, sowie die Gewissheit, dass diese Gruppe als einzige die Wahrheit oder Weisheit bewahrt hat, und in der universellen Verlorenheit die Arche Noah darstellt. Wenn die Kirche sie auf eine Fehlentwicklung hinweisen will, wird die Gemeinschaft nicht mehr in der Lage sein, darauf zu hören und könnte der Kirche den Gehorsam verweigern – im Namen des Gehorsams gegenüber dem Gründer und dem »Charisma« der Gemeinschaft, als dessen Hüterin sie sich versteht,

Zur Veranschaulichung des eben Gesagten folgen Ausführungen eines Ordensmannes, der die Krise, die seine Gemeinschaft durchlebte, analysiert:

»Dank des menschlichen Charismas des Gründers und der dynamischen Ausstrahlung, die er seinen Mitgliedern vermittelte, lebte die Kongregation lange in dieser quasi messianischen Allmacht und zwar zu einer Zeit, als viele Kongregationen in der Kirche im Ungehorsam gegenüber dem Konzil lebten. Die Vorstellung, zu den treuen Söhnen zu gehören, war berauschend. In einer Zeit, als der Relativismus allgegenwärtig war und ein einseitiges Denken herrschte, fühlten sich viele junge Menschen von dieser fast schon heroischen Mission angezogen. Die Kirche zu retten – welche Ehre, welche großartige Mission!

Um sich vor den Feinden der Kirche zu schützen, musste man abgeschottet leben. Die Feinde waren überall, sogar in der Kirche. Nur diejenigen, die unser Handeln und unsere Lebensweise lobten, waren unserer Wertschätzung würdig. Diese Abschottung ist aber nicht als eine physische Trennung von der Welt zu verstehen. Unsere Trennung war intellektuell und emotional. Sie war daher stärker und tiefer. Sie leitete unser Handeln und unser Denken.«

4.5 Einheitsdenken

Dieser kollektive Hochmut erzeugt ein Einheitsdenken oder ist dessen Folge, denn beide verstärken einander. Die Gruppe, die glaubt, die einzige Überlebende des Debakels zu sein, hält ihr Denken für das einzig wahre, das einzig richtige, das einzige, das dem Charisma oder gar dem Glauben[15] treu geblieben ist; alles Denken, das sich davon entfernt, wird automatisch zu einer Frucht des bösen Feindes, wie auch immer er genannt werden mag. Das Denken der Welt im Gegensatz zu den Auserwählten der Welt; psychologisches Denken im Gegensatz zu spirituellem oder mystischem Denken; ein Denken, das als fleischlich, irregeleitet, mittelmäßig, modernistisch (falls es sich um eine traditionelle Gruppe handelt) bzw. als traditionalistisch (falls sich es um eine Gruppe handelt, die modern sein will) oder als diabolisch qualifiziert wird – die Liste der Attribute ist lang und hängt vom Kontext ab.

Innerhalb der Kommunität reagieren nicht alle gleich. Manchmal hält fast die ganze Gemeinschaft oder Kongregation fest zusammen, manchmal ist nur der Obere verantwortlich, die anderen

---

15 Die Unterscheidung ergibt sich aus dem messianischen Kontext, in dem die Gemeinschaft lebt. Wenn die Gemeinschaft glaubt, dass sie den Auftrag hat, ihren Orden oder ihre Kongregation zu retten, wird sie sich für die einzige halten, die dem Charisma treu ist. Wenn sie glaubt, dass sie den Auftrag hat, die Kirche zu retten, wird sie der Meinung sein, dass nur noch sie allein dem christlichen Glauben treu ist. Dies kann sich in Formulierungen spiegeln wie z.B.: »Die Bischöfe glauben nicht mehr«.

folgen, weil sie nur die Information (und die Formation) erhalten, die man ihnen zukommen lassen will. Und diejenigen, die einen klaren Kopf und Durchblick hätten, wurden schon lange zuvor außer Gefecht gesetzt, so dass sie sich nicht mehr äußern können.

Der Begriff »Gruppe« umfasst also zwei Untergruppen, nämlich jene, die sich explizit anschließen und die daher aktiv an der Aufrechterhaltung der Situation beteiligt sind, und jene, die zweifellos anders denken würden, wenn sie frei wären, denen aber das Umfeld, in dem sie leben, diese Freiheit nicht gewährt. Ein Betroffener spricht dieses Problem an:

> »Auch psychisch labile oder emotional abhängige Menschen können reagieren und agieren, wenn sie wissen, was wahr und was falsch, was gerecht und ungerecht, was Tugend und Sünde ist. Wenn jedoch absoluter und BLINDER Gehorsam und absolutes und BLINDES Vertrauen als höchste Tugenden gelten, wenn jeder Zweifel als vom Teufel kommend und damit als sündhaft angesehen wird, wenn es dem ›alten Menschen‹ oder dem Hochmut zugerechnet wird, etwas in Frage zu stellen, wenn alle eigenständige Urteilsbildung als Folge der Erbsünde betrachtet wird, dann ist man ohnmächtig und wehrlos ...«

In einem solchen Rahmen hat die Kommunität nicht mehr nur eine Lebensregel, sondern auch eine Denkregel, was ein schwerwiegender Angriff auf das Gewissen ist.

4.6 Die Kultur der Ausnahme

Wird der Obere mit der Regel gleichgesetzt, folgt daraus nur allzu schnell, dass ihm alles erlaubt ist. Die pyramidale Struktur, die ihn über alle anderen stellt, der kollektive Hochmut, der das Gefühl verstärkt, außerhalb der Masse zu sein, und vor allem der Umgang mit Autorität, die sich als ultimative Instanz präsentiert, bringen den Oberen in eine Situation, die völlig außerhalb der Norm ist. Wenn man über jeder Regel steht, weil man selbst zur Regel geworden ist, woher nimmt man dann die Bereitschaft, sich dem zu beugen, was unangenehm und schmerzlich sein könnte? Nahrung, Klausur, Schweigen, Komfort: Alles wird Gegenstand von Ausnahmen. Was soeben im Singular geschrieben wurde, wird oft in den Plural gesetzt, weil die Ausnahme, die dem Oberen erlaubt ist, sich schnell auf seine engen Mitarbeiter ausdehnt.

Es ist nicht ungewöhnlich, dass der Obere dazu neigt, sich Ausnahmen zu erlauben. Die Statuten der Kartäuser warnen den Prokurator ausdrücklich:

> »Der Prokurator – und das gilt auch für die anderen Amtsträger des Hauses – muss wachsam sein, dass er sich nicht unter Missbrauch seines Amtes Ausnahmen oder unnötige Dinge bewilligt, die er anderen nicht gestatten würde.«[16]

Wenn die Ausnahme jedoch zum Normalfall wird, ändert sich die Ebene. Abgesehen davon, dass der Obere nicht mehr als Vorbild fungieren kann, ist ein allmähliches Abgleiten in ein ungutes Verhältnis zu Geld oder auch Sexualität möglich. Vor kurzem gab es einen Skandal um einen Abt, der gemeinsam mit einem Mitbruder luxuriöse Verhaltensweisen an den Tag legte und z.B. Wochenenden für 30 000 € in Hotels verbrachte – finanziert aus zweckentfremdeten Spenden, die für Arme bestimmt waren. Ein solches Beispiel, das in diesem Ausmaß zum Glück außergewöhnlich ist, zeigt, dass ein Ordensmann nicht unbedingt von der Anziehungskraft, die Geld und Vergnügungen ausüben, verschont bleibt. Deutlich häufiger gibt es beispielsweise den zumindest fragwürdigen Brauch, dass ein Oberer ein persönliches Bankkonto hat. Dieser Punkt erfordert echte Wachsamkeit, denn wenn Fehlentwicklungen beginnen, kommt es fast immer zu Problemen im Umgang mit Geld.

Diese Kultur der Ausnahme schadet den Mitgliedern der Kommunität nicht unmittelbar, aber sie führt zu Unbehagen und sogar zu einem Gefühl der Ungerechtigkeit. Wenn der Obere einerseits im Namen der Armut Einschränkungen auferlegt und andererseits nach Belieben über ein eigenes Bankkonto verfügt, ohne jemandem Rechenschaft darüber abzulegen, haben die Mitglieder der Gemeinschaft kein Vorbild mehr und könnten Anstoß nehmen. Die Schwächsten werden sich in ihrem eigenen Engagement in Frage gestellt fühlen.

Die Merkmale einer Vorrangstellung können so zu Auswüchsen führen. Zum monastischen Leben gehört es, die Rolle des Abtes als Stellvertreter Christi in der Gemeinschaft durch Zeichen der Achtung oder einen besonderen Tisch im Refektorium zu betonen. Wenn dies jedoch dazu führt, dass für ihn Silberbesteck gedeckt wird und er bessere Speisen als die Mönche bekommt, darf

---

16 *Statuten des Kartäuserordens,* 26.8.

man sich die Frage stellen, ob das noch die Ehrerbietung gegenüber dem Repräsentanten Christi ist, die von der Benediktsregel beschrieben wird?

Wenn der Obere nicht dasselbe Leben wie seine Brüder führt, ist eine wesentliche Dimension des Ordenslebens gefährdet. Es kann sogar eine gewisse Scheinheiligkeit einsetzen. In einer neuen Gemeinschaft, die übrigens nicht überlebte, mussten die Ordensbrüder unter sehr harten Bedingungen leben. Sie schliefen in einem schlecht geheizten Gebäude in einem Schlafsaal ohne jede Privatsphäre, während der Gründer ein geruhsames Leben führte; er wohnte allein in einem separaten Gebäude, wo er mehr als nur den notwendigen Komfort genoss. Aber aus Demut zelebrierte er die Messe barfuß.

Die Propheten übten heftige Kritik an den Hirten, die sich nicht um die Herde kümmern:

> »Weh den Hirten Israels, die nur sich selbst weiden. Müssen die Hirten nicht die Herde weiden? Ihr trinkt die Milch, nehmt die Wolle für eure Kleidung und schlachtet die fetten Tiere; aber die Herde führt ihr nicht auf die Weide«[17].

Die moderne Version dieses Textes würde neben dem bereits erwähnten Geld auch die übermäßige Nutzung des Internets, Freizügigkeit in nicht notwendigen oder weltlich motivierten Außenbeziehungen, Komfort im Lebensalltag und auf Reisen, grundlose Ausgänge, gewohnheitsmäßiges Fernbleiben von der Messe oder dem gemeinsamen Offizium usw. enthalten.

Die Belastung durch das Amt kann einige Ausnahmen rechtfertigen, aber es ist alles eine Frage des Maßes, die mit jemandem überprüft werden muss, sei es der geistliche Begleiter oder ein anderer. Man darf jedoch nicht vergessen, dass die Vorbildfunktion, die zur Hirtenaufgabe des Oberen gehört, von großer Bedeutung ist. Die *Statuten des Kartäuserordens* raten dem Prior, der nicht mehr in der Lage ist, das Beispiel eines regeltreuen Lebens zu geben, von seinem Amt entbunden zu werden:

> »Ist ein Prior wegen Alter oder Krankheit nicht mehr in der Lage, seine Herde zu weiden und ihr das Beispiel eines regeltreuen Lebens zu geben, so erkenne er dies demütig an und begehre, ohne

---

17 Ez 34,2f.

das nächste Generalkapitel abzuwarten, vom Reverendus Pater Barmherzigkeit.«[18]

Die Kultur der Ausnahme kann durch eine Kultur des Außergewöhnlichen verstärkt werden. In einer Gemeinschaft, die meint, alles neu erfunden zu haben, ist das Außergewöhnliche allgegenwärtig: In der Persönlichkeit und der Geschichte des Gründers, in den Umständen der Gründung und sogar in den grundlegenden Dingen des Lebens. Man lässt die Priester nicht vom Ortsbischof, sondern vom Nuntius, von einem Kurienkardinal oder, wenn möglich, sogar vom Papst weihen. Die Kongregation ist selbst Teil der Ausnahme:

> »Uns wurde unumwunden gesagt, dass wir zu einer Elite gehören. Diese Kommunität war Teil der Erneuerung des monastischen Lebens, sie war die Kommunität, die Jesus für seine Wiederkunft in Herrlichkeit hatte gründen wollen[19]. – Und Gott hat uns berufen, uns! Und daher ist es an uns, die Kirche zu retten! Das Heil der Welt lastete wirklich auf unseren Schultern.«[20]

Treibt man dies ein wenig auf die Spitze, kann das zu perversen Folgen führen. Die Mitglieder der Kommunität werden dazu neigen, fragwürdige Formen der Machtausübung in der Gemeinschaft oder gegenüber einzelnen Personen zu akzeptieren, ohne sich allzu viele Fragen zu stellen, da im Konvent ohnehin nichts normal ist. Das kann zu Situationen führen, die der Heilige Vater als sexuelle Sklaverei bezeichnet hat. Selbst wenn das Gewissen des Opfers reagiert und das Böse benennt, trägt der Kontext dazu bei, es zwar nicht für normal zu halten, aber da das Leben außerhalb der Norm so sehr zur Gewohnheit geworden ist, unterwirft sich das Gewissen ebenfalls aus Gewohnheit. Im Konvent ist nichts wie in der Welt; die gewohnte Denkweise lässt sich nicht mehr anwenden und schließlich übernimmt man den Refrain: »Bei uns ist das normal«[21].

---

18 *Statuten des Kartäuserordens*, 23.23. *Barmherzigkeit begehren* bedeutet in diesem Zusammenhang, von seinem Amt enthoben zu werden. Der Reverendus Pater ist der Prior der Großen Kartause.
19 Marie-Laure Janssens im Dokumentarfilm von Jean-Claude et Anne Duret, *Emprise et abus spirituel*.
20 Xavier Léger, ebd.
21 Ein klassischer Satz von Sexualstraftätern, die damit das Gewissen eines Opfers, das die Moralität ihrer Beziehung in Frage stellt, zum Schweigen bringen wollen.

4.7 Die Falle der Institutionalisierung des Charismas

Während des letzten Konzils wurde eine gewisse Verknöcherung kritisiert, die eine Gefahr für das Ordensleben sein könnte, wenn man dieses auf die reine Erfüllung der Ordensregel reduzieren würde. Eine echte Wiederentdeckung des Wirkens des Heiligen Geistes führte zu einer großen Bewegung, die eine schläfrig gewordene Kirche wachrütteln und wieder lernen wollte, stärker nach dem Geist zu leben. Es war eine intensive Periode des Arbeitens, des Nachdenkens und des Entdeckens neuer Möglichkeiten. Es wäre übertrieben zu sagen, dass alles, was glänzte, Gold war, aber es kam doch ein Reichtum zutage, der nicht bestritten werden kann. Viele Christen konnten, unabhängig davon, ob sie Ordensleute waren oder nicht, lernen, wie die Fügsamkeit gegenüber dem Heiligen Geist eine Regel oder ein Gesetz, mit Leben erfüllt, die – für sich allein genommen – den Tod bringen können.

Durch diesen neuen Ansatz wurde die Kreativität der Reformer und der Gründer stärker betont. Das war an sich nichts umwerfend Neues, denn charismatische Persönlichkeiten hatten seit jeher am Beginn neuer Entwicklungen im Ordensleben gestanden. Die Besonderheit der nachkonziliaren Ära bestand in einem Misstrauen gegenüber der Institution, verbunden mit dem impliziten oder expliziten Gedanken, dass die Institution gegen das Charisma sei. So kam es zu der Tendenz, alles auf dem Charisma aufzubauen, auf der Flexibilität, auf dem Wort des Verantwortlichen, wie auch immer man es nennen mag. Eine schlanke Struktur hat den Vorteil, beweglich, reaktionsfähig und kreativ zu sein. Das Haupt braucht nur ein Wort zu sagen und der ganze Leib folgt.

Hinter den Kulissen vollzog sich jedoch langsam ein doppelter Prozess, dessen Folgen nicht sofort ersichtlich waren: Wenn einerseits das Charisma ganz in den Händen des Oberen liegt und wenn er der Gemeinschaft das Wort des Heiligen Geistes übermittelt, wird es immer undenkbarer, ihm zu widersprechen, denn das würde Widerstand gegen Gott bedeuten. Im Begleitschreiben zu einem Text einer Generaloberin schrieb die Sekretärin an die Kongregation: »Anbei einige Worte des Heiligen Geistes durch den Mund von X., die heute und für jeden eine richtungsweisende Wahrheit sind«. Diese Zeilen sind völlig überspannt und unangemessen. Wenn die Worte von X. eine für jeden verbindliche Wahrheit sind, ist jeder kritische Blick unmöglich.

4 Das Gemeinschaftsleben

Wenn andererseits feststeht, dass alle dynamische Kraft charismatisch sein muss, und dass jedes Charisma vom Haupt ausgeht, zeichnet sich am Horizont eine bange Frage ab: Was geschieht an dem Tag, an dem die Schlüsselperson nicht mehr da sein wird? Noch bevor dieser Gedanke bewusst wird, wird die Notwendigkeit der Institution deutlich, damit eine Lebensform auf Dauer etabliert werden kann – und so werden wir zu Zeugen einer seltsamen Umkehrung:

Am Anfang folgte man dem Oberen, weil er Träger des Heiligen Geistes war und sich als Erster fügsam zeigte. War es nicht genau das, was die Menschen dazu gebracht hatte, ihm zu folgen? Jetzt, wo sich das Personenkarussell gedreht hat, sei es, weil der Reformer oder der Gründer nicht mehr da ist, sei es, weil sich das Institut weiterentwickelt und andere Personen Leitungsverantwortung übernommen haben, muss das charismatische Modell, wenn es nicht verändert wird, perpetuiert werden. Da aber die charismatischen Personen nicht immer zu dem Zeitpunkt und an dem Ort auftauchen, wie wir es uns wünschen, werden die Personen, die dazu ausersehen sind, Verantwortung zu übernehmen, *ipso facto*, d.h. durch die Institution mit dem Etikett »charismatisch« ausgestattet: Das Charisma ist zu einer Institution geworden. Man ist von einem Schema zu einem anderen übergegangen. Aus »Diese Person steht an der Spitze, weil sie Trägerin des Heiligen Geistes ist« wurde »Diese Person ist Trägerin des Heiligen Geistes, weil sie an der Spitze steht«.

Das ist nicht ganz falsch, denn es gibt das, was man die Standesgnade nennt. Wenn daher eine Person auf rechte Weise ein Amt übertragen bekommt, schenkt Gott ihr die erforderlichen Gnaden, um es auszuüben. Aber diese automatische Kanonisierung – man könnte auch, wenn es dieses Wort gäbe, sagen: die automatische »Prophetisierung« des Oberen, weil er Oberer ist, bleibt ein Unsinn, denn sie führt dazu, dass all jene Elemente eingeführt werden, die notwendig sind, um eine absolute Autorität zu etablieren. Die Freiheit des Heiligen Geistes läuft Gefahr, einer Form der Tyrannei zu weichen.

Dieser Prozess wird durch eine unklare Begriffsverwendung begünstigt. Der Begriff *Charisma* hat je nach Kontext sehr unterschiedliche Bedeutungen. Seine primäre Bedeutung ist personenbezogen und bezeichnet im christlichen Sprachgebrauch eine beson-

4.7 Die Falle der Institutionalisierung des Charismas

dere Gnade, die eine einzelne Person vom Heiligen Geist empfängt, eine Gabe, die innerhalb des Leibes [der Kirche] fruchtbar werden soll. Wendet man diesen Begriff auf eine Ordensgemeinschaft an, bezeichnet er das, was man auch ihre eigene Gnade nennen könnte, nämlich die besondere Weise, in der diese Ordensgemeinschaft einen Aspekt des Lebens Christi widerzuspiegeln sucht, oder besser gesagt: den besonderen Weg, auf dem sie unter der Einwirkung des Heiligen Geistes ihre Mitglieder aufruft, sich mit einer Dimension des Lebens Christi zu vereinen. In seiner primären Bedeutung ist ein Charisma also eine besondere und nicht übertragbare Gabe, während das Charisma der Gemeinschaft durch die Jahrhunderte hindurch weitergegeben werden kann, insbesondere durch seine Ausformulierung in den Konstitutionen. Die unklare Begriffsverwendung kann zu der Annahme führen, dass die Gemeinschaft ihr Charisma verliert, wenn keine charismatische Person an der Spitze steht – daher der Reflex, auf dem Wege der Institution eine charismatische Person zu kreieren, um sicher zu sein, das Charisma der Gemeinschaft zu erhalten. Es ist müßig, die Absurdität dieses Unterfangens zu betonen: Dem Heiligen Geist erteilt man keine Befehle. Was das Charisma der Gemeinschaft betrifft, so gibt es nichts zu befürchten; es kann durch andere Menschen fortgesetzt werden, die die Bedeutung des Impulses verstanden haben, der von demjenigen oder derjenigen ausgegangen ist, der oder die am Anfang der Bewegung stand, und die es verstehen, diesen Impuls in kreativer Treue fortzuführen. Die Gemeinschaft tritt dann in einen Prozess der Tradition ein, die im weitesten Sinne des Wortes »Überlieferung« bedeutet: Eine Generation gibt an die nächste weiter, was sie selbst empfangen, gelebt und angepasst hat, damit das Leben weitergeht.

Aber dieser Übergang erfordert eine gewisse Demut; er verlangt die Bereitschaft, etwas zu verlieren. Das Feuer des Anfangs oder des Neubeginns[22] lässt ein wenig nach und die Gefahr einer Routine wird spürbar. Das ist der Preis für die Dauerhaftigkeit, aber auch für den Erfolg; ein Institut, das anziehend ist, zieht mittelmäßige und hervorragende Bewerber an. Dauerhafter Enthusiasmus ist eine Illusion und selbst die Urkirche, die dem Herrn noch so

---

22 Das hier Gesagte bezieht sich nicht nur auf neue Gemeinschaften, sondern auf jede Erneuerungsbewegung, die von einer außergewöhnlichen Person initiiert wurde.

nahe war, hat schon sehr bald Lauheit gekannt – Paulus und Johannes haben sich übrigens darüber beklagt. »Ich habe der Gemeinde geschrieben. Aber Diotrephes, der unter ihnen der Erste sein will, erkennt uns nicht an.«[23] Das Wirken des Heiligen Geistes vollzieht sich in der Mittelmäßigkeit des Menschseins, in der Schwäche und im Widerspruch – am schmerzlichsten, wenn er innerlich ist – es vollzieht sich in der Liebe, die trägt und vergibt. Ist die Gründung oder die Reform zur Reife gelangt, macht sie die kreuzigende Erfahrung der Demut des Erlösers, der in den Augen der Welt nicht glänzen wollte. Zu akzeptieren, *nur* das zu sein, ist sowohl eine Herausforderung als auch eine *conditio sine qua non*, um in der Wahrheit zu bleiben.

4.8 Der Kult der Einheit

Einheit: Uniformität oder Harmonie?

Die Ordensleute haben immer versucht, die Einheit, die Christus glühend ersehnte[24], in einem irdischen Modell zu verwirklichen, ohne auf die Vollendung der vollen Einheit des Leibes Christi im Reich Gottes zu warten. Es erübrigt sich zu sagen, dass der zu Beginn dieses Kapitels zitierte Psalmvers nur einen Teil der Wirklichkeit abbildet, denn *miteinander in Eintracht wohnen* heißt vor allem: einen Weg der Umkehr gehen, der unablässig neu begonnen wird. Wir sind alle so verschieden! Wie kann es gelingen, eine so uneinheitliche Gruppe wirklich, und nicht nur dem äußeren Anschein nach, zu einen? Der frühere Abt vom Mont des Cats, Dom Guillaume Jedrzejczak, sagte bei einem Vortrag:

> »Oft meint man, dass die Klöster Orte der Uniformität sind, obwohl sie in Wirklichkeit wahrscheinlich die Orte auf dem Planeten sind, an denen es die höchste Dichte an Originalen pro Quadratmeter gibt.«[25]

Eine Einheit, die vom Prinzip einer Gussform oder einer Schablone ausgeht, kann nur dazu führen, dass den einzelnen Personen

---

23 3 Joh 9; siehe auch Phil 1,15; 2 Tim 4, 10.16.
24 Joh 17.
25 Vortrag in der Großen Kartause, September 2018.

Gewalt angetan wird, da das, was über die Form oder die Schablone hinausragt, abgeschnitten werden muss. Dieser Ansatz ist von vornherein zum Scheitern verurteilt; er kann lediglich zu einer scheinbaren und oberflächlichen Einheit führen, weil er die Unterschiede für eine Bedrohung der Einheit hält.

Die andere Möglichkeit besteht darin, vom entgegengesetzten Postulat auszugehen und ein Wort in der weiter oben gestellten Frage zu ändern. Das Adjektiv *uneinheitlich* wirft einen negativen Blick auf die Unterschiede und es wäre besser, diese Sichtweise zu ändern: »Wie kann es gelingen, ein so facettenreiches Gefüge wirklich – und nicht nur dem äußeren Anschein nach – zu einen?« Der Schlüssel zur Einheit liegt in der Art und Weise, wie die Unterschiede betrachtet werden. Wollen wir für das Haus Gottes eine Mauer aus völlig identischen Betonblöcken oder eine Mauer aus ganz verschiedenen Steinen, deren Anpassung viel mehr Geschick erfordert, deren Schönheit aber die erste bei weitem übertrifft? Die erste Mauer ist nur eine Uniformitäts-Einheit, die zweite eine Harmonie-Einheit. Uniformität zeichnet sich durch das Fehlen erkennbarer Unterschiede aus, während Harmonie die Unterschiede geschickt nutzt, um eine anspruchsvolle Einheit zu schaffen. In ihr liegt der Ursprung der Polyphonie oder der Symphonie.

Im Zentrum dieser höheren Einheit befindet sich ein Kern, der alle zusammenführt: dies gilt für jede menschliche Gemeinschaft. In einer Ordensgemeinschaft formt sich die Einheit rund um die spezifische Eigenart der Gemeinschaft: zuerst in ihrem wesentlichen Kern, der Suche nach Gott oder der Nachfolge Christi, sodann in einigen weniger grundlegenden, aber spezifischen Elementen der jeweiligen Gemeinschaft. Wem das Gemeinschaftsleben nicht zusagt, kann kein Trappist werden und wem die Einsamkeit nicht zusagt, kann kein Kartäuser werden. Jede Form des Ordenslebens enthält einige unabdingbare Elemente, über die sich alle einig sein müssen, und genau um diese Elemente geht es beim Erkennen und Überprüfen einer Berufung. Der hl. Benedikt gibt uns dazu ein Beispiel: *Si revera Deum quærit* – »*ob er wirklich Gott sucht*«[26]. Ist das

---

26 *Benediktsregel*, Kap. 58,7. Die Ordnung bei der Aufnahme von Brüdern. »Man achte genau darauf, ob der Novize wirklich Gott sucht, ob er Eifer hat für den Gottesdienst, ob er bereit ist zu gehorchen und ob er fähig ist, Widerwärtiges zu ertragen.«

nicht der Fall, wird der junge Mann oder die junge Frau im monastischen Leben fehl am Platz sein und man muss es ihnen sagen. Das ist weder ein Vorwurf noch eine Abwertung, sondern es bedeutet einfach, dass sie sich in der Tür geirrt haben. Versucht man um jeden Preis, sie zu einem Benediktiner oder einer Benediktinerin zu machen, riskiert man ernsthafte Probleme. Auf der ersten Ebene gibt es also einen Kern, der aus einigen nicht verhandelbaren Elementen besteht, die die Berufung definieren und die in allen Häusern des Institutes anzutreffen sind.

Rund um diesen Kern gibt es ein Geflecht von Elementen, das einer Gemeinschaft eine bestimmte Physiognomie verleiht, was dazu führt, dass der eine Mensch in diese Abtei und ein anderer in jene eintritt. Es sind weniger wichtige Elemente, die eher kultureller Art sind, aber die Eingliederung erleichtern können.

Ansonsten herrscht jedoch größte Freiheit, jene Freiheit, die bewirkt, dass die Seelen genauso unterschiedlich bleiben wie die Gesichter der Mönche. Man kann in Eintracht miteinander leben und verschiedene Vorlieben in puncto Spiritualität, Liturgie, Politik oder Ernährung haben – das gehört zum Leben. Wie können wir verhindern, Nebensächliches mit dem Wesentlichen zu verwechseln, wenn solche Unterschiede nicht gemacht werden und wenn das, was einfach nur Ausdruck einer gesunden Vielfalt ist, als Bedrohung wahrgenommen wird?

Gleichwohl erfordert gemeinsames Leben, auch in der Ehe, dass manche Aktivitäten gemeinsam ausgeübt werden. Die Liturgie ist das typischste Beispiel: In einer Kommunität mag der eine Deutsch und der andere Latein bevorzugen, aber in derselben Messe kann nicht der eine auf Deutsch und der andere auf Latein antworten. Die Einheit der Liturgie erfordert also einen Verzicht, oder besser gesagt, viele Verzichte. Hier muss eine wichtige Unterscheidung getroffen werden: Wird die Liturgie in deutscher Sprache gefeiert, muss der Lateinliebhaber seine Vorliebe nicht aufgeben, sondern es wird von ihm gefordert, darauf zu verzichten, sie genau in diesem Moment durchzusetzen. Alle müssen auf etwas verzichten, wodurch die Liturgie zu einem Ort wird, der zutiefst vom Egoismus läutert und uns auffordert, unsere subjektiven Vorlieben als zweitrangig zu betrachten, um uns im Wesentlichen wiederzufinden, im Lob Gottes, das mehr aus dem Herzen als aus der Form kommt. Der eine möchte gerne schneller singen, der andere langsamer; der eine möchte mehr Stille, der andere weniger; der eine möchte mehr Dynamik, der andere mehr Innerlichkeit usw. Die wahre Liebe drückt sich im Verzicht aus Liebe zu Gott und zum anderen aus. Die wahre Einheit folgt demselben Weg, aber mit der oben erwähnten Unterscheidung, die es wert ist, dass man auf ihr beharrt: Es geht um den Verzicht, die eigene Vorliebe durchzusetzen, und nicht darum, auf die Vorliebe selbst zu verzichten. Die Vielfalt von Vorlieben ist legitim; Chaos entsteht, wenn jeder seine Vorliebe den anderen aufnötigen will.

Das Modell der Uniformitäts-Einheit wird versuchen, alle Vorlieben einzuebnen, um sie identisch zu machen, so dass Konflikte vermieden werden. Die Harmonie-Einheit wird an unserem natürlichen Hang arbeiten, der darin besteht, anderen unsere Vorlieben aufzunötigen; sie wird hinwirken auf Zuhören, auf wohlwollende Offenheit, auf Unterscheidungsfähigkeit, auf Aufmerksamkeit gegenüber dem anderen, auf Wertschätzung für den anderen und auch auf die Relativierung von Vorlieben, die nur eine mögliche Form des Lebens und nicht die ultimative Form sind.

Die Tyrannei der Einheit

Die Uniformitäts-Einheit wird leicht zu einer Tyrannei, weil alles kodifiziert ist: Das gleiche Denken, die gleichen Vorlieben, die gleiche Begeisterung für dieselben Personen, die gleichen Antipathien – alles kann kodifiziert werden. In einer Gemeinschaft, die von einer solchen Sicht der Einheit geprägt ist, wird eine Schwester, die sich nicht in diesen vorgegebenen Rahmen einpassen lässt, bei Kommunitätsversammlungen vorziehen zu schweigen, wenn sie anderer Meinung ist. Ihre Priorin sagt zu ihr: »Wir spüren, dass du nicht einverstanden bist; du musst deine Zustimmung zeigen«. Die Aufforderung ist klar, aber auch ungeheuerlich: *Du musst* einverstanden sein, sonst brichst du die Einheit. Wenn Zustimmung zur Pflicht wird, ist persönliches Denken nicht mehr erlaubt, eigenständiges Denken wird verboten. Alle *müssen* in die vorgegebene Form passen und alles, was nicht dem Denken der Gruppe entspricht, muss eliminiert werden.

So wird diese Vorstellung von Einheit unterschwellig zu einem Mittel der Kontrolle; es soll verhindern, dass etwas entgleitet. Damit der Eindruck entsteht, alle seien einverstanden, wird dem Innersten des Menschen Gewalt angetan. Eine gesunde Reaktion wäre: »Wir spüren, dass du nicht einverstanden bist, und würden gerne wissen, warum«. Und dies mit dem aufrichtigen Wunsch, den Grund für dieses abweichende Denken zu verstehen.

In einem christlichen Kontext sind Schuldzuweisungen die klassischen Argumente, um diese erzwungene Einheit aufrechtzuerhalten. Wird jemandem oft genug gesagt: »Wenn du anderer Meinung bist, zerstörst du unsere wunderbare Einheit«, wird er schließlich Schuldgefühle gegenüber Christus entwickeln, der dafür gebetet hat, dass *alle eins sein sollen*[27]. Eine gewisse Form der Einschüchterung kann noch hinzukommen: »Es ist der Fürst der Lüge, der dich reden lässt und der überall Spaltung sät. Wenn es der Heilige Geist wäre, wärest du eins mit uns.« Da braucht es schon ein gewisses Maß an geistlicher Reife, um die zugrundeliegende Sophistik zu entlarven; ein Novize oder eine Novizin wird nicht unbedingt in der Lage sein, die Falle zu durchschauen, die einerseits in der unausgesprochenen Gleichsetzung von »Unterschied = Spaltung« besteht und andererseits in der ebenfalls unausgesprochenen Behauptung, dass der Heilige Geist auf *unserer* und nicht auf *deiner* Seite steht.

Etwas Humor kann nicht schaden. Die Vorstellung, dass sich in einer Gemeinschaft alle einig sind, bringt einen wirklich zum Schmunzeln. Was auch immer ein Oberer der Gemeinschaft als Vorschlag unterbreiten mag – er kann unbesorgt wetten, dass einige anderer Meinung sein werden. Und oft weiß er, dass er die ganze Bandbreite möglicher Antworten erhalten wird. Natürlich ist das nicht besonders ermutigend, und er kann nicht tun, was er will – aber drückt nicht genau hier der Schuh? Die bedingungslose Unterwerfung unter eine Einheit, in der es keine Unterschiede gibt, ermöglicht dem Oberen zu tun, was er will. Wenn es nur um materielle Dinge geht, ist es nicht so dramatisch, wenn es aber dazu kommt, dass er mit den Menschen macht, was er will, beginnt die Manipulation.

Gelübde der Einheit oder Gelübde des Vertrauens

Kann ein Gelübde der Einheit oder ein Gelübde des Vertrauens sinnvoll sein? Die Frage ist verwirrend. Jedes Ordensgelübde muss sich auf Christus beziehen. Bei den Gelübden von eheloser Keusch-

---

[27] Vgl. Joh 17,21.

4.8 Der Kult der Einheit

heit und Armut ist die Verbindung offensichtlich. Das Gehorsamsgelübde erfordert eine vertiefte Reflexion. Ist das der Grund, warum die alten monastischen Professformeln ehelose Keuschheit und Armut nicht einmal erwähnen? Beständigkeit, Gehorsam und klösterlicher Lebenswandel sind die drei Gelübde, die zur Zeit des hl. Benedikt explizit formuliert wurden. Das Gelübde, nach dem immerwährenden Gebet zu *trachten*, wie es dies heute in einer bestimmten kontemplativen Gemeinschaft gibt, ist ein besonderer Ausdruck des Gelübdes der Umkehr und des klösterlichen Lebenswandels; es ist ein Ausdruck der *Sequela Christi*[28], der Nachfolge Christi, da Jesus unablässig mit seinem Vater vereint war. *Trachten* ist hier das entscheidende Wort, denn ein Gelübde muss mit der normalen Hilfe der Gnade realisierbar sein. Das immerwährende Gebet ist hingegen eine besondere Gnade, die nicht automatisch allen gewährt wird, die sich danach sehnen.

Aber ein Gelübde des Vertrauens? Wenn es nur um das Vertrauen auf Gott ginge, wäre es verständlich, denn Gott verdient unser Vertrauen auf absolute Weise. Aber wenn es um die Oberen geht? Von welchem Vertrauen ist dann die Rede? Es ist durchaus möglich, einen Oberen zu haben, dem man zumindest in gewissen Punkten nicht vertrauen kann, aber das entbindet keineswegs von der Pflicht, ihm zu gehorchen, wenn er den Konstitutionen gemäß Anweisungen erteilt. Jesus hat gesagt: »Tut und befolgt alles, was sie euch sagen, aber richtet euch nicht nach dem, was sie tun; denn sie reden nur, tun selbst aber nicht, was sie sagen«[29]. Jesus konnte sich den Vorschriften des Gesetzes unterwerfen, wie Matthäus im Hinblick auf die Tempelsteuer[30] berichtet, aber unterwarf sich nicht den religiösen Anführern indem er ihnen vertraute, das wäre ein absurder Gedanke. Er sagte ihnen unverblümt, dass er anderer Meinung war, was ihn aber nicht daran hinderte, sie in dem Bereich zu respektieren, der ihnen rechtmäßig zukam.

In der Praxis bedeutet ein Gelübde des Vertrauens, auf das eigene Urteilsvermögen und auf sein Gewissen zu verzichten, was niemals erlaubt ist und natürlich auch niemals verlangt werden darf.

---

28 *Sequela Christi*, Nachfolge Christi, ist die klassische Bezeichnung für Sinn und Zweck des Ordenslebens.
29 Mt 23,3.
30 Mt 17,24–27.

Gehorsam ist möglich, weil er sich auf Handlungen bezieht, während Vertrauen das tiefe Innere der Person berührt und niemals erzwungen werden kann, weil das einfach unmöglich ist. Wenn ein Mensch beispielsweise selbst nicht praktiziert, was er predigt, wird man ihm nur bedingt vertrauen.

Wie man diese Frage auch drehen und wenden mag, es scheint keine seriöse Grundlage für ein solches Gelübde zu geben; im Gegenteil: es ähnelt sehr stark einer Fehlentwicklung des Gehorsamsgelübdes, die darin besteht, bedingungslosen Gehorsam zu fordern. Etwas prosaischer ausgedrückt: es ähnelt dem, was jede totalitäre Macht durchzusetzen versucht, nämlich jegliche Kritik zu verbieten und Andersdenkende mundtot zu machen.

Auch ein Gelübde der Einheit ist verwirrend. Zumindest – so wird man uns sagen – bezieht es sich auf Christus, der die Einheit seiner Jünger so sehr wünschte. Aber was ist der Inhalt eines solchen Gelübdes? Handelte es sich um ein Gelübde, nach der Einheit zu streben, könnte es eine annehmbare Bedeutung haben, vorausgesetzt, dass die Einheit, von der die Rede ist, genauer präzisiert wird. Geht es jedoch darum, sich allem zu unterwerfen, was der Obere sagt, oder geht es um die Verpflichtung, niemals Kritik zu üben, ist es wie im vorherigen Fall.

Die Einheit der Gemeinschaft hängt nicht nur vom Einzelnen ab, der ein solches Gelübde ablegen würde. Kann jemand ein Gelübde der Einheit der Christen ablegen? Das würde natürlich keinen Sinn machen. Zu geloben, sich mit aller Kraft dafür einzusetzen, würde vielleicht schon eher Sinn machen. Das zeigt, wo der Stolperstein für diese Art von Gelübde liegt. Vertrauen hängt von einem anderen ab, Einheit hängt von anderen ab. Ich kann für andere kein Gelübde ablegen. Im Falle des Gehorsams gehört die Anweisung (des Oberen) in den Bereich der Autorität, aber der Akt des Gehorsams gehört ganz dem Gehorchenden.

Abschließend sei darauf hingewiesen, dass das Problem bis auf einige Nuancen auch dann bestehen bleibt, wenn es sich nicht um ein Gelübde, sondern um ein Versprechen oder um eine Haltung handelt. Dieser eindrucksvolle Mechanismus führt besonders durch die schillernde spirituelle Rechtfertigung, mit der er versehen wird, schließlich dazu, dass die Mitglieder ihr Recht auf eigenes Denken selbst aufgeben. Der Gefangene ist sein eigener Kerkermeister geworden, weil er sich selbst verurteilt. Im maoistischen Regime

4.8 Der Kult der Einheit

wurde dies »Selbstkritik« genannt. Der Fall von P. Marcial Maciel ist bezeichnend. Als er 1956 erkannte, dass die Enthüllung seiner Taten bevorstand, führte er als Proprium der Legionäre Christi ein Privatgelübde ein, das er *Gelübde der Nächstenliebe* (!) nannte.

> »Dieses Gelübde besteht aus einer offiziellen Verpflichtung, die gegenüber Gott eingegangen wird: Erstens, in keiner Weise etwas mündlich oder schriftlich oder durch Gesten zu äußern, was die Person des Oberen oder seine Autorität in irgendeiner Weise in Misskredit bringen könnte. Zweitens, sobald man festgestellt hat, dass ein Mitglied des Instituts gegen das soeben dargelegte Gelübde verstoßen hat, den Oberen unverzüglich darüber zu informieren.«[31]

Es ist schwer zu sagen, was atemberaubender ist: dass ein Oberer eine solche Regel erlassen kann oder dass ein Institut sie akzeptiert, sich ihr 50 Jahre lang unterwirft und die offenkundige Bedeutung dieses Gelübdes nicht zu erfassen scheint. Dies veranschaulicht die Möglichkeit von Verblendung, die eine Atmosphäre der Verehrung und der bedingungslosen Unterwerfung mit sich bringen kann.

Verbot jedweder Kritik

Man darf mit Fug und Recht sagen, dass das Verbot, die Oberen zu kritisieren, einen deutlich sektiererischen Zug hat und dass man einem Kandidaten nur dringend davon abraten kann, in eine Gemeinschaft einzutreten, wo dies verlangt wird. Das Unbehagen wird noch größer, wenn man feststellt, dass sich in derselben Gemeinschaft die Oberen erlauben, die Mitglieder der Kommunität in scharfer Form zu kritisieren, eventuell öffentlich oder im Kapitel, und dass sie auch andere Gemeinschaften, die Kirche und überhaupt alle Welt kritisieren. Dieses Paradox ist übrigens ein ziemlich deutliches Zeichen für eine Dysfunktion, denn es ist die natürliche Folge einer sektiererischen Einstellung: Der Meister weiß alles und kann daher nicht kritisiert werden, während die öffentliche Kritik zu den Mitteln gehört, mit denen er seine Herrschaft festigt.

---

31 Xavier Léger, *Le statut épistémologique*, 59. In einer Anmerkung heißt es: »Dieses Gelübde gab es schon seit mehreren Jahren in der Legio, allerdings inoffiziell. Der Jesuitenpater Lucio Rodrigo, Rektor der Universität von Comillas, hatte bereits im November 1950 dem Vatikan dessen abartige Auswirkungen gemeldet« (vgl. Lavoluntaddenosaber.com, Dok. Nr. 60).

Das Verbot jedweder Kritik hat keinen religiösen oder theologischen Wert. Es hat nichts mit Gehorsam oder Respekt vor dem Oberen, und auch nichts mit Einheit zu tun. Es steht sogar im Widerspruch zu einem wesentlichen Element des Ordenslebens, nämlich der Bekehrung. Wenn niemand den Oberen etwas sagen darf, wie können sie dann erkennen, was sie eventuell ändern müssen? In den *Statuten des Kartäuserordens* findet sich folgende Empfehlung:

> »Wird im Verlauf der Statutenlesung ein Punkt berührt, dessen Beobachtung zu wünschen übriglässt, so überlege jeder gewissenhaft, wie man diesen Missstand beheben kann und soll. Trägt der Prior die Schuld, so verfahre man, wie man im Allgemeinen bei der Ermahnung des Priors vorzugehen hat. Der Vikar oder ein anderer älterer und besonnener Mönch des Hauses kann und soll dann den Prior insgeheim und ehrerbietig zur Besserung mahnen.«[32]

Aus dem vorher Gesagten sollte nicht gefolgert werden, dass jede Kritik gut ist, denn die Kritik selbst unterliegt der *discretio*, sowohl in Bezug auf ihren Inhalt, denn sie kann berechtigt sein oder nicht, als auch in Bezug auf ihre Absicht, denn sie kann objektiv und gesund oder im Gegenteil hitzig und sogar verleumderisch sein. Es genügt also nicht, dass die Kommunität und die Oberen fähig sind, Kritik anzuhören, sondern es braucht auch ein Gesamtgefüge, in welchem konstruktive Kritik zum Leben der Gemeinschaft beitragen kann.

Die Einheit – eine fragile Schönheit

»Alle sollen eins sein: Wie du, Vater, in mir bist und ich in dir bin, sollen auch sie in uns sein.«[33] Wir werden das Streben nach Einheit nicht wegen möglicher Fehlentwicklungen aufgeben. Einheit erfordert, dass man zwischen Wesentlichem und Unwesentlichem zu unterscheiden vermag, um Unterschiede als Bereicherung und nicht als Bedrohung anzusehen. Sie verlangt auch, dass man sich zurückzunehmen vermag, nicht aber, dass man aufhört zu existieren. Sich zurückzunehmen bedeutet, dem anderen oder den anderen Raum zu geben; es ist eine Gelegenheit, sich selbst zu verlassen, zu lernen, den anderen zu erkennen und anzuerkennen, um uns auf die Begegnung mit dem ganz Anderen vorzubereiten. Ein anderer wurde für ein Amt ausgewählt, für das ich kompetent wäre? Das ist

---

32 *Statuten des Kartäuserordens*, 35,4.
33 Joh 17,21.

in Ordnung, ich bin nicht ins Kloster eingetreten, um meine Kompetenzen unter Beweis zu stellen. Es wäre aber ungesund, mir einreden zu wollen, dass ich in dieser Hinsicht eine Niete bin, wenn es nicht stimmt. Sich zurückzunehmen bedeutet, dem anderen Raum zu geben, ihm das Recht zuzugestehen, anders zu denken, ohne dass daran die Brüderlichkeit zerbricht; es bedeutet, in Bereichen, in denen Vielfalt legitim und wünschenswert ist, keine bestimmte Sicht aufzwingen zu wollen. Dabei kann es um kleine Dinge gehen wie z. B. während der Rekreation nicht dominant zu sein, zuzuhören und verstehen zu wollen, auch wenn ich nicht derselben Meinung bin. Tiefer gesehen entspringt diese Haltung vor allem der Fähigkeit, sich am Guten des anderen zu freuen, was eine große, wenn auch diskrete Tugend und ein eindeutiges Zeichen geistlicher Reife ist. Wenn wir dies auf das Thema anwenden, mit dem wir uns hier beschäftigen, bedeutete es, überzeugt zu sein, dass auch der andere intelligent ist, vielleicht intelligenter oder kultivierter als ich und dass das gut ist und dass wir beide Söhne Gottes bleiben. Das Reich Gottes besteht nicht aus Klonen und wenngleich wir alle nach dem Bild Gottes geschaffen sind, so sind diese Bilder alle verschieden, denn der Heilige Geist wiederholt sich nicht gerne.

Wahre Einheit verlangt, dass wir in unseren Worten wahr sind und akzeptieren, nach jener schwierigen Einheit zu streben, die es uns möglich macht, unsere persönlichen Unterschiede ohne Entzweiungen zu leben. Dieser Weg ist nie zu Ende, denn unsere Unterschiede schmerzen uns immer ein wenig, vor allem wenn man Oberer ist.

4.9 Vorbild, Vertrauen und Gemeinschaft

> »Auf die Prioren kommt es in erster Linie an, ob in den Häusern des Ordens ein guter oder schlechter Geist herrscht. Daher seien sie bestrebt, durch ihr Vorbild den anderen zu nützen und sollen zuerst selbst verwirklichen, worüber sie andere belehren. Auch sollen sie sich nicht anmaßen, etwas zu sagen, das nicht Christus selbst durch sie hätte reden wollen. Dem Gebet, dem Schweigen und der Zellenruhe hingegeben, sollen sie sich das Vertrauen ihrer Untergebenen verdienen und echte Liebesgemeinschaft mit ihnen pflegen.«[34]

34 *Statuten des Kartäuserordens*, 35,6.

Der in diesem Text enthaltene Dreiklang verdient es, hervorgehoben zu werden: Ihr *Vorbild* soll ihnen das *Vertrauen verdienen* und zur *echten Liebesgemeinschaft* führen. Die Verbindung zwischen diesen drei Elementen erklärt einige der Mechanismen, die zu Fehlentwicklungen führen. Wenn kein Vorbild mehr gegeben wird, muss das Vertrauen eingefordert werden, da es nicht mehr verdient wird, und die Liebesgemeinschaft muss erzwungen werden, da sie nicht mehr natürlich ist. Diese Bemerkung bezieht sich auf eine logische, nicht auf eine chronologische Ordnung. Damit wird nicht gesagt, dass die Fehlentwicklung mit dem fehlenden Vorbild beginnt, sie kann ihren Ursprung woanders haben, oftmals in der Gier nach Macht. Wenn es hingegen darum geht, eine Fehlentwicklung zu korrigieren, braucht es die rechte Ordnung. Ohne Vorbild gibt es kein echtes Vertrauen. Ohne echtes Vertrauen gibt es keine wirkliche Gemeinschaft.

Der Weg ist also klar vorgezeichnet. Die Oberen sollen mit guten Beispiel vorangehen und als Erstes ihre Schwächen und Grenzen anerkennen. Sie würden nämlich in eine neue Falle tappen, wenn sie nur eine perfekte Fassade präsentieren wollten, die den Ordensmitgliedern keineswegs helfen würde, mit ihren eigenen Schwierigkeiten umzugehen. Die Oberen sollen Vertrauen fördern, indem sie selbst Vertrauen entgegenbringen und versuchen, einen jeden in den Bereichen, in denen er Qualitäten hat, die allen nützlich sind, wertzuschätzen. Daraus wird eine echte Liebesgemeinschaft entstehen oder gefestigt werden, die von jedem Selbstverzicht verlangen kann. Das ist das Wesensmerkmal der *Nachfolge Christi*, der sich entäußert hat bis hinein in den Tod, und der nicht gekommen ist, um seinen Willen zu tun, sondern den Willen dessen, der ihn gesandt hat[35].

---

35 Joh 6,38.

5 Die Beziehung zur Außenwelt

5.1 Trennung von der Welt

Zum Ordensleben gehört eine gewisse Trennung von der Welt, die im Wort Jesu gründet:

> »Wenn ihr von der Welt stammen würdet, würde die Welt euch als ihr Eigentum lieben. Aber weil ihr nicht von der Welt stammt, sondern weil ich euch aus der Welt erwählt habe, darum hasst euch die Welt«[1].

Die kontemplative Berufung realisiert diese Trennung ziemlich radikal und folgt damit dem Ideal der Wüste, das die Anfänge des Mönchtums prägt; das Leben in der Einsamkeit unterstreicht diesen Aspekt noch. Im folgenden, das versucht, Kriterien dafür anzugeben, was in diesem Bereich als normal angesehen werden kann und was nicht mehr normal ist, beziehen wir uns daher auf die kontemplative Lebensform, an der wir uns orientieren können.

Es ist jedoch zu bedenken, dass die Restriktionen, die für ein kontemplatives Kloster normal sind, für ein apostolisches Ordensleben nicht angemessen sind, so dass es in diesem Bereich erhebliche Unterschiede geben kann, aber einige Prinzipien zur Entscheidungsfindung gelten für alle.

Der Lärm der Welt kann unser Innenleben und den Dialog mit Gott sehr leicht beeinträchtigen, daher ist das monastische Leben so strukturiert, dass dies so weit wie möglich vermieden wird. Die Regelungen, die sich auf diesen Punkt beziehen, sind von einer inneren Einstellung durchdrungen, ohne die sie nicht gerechtfertigt oder verstanden werden könnten.

> »Die Strenge der Klausur würde in eine pharisäische Beobachtung der Regel verkehrt, wenn sie nicht ein Zeichen jener Herzensreinheit wäre, der allein die Verheißung gilt, Gott zu schauen. Wer sie erlangen will, muss sehr abgetötet sein, vor allem im Hinblick auf die natürliche Neugier, die der Mensch für menschliche Angelegenheiten an sich erfährt. Wir dürfen nicht durch Ha-

---

1 Joh 15,19.

schen nach Neuigkeiten und Gerüchten unsere Phantasie durch die Welt schweifen lassen. Unser Anteil ist es vielmehr, verborgen im Schutz des Angesichtes Gottes zu weilen.«[2]

Dieser Text, der aus einer kontemplativen Ordensregel stammt, die hinsichtlich der Klausur besonders streng ist, enthält dennoch eine Bemerkung, die für alle gültig ist: Die Gefahr der *Neugier* und des *Haschens nach Neuigkeiten*. Um das natürliche Umherschweifen unserer Gedanken nicht zu fördern, ist eine gewisse Beschränkung der Kommunikation normal, vor allem heutzutage, wo die Kommunikationsmöglichkeiten sehr zugenommen haben. Welchen Sinn hat eine Klausur, wenn es einen dauerhaft geöffneten Tunnel gibt, über den man sie jederzeit via Internetverbindung oder Mobiltelefon verlassen kann? Kann ein Ordenschrist, der sein Leben Gott geweiht hat, täglich stundenlang in sozialen Netzwerken plaudern und chatten – auf Kosten der Zeit für das Gebet? Daher sind gewisse Grenzen notwendig, denn wer kann von sich behaupten, allen Versuchungen widerstehen zu können?

Die Einschränkungen, die von der Regel festgelegt werden, können normal sein – wir müssen nur verstehen, unter welchen Bedingungen dies der Fall ist, denn diese Schutzmaßnahmen können in eine völlig andere Zielrichtung abgleiten, wenn die normale Wachsamkeit in diesem Grenzbereich zu einem eisernen Vorhang wird, der alle äußeren Einflüsse abwehren soll. Die äußere Ähnlichkeit zwischen einer normalen und einer sektenartigen Vorgangsweise ist zu groß, als dass auf dieser Ebene eine Unterscheidung getroffen werden könnte. In beiden Fällen ist beispielsweise die Kommunikation mit der Familie eingeschränkt. Die Grenze zwischen »normal« und »sektenartig« lässt sich nicht an der Zahl der Briefe messen. Wo ist sie also zu finden?

5.2 Kriterien für eine gesunde Trennung

Das erste Kriterium gilt den Beweggründen jener Regeln, die die Trennung von der Welt betreffen: Sie sollen das Wesentliche der Berufung schützen. Das oben angeführte Zitat aus den *Statuten des Kartäuserordens* ist ein Beispiel dafür. Das Leben in der Einsamkeit erfordert eine ziemlich strikte Trennung, ohne die das Leben in der

---

[2] *Statuten des Kartäuserordens*, 6,4.

5.2 Kriterien für eine gesunde Trennung

Wüste keinen Sinn mehr hätte. Alle Einschränkungen der Kommunikation (Post, Telefon, Internet, Besuche) haben das Ziel, die innere Stille, die für das kontemplative Leben unerlässlich ist, zu schützen. Dieselben Regeln, angewandt auf ein anderes Institut, könnten geradezu abartig sein, wenn sie mit deren Charisma nicht vereinbar sind. Regeln müssen daher auf ganz organische Weise aus der dem jeweiligen Institut eigenen Form des Ordenslebens hervorgehen.

Daher müssen sie auf die eine oder andere Weise mit Christus verbunden sein, mit einem besonderen Aspekt des Lebens Christi, dem das Institut mit seinem eigenen Charisma folgen will. Für Kontemplative sind diese Regeln natürlich mit den vierzig Tagen Christi in der Wüste oder mit seinem verborgenen Leben in Nazareth verbunden. Bei einer apostolischen Berufung werden sie mit seinem Verkündigungsdienst verbunden sein. Können wir uns vorstellen, dass Jesus abends seine Zeit mit Videospielen verbringt, während die Menschen »wie Schafe sind, die keinen Hirten haben«[3]?

Ein zweites Kriterium, das mit dem vorherigen zusammenhängt, betrifft den Zweck von Verboten:

Im Rahmen eines monastischen Lebens ist es normal, dass die Häufigkeit der Kommunikation mit der Außenwelt begrenzt wird – dies ergibt sich aus der Entscheidung für diese Lebensform. Doch völlig anders wird die Situation, wenn sich eine Einschränkung nicht mehr auf die *Häufigkeit* des Wortes bezieht, sondern auf dessen *Inhalt* – und das in einer Weise, die sich nicht aus der Berufung ergibt und die einer ganz anderen Motivation entstammt. Die Einschränkung, die darauf abzielt, die Berufung zu schützen und die eine Folge der gewählten Lebensform ist, ist normal; die Einschränkung, die darauf abzielt, die Außenwelt nicht wissen zu lassen, was im Kloster vorgeht, ist nicht normal.

In dem Rahmen, in dem Sprechen oder Schreiben erlaubt sind, sollte die Freiheit des Wortes gelten. Ein Ordensmann oder eine Ordensfrau soll bei einem Besuch von der Familie oder beim Schreiben eines Briefes frei über alles sprechen können, auch über Zweifel, wenn er oder sie das möchte. Die einzige Einschränkung ist die der Schicklichkeit. Schleicht sich eine Geheimhaltungspflicht in die Beziehungen ein, die von der Berufung her erlaubt sind, darf man sich Fragen stellen. Warum diese Geheimhaltung?

---

[3] Mk 6,34: »Als er [...] die vielen Menschen sah, hatte er Mitleid mit ihnen; denn sie waren wie Schafe, die keinen Hirten haben. Und er lehrte sie lange.«

5.3 Geheimhaltung

Zu dieser Frage gesellt sich eine weitere: Wie ausgedehnt ist die Geheimhaltungspflicht? Führt man nicht, wenn sie sich auf alle Außenstehenden, auf Familie, Freunde, Beichtvater und andere erstreckt, eine Abschottung von allen äußeren Einflüssen ein, die nichts mehr mit dem Bewahren des inneren Lebens zu tun hat?

Wenn diese Verpflichtung zur Geheimhaltung Teil einer sternförmigen Struktur und eines Einheitsdenkens ist, sind bereits viele Elemente sektiererischen Abdriftens vorhanden, zumindest was den Aspekt der Isolation betrifft. In einem solchen Gefüge haben nämlich Mitglieder der Gemeinschaft, die vielleicht Zweifeln ausgesetzt sind, überhaupt keine Möglichkeit mehr, sie mit einem anderen zu besprechen, und zwar weder innerhalb des Klosters – aufgrund der Auswirkung der Sternförmigen Struktur – noch mit einem Außenstehenden – aufgrund der Geheimhaltungspflicht. Ist man dann nicht auf dem Weg, jedes Risiko einer abweichenden Meinung auszuschalten, wie es alle totalitären Machthaber getan haben?

In der Praxis zeigt sich diese Art von sektiererischer Fehlentwicklung durch das Verbot, mit Außenstehenden, insbesondere mit der Familie oder den Beichtvätern, offen zu sprechen. Vor allem soll nicht über das Gemeinschaftsleben und das persönliche Leben des Ordensmannes oder der Ordensfrau gesprochen werden. Da es unmöglich ist, die wahren Gründe für dieses Verbot zu erklären, werden Gründe vorgeschoben, die annehmbarer sind: beispielsweise, »schmutzige Wäsche« nicht außerhalb zu waschen, oder es wird auf die Notwendigkeit verwiesen, die Geheimnisse der Klosterfamilie zu wahren, denn »man würde uns nicht verstehen«. Es wird sogar ein etwas rätselhaftes Wort Jesu angeführt: »Gebt das Heilige nicht den Hunden preis und werft eure Perlen nicht den Schweinen vor«[4].

Diese Vorsichtsmaßnahmen mögen etwas Wahres an sich haben. Dadurch wird es jedoch schwieriger, die kritische Schwelle zu erkennen, ab der ein Rat des gesunden Menschenverstandes zu einem Knebel wird. Ein wenig Zurückhaltung kann nicht schaden, wenn es darum geht, von den kleinen Fehlern der Mitbrüder oder Mitschwestern zu erzählen oder über die Gemeinschaft zu tratschen. Wenn es aber um ein tiefes Unbehagen oder Leid geht, das

---

[4] Mt 7,6.

der Ordensmann oder die Ordensfrau empfinden, dann bedeutet das Verbot, mit Außenstehenden darüber zu sprechen, sie in diesem Leid einzusperren und ihnen jede Möglichkeit zu verwehren, das Licht zu finden.

5.4 Das Lesen der Post

Früher war es durchaus üblich, dass die Oberen ein- und ausgehende Post öffneten und lasen, und diese Praxis ist noch nicht ganz verschwunden. Dabei kann nicht länger darüber hinweggesehen werden, dass dies eine Kontrolle der Meinungsäußerung und einen Eingriff in die Privatsphäre darstellt, was heute als typisch sektiererisch angesehen wird – und zwar aus gutem Grund. Es ist inakzeptabel und nach französischem Recht [wie auch nach deutschem, Anm. d. Übers.] sogar strafbar geworden. Auch hier muss wieder dieselbe Frage gestellt werden: Warum? Was ist der Beweggrund für einen solchen Brauch? Dass er früher weit verbreitet war, ist kein hinreichender Grund. Wir können nicht außerhalb von Zeit und Kultur leben und die Entwicklungen ignorieren, die dazu führten, dass das, was vor einigen Jahrhunderten galt, heute nicht mehr möglich ist. Heute würden sich Ordensleute, die so behandelt werden, in den Kindergarten zurückversetzt fühlen. In der Vergangenheit gab es zu viel Missbrauch, als dass dieser ignoriert werden dürfte.

In einem Kontext, in dem die Pflicht zur Geheimhaltung besteht, ist der Beweggrund für die Kontrolle des Briefwechsels ziemlich offensichtlich: auf diese Weise kann überprüft werden, ob die Geheimhaltung befolgt wird. All dies erzeugt eine Atmosphäre des Misstrauens und ebnet den Weg für Missbrauch im Bereich der Transparenz. Vertrauen bedeutet immer, ein Risiko einzugehen, aber Vertrauen schafft auch Vertrauen, und wenn wir erwachsene Ordenschristen haben wollen, müssen wir sie wie Erwachsene behandeln.

5.5 Das Erscheinungsbild gegenüber der Welt

Die Pflicht zur Geheimhaltung führt fast zwangsläufig zu einem gewissen Maß an Unwahrhaftigkeit in der Art und Weise, wie man sich nach außen präsentiert, also in der Fassade. Es besteht nämlich ein klarer Widerspruch zwischen der Aussage »Man würde uns nicht verstehen« und der Werbung, die gemacht wird, um durch Broschüren, Bücher, Videos oder das Internet Berufungen anzuziehen. Entweder ist die Darstellung ehrlich und vollständig – warum dann diese Pflicht zur Geheimhaltung bei den Mitgliedern? – oder es wird in Wirklichkeit nicht alles gesagt, sondern man verheimlicht einen Teil. Sobald der Fisch dann am Haken hängt, merkt er, was ihm verheimlicht wurde.

Dies kann zu einer Praxis führen, die einen fassungslos macht. Manchmal hat der Kandidat nicht das Recht, vor der Ablegung der Gelübde die Regel der Gemeinschaft zu lesen, bisweilen gilt dies sogar über Jahre. Er kennt nur einige ausgewählte Passagen. Wie kann man sich unter solchen Bedingungen auf eine Lebensform verpflichten? Und noch einmal die Frage: Warum wird es verweigert? Eine Schwester, die diese Frage stellte, erhielt folgende Erklärung: *Weil die Regel so erhaben ist, dass man sie nicht verstehen kann, bevor man die Gelübde abgelegt hat und also eine »Eingeweihte« ist. Vorher würde die Regel einem den Atem rauben, weil sie so vortrefflich sei und dann wäre man angesichts seiner eigenen Unzulänglichkeit ganz entmutigt.* Diese Erklärung ist nicht stichhaltig. Die Profess ist keine Initiation, sondern sie ist das Gelöbnis, nach einer Regel zu leben[5] und daher ist kein Gelöbnis möglich, wenn man die Regel nicht kennt. Unter solchen Bedingungen könnte die Profess leicht für ungültig erklärt werden. Das kanonische Recht sagt eindeutig:

> »Nicht gültig [ist] zum Noviziat zugelassen, wer unter dem Einfluss von Gewalt, schwerer Furcht oder Arglist in ein Institut eintritt oder jener, den der Obere unter der gleichen Beeinflussung aufnimmt.«[6]

Es kann als Arglist[7] angesehen werden, wenn einem Kandidaten vor Ablegung seiner Gelübde die Lebensregel der Gemeinschaft vorenthalten wird. Wer würde sich bereiterklären, einen Vertrag zu unterschreiben, den er zuvor nicht hätte lesen dürfen?

---

5   Sie ist nicht *nur* das, aber sie ist es *auch*.
6   *CIC*, Can. 643 §1, 4.
7   Ein juristischer Begriff, der die Gesamtheit der betrügerischen Handlungen bezeichnet, die zu einer Zustimmung zu einem Vertrag führen, die eine der Parteien nicht gegeben hätte, wenn sie nicht Opfer dieser arglistigen Machenschaften geworden wäre.

5.6 Die Grenzen, die dem externen Beichtvater gesetzt werden

Die Beziehung zu den externen Beichtvätern verdient besondere Erwähnung. In einer Kommunität, die in Klausur lebt, ist es nicht möglich, sich frei an einen Beichtvater zu wenden, und in Schwesterngemeinschaften werden daher die Beichtväter sowohl vom Bischof als auch von der Oberin ausgewählt[8]. Bei dieser Entscheidung geht es auch immer um die Frage: *Wird er den Geist des Ordenslebens verstehen?* Eine nachvollziehbare Frage, die aber in einem viel umfassenderen Kontext zu sehen ist. Jeder, der im geistlichen Leben ein wenig fortgeschritten ist, kann dieselbe Frage stellen: *Wird mich der Beichtvater verstehen?*

Abgesehen von einer möglichen Ambivalenz der Frage, die auch bedeuten könnte: *Wird er mir das sagen, was ich hören will?*, muss man einfach anerkennen: So ist das Leben, und Gottes Gnade ist stark genug, um ihren Weg über unvollkommene Werkzeuge zu nehmen.

Schwieriger ist die Frage, ob der Beichtvater bereit sein wird, an seinem Platz zu bleiben und nicht zu viel von außen hineinregieren zu wollen. Es gibt keinen Grund zu verhehlen, dass es Entgleisungen gibt und dass hier Unterscheidungsvermögen gefragt ist. Zwei Eigenschaften darf man berechtigterweise von den Beichtvätern der Ordensgemeinschaften erwarten: Respekt vor dem Ordensleben, sei es kontemplativ oder nicht, und eine gewisse Diskretion. Ein Beichtvater, der eine Gemeinschaft reformieren möchte, könnte viel Unruhe stiften. Seine Aufgabe ist nicht leicht, da er die Schwierigkeiten genau mitbekommt; es ist jedoch nicht seine Aufgabe, diese zu lösen. Außerdem ist seine Wahrnehmung auf die seiner Pönitenten oder Pönitentinnen beschränkt. Er muss sich vor allem davor hüten, eine Seite zu bevorzugen und er muss sich darüber im Klaren sein, dass einige versuchen werden, ihn in dieser Hinsicht zu vereinnahmen.

Ist dies gegeben, muss die Freiheit des Wortes im Beichtstuhl vollständig gewahrt bleiben. Es ist möglich, einen gewissen Rahmen vorzugeben: Eine Nonne muss normalerweise nicht jede Woche ein langes Gespräch mit dem Beichtvater führen. Der Pönitent soll mit dem Beichtvater über das reden, was seine Seele betrifft, und nicht über alles, was in der Kommunität vor sich geht, es sei denn, dass es ihn persönlich betrifft. Gerade was diesen letzten Punkt angeht,

---

[8] Das variiert von Institut zu Institut.

muss eingestanden werden, dass die richtige Einschätzung alles andere als einfach ist. Inakzeptabel ist es jedoch, wenn verboten wird, miteinander zu sprechen, und die Worte des Priesters auf die Absolution beschränkt werden. Niemand hat das Recht, sich in einem solchen Ausmaß in das Sakrament einzumischen.

Die *Statuten der Kartäuser* fassen diese Überlegungen in einem Satz zusammen:

> [Die Brüder] »können ihren Beichtvater oder Seelenführer aufsuchen, jedoch soll ihre Unterredung sich auf das für den geistlichen Beistand Nötige beschränken«[9].

Auf Freiheit und Maß wird nüchtern hingewiesen. Und weiter:

> »Außerdem darf jede Person des Ordens zur Beruhigung des Gewissens bei jedem bevollmächtigten Beichtvater gültig und erlaubt das Sakrament empfangen.«[10]

Im Gegensatz dazu belegt das Zeugnis eines früheren Mitglieds einer christlichen Bewegung eine abnormale Einschränkung, die mit geistlichen Gründen gerechtfertigt wurde:

> »Für uns sollte die Beichte ein Akt der Liebe zu Gott und zum Priester sein, der ihn repräsentierte – so wurde es uns beigebracht. Gott haben wir durch den Priester unsere Sünden geschenkt, aber keine Vertraulichkeiten. Wir durften uns ihm in keiner Weise eröffnen, noch ihm Fragen stellen ... Das wurde als Suche nach menschlicher Unterstützung betrachtet und nicht als eine übernatürliche Beziehung. Wir sollten nämlich mit allen nur eine übernatürliche Beziehung führen. Keine geistliche Begleitung; dafür reichte die Reife oder Unreife der jeweiligen Oberin aus. Daher war kein Blick von außen möglich und keine Offenheit für andere Sichtweisen!«

Das Verhältnis zur Außenwelt ist von Kommunität zu Kommunität sehr unterschiedlich. Hier ist die Redewendung »in medio stat virtus«[11] sehr zutreffend, wobei klar ist, dass die Position dieser Mitte nicht für alle gleich sein wird. Aber alle werden von den beiden Extremen – dem systematischen Misstrauen und der unreflektierten Vertrauensseligkeit – bedroht.

9 Statuten des Kartäuserordens, 14.8.
10 Ebd., 62,2.
11 Die Tugend steht in der Mitte.

6 Gehorsam, insbesondere sein dritter Grad

6.1 Gehorsam, ein Grundpfeiler des Ordenslebens

Der hl. Benedikt

> »Höre, mein Sohn, auf die Weisung des Meisters, neige das Ohr deines Herzens, nimm den Zuspruch des gütigen Vaters willig an und erfülle ihn durch die Tat! So kehrst du durch die Mühe des Gehorsams zu dem zurück, den du durch die Trägheit des Ungehorsams verlassen hast. An dich also richte ich jetzt mein Wort, wer immer du bist, wenn du nur dem Eigenwillen widersagst, für Christus, den Herrn und wahren König, kämpfen willst und den starken und glänzenden Schild des Gehorsams ergreifst.«[1]

So beginnt der hl. Benedikt seine *Regel*. Unzählige Texte würden bestätigen, dass Gehorsam ein Grundpfeiler des Ordenslebens ist. Die Kirche hat in ihrer Weisheit die Ordensgelübde von eheloser Keuschheit, Armut und Gehorsam[2] festgelegt. Bis ins Mittelalter wurden in den alten Professformeln aber weder Armut noch ehelose Keuschheit erwähnt. Da die Regel des hl. Benedikt den Text der Profess nicht angibt, ist hier als Beispiel der Text, der in Cluny verwendet wurde:

> »Ich, Bruder N., gelobe klösterliche Beständigkeit, Bekehrung meines Lebenswandels und Gehorsam gemäß der Regel des hl. Benedikt vor Gott und seinen Heiligen, in diesem Kloster, das zu Ehren der seligen Apostel Petrus und Paulus erbaut wurde, in Gegenwart des Abtes, Dom N.«[3]

Gott, Regel und Abt
Man bemerkt sofort, dass der Bruder nicht gelobt, dem *Abt* zu gehorchen, denn das Gelübde geht über die Person hinaus. Der Abt kann wechseln, der Gehorsam bleibt. Außerdem schuldet er nicht

---

1 *Benediktsregel*, Prolog 1–3.
2 *CIC*, Can. 573 §2.
3 *Cons. Clun.* Lib. II, cap. 27, *P.L.* 149.713 B.

nur dem Abt Gehorsam, sondern auch anderen: dem Prior, den Verantwortlichen der verschiedenen Bereiche usw. All dies wird durch die *Regel* festgelegt, daher heißt es: »Gehorsam gemäß der Regel«. Das bannt die Gefahr des idealisierten Meisters, der allen Gehorsam auf seine Person konzentrieren würde. Der Abt wird als Zeuge angeführt, der die Handlung im Namen der Kirche bestätigt. Was den Gehorsam betrifft, den der Bruder ihm schuldet, so ist dieser durch die *Regel* festgelegt und hat daher Grenzen. Dieser entscheidende Punkt ergibt sich aus der Profess selbst.

Der Bruder verspricht auch nicht, Gott zu gehorchen. In einigen Professformeln kommt dies zum Ausdruck, aber dass es in den alten Formeln nicht erwähnt wird, hat einen Sinn. Gott zu gehorchen ist die Aufgabe eines jeden Christen, die einfach aus dem Glauben resultiert. Für das Ordensleben gilt hier nichts Spezielles. Seine Besonderheit liegt in dem Gelübde, diese Bereitschaft, Gott zu gehorchen, durch den Gehorsam gegenüber einer menschlichen Mittelsperson zu bekunden. Der Gehorsam der Ordensleute ist seinem Wesen nach auf Gott selbst ausgerichtet, aber er nimmt in gewisser Weise in einer konkreten Realität Fleisch an, was ihm eine besondere Dichte, eine starke Verankerung im realen Leben verleiht, und eine Vertiefung der Identifikation mit Christus ermöglicht.

Die Ausgewogenheit des monastischen Gehorsams resultiert also aus der Verknüpfung von drei Dimensionen wie es die Vielfalt an Präpositionen in der oben zitierten Professformel nahelegt: *Gemäß der Regel, vor Gott, in Gegenwart des Abtes.* Diese Ausgewogenheit fordert von vornherein dazu auf, eine Fehlinterpretation des Gehorsams zu vermeiden. Der Ordensmann, die Ordensfrau, die sich Gott hingeben, möchten den Weg des Gehorsams bis zum Ende gehen, um Christus gleichgestaltet zu werden; es wird ihnen aber klar zu verstehen gegeben, dass sie dies nicht tun sollen, indem sie sich uneingeschränkt und bedingungslos einem Menschen unterwerfen, wozu gerade junge Menschen leicht neigen können. Diese falsche Verabsolutierung würde sie von der Tiefe des Gehorsams Christi abwenden. Das Absolute liegt nicht in der konkreten Form – damit würde man die Form zu einem Idol machen –, sondern in der totalen Verfügbarkeit des Herzens, das stets bereit ist, sich zurückzunehmen, wenn es im normalen Rahmen des Ordenslebens dazu aufgefordert wird.

6.1 Gehorsam, ein Grundpfeiler des Ordenslebens

In der Realität sind diese drei Dimensionen miteinander verwoben. Die Vieldeutigkeit in den Abschnitten des Prologs, die nicht der *Magisterregel* entnommen sind, d.h. in den ersten und letzten Versen, wurde bereits hervorgehoben. Um welchen Magister handelt es sich? Um Gott? Die Regel? Den Abt? Man kann es nicht mit Sicherheit sagen. Durch den Gehorsam gegenüber ihrem Abt bekunden die Mönche ihren Gehorsam gegenüber Gott:

> »Sobald der Obere etwas angeordnet hat, darf es für sie nach einem Befehl des Oberen kein Zögern geben, sondern sie erfüllen den Auftrag sofort, als käme er von Gott.«[4]

> »Denn der Gehorsam, den man den Oberen leistet, wird Gott erwiesen; sagt er doch: ›Wer euch hört, hört mich‹.«[5]

Der Gehorsam gegenüber Gott geht über zwei Vermittlungen: die Regel und den Abt, die in einem komplexen Verhältnis zueinander stehen, denn auch der Abt ist der Regel unterworfen und kann nicht außerhalb der Regel befehlen; zugleich hat er aber auch die Aufgabe, sie auszulegen. Die Regel definiert die Aufgabe des Abtes – und der Abt ist der wichtigste Interpret der Regel. Weder ein Mensch noch das Gesetz haben absolute Macht. Die *Benediktsregel* lässt dem Abt großen Handlungsspielraum, erinnert ihn aber daran, dass er im Einklang mit der Regel handeln muss:

> »Wie es jedoch den Jüngern zukommt, dem Meister zu gehorchen, muss er seinerseits alles vorausschauend und gerecht ordnen. Alle sollen in allem der Regel als Lehrmeisterin folgen, und niemand darf leichtfertig von ihrer Weisung abweichen. Keiner darf im Kloster dem Willen seines eigenen Herzens folgen. Niemand maße sich an, mit seinem Abt unverschämt oder gar außerhalb des Klosters zu streiten. Geht aber einer in seiner Anmaßung so weit, dann treffe ihn die von der Regel vorgesehene Strafe. Der Abt allerdings muss seine Anordnung immer in Gottesfurcht treffen und sich dabei an die Regel halten. Er muss wissen, dass er sich ohne Zweifel für alle seine Entscheidungen vor Gott, dem gerechten Richter, zu verantworten hat.«[6]

Die *Regel* legt großen Nachdruck auf die Verantwortung des Abtes, der sich «zu verantworten hat». Hierzu einige Zitate:

[4] *Benediktsregel*, 5,4.
[5] Ebd., 5,15.
[6] Ebd., 3,6–11.

»Der Abt denke immer daran, dass in gleicher Weise über seine Lehre und über den Gehorsam seiner Jünger beim erschreckenden Gericht Gottes entschieden wird.«[7]

»Er sei sich darüber ganz im Klaren: Wie groß auch die Zahl der Brüder sein mag, für die er Verantwortung trägt, am Tag des Gerichts muss er für sie alle dem Herrn Rechenschaft ablegen, dazu ohne Zweifel auch für sich selbst. Immer in Furcht vor der bevorstehenden Untersuchung des Hirten über die ihm anvertrauten Schafe, sorgt er für seine eigene Rechenschaft, wenn er sich um die der anderen kümmert. Wenn er mit seinen Ermahnungen anderen zur Besserung verhilft, wird er selbst von seinen Fehlern geläutert.«[8]

Die *Regel* selbst ist auch nicht etwas Absolutes, das der Abt nur umzusetzen hat. Auf diese Weise entsteht eine Ausgewogenheit, die es möglich macht, die Prinzipien des monastischen Lebens zu bewahren und sich gleichzeitig der Wirklichkeit anzupassen. Die *Regel* ist eine kritische Instanz gegenüber der Macht des Abtes und der Abt interpretiert die *Regel*. Wie jeder Mönch untersteht er der *Regel*, ganz besonders aber als Abt; er untersteht ihr jedoch nicht wie ein Sklave, da er viele Spielräume hat, die *Regel* den Umständen entsprechend auszulegen. Diese bewundernswerte Ausgewogenheit ermöglicht es, zwei miteinander verbundene Fallstricke zu vermeiden, die beide darauf hinauslaufen, einem menschlichen Element absoluten Wert beizumessen: einerseits die despotische Macht eines allmächtigen, weil in sakrale Sphären erhobenen Vorgesetzten, und andererseits die enge, wortgenaue Gesetzestreue, die den Menschen nicht sieht. Es gibt keinen »Trick«, um den Willen Gottes zu finden; er muss immer das Ziel eines hörenden Herzens und einer Entscheidungsfindung sein, an der alle teilnehmen sollen.

Die Vorbildfunktion

Alles geht also auf Gott zurück. Wenn die *Regel* den Abt wirklich zum Stellvertreter Christi macht, muss er wie jeder andere Vertreter beweisen, dass er sich in seinen Worten und Taten und in dem, was er von seinen Mönchen verlangt hat, als glaubwürdiges Abbild

---

[7] Ebd., 2,6.
[8] Ebd., 2,38–40.

seines Meisters verhalten hat. Deshalb ist das Vorbild von so entscheidender Bedeutung.

> »Wer also den Namen Abt annimmt, muss seinen Jüngern in zweifacher Weise als Lehrer vorstehen. Er mache alles Gute und Heilige mehr durch sein Leben als durch sein Reden sichtbar. Einsichtigen Jüngern wird er die Gebote des Herrn mit Worten darlegen, hartherzigen aber und einfältigeren wird er die Weisung Gottes durch sein Beispiel veranschaulichen. In seinem Handeln zeige er, was er seine Jünger lehrt, dass man nicht tun darf, was mit dem Gebot Gottes unvereinbar ist. Sonst würde er anderen predigen und dabei selbst verworfen werden[9]. Gott könnte ihm eines Tages sein Versagen vorwerfen: ›Was zählst du meine Gebote auf und nimmst meinen Bund in deinen Mund? Dabei ist Zucht dir verhasst, meine Worte wirfst du hinter dich‹.«[10]

Rat einholen

Der Abt ist auch nicht der alleinige Hort der Weisheit, wie die *Regel* in aller Schlichtheit sagt:

> »Sooft etwas Wichtiges im Kloster zu behandeln ist, soll der Abt die ganze Gemeinschaft zusammenrufen und selbst darlegen, worum es geht. Er soll den Rat der Brüder anhören und dann mit sich selbst zu Rate gehen. Was er für zuträglicher hält, das tue er. Dass aber alle zur Beratung zu rufen seien, haben wir deshalb gesagt, weil der Herr oft einem Jüngeren offenbart, was das Bessere ist.«[11]

Auch hier verbietet die letzte Zeile jede Identifikation des Wortes Gottes mit dem des Abtes. Gott spricht, zu wem er will, und dieser Abschnitt sagt, dass die Aufgabe des Abtes darin besteht, zu erkennen, was von dem Gesagten berücksichtigt werden soll. Und anschließend sollen alle von ganzem Herzen gehorchen.

Der gegenseitige Gehorsam

Letztlich ist der Gehorsam nicht auf eine hierarchische Beziehung beschränkt. Seine geistliche Intention, die Gleichförmigkeit mit Christus, lädt uns ein, ihn auch in den brüderlichen und schwesterlichen Beziehungen zu leben.

---

9   Vgl. 1 Kor 9,27.
10 *Benediktsregel*, 2,11–14. Zum Schluss wird Ps 50,16f. zitiert.
11 Ebd., 3,1–3.

»Das Gut des Gehorsams sollen alle nicht nur dem Abt erweisen. Die Brüder müssen ebenso einander gehorchen; sie wissen doch, dass sie auf dem Weg des Gehorsams zu Gott gelangen.«[12]

Die wenigen Texte, die soeben zitiert wurden, reichen aus, um alle in Kapitel 3 aufgezeigten Fehlentwicklungen von Autorität zu erfassen. Es wäre gut, alles zu zitieren, was über den Abt gesagt wird, und die Meditation dieser Texte wird Oberen, die eventuell in einem Missbrauchskontext gelebt haben, dringend empfohlen[13]. Es könnten auch andere Regeln als die des hl. Benedikt zitiert werden; eine jede hätte eigene Nuancen, die Ausgewogenheit zwischen Gott, der Regel und dem Oberen wäre jedoch ähnlich, weil sie für das Ordensleben grundlegend ist. Das schließt nicht aus, dass sich beispielsweise das benediktinische und das augustinische Gemeinschaftsmodell fundamental unterscheiden. Bei Benedikt ist das Gemeinschaftsleben eine Schule für den Dienst des Herrn, in die man sich unter der Leitung eines Meisters begibt; bei Augustinus ist es vor allem die *communio* der Brüder, die die Gemeinschaft bildet. Trotzdem braucht auch sie einen Oberen.

Der hl. Bruno

Der hl. Bruno richtet sich im Brief an seine Kartäuserbrüder auch an die Laienbrüder:

»Wir freuen uns, weil ihr zwar des Lesens unkundig seid, der mächtige Gott aber mit seiner Hand nicht nur die Liebe, sondern auch die Kenntnis seines heiligen Gesetzes in euer Herz hineingeschrieben hat. Denn eure Taten beweisen, was ihr liebt und was ihr wisst. Denn ihr beobachtet mit aller Sorgfalt und allem Eifer den wahren Gehorsam, welcher die Erfüllung der Weisungen Gottes ist, der Schlüssel und das Siegel aller geistlichen Observanz, die nie ohne große Demut und hervorstechende Geduld bestehen kann und immer begleitet wird von lauterer Liebe zum Herrn und von wahrer Caritas. Und so ist offenbar, dass ihr in aller Weisheit die süße und lebenspendende Frucht der Heiligen Schriften ernten dürft. Bleibt also, meine Brüder, auf der Höhe, zu der ihr gelangt seid.«[14]

---

12 Ebd., 71f. Vgl. auch 72,6.
13 Anderen übrigens auch.
14 Gisbert Greshake (Hg.), *Frühe Kartäuserbriefe*, 73.

Bemerkenswert ist, dass der Obere in diesem Abschnitt nicht erwähnt wird, sondern nur implizit vorkommt. Seine Anwesenheit ist notwendig und selbstverständlich, aber sie ist keineswegs der Mittelpunkt.

6.2 Die Grenzen des Gehorsams

Die klassische Formel, wonach der Obere für uns den Platz Gottes einnimmt, muss recht verstanden werden, denn sie hat zu vielen Auswüchsen geführt, die teilweise durch Formulierungen wie *blinder Gehorsam, Kadavergehorsam: perinde ac cadaver*[15] verstärkt wurden. Die Erfahrung zeigt, dass diese Ausdrücke, wenn sie falsch interpretiert werden, zu Missbräuchen führen können, so dass sie im vorliegenden Kontext möglichst vermieden werden sollen.

Nur Gott schulden wir den vollständigen und bedingungslosen Gehorsam unseres Willens und unseres Verstandes, weil er die Güte und die absolute Wahrheit ist.

In welchem Rahmen auch immer Gehorsam gegenüber einem Menschen gelebt wird, er wird durch diese grundlegende Wahrheit begrenzt. Schon Petrus und die Apostel sagten vor dem Hohen Rat: »Man muss Gott mehr gehorchen als den Menschen.«[16] Es kann also eine Pflicht zum Ungehorsam geben. Was auch immer von einem gefordert werden mag, derjenige, der gehorcht, muss beurteilen, was von ihm gefordert wird: Entspricht es dem göttlichen Gesetz oder nicht? Gehorsam erfolgt nicht automatisch; er impliziert, dass der Gehorchende seinen Verstand einbringt. Das ist ein allgemeines Merkmal jeder menschlichen Handlung.

Der Codex des kanonischen Rechts bringt die beiden anderen Grenzen des Ordensgehorsams prägnant zum Ausdruck:

> »Der im Geist des Glaubens und der Liebe in die Nachfolge des bis zum Tode gehorsamen Christus übernommene evangelische

---

15 Zur Interpretation dieser Formulierungen s. a. den brillanten Artikel von P. Henry Donneaud OP, *Les enjeux théologiques*, 33–42. Zusammengefasst: Kadavergehorsam bedeutet nicht, dass man aufhört, zu denken und zu wollen, sondern geht viel weiter: man setzt der Anweisung keinen Widerstand entgegen und unterwirft sich ihr ganz und gar mit Verstand und Willen, trotz der klaren Erkenntnis ihrer möglichen Fehler.

16 Apg 5,29. In 4,19 heißt es: »Petrus und Johannes antworteten ihnen: Ob es vor Gott recht ist, mehr auf euch zu hören als auf Gott, das entscheidet selbst«.

Rat des Gehorsams verpflichtet zur Unterwerfung des Willens gegenüber den rechtmäßigen Oberen als Stellvertretern Gottes, wenn sie im Rahmen der eigenen Konstitutionen befehlen.«[17]

Einerseits verlangt der Gehorsam die Unterwerfung des Willens und ist immer auf eine Handlung bezogen. Das bedeutet, dass der Obere von einem Mönch verlangen kann, etwas Bestimmtes zu tun, er kann aber nicht von ihm verlangen, etwas Bestimmtes zu denken. Der Abt kann von einem Mönch verlangen, Stühle von draußen hereinzuholen, weil er denkt, dass es am nächsten Tag regnen wird; er kann nicht von ihm verlangen zu *denken*, dass es am nächsten Tag regnen wird. Durch das Gehorsamsgelübde versprechen wir die Unterwerfung unseres Willens, nicht die Unterwerfung unseres Verstandes. Der Verstand soll sich einbringen und mitwirken, wie wir später noch sehen werden, aber diese Mitwirkung hat Grenzen und keinesfalls kann die Unterwerfung des Verstandes jemals das eigentliche Ziel einer Anordnung des Oberen sein.

Andererseits muss der Obere seinerseits den Autoritäten, die über ihm stehen, und den Konstitutionen seines Ordens gehorchen; er kann nur gemäß seiner Regel befehlen: Ein Dominikanerprior kann nicht einem seiner Ordensbrüder befehlen, Einsiedler zu werden.

Und schließlich gibt es eine Grenze, die im Apostolischen Schreiben *Evangelica testificatio* von Paul VI. erwähnt wird: Ein schwerer und sicherer Nachteil hebt die Gehorsamspflicht auf. Das Apostolische Schreiben warnt aber auch davor, sich in einem solchen Fall leichtfertig im Recht zu sehen:

> »Abgesehen davon, dass etwas verlangt wird, was den Gesetzen Gottes oder den Konstitutionen des Institutes deutlich widerspricht oder mit Sicherheit zu einem schweren Nachteil führt – in solchen Fällen erlischt nämlich die Gehorsamspflicht –, betreffen die Entscheidungen eines Oberen ein Gebiet, in dem das Urteil über das, was das größere Gut ist, je nach dem Gesichtspunkt verschieden sein kann. Aus der Tatsache, dass das Befohlene wirklich das geringere Gut zu sein scheint, zu folgern, es sei nicht berechtigt und gegen das Gewissen, hieße wirklichkeitsfremd sein und nicht begreifen, dass es im menschlichen Leben viel Dunkelheit gibt und viele Dinge zwei Seiten haben. Außerdem fügt die Ver-

---

17 *CIC*, Can. 601.

weigerung des Gehorsams dem Gemeinwohl häufig schweren Schaden zu. Deshalb soll der Ordenschrist nicht leichtfertig behaupten, das Urteil seines Gewissens stehe im Widerspruch zu der Entscheidung des Oberen. Ein solcher Ausnahmefall wird zuweilen nach dem Vorbild Christi, ›der aus seinem Leiden Gehorsam gelernt hat‹ (Hebr 5, 8) echtes inneres Leid mit sich bringen.«[18]

Wenn man also sagt, dass der Obere für uns den Platz Gottes einnimmt, so ist dies innerhalb eines genau abgesteckten Rahmens zu verstehen, und sowohl die Oberen als auch die Ordensbrüder und -schwestern müssen sich dessen bewusst sein. Der Ordenschrist soll in der Aufforderung des Oberen eine Einladung Gottes sehen, sein Gehorsamsgelübde zu leben, was keineswegs bedeutet, dass er die Aufforderung ohne nachzudenken ausführen soll. In dem Film *Emprise et abus spirituel* sagt es P. Berceville OP sehr deutlich:

»Es ist evident, dass das, was der Obere mir Tag für Tag sagt, nicht Wort Gottes ist. Gott kann durch das, was der Obere mir sagt, zu mir sprechen, aber das heißt, dass ich interpretieren muss, dass ich urteilen muss, ich bin nie von meiner Verantwortung entbunden, selbst zu erkennen, was Gott mir durch das Wort des Oberen sagt.«[19]

Das entscheidende Wort, das die Dinge an ihren richtigen Platz rückt, lautet: »durch«. Gott kann durch die Irrtümer von Menschen zu uns sprechen, die gleichwohl nicht sakralisiert werden, sondern Irrtümer bleiben, für die der Urheber die Verantwortung trägt.

Kann man von blindem Gehorsam sprechen?

Diese Formulierung muss unbedingt vermieden werden, da sie meist als Gehorsam ohne Überlegung und Verantwortung verstanden wird, was der kirchlichen Denkweise entgegengesetzt ist. Es ist jedoch notwendig auf den Einwand zu antworten, der besagt, dass der hl. Franz von Sales in seinem zwölften Gespräch mit den Heimsuchungsschwestern davon spricht. Das ist zutreffend, aber die Bedeutung ist eine ganz andere.

---

[18] Paul VI., *Evangelica testificatio,* Nr. 28. Übernommen in Nr. 27 der Instruktion der Kongregation für die Institute des geweihten Lebens und die Gesellschaften des Apostolischen Lebens, *Der Dienst der Autorität und der Gehorsam.*
[19] Jean-Claude u. Anne Duret, *Emprise et abus spirituel.*

> »Zum blinden Gehorsam gehören drei Bedingungen: 1) er schaut nicht auf die Person des Oberen, sondern allein auf seine Autorität; 2) er fragt nicht nach den Gründen und Beweggründen, die den Oberen veranlassen, dies oder jenes zu befehlen. Es genügt ihm zu wissen, dass der Befehl gegeben wird. 3) Er fragt nicht lang, wie er den Befehl ausführen kann; er macht sich ganz einfach daran in der Überzeugung, dass der Befehl von Gott kommt und folglich Gott ihm auch die Möglichkeit zur Ausführung geben wird. Statt sich lang zu besinnen, wie er es tun soll, handelt er ganz einfach.«[20]

Dies scheint die übliche Bedeutung, die man dem Ausdruck »blinder Gehorsam« gibt, zu rechtfertigen. Gewiss. Aber der unmittelbar folgende Absatz bringt eine wesentliche Klarstellung:

> »Sehen wir uns nun die erste Eigenschaft dieses Gehorsams aus Liebe, der dem klösterlichen Gehorsam gleichsam aufgepfropft ist, etwas näher an. Der Gehorsam ist erstens blind, wenn man sich in aller Einfalt daran macht, alles mit Liebe zu tun, was uns befohlen wird, unbekümmert darum, ob die Anordnung richtig oder falsch gegeben ist, vorausgesetzt natürlich, dass der Befehlende das Recht zu befehlen hat und der Befehl selbst die Vereinigung unserer Seele mit Gott fördert, wenn dies nicht zutrifft, gibt es keinen Gehorsam. Manche haben sich von dieser Eigenschaft des Gehorsams ein ganz falsches Bild gemacht; sie glauben, er bestünde darin, dass man unterschiedslos jeden Befehl ausführen müsse, selbst dann, wenn er in Widerspruch mit den Geboten und der Kirche stünde. Das wäre doch Wahnsinn. Stimmt ein Befehl nicht mit den Geboten Gottes überein, so haben die Vorgesetzten kein Recht, ihn zu erteilen, und die Untergebenen keine Verpflichtung, ihn auszuführen; sie würden sich sogar einer schweren Sünde schuldig machen, wenn sie gehorchten.«[21]

Zur ersten Bedingung sagt er später im Text: »Man nennt diesen Gehorsam einen blinden, weil man sich jedem Oberen in gleicher Weise unterwirft, ohne auf das Äußere, d.h. ohne auf die Person zu schauen«. Der Ordenschrist schuldet dem Oberen Gehorsam, unabhängig davon, ob der Obere gut oder schlecht, sanft oder mürrisch ist. Wer nur gehorchen würde, weil er seinen Oberen für einen

20 Franz von Sales, *12. Gespräch*, Geistliche Gespräche, 148f.
21 Ebd.

guten Ordenschristen hält, sich aber im gegenteiligen Fall vom Gehorsam entbunden sehen würde, hat den Sinn des Gehorsamsgelübdes noch nicht verstanden. Er wäre bei einem rein natürlichen Gehorsam geblieben. Selbst wenn der Obere ein schlechtes Vorbild ist, schuldet der Ordenschrist ihm Gehorsam, wenn dieser gemäß der Regel Anordnungen erteilt, und zwar nicht wegen des Oberen, sondern als Opfergabe an Gott.

Die zweite und dritte Bedingung fordern, dass man nicht nach den Motiven, Gründen und Mitteln fragt.

Was jedoch den Inhalt der Anordnung betrifft, verwendet der hl. Franz von Sales in seinem Text ein »*vorausgesetzt ..., dass*«, dessen Bedeutung klar ist: Der Gehorchende hat zu beurteilen, was von ihm verlangt wird; er kann nicht einfach irgendetwas tun, nur weil er den Befehl dazu erhalten hat. Manchmal kann es seine Pflicht sein, nicht zu gehorchen. Solche Situationen sollten eher die Ausnahme sein, aber es muss betont werden, dass die Autorität des Oberen das Wort des Oberen nicht in das Wort Gottes verwandelt und dass die gehorchende Person ihr Gewissen behält. Ein Beispiel sagt mehr als eine lange Abhandlung:

Angenommen, ein Oberer fordert einen Mönch in einer heiklen Situation auf, mit einer Lüge zu antworten. Dann darf der Mönch nicht gehorchen, denn sein Oberer hat kein Recht, ihn zum Lügen aufzufordern. Das Gewissen ermöglicht dem Mönch, die Situation zu beurteilen, denn in diesem speziellen Fall kann er sich nicht auf das Urteilsvermögen seines Oberen verlassen.

Wenn er zustimmt, mit der Lüge zu antworten, die von ihm verlangt wird, obwohl er weiß, dass es eine Lüge ist, kommt es zu einer zweifachen Verfehlung: Der Mönch ist für die Lüge, die er sagt, verantwortlich, aber seine Verantwortung wird eindeutig durch die Tatsache gemildert, dass er aufgrund der Aufforderung seines Oberen nicht ganz frei ist. Der Obere, der diese Entschuldigung nicht hat, trägt die volle Verantwortung für die Lüge, die gesagt wurde und noch dazu die Verantwortung, das Gewissen des Mönches genötigt und ihn durch seine Aufforderung auf den Weg der Sünde geführt zu haben. Und dies ist weitaus schwerwiegender, als wenn er selbst gelogen hätte, vor allem wenn es zum Ärgernis in der Seele des Mönches wird, der dadurch möglicherweise sein ganzes Vertrauen in den Oberen verliert.

Das ist ganz einfach die allgemeine Lehre und es wäre falsch zu glauben, dies werde die Praxis des Gehorsams revolutionieren, denn in der Welt des Ordenslebens kennt auch der Obere die Gesetze Gottes und der Kirche, und der soeben beschriebene Sachverhalt ist selten (oder sollte es sein). Es ist jedoch wichtig zu wissen, dass es ihn geben kann und dass daraus schmerzliche Situationen resultieren können.

Auch im Gehorsam bleiben der Ordensmann oder die Ordensfrau freie Menschen, die für ihr Handeln verantwortlich sind, denn für Gott hat nur ein freies und bewusstes »Ja« einen Sinn. Der Jungfrau Maria ließ er vom Engel ausführlich erklären, was er von ihr erwartete. Jede Auslegung des Gehorsams, die ihn zu einem automatischen Prozess ohne Einsicht macht, ist weder human noch religiös.

Handlung des Menschen und menschliche Handlung

Der hl. Thomas von Aquin hilft uns, dies zu verstehen, indem er *Handlung des Menschen* und *menschliche Handlung* unterscheidet:

> »Nur jene Handlungen werden als eigentlich ›menschliche‹ bezeichnet, welche vom Menschen ausgehen, insoweit er Mensch ist. Darin aber ist der Mensch von den vernunftlosen Geschöpfen unterschieden, dass er Herr seiner Handlungen ist. Jene Handlungen also allein werden als menschliche bezeichnet, über welche der Mensch Herr ist. Nun ist der Mensch Herr seines Handelns kraft der Vernunft und des Willens, wonach der freie Wille ›eine Fähigkeit des Willens und der Vernunft‹ genannt wird. Jene Handlungen allein werden also menschliche genannt, welche nach reiflicher Überlegung aus dem Willen hervorgehen. Insofern es noch andere Handlungen gibt, die dem Menschen zukommen, bezeichnet man sie besser als Handlungen ›des Menschen‹ und nicht als ›menschliche‹ Handlungen, da sie nicht vom Menschen als Menschen ausgehen.«[22]

Eine Handlung des Menschen, bei der die Freiheit und/oder der Wille fehlen, kann objektiv gut sein, aber sie ist keine menschliche Handlung; sie ist nicht das, was Gott vom Menschen erwartet. Unreflektierter Gehorsam ist daher kein religiöser Gehorsam, sondern nur der Gehorsam eines Automaten. Eine solche Art von Gehorsam zu befürworten ist eindeutig Zeichen einer sektiererischen Tendenz.

---

22 Thomas von Aquin, *Summa theologica,* Ia IIæ, q.1, a.1.

6.2 Die Grenzen des Gehorsams

Der Wille des Oberen ist nicht der Wille Gottes

Während man hoffen kann, dass ein Ordensoberer nur selten etwas anordnet, das gegen das göttliche Gesetz ist, hat eine andere Situation, die weit häufiger vorkommt, dem hl. Franz von Sales eine brillante Antwort entlockt. Eine Schwester entgegnete ihm:

> »Ich sehe doch ganz deutlich, dass man das von mir aus rein menschlichen Gründen verlangt und dass dieser Wunsch einer natürlichen Neigung entspringt, also nicht von Gott der Oberin oder meiner Mitschwester eingegeben wurde, da sein Ursprung doch eine natürliche oder durch Gewohnheiten gewordene Neigung oder sogar eine Leidenschaft ist.«

Die Antwort des hl. Franz von Sales:

> »Nein, Gott hat es ihr selbstverständlich nicht eingegeben, aber von Ihnen will er, dass Sie tun, was man von Ihnen verlangt.«[23]

Hervorzuheben ist das »Nein, [...] selbstverständlich nicht«. Der hl. Franz von Sales bestreitet nicht, dass die Anweisung der Oberin nicht von Gott kam, wenn die Oberin im Affekt gesprochen hat; sie ist daher für dieses Wort verantwortlich, das für sie eine Sünde sein kann (Zorn, Missgunst usw.). Trotzdem ist es so, dass die Schwester, wenn sie der Oberin gehorcht, Gott gehorcht, denn er verlangt von ihr nicht zu denken, dass er der Oberin dieses Wort eingegeben hat, sondern er verlangt von ihr, kraft des Gehorsamsgelübdes aus Liebe zu ihm zu gehorchen. So kann die Erfüllung des Gelübdes jeder Aufgabe, die das göttliche Gesetz achtet, eine andere Dimension verleihen.

Das Gelübde des Gehorsams ist auf die Vervollkommnung der Schwester ausgerichtet und nicht auf die der Oberin. Was Gott von der Schwester verlangt, ist nicht das, was die Oberin aufgetragen hat, sondern er verlangt, dass sie der Anordnung der Oberin gehorcht. Diese Präzisierung ist so wichtig, dass sie mit einem Meißel in die Noviziate eingraviert werden sollte. Der Wert des Gehorsamsaktes liegt darin, sich Gott unterzuordnen, durch die konkrete Vermittlung der Oberin, aber diese Vermittlung verwandelt nicht jeden Wunsch der Oberin in den Willen Gottes. Der hl. Franz von Sales vervollständigt:

---

23 Franz von Sales, *15. Gespräch*, Geistliche Gespräche, 228.

»Nein, Gott hat es ihr selbstverständlich nicht eingegeben, aber von Ihnen will er, dass Sie tun, was man von Ihnen verlangt. Tun Sie es nicht, dann werden Sie Ihrem Entschluss, Gott in allen Dingen zu gehorchen, untreu und vernachlässigen folglich die pflichtgemäße Sorge um Ihre Vervollkommnung. Man sei also stets bereit, das zu tun, was man von uns haben will, damit der Wille Gottes geschehe, solange es nicht gegen Gottes ausgesprochenen Willen ist, den er uns auf die oben erwähnte vierfache Weise kund gibt.«[24]

Der Wille Gottes ist nicht der materiale Inhalt dessen, was verlangt wird, sondern die Unterwerfung, die ihrerseits einem Unterscheidungsakt unterliegt, um wirklich menschlich zu sein. So kann der Gehorsam seine ganze Weite entfalten, denn sein Wert hängt nicht von der Bedeutung der Handlung ab, sondern von der Liebe, die diese Handlung beflügelt. Eine ganz kleine Sache, mit ganz viel Liebe getan, vereint uns genauso mit Gott wie ein großes Werk, und macht aus jeder Stunde eine Gelegenheit zur Heiligkeit.

Wenn das nicht klar ist, wird es zu großen Verwirrungen oder zu großen Dummheiten kommen. Beauftragt die Oberin eine Schwester, den Kreuzgang zu fegen, obwohl die Gemeinschaft am Nachmittag in diesem Kreuzgang eine Arbeit verrichten soll, die alles schmutzig machen wird, hat die Schwester das Recht, zu denken, dass dies nicht sinnvoll ist, und sie sollte die Oberin daran erinnern, da sie es vergessen haben könnte. Wenn die Oberin ihre Anordnung aber aufrechterhält, ist die Urteilsbildung leicht, weil das Fegen des Kreuzgangs niemandem Schaden zufügt. Der Schwester bietet sich damit eine wunderbare Gelegenheit, dem Herrn ihre Liebe in der konkreten Realität einer alltäglichen Handlung auszudrücken. Wenn sie den Kreuzgang fegt, tut sie dies weder aus gesundem Menschenverstand, denn der würde hier etwas anderes sagen, noch um der Oberin zu gefallen (Achtung vor einem solchen Abgleiten, das den religiösen Gehorsam in eine rein menschliche Handlung umwandelt!), sondern sie sollte es tun, weil sie eines Ta-

---

[24] Ebd., 228. Die erwähnte vierfache Weise bezieht sich auf seine Aussage: »Der Wille Gottes tut sich uns in vierfacher Weise kund: 1) in den Geboten Gottes, 2) in den Geboten der Kirche, 3) in den Räten [Regeln], 4) in den Einsprechungen«. Etwas später präzisiert er: »Für uns sind die Regeln jene Räte, denen wir zu folgen haben; d.h. unsere Regeln enthalten alle für uns in Frage kommenden Räte«. Ebd., 224f.

ges aus Liebe zum Herrn gesagt hat, dass sie gehorchen wird. Und das genügt, um einer Handlung, die nicht wegen ihrer Nützlichkeit, sondern wegen ihrer Bedeutung wohlüberlegt nach bestem Wissen und Gewissen getan wird, einen tiefen, vollendet menschlichen Sinn zu geben. Wenn wir etwas Nützliches oder Interessantes tun, kann sich viel Menschliches mit unserem Gehorsam vermischen. In dem erwähnten Beispiel kann die Schwester fröhlich fegen und dem Herrn dabei sagen: *Ich tue es für dich und nur für dich.* Nur ein intelligenter Gehorsam kann so weit kommen, nicht aber der automatische oder blinde Gehorsam, denn ihm genügt die Ausführung, mehr nicht.

Wenn sich aber die Schwester, die das eigentliche Ziel des Gehorsams nicht verstanden hat, fragt, ob es wirklich der Wille Gottes ist, dass der Kreuzgang am Morgen gefegt wird, um am Abend wieder schmutzig zu sein, wird es darauf keine Antwort geben, denn der Wille Gottes bezieht sich nicht auf das Fegen, sondern auf die Schwester selbst. Diese Art der Fragestellung, die den Alten unbekannt war, ist heute sehr verbreitet, nicht nur im Ordensleben, sondern auch bei einer bestimmten Auffassung von geistlicher Führung, die von einer prophetischen Sichtweise beeinflusst ist, derzufolge der geistliche Begleiter von Gott inspiriert ist. Damit ist die Frage von der persönlichen und relationalen Ebene auf die objektive Ebene der zu erledigenden Aufgabe geglitten. Aus der Frage »Herr, was willst du, dass ich tue?« wird »Herr, was willst du, dass getan werden soll?« Das »Ich« ist verschwunden und der Bezugspunkt ist nicht mehr die liebende Beziehung zu Gott – oberstes Ziel des Ordensgehorsams – sondern die konkrete Realität, der Kreuzgang und der Besen. Daraus ergeben sich verschiedenste Komplikationen. Wie soll man erklären, dass Gott will, dass ich morgens säubere, was abends wieder schmutzig sein wird? Ist er dumm oder macht er sich über mich lustig? Die Antwort ist zum Glück ganz einfach, aber man muss sie kennen: Gott hat das nie verlangt, sondern die Oberin hat es verlangt und man sollte ihr die Verantwortung für ihre Entscheidung und ihre Worte lassen. Gott erwartet von der Schwester, dass sie gehorcht, nicht dass sie fegt.

Dies zu verstehen, vereinfacht das Leben der Schwester erheblich, denn sie muss sich nicht länger den Kopf zerbrechen und überlegen, ob Gott will, dass sie einen Besen oder einen Mopp benutzt. Meine liebe Schwester, Gott hat Ihnen Verstand gegeben, damit Sie ihn benutzen. Die hl. Teresa von Ávila sagte humorvoll (und vielleicht auch ein wenig ironisch ...): »Meine Güte, wie weit ist es mit uns gekommen? Als ob wir nicht schon von Natur aus dumm genug wären, jetzt wollen wir auch noch mit Hilfe der Gnade dumm werden!«[25]

Wenn der Obere sich angewöhnt, jedes Wort oder jede Entscheidung, die er trifft, als vom Heiligen Geist inspiriert zu betrachten, wird seine Amtsführung immer willkürlicher werden. Ein Beispiel, das vielleicht zum Schmunzeln anregt, soll dies verdeutlichen. Der Gründer einer Gemeinschaft behauptete, alles direkt vom Heiligen Geist zu empfangen, sogar die Melodien der Gesänge, die er seiner Gemeinschaft vorschrieb. Da man schwerlich behaupten kann, der Heilige Geist sei kein großer Komponist, fügten sich alle seinen Liedchen. Nun, das ist nichts allzu Ernstes, aber das Drama besteht darin, dass der Reflex unabhängig vom Ernst der Lage immer genau gleich funktionieren wird: Der Heilige Geist hat gesprochen, der Fall ist geklärt. Und damit kann totale Willkür gerechtfertigt werden.

Außerdem weiß jeder, der schon einmal Oberer war und ein wenig Verstand hat, dass der Obere den Willen Gottes nicht kennt, und dass er ihn noch mehr als die anderen sucht. Wie viele unlösbare Probleme hat er zu bewältigen! Wenn es genügen würde, dass er spricht, damit Gott gesprochen hat – wie praktisch wäre das! Meistens tappt er im Dunkeln, er zögert, er sucht Rat und da er eines Tages entscheiden muss, entscheidet er, aber ohne irgendeine Gewissheit, wie es um seine eigene Fügsamkeit gegenüber dem Heiligen Geist bestellt ist und ohne irgendeine Garantie, dass seine Entscheidung mit dem Willen Gottes übereinstimmt. Es ist keine einfache Aufgabe, Oberer zu sein.

Es sei auch darauf hingewiesen, dass in der katholischen Theologie das Wort eines Menschen niemals für das Wort des Heiligen Geistes genommen wird. Dieser drückt sich nicht unmittelbar durch den Mund des Menschen aus, nicht einmal in der Heiligen Schrift. Der Geist der Propheten ist den Propheten unterworfen; sie sind es, die reden – auf der Basis dessen, was sie von der durch Gott empfangenen Eingebung verstanden, aufgenommen und ge-

---

25 Theresa von Avila, *Les fioretti*, 90.

deutet haben. Es ist nicht der Heilige Geist, der ihnen diktiert, was sie zu schreiben hätten. Man braucht in diesem Zusammenhang nur eine gute fundamentaltheologische Abhandlung oder eine Einführung in die Heilige Schrift zum Thema *Inspiration* zu lesen[26]. Wenn dies schon für die vom Heiligen Geist inspirierten Autoren gilt, um wie viel mehr dann für den Oberen, der nicht das Charisma der Inspiration hat.

Daher ist Vorsicht geboten, wenn es heißt, dass der Obere in einem gewissen Sinn den Platz Gottes einnimmt. Eine kleine Anekdote mag illustrieren wie vorherrschend diese Lesart in der christlichen Kultur geworden ist. Der Verfasser dieser Zeilen hatte, obwohl er für das Gesagte durchaus sensibilisiert war, in einer ersten Fassung geschrieben, dass *der Ordensmann in dem Wort des Oberen ein Wort sieht, das Gott an ihn richtet*. Ein Korrekturleser wies ihn darauf hin, dass diese Formulierung kritikwürdig sei:

> »Eine solche Formulierung lenkt die Aufmerksamkeit auf den Inhalt dieses Wortes, mit allen Fehlinterpretationen, die sich daraus ergeben können, oder auf die Gewissensfälle, in denen man denkt, dass sich der Abt irrt. Im benediktinischen Gehorsam geht es jedoch nicht um den Inhalt des Gehorsams, um den Gehorsam gegenüber einer Anordnung, die angeblich Gottes Willen ausdrücken soll. Das Entscheidende ist die innere Haltung. Die Mönche gehorchen dem Abt wie Gott, das heißt, dass der Gehorsam eine Erfahrung der Inkarnation ihrer Beziehung zu Christus ist. Sie sollen gegenüber dem Abt die gleichen Gesinnungen haben, die sie Christus entgegenbringen; das Entscheidende ist, dass sie mit Freude gehorchen[27].
>
> Der Abt trägt den Namen Abt, aber ›das maßt er sich nicht selbst an, vielmehr geschieht es aus Ehrfurcht und Liebe zu Christus‹.«[28]

Der Hinweis war völlig richtig. Dieser kleine Ausrutscher im ersten Entwurf zeigt, wie leicht es zu einem Abgleiten kommt, ohne dass wir es überhaupt bemerken. Übrigens lässt der berühmte Brief des hl. Ignatius über den Gehorsam, so wertvoll er auch ist, in diesem

---

26 Z.B. Wilfrid Harrington OP, *Nouvelle introduction à la Bible,* wo es ein gutes Kapitel zu diesem Thema gibt.
27 *Benediktsregel,* 5,16.
28 Ebd., 63,13.

Punkt manchmal etwas zu wünschen übrig[29]. Es mangelt nicht an Sätzen, die, für sich genommen, den Willen des Oberen und den Willen Gottes gleichsetzen. Daher ist es wichtig, ihn als Ganzes zu lesen und die darin enthaltenen Einschränkungen – besonders im Hinblick auf den *dritten Grad des Gehorsams*, mit dem wir uns nun befassen müssen.

6.3 Der dritte Grad des Gehorsams: die Unterwerfung des Urteils

Wenn wir durch unser Gehorsamsgelübde unseren Willen unterwerfen, bleibt doch die Tatsache, dass unser Verstand nicht einfach außer Acht gelassen werden kann. Der hl. Ignatius von Loyola unterscheidet in seinem Brief über den Gehorsam deutlich zwischen den verschiedenen Graden des Gehorsams. Er widmet dem ersten Grad, der materiellen Ausführung des erhaltenen Auftrags, nur vier Zeilen und geht sofort zum zweiten Grad über, der Unterwerfung des Willens, worauf er etwas ausführlicher eingeht. Seinen ganzen Nachdruck legt er jedoch auf den dritten Grad, die Unterwerfung des eigenen Urteils[30], deren Notwendigkeit wir zuerst verstehen müssen.

Wenn ein Oberer einen Ordensbruder beauftragt, das ganze Haus neu zu streichen, und zwar in reinem Weiß, während der Bruder der Meinung ist, dass ein gebrochenes Weiß viel besser wäre, kann sich der Bruder zwar durchaus der Anordnung seines Oberen fügen, innerlich aber bei seiner eigenen Meinung bleiben. Diese Situation stellt jedoch eine Schwierigkeit dar, die der hl. Ignatius hervorhebt: »Es wäre ein gezwungener, unnatürlicher Zustand, auf die Dauer mit dem Willen allein auskommen zu wollen und im Widerspruch mit seiner inneren Überzeugung zu gehorchen«[31]. Sich auf Dauer ganz hinzugeben, wenn man in einem solchen Zwiespalt steckt, ist wirklich schwierig, wenn nicht sogar unmöglich. Natürlich ist jeder spontan der Meinung, dass seine eigene Vorstellung besser ist als die des anderen und dass es ganz objektive Gründe gibt (meint er!), sie umzusetzen. Der dritte Grad des Gehorsams verlangt, zu akzeptieren, dass es durchaus möglich ist, dass die Vor-

---

29 Ignatius von Loyola, *Den Ordensgenossen in Portugal und der gesamten Gesellschaft Jesu*, 26. März 1553, Geistliche Briefe, Brief 43, 214.
30 Oder der Einsicht, d.h. der Intelligenz.
31 Ignatius von Loyola, ebd., 215f.

stellung des Oberen genauso gut, ja sogar besser als meine eigene sein kann, und dass ich mich ihr wirklich anschließe und meine eigene Sichtweise relativiere. Dieser Grad hängt wesenhaft mit der Demut zusammen.

An dieser Stelle müssen jedoch einige wesentliche Erläuterungen hinzugefügt werden: Der Verstand hat nicht die Flexibilität des Willens, er wird von der Wahrheit bestimmt. Es ist niemals erlaubt, seinen Verstand gegen die Wahrheit zu verbiegen.

Die Unterwerfung des Verstandes wird in konkreten Situationen, in denen es unterschiedliche Meinungen geben kann, angebracht sein. Ob man etwas in reinem Weiß oder in gebrochenem Weiß streicht, ist einzig eine Frage des Geschmacks und hat nichts mit Wahrheit im eigentlichen Sinne zu tun. Wenn ein Mönch übertrieben stark an seiner eigenen Vorliebe in diesem Bereich festhält, ist das also offensichtlich eine Unvollkommenheit.

Es ist unmöglich, das soeben Gesagte auf alle Bereiche zu übertragen. Wenn der Obere verlangt, Speiseöl in den Motor des Traktors zu füllen, kann der Mönch, der ein wenig von Mechanik versteht, seinen Verstand nicht beugen. Er weiß genau, dass dies den Motor ernsthaft beschädigen würde, und er kann nicht davon ausgehen, dass dies die Absicht des Oberen ist. Daher muss er den Oberen informieren. Wenn dieser jedoch darauf besteht, dass dies eine sehr gute Lösung ist und der Motor nicht leiden wird, gerät der Mönch in ein Dilemma. Es liegt nun an ihm, zu urteilen, ob es hier um ein schwerwiegendes Übel geht[32].

Der hl. Ignatius äußert sich sehr klar über die Bereiche, auf die sich eine Unterwerfung des Verstandes anwenden lässt:

> »Auch wenn der Verstand in seinen Tätigkeiten nicht so frei ist wie der Wille, und naturgemäß allem, was ihm als wahr erscheint, zustimmt, kann er doch in vielen Situationen, in denen die Evidenz der erkannten Wahrheit nicht unbedingt eindeutig ist, der einen oder der anderen Seite folgen, je nachdem wie er von seinem Willen bewegt wird. Und in diesen nicht offensichtlichen Situationen soll sich jeder, der Gehorsam gelobt hat, der Auffassung seines Oberen unterordnen.«[33]

---

32 Vgl. Paul VI., *Evangelica testificatio*, weiter oben in diesem Kapitel zitiert.
33 Ignatius von Loyola, *Den Ordensgenossen in Portugal und der gesamten Gesellschaft Jesu*, 26. März 1553, Geistliche Briefe, Brief 43, 214. Hier behutsam dem heutigen Sprachempfinden angepasst.

Der Bereich, in dem es möglich ist, den eigenen Verstand zu unterwerfen, ist also klar definiert: Es sind Situationen, in denen die Evidenz einer erkannten Wahrheit nicht unbedingt die Oberhand hat. Das befreiende Prinzip lautet: Lediglich Situationen, in denen es keinen gewichtigen Grund gibt, eine bestimmte Meinung einer anderen vorzuziehen, fordern einen Ordensmann oder eine Ordensfrau auf, auch den Verstand zu unterwerfen. In allen anderen Fällen behält das Gewissen seine Rechte.

Franz von Sales gibt sich seinerseits die Mühe, klarzustellen, dass er blinden Gehorsam (in dem von ihm präzisierten Sinn) nur für Dinge von geringer Bedeutung verlangt. Wenn es darum geht, einige Kohlpflanzen zu setzen und die Oberin verlangt, sie auf eine unsinnige Weise zu setzen, ist die daraus resultierende Konsequenz so gering, dass sie nicht wichtiger als der Gehorsam ist. Wenn es darum geht, 15 Hektar Kohl anzupflanzen und der Schaden für die Gemeinschaft zu groß wird, ist es die Pflicht der Schwester, die Oberin auf ihren Fehler hinzuweisen. Auch Ignatius spricht darüber:

> »Bei alledem ist Ihnen keineswegs verwehrt, wenn Sie eine Sache anders sehen als der Obere und wenn Ihnen im Gebet vor Gottes Angesicht eine Gegenvorstellung am Platze scheint, diese zu äußern.«[34]

Er fügt hinzu, dass man sich darin einen gelassenen Geist bewahren soll.

Solange es um rein materielle Fragen geht, wird es nicht allzu viele Schwierigkeiten geben. Wenn es um das Wohl von Menschen geht, bekommt die Verantwortung des Ordensmannes oder der Ordensfrau mehr Gewicht und es ist ihnen nicht mehr möglich, einfach irgendetwas zu tun, nur weil der Obere es ihnen aufgetragen hat.

Auf jeden Fall muss nachdrücklich betont werden, dass sich die Unterwerfung des Verstandes nur auf das, was zu *tun* ist, beschränkt. Das Gehorsamsgelübde erlaubt den Oberen in keiner Weise, der Ordensfrau oder dem Ordensmann vorzuschreiben, was sie *denken* sollen. Unser Verstand soll sich durch die Kirche Christus unterordnen und diese Unterordnung gegenüber der Kirche

---

34 Vgl. Ebd., 220; auch hier leicht modifiziert.

kann der Obere lehren, aber weiter darf er nicht gehen. Nicht er hat Autorität in Glaubens- oder Sittenfragen, da er selbst, wie alle Ordensleute, diesem Gehorsam gegenüber der Kirche unterworfen ist. Und da er nur gemäß den Konstitutionen[35] Anordnungen geben kann, ist es klar, dass er dies in politischen, philosophischen oder anderen Angelegenheiten nicht tun kann. Natürlich müssen die Oberen für die Ausbildung ihrer Ordensleute sorgen, aber das ist keine Frage des Gehorsams: Der Verstand muss überzeugt werden, er darf nicht genötigt werden. Die Oberen dürfen auch in geistlichen Angelegenheiten keine Anordnungen erteilen; dieses Thema wird später im Zusammenhang mit geistlichem Missbrauch erörtert werden.

Es war schon immer schwierig, die Unterwerfung des Verstandes in Verbindung mit dem Gehorsamsgelübde richtig zu verstehen. Ohne dieses rechte Verständnis kommt es jedoch zu schwerwiegenden Konsequenzen. Jemand, der das Prinzip dieser Unterwerfung völlig ablehnt, sagt dann im Allgemeinen: *Ich gehorche, wenn ich einverstanden bin.* Oder wie es ein kleiner Cartoon mit einer jungen Nonne, die vor ihrer Priorin kniet, humorvoll ausdrückt: »Ich gelobe Gehorsam, vorausgesetzt, dass die Oberin nett ist und ich mit dem einverstanden bin, was sie nach vorherigen Verhandlungen vorschlägt«.

6.4 Reflexion über die Vorsehung

Der ganz besondere Stellenwert des Gehorsams, der uns durch einen sehr unvollkommenen Menschen in den Plan Gottes eintreten lässt, hat nichts Außergewöhnliches – er umfasst unser ganzes Leben. Denn niemand macht in seinem Leben nur das, was er will. Die Ordenschristen haben ein Gelübde des Gehorsams abgelegt, aber alle Menschen unterwerfen sich wohl oder übel vielen Ereignissen, die sie in keiner Weise gewollt haben. Diese Ereignisse sind nicht dem blinden Zufall überlassen, denn

> »alles, was er geschaffen hat, schützt und lenkt Gott durch seine Vorsehung. [...] Das Zeugnis der Schrift lautet einstimmig: Die Fürsorge der Vorsehung ist konkret und unmittelbar; sie kümmert sich um alles, von den geringsten Kleinigkeiten bis zu den

---

[35] Siehe hier den bereits auf Seite 123f. zitiertem Kanon 601 des *CIC*.

großen weltgeschichtlichen Ereignissen. Die heiligen Bücher bekräftigen entschieden die absolute Souveränität Gottes im Lauf der Ereignisse.«[36]

Jesus sagt uns dies im Bild von den Spatzen: »Keiner von ihnen fällt zur Erde ohne den Willen eures Vaters«.[37] Der *Katechismus der Katholischen Kirche* bietet in den Nummern 300–314 eine ausgezeichnete Synthese. Anhand eines konkreten Beispiels lassen sich bestimmte Zusammenhänge mit dem Gehorsam der Ordensleute erkennen, die dazu beitragen können, letzteren besser zu verstehen:

Hektor fährt gemächlich auf einer kleinen Landstraße. Anatol kommt ihm entgegen. Er hat zu viel getrunken; auf der Anhöhe eines Hügels, wo keine freie Sicht herrscht, überholt er leichtsinnig einen LKW. Die beiden Fahrzeuge kollidieren, Hektor wird schwer verletzt und bleibt querschnittsgelähmt. Kann man sagen, dass Gott diesen Unfall gewollt hat? Die Antwort ist nicht so einfach wie es scheint.

Unmittelbar gesehen, nein: Gott hat Anatol nicht aufgefordert, sich zu betrinken und einen schweren, fast tödlichen Unfall zu verursachen. So zu denken, wäre ein Hohn auf die menschliche Freiheit. Zu sagen »Es war vorherbestimmt« bedeutet, die liebende Vorsehung durch einen Fatalismus zu ersetzen, der unser Leben auf ein Theaterspiel reduziert.

> »Gott ist auf keine Weise, weder direkt noch indirekt, die Ursache des moralischen Übels. Er lässt es jedoch zu, da er die Freiheit seines Geschöpfes achtet, und er weiß auf geheimnisvolle Weise Gutes daraus zu ziehen.«[38]

Gott will das Böse also nicht, sondern lässt es zu. Das gilt gleichermaßen für das Gute, denn Gott hat uns die Freiheit gegeben, uns sowohl für das Gute als auch für das Böse entscheiden zu können:

> »Gott gibt seinen Geschöpfen nicht nur das Dasein, sondern auch die Würde, selbst zu handeln, Ursache und Ursprung von-

---

36 *Katechismus der Katholischen Kirche*, 302f.
37 Mt 10,29.
38 *Katechismus der Katholischen Kirche*, 311; unter Verweis auf folgende Referenzen: Augustinus, lib. 1,1,1 PL 32, 1221–1223. Thomas von Aquin, *Sum. theol.* Ia IIæ, q.79, a.1.

6.4 Reflexion über die Vorsehung

einander zu sein und so an der Ausführung seines Ratschlusses mitzuarbeiten.«[39]

Das kann Hektor davon abhalten, sich gegen Gott aufzulehnen: *Was habe ich Gott getan, dass er mir das antut?* Nein, nicht Gott hat das angetan, sondern Gott hat Anatols Freiheit respektiert, auch wenn dieser sie missbrauchte. So macht es Gott ständig mit uns.

Aber damit darf man sich nicht begnügen, denn wie könnten wir sonst sagen, dass sich Gottes Vorsehung um *die kleinsten Dinge* kümmert? Dann hätte es den Anschein, als würde sich Gott von uns distanzieren und seinen guten Ruf reinwaschen indem er zu Hektor sagt: *Tut mir leid, ich hatte nichts damit zu tun* – was die Gefahr einer anderen empörten Rebellion provozieren könnte.

Was Hektor passiert ist, war nicht von Gott gewollt, aber er ließ es zu und für ihn ist diese Zulassung keine Ohnmacht, sondern eine freie Entscheidung seiner Vorsehung. Gott war zum Zeitpunkt des Unfalls nicht abwesend, er war sowohl bei Hektor als auch bei Anatol anwesend. Manchmal greift er auch direkter ein, wie beim Attentat auf den hl. Johannes Paul II. Der Chirurg, der sich wunderte, weil kein lebenswichtiges Organ getroffen worden war, sagte: *Eine Hand schoss, eine andere lenkte die Kugel.* Diese diskreten Interventionen des Herrn oder unserer Schutzengel bleiben normalerweise die Ausnahme und gehören nicht zu unserem Alltag, außer vielleicht in einem für uns unsichtbaren Bereich. Diese Interventionen wollten nicht verhindern, dass Johannes Paul II. (oder Hektor) verwundet wird. Die Tatsache, dass wir freie Menschen sind, ist Teil der göttlichen Vorsehung.

Dann lautet die Frage aber anders: Wenn Gott es weder gewollt noch getan hat, warum hat er es nicht verhindert, warum hat er es zugelassen? Diese gewaltige Frage zu beantworten würde den Rahmen dieses Buches sprengen und daher werden wir bei der konkreten Realität bleiben: Hektor muss sich mit diesem Punkt innerlich auseinandersetzen, um zu verstehen, dass Gott ihn nie verlassen hat, dass er sein Antlitz nie von ihm gewandt hat, auch nicht während der Sekunden des Unfalls, dessen kleinste Details er unendlich viel besser kennt als wir. Diese Anwesenheit Gottes bei Hektor in allen Momenten des Dramas wird es Hektor ermöglichen, die Liebe und die Gegenwart Gottes in diesem Augenblick

---

[39] *Katechismus der Katholischen Kirche*, 306.

seines Lebens und in allen daraus resultierenden Konsequenzen zu finden. Wenn Gott es zugelassen hat, dann nur, weil er daraus etwas Gutes für Hektor hervorzubringen vermag.

> »Der allmächtige Gott ... könnte in seiner unendlichen Güte unmöglich irgendetwas Böses in seinen Werken dulden, wenn er nicht dermaßen allmächtig und gut wäre, dass er auch aus dem Bösen Gutes zu ziehen vermöchte.«[40]

Das beginnt bei allem, was wir uns nicht ausgesucht haben: Unsere Eltern, das Umfeld, in das wir hineingeboren wurden, mit all seinen historischen, kulturellen und familiären Defiziten, unsere Behinderungen – wir alle haben welche – seien sie physisch, intellektuell oder emotional. Vieles an all dem ist nicht gut und doch lässt Gott zu, dass ein Kind in diese sehr unvollkommenen Umstände, die sogar potenziell schädlich sind, hineingeboren wird. Aber er bleibt allem und jedem gegenwärtig, um diesen mit mehr oder weniger gravierenden Unvollkommenheiten behafteten Weg in einen Weg zu ihm, dem vollkommenen und ungetrübten Gut zu verwandeln. Selbst unsere schlechten Entscheidungen, alle «Nein», die wir ihm entgegensetzen und die von ihm natürlich nicht gewollt sind, respektiert er, weil er unsere Freiheit unendlich respektiert; er begleitet diese «Nein», indem er uns auf dem Weg folgt, den wir eingeschlagen haben, denn auch wenn er diesen Weg nicht unmittelbar gewollt hat, hat er doch unsere freie menschliche Natur gewollt.

So kann Anatols Sünde – das Böse, das er Hektor angetan hat – für Hektor zu einem Weg der Heiligkeit werden; für Anatol übrigens auch, wenn er sich auf einen Weg der Reue begibt. Das ist die Verwandlung, die die göttliche Vorsehung jedem Ereignis angedeihen lässt, was den hl. Paulus zu der Aussage bewegt: »Wir wissen, dass Gott bei denen, die ihn lieben, alles zum Guten führt«[41].

Und das ist die Dynamik, die es den Ordensleuten ermöglicht, alles, was von ihnen im Gehorsam verlangt wird, aus Gottes Hand entgegenzunehmen, mit Ausnahme der bereits angesprochenen Einschränkungen. Mit einem Blick des Glaubens weiß der Ordensmann, die Ordensfrau, dass der Herr darin anwesend ist und von ihnen diesen intelligenten und von Unterscheidungsvermögen geprägten Gehorsam erwartet, der sich durch den Oberen an Gott

---

40 Augustinus, *Enchiridion* 11, 3, zit. i. *Katechismus der Katholischen Kirche*, 311.
41 Röm 8,28.

richtet. In den kleinen Dingen, die moralisch unbedeutend sind, und aus denen unser Alltag gewoben ist, erwartet Gott von den Ordensleuten, dass sie ihrem Gelübde treu sind, das heißt, dass sie gehorchen und dadurch diesem Gelübde einen konkreten Sinn geben.

Die Unterscheidung zwischen der Freiheit und der Verantwortung des Oberen, der Anordnungen trifft, und der Freiheit des Ordensmannes oder der Ordensfrau, von denen der Herr erwartet, dass sie ihre Liebe, wann immer dies möglich ist, durch die Erfüllung ihres Gelübdes zeigen, vermeidet einerseits eine unangemessene Sakralisierung des Wortes oder des Willens des Oberen und andererseits eine Reduktion des Ordensgehorsams auf eine rein menschliche Dimension, die darauf hinausliefe zu sagen: »Ich gehorche, wenn ich einverstanden bin«, anders gesagt: »Ich gehorche nur mir selbst«.

6.5 Wenn man die Grenzen des Gehorsams überschreitet

Wenn man die soeben skizzierten Grenzen des Gehorsams überschreitet, kann, was ein großes Gut sein sollte, zu einem großen Übel werden.

Wenn das Übel eindeutig ist

Der erste Fall wurde bereits dargelegt: Verlangt der Obere etwas, das gegen das göttliche Gesetz verstößt, ist der Ordensangehörige nicht nur nicht zum Gehorsam verpflichtet, sondern es wäre sogar Sünde, zu gehorchen.

Wenn der Obere den Bruder, der für die Buchhaltung zuständig ist, auffordert, einen Steuerbetrug zu vertuschen, ist die Situation klar – die zu treffende Entscheidung jedoch weit weniger. Die Situation ist klar, denn ein pflichtbewusster Buchhalter wird wissen, dass er kein Recht hat, diese Anweisung zu befolgen. Verweigert er jedoch den Gehorsam, weiß er, dass er die Konsequenzen zu tragen hat, insbesondere den Unmut des Oberen, der ihn das vielleicht unverblümt spüren lassen wird. Beschließt der Bruder zu gehorchen, obwohl ihm sein Gewissen etwas anderes sagt, wird er wahrscheinlich genötigt sein, dieses Gewissen zu ersticken, indem er sich sagt, die Angelegenheit sei nicht so schwerwiegend, andere würden es auch tun, und wenn er es nicht tue, werde es ein anderer an seiner Stelle tun. Dieses letzte Argument ist das wirkungsvollste. Lohnt es sich, sein Leben komplizierter zu machen, wenn sich dadurch trotzdem nichts ändert?

Solche Situationen sollten in einem Ordensumfeld selten sein, aber sie können dennoch vorkommen. Die Achtung vor der menschlichen Person kann ernsthaft verletzt werden, wenn Rentenbeiträge[42] nicht gezahlt werden oder wenn jemand ohne Vertrag und ohne Versicherung beschäftigt wird. Die auf diese Weise ausgebeuteten Menschen stehen später, nachdem sie sich von der Gemeinschaft getrennt haben, vor dem Nichts.

Das kann schon bei ganz kleinen Dingen passieren, wenn beispielsweise der Obere seinen Sekretär bittet, einem Anrufer zu sagen, er sei abwesend. Das ist natürlich keine große Sache und man kann sich sagen, dass der Anrufer es verstehen wird. Hat der Sekretär jedoch ein recht feines Gewissen, kann es ihn belasten. Darf er sich aber anmaßen, seinen Oberen zu korrigieren? Das ist eine heikle Sache. In all diesen Fällen ist die Situation klar, die Entscheidung allerdings weit weniger.

Wenn das Übel nicht eindeutig ist

Die Schwierigkeit wird noch größer, wenn es um eine Ermessensentscheidung geht. Folgende Begebenheit trug sich vor vielen Jahren in einem Kloster zu: Ein Mönch, der vorher Arzt gewesen war, hatte im Kloster die Aufgabe des Infirmars übertragen bekommen. Vom Hausarzt des Klosters war einem alten Mönch ein Rezept für eine Injektion ausgestellt worden, die sein schwaches Herz unterstützen sollte. Der Prior beauftragte den Infirmar, dem Mitbruder die Injektion zu verabreichen, aber dieser dachte: »Das Medikament ist viel zu stark, es wird ihn umbringen«. Er sprach mit seinem Oberen darüber, der daraufhin den Hausarzt anrief. Dieser erwiderte, die Befürchtungen des Infirmars seien lächerlich und es werde keine Probleme geben. Der Prior hielt daher seine Anweisung aufrecht. Der Infirmar befand sich in einem Dilemma, er suchte Rat und erhielt verschiedene Einschätzungen. Schließlich beschloss er, die Injektion am Abend zu verabreichen. Der alte Mönch starb in der Nacht. Ursache oder Fügung – für den Infirmar war das Ereignis jedenfalls schwer zu verkraften.

---

42 Vergessen wir nicht, dass ein Ordensmann oder eine Ordensfrau eines Tages austreten und im Alter von den Rentenbezügen abhängig sein könnte.

6.5 Wenn man die Grenzen des Gehorsams überschreitet

Man kann davon ausgehen, dass der Prior ihn um Verzeihung gebeten hat. Was aber wäre geschehen, wenn sich der Infirmar geweigert hätte, die Injektion zu verabreichen, so dass ein Krankenpfleger gekommen wäre, um dies zu übernehmen, und der alte Mönch anschließend keinerlei Beschwerden verspürt hätte? Hätte der Obere die Sache dann genauso gut akzeptiert? Vom Gewissen des Infirmars her gesehen gab es keinen Unterschied, da er nicht behauptet hatte, die Gewissheit zu haben, der alte Mönch werde sterben, sondern dass nur ein hohes Risiko dafür bestehe.

Für den Infirmar war es deshalb schwierig, weil die Situation weniger eindeutig war als in den zuvor beschriebenen Fällen, was sich auch an der Vielfalt der Meinungsäußerungen zeigte, die er erhalten hatte. Lügen und Steuerhinterziehung sind eindeutig unmoralisch. Aber hier stellte sich für ihn zwangsläufig die Frage: »Liege ich richtig, wenn ich annehme, dass diese Injektion wahrscheinlich tödlich sein wird, da der andere Arzt genau das Gegenteil sagt?« Er steht zwischen zwei schlechten Lösungen: Dem Prior nicht zu gehorchen oder seinem Gewissen nicht zu gehorchen. Für welche Lösung er sich auch entscheiden mag, er wird in Schwierigkeiten geraten. Aus diesem Grund machte sich der Prior an ihm schuldig, als er ihn einem solchen Dilemma aussetzte, obwohl andere Lösungen möglich waren, insbesondere die üblichere Lösung, einen professionellen Krankenpfleger damit zu beauftragen.

Wenn das Prinzip der Unterscheidung selbst betroffen ist

Die Beispiele, die wir bis jetzt angeführt haben, könnten ebenso im zivilen Leben auftreten. Das Ordensleben birgt ein ganz besonderes Risiko aufgrund des Wertes, der dem Gehorsam durch das Gelübde beigemessen wird; ein Wert, der nicht auf der Ebene der Handlung, sondern auf der Ebene der Person liegt. Durch unser Gehorsamsgelübde wollen wir dem Bild des vollkommen gehorsamen Christus gleichgestaltet werden. Nun, Jesus lernte durch Leiden Gehorsam. Können wir, wenn wir über die Ganzhingabe an Gott nachdenken, zu dem Schluss kommen, dass die Ordensleute nicht nur auf ihren Willen, sondern auch auf ihren Verstand verzichten müssen, damit diese Selbsthingabe wirklich umfassend ist? Einige gehen so weit und berufen sich auf alte Texte wie das Kapitel über den Gehorsam des hl. Johannes Klimakos und geben dann Anweisungen wie diese:

Der vollkommene Jünger schenkt seinem Abba[43] totales Vertrauen, denn er ist es, der die Weisheit hat, und alles, was er verlangt, ist notwendigerweise gut. Nachdenken bedeutet zu rationalisieren und das ist genau das, was Eva mit der Schlange gemacht hat und so wurde sie von ihr verführt. Der Abba erkennt und entscheidet, und du, du sollst keine Überlegungen anstellen; du hast vergessen, was es heißt, Überlegungen anzustellen. Deinen Verstand hinzugeben bedeutet: Aus der Fülle des Unterscheidungsvermögens auf das Unterscheidungsvermögen zu verzichten.

Für junge Menschen kann dieser Ansatz aufgrund seiner Kompromisslosigkeit verführerisch sein: »Du gibst dich ganz hin, du gibst deine Verantwortung und deinen Verstand ab, indem du dich vollständig und bedingungslos jemandem unterwirfst, der für dich den Willen Gottes verkörpern wird. Auf diese Weise bist du ganz frei und ganz von der Sklaverei deines Eigenwillens befreit.«

Ein junger Mensch kann sich für eine Weile darauf einlassen, weil es ihm die schwere Last der geistlichen Unterscheidung abnimmt. Anfangs sind gute Früchte erkennbar und das ist auch nicht verwunderlich. Der Sinn für Gehorsam ist in unserer Gesellschaft so verkümmert, dass eine Rosskur wirksam sein kann. Doch gleichzeitig erzeugt sie ein neues Ungleichgewicht, das schlimmer ist als das Übel, das sie bekämpfen sollte.

Um die Worte des hl. Johannes Klimakos zu verstehen, müssen sie in ihren Kontext gestellt werden. Dazu wäre ein ganzes Buch erforderlich, denn das monumentale Werk *Die Himmelsleiter*[44] enthält eine ebenso wertvolle wie unnachahmliche Lehre. Der Versuch, diese Synthese des syrischen Mönchtums aus dem 7. Jahrhundert auf das 21. Jahrhundert zu übertragen, kann zu großen Problemen und schweren Folgeschäden führen. Er selbst warnt die Leser in seinem Kapitel über den Gehorsam:

> »Bevor wir im Herrn unseren Nacken beugen und uns jemand anderem anvertrauen mit der Absicht, Demut und vor allem Erlösung zu erwerben, sollten wir, solange bei uns noch etwas Verstand und Einsicht vorhanden ist, den Steuermann prüfen

---

[43] Wir verwenden diesen Begriff, um nicht unter den verschiedenen Begriffen entscheiden zu müssen, die je nach Kontext und Gemeinschaft verwendet werden.

[44] *Die Himmelsleiter* des hl. Johannes vom Sinai, auch Johannes Klimakos genannt. Die Himmelsleiter ist das Buch, das ihm seinen Namen gegeben hat. Auf Griechisch heißt *Leiter* Klimax.

und befragen und, um mich anders auszudrücken, ›auf die Probe stellen‹, um nicht an einen Matrosen anstelle des Steuermannes und an einen Kranken anstelle des Arztes und an einen Leidenschaftlichen anstelle des Leidenschaftslosen und ins offene Meer anstatt in den Hafen zu geraten und uns sicheren Schiffbruch zu verursachen.«[45]

Später werden wir noch auf die Versuchung eingehen, die Gestalt des *Starez* aus der Ostkirche einfach in den Westen zu übertragen. Die Worte des Starez Ignatius Brjantschaninow werden nicht weniger streng ausfallen. P. Labourdette OP, schreibt:

> »Der Gehorsam ist eine Tugend des freien Menschen. Jeder unmenschliche Gehorsam ist deren Verfälschung [...] Um wirklich zu gehorchen, muss man in der Lage sein, nicht zu gehorchen.«[46]

Ein starker Satz, der aber leicht verständlich ist. Kann man sagen, dass ein Mensch, den man ins Gefängnis bringt, den Justizbeamten *gehorcht*? In materieller Hinsicht vielleicht, aber dieser Gehorsam ist nicht frei, er wird erduldet und nicht gewollt. Die weiter oben angeführte Unterscheidung des hl. Thomas von Aquin zwischen »Handlung des Menschen« und »menschlicher Handlung« gilt auch hier. Der Ordensgehorsam nach dem Vorbild Christi ist die freie Unterwerfung eines freien Willens, der von einem freien Verstand erleuchtet wird. Alles andere hat keinen religiösen Wert.

Der physische Zwang der Justizbeamten kann durch einen subtileren ersetzt werden: Fesselt man den Verstand, fesselt man auch alles andere, weil der Wille nicht mehr frei ist, sondern dem Willen eines Menschen unter Hypnose gleicht, der für seine Handlungen nicht mehr verantwortlich ist. Scheinbar gehorcht er, aber in Wirklichkeit existiert er nicht mehr als Person und gleicht eher einem Roboter. Wäre es nicht eine Art spirituelle Hypnose, *seinen Verstand hinzugeben*, denn wem geben wir ihn letztendlich?

Kann man, darf man auf seinen Verstand verzichten?

So erhaben diese Lehre auch zu sein scheint, in Wirklichkeit führt sie dazu, dass eine für das geistliche Leben wesentliche Fähigkeit verkümmert, nämlich die Fähigkeit zur Unterscheidung der Gei-

---

45 Johannes vom Sinai, *Klimax oder Die Himmelsleiter*, 4. Sprosse: *Vom seligen und ewig denkwürdigen Gehorsam*, 60, Nr. 7.
46 Michel Labourdette, *Morale spéciale*, 739f. Zit. im Artikel von P. Henry Donneaud, *Les enjeux théologiques*, 156.

ster. Wie wird derjenige, der auf seinen Verstand verzichtet, seine Gedanken geistlich unterscheiden können? Die Antwort wird lauten: »Sein Abba wird es tun«. Aber diese Antwort ist nur eine schöne Phrase und hat kaum Bezug zur Realität. Der Kampf mit den Gedanken ist ein ständiger, täglicher Kampf, der alle Regungen der Seele betrifft. Auch wenn der Schüler es wollte, könnte er seinem Abba nicht einmal ein Prozent davon erzählen. Welch seltsame Vaterschaft, die einen Mönch, eine Nonne in der Unmündigkeit festhalten will, ohne sie darin zu unterweisen, was die Stärke der Alten ausmacht, die Unterscheidung der Geister ...

Manche werden sagen: Seht, wie schön – dieser Mönch, diese Nonne ist ganz ein Kind geworden, in absoluter Fügsamkeit und egal, was man ihnen sagt, sie werden es tun. – Man kann nicht bestreiten, dass ein behinderter Mensch schön sein kann, denn die Quellen des Menschen liegen tief. Kann dies aber rechtfertigen, absichtlich eine Behinderung zu erzeugen? »Der Mensch ist als Ebenbild Gottes erschaffen, das heißt, er ist mit Vernunft, freiem Willen und der Herrschaft über sich selbst ausgestattet«, schreibt der hl. Thomas[47]. Wenn die Vernunft eine der Dimensionen unserer Gottebenbildlichkeit ist, wäre es eine Beleidigung Gottes, diese Dimension zum Schweigen zu bringen. Das Alte Testament beharrt darauf – zuweilen mit Nachdruck – dass man Gott kein verstümmeltes Opfer darbringen darf[48]. Gehorsam ohne Vernunft ist der Gehorsam eines Roboters, er verstümmelt den Menschen und nimmt ihm einen Teil seiner Gottebenbildlichkeit. Daher ist er Gottes unwürdig, weil er des Menschen unwürdig ist. Geistliche Begleitung soll dem Christen helfen, seine volle Würde als Ebenbild Gottes wiederzuerlangen, so wie Gott ihn von Anfang an wollte. Es ist beeindruckend zu sehen, wie Gott im zweiten Schöpfungsbericht die Lebewesen, die er gerade erschaffen hatte, »dem Menschen zuführte, um zu sehen, wie er sie benennen würde. Und wie der Mensch jedes lebendige Wesen benannte, so sollte es heißen«[49]. Gott respektiert das Werk, das Adams Verstand geleistet hat; der Name, mit dem er jedes Wesen benannte, wurde von Gott persönlich akzeptiert.

47 *Summa theologica*, Prolog der Ia IIæ.
48 Unter vielen anderen Lev 22,21–25.
49 Gen 2,19.

6.5 Wenn man die Grenzen des Gehorsams überschreitet

Selbst das höchste geistliche Leben macht keine Ausnahme von der Regel. Die hl. Teresa von Ávila warnt uns:

»In der mystischen Theologie, von der ich zu sprechen begann, gibt der Verstand seine Tätigkeit auf, weil Gott ihn aufhebt [...] Den Anspruch zu erheben oder zu meinen, dass wir ihn von uns aus aufheben, das ist es, was man, wie ich sage, nicht tun soll, doch soll man auch nicht aufhören, mit ihm tätig zu sein, denn sonst würden wir dumm und gefühllos und täten weder das eine noch das andere. Wenn aber der Herr ihn aufhebt und stillhalten lässt, gibt er ihm, was ihn in Erstaunen und Beschäftigung versetzt, und dann versteht er ohne diskursives Nachdenken in einem Credo mehr als wir mit all unseren menschlichen Bemühungen in vielen Jahren verstehen können. Aber das Seelenvermögen zu beschlagnahmen und zu glauben, dass wir es zum Verstummen bringen, ist Unsinn.«[50]

Eine Formulierung des hl. Johannes Klimakos

Die Formulierung des hl. Johannes Klimakos, derzufolge »der Gehorsam ein Verzicht auf das Unterscheidungsvermögen durch ein Übermaß an Unterscheidungsvermögen ist«[51], lässt sich nicht auf alle Fälle anwenden. Diese paradoxe Formulierung bedarf einer Auslegung. Es sollte aber klar sein, dass das Wesentliche gerade das Übermaß an Unterscheidungsvermögen ist. Versteht man die Formulierung so, dass das Fehlen von Unterscheidungsvermögen ein Übermaß an Unterscheidungsvermögen ist, macht man einen gefährlichen Fehler. In Wirklichkeit verlangt der hl. Johannes Klimakos ein hochgradig spirituelles Unterscheidungsvermögen, das in der Lage ist, zu erkennen, wann der Wert des Gehorsams wichtiger als das materielle Ergebnis der geforderten Handlung ist. Mit anderen Worten: Auch wenn die Idee des Mönches vielleicht in sich besser war als die des Oberen, kann die Vollkommenheit des Gehorsamsaktes des Mönches, der sein eigenes Denken beiseite stellt (= Aufgeben des Unterscheidungsvermögens) den möglicherweise niedrigeren materialen Nutzen bei weitem ausgleichen – vorausgesetzt, dass das Ergebnis nicht katastrophal

---

50 Teresa von Ávila, *Das Buch meines Lebens*, 12,5, *Werke*, 205.
51 Johannes vom Sinai, *Die Himmelsleiter*, ebd., Kap. 4: *Vom seligen und ewig denkwürdigen Gehorsam*, Nr. 4.

ausfällt. Wenn es dem Oberen wichtig ist, dass ein Bruder einen großen Raum nicht mit einer Farbrolle, sondern mit einem Pinsel streicht, ohne dass der Bruder einen nachvollziehbaren Grund für diese Entscheidung erkennen kann, wird er durch diese Arbeitsweise zweifellos Zeit verlieren. Möge er diese Zeit des Streichens damit verbringen, dem Herrn zu sagen, dass er sich freut, aus Liebe zu Ihm auf seinen Willen verzichtet zu haben. Dann wird diese Zeit zu einer Zeit des Gebetes: Alles, was scheinbar verloren war, wurde sozusagen wieder zurückgewonnen, da es sich um keine wichtige Sache gehandelt hat. Wenn es aber um eine ernste Sache geht oder das Wohl anderer auf dem Spiel steht, ist fehlendes Unterscheidungsvermögen kein Übermaß an Unterscheidungsvermögen, sondern unverantwortliches Verhalten. In allen Fällen ist ein Unterscheidungsvermögen erforderlich, da derjenige, der gehorcht, beurteilen muss, ob die Angelegenheit, um die es geht, eine schwerwiegende ist oder nicht.

Man muss daher genau auf die Formulierung des hl. Johannes Klimakos achten. Er spricht von einem Übermaß an Unterscheidungsvermögen, das zuerst da ist und dann in einzelnen Fällen zu dem führt, was er ein Fehlen von Unterscheidungsvermögen nennt. Das könnte man auch einfacher mit den Worten ausdrücken: Die Meinung eines anderen der eigenen vorziehen.

6.6 Gehorsam gegenüber der Kirche

Bis jetzt wurde der Gehorsam unter dem Gesichtspunkt der Beziehung zwischen dem Oberen und dem Untergebenen betrachtet. Es darf jedoch nicht vergessen werden, dass auch die Oberen ein Gehorsamsgelübde abgelegt haben, und dass ihr Gelübde keineswegs hinfällig wird, weil sie ein Amt übernommen haben. Wenn es zu sektiererischen Fehlentwicklungen kommt, stellt man jedoch im Allgemeinen eine merkwürdige Diskrepanz fest. Auf der einen Seite steht eine Gehorsamsdoktrin, die den Mitgliedern extrem viel abverlangt, da sie nicht nur auf die Unterwerfung des Willens, sondern auch auf die Unterwerfung des Verstandes zielt, weil jedes Wort der Oberen als Wort Gottes betrachtet werden soll. Auf der anderen Seite steht eine äußerst laxe Gehorsamspraxis der Oberen selbst, wobei der Gehorsam gegenüber der Kirche und dem

Kirchenrecht skrupellos relativiert, wenn nicht sogar ganz bewusst ignoriert und außer Kraft gesetzt wird[52].

Als Begründung wird angeführt: «Wir gehorchen nicht, weil die Kirche uns nicht versteht». Diese Erklärung hat viel Ähnlichkeit mit manchen Reaktionen von Novizen, die nicht aus demselben Kulturkreis wie ihr europäischer Novizenmeister stammen und ihm sagen: *Sie verstehen uns nicht.* Irgendwie unvermeidlich, weil nicht ganz falsch, und äußerst praktisch, um zu tun, was man will.

Unweigerlich kommt einem wieder die eingangs erwähnte kleine humoristische Zeichnung mit der jungen Nonne in den Sinn, die vor ihrer Priorin kniet. Man braucht die Worte nur ein wenig zu verändern: *Wir sind sehr gehorsam gegenüber der Kirche, vorausgesetzt, dass die Religiosenkongregation nett ist und wir nach vorherigen Verhandlungen mit dem einverstanden sind, was sie vorschlägt.* So sehr uns die kleine Karikatur zum Schmunzeln gebracht haben mag, so sehr bringt uns die adaptierte Version nicht mehr zum Lachen, da sie in bestimmten Fällen ein Abbild der Realität ist. P. Henry Donneaud schreibt:

> »Ich möchte auf eine Tatsache hinweisen, die vor allem in den letzten Jahrzehnten in vielen Fällen beobachtet wurde: Die Gemeinschaften, in denen die meisten Machtmissbräuche durch Manipulation, bewusst herbeigeführte Blindheit und anhaltende Infantilisierung vorkommen, können dieselben sein, in denen die Verantwortlichen versuchen, sich so weit wie möglich einer kirchlichen Regulierung zu entziehen, und – insbesondere wenn sich die Schlinge zuzieht – dem wahren kirchlichen Gehorsam zu entkommen.«[53]

Man sollte sich auch nicht täuschen lassen: Solange Schönwetter herrscht, solange die Kirche voll Bewunderung ist und applaudiert, kann man mit vielen Worten und mit Demonstrationen der Unterwerfung und Ehrerbietung etwas vorgaukeln, aber das bleibt alles belanglos. Was zählt, ist die Haltung an dem Tag, an dem die Kirche etwas fordert, das einem nicht gefällt. Wenn die Kirche die Regel oder die Konstitutionen approbiert, wird dieser Approbation größtes Gewicht beigemessen und man beruft sich auf die Autorität der

---

52 Eine Ordensschwester sagte humorvoll, in ihrer Kongregation sei das Kirchenrecht Science-Fiction.
53 Henry Donneaud, OP, *Les enjeux théologiques de l'obéissance*, 42.

Kirche, um selbst kleinste Details zu untermauern und jede Kritik zu untersagen – selbst wenn Rom Vorbehalte geäußert hatte, über die man sich einfach hinwegsetzte. Der Kontrast zwischen dem Beharren auf der Unterwerfung gegenüber der Kirche, die als Stimme Gottes gilt, wenn sie approbiert, und der Freiheit, die man sich herausnimmt, um diese Unterwerfung zu verweigern, wenn sie unliebsame Forderungen stellt, genügt, um eine schwere Dysfunktion anzuzeigen. Alle kennen die Variante des Vaterunser: *Dein Wille geschehe, sofern er meinem entspricht.* Eine Zeugin schreibt:

> »Als ich meine Oberin auf diese Diskrepanz hinwies, wurde mir nicht widersprochen, sondern mir wurde gesagt, ein solches Verhalten sei legitim, denn: ›Die Kirche versteht uns nicht und deshalb müssen wir ihr nicht gehorchen‹. Ich reagierte bewusst etwas provokant und sagte: ›Dann kann ich also daraus schließen, dass ich nicht gehorchen muss, wenn die Priorin mich nicht versteht (oder wenn ich nur meine, dass sie mich nicht versteht)‹. Natürlich waren meine Vorgesetzten damit weder einverstanden noch zufrieden, aber sie waren auch nicht in der Lage, diesen Widerspruch aufzulösen.«

In dieser Frage sind mehrere Dynamiken miteinander verflochten und deshalb ist sie so wichtig für das Erkennen und Aufdecken von Dysfunktionen. Die Kultur der Ausnahme findet hier eine ihrer augenfälligsten Ausprägungen. Die Mitglieder der Gemeinschaft müssen gehorchen, während die Oberen selbst nicht davon betroffen sind. Gilt die Oberin als Stimme des Heiligen Geistes, wird sie sich auch selbst dafür halten – und man wird sie als solche behandeln, vor allem wenn es darum geht, das Charisma zu verteidigen. Das führt zu einer Haltung der Überlegenheit gegenüber der Kirche, die von der Gemeinschaft beurteilt wird: »Die Kirche ist in einer Krise, sie ist dekadent und wir sind es, die sie retten werden«. Immer wieder taucht das Thema der Arche Noah in der Sintflut auf. Man geht sogar so weit zu sagen: »Aus Liebe zur Kirche und zu ihrem eigenen Wohl sind wir ungehorsam«. Geht man noch einen Schritt weiter, wird die Gemeinschaft so dargestellt, dass sie von Seiten der Kirche auf heroische Weise eine Verfolgung erleidet, was der ultimative Beweis ihrer Treue zu Gott ist.

Dieser letzte Punkt hat etwas Erschreckendes, denn paradoxerweise ist diese Aussage so ungeheuerlich, dass sie glaubwürdig erscheint. Man wird nach Belieben alle Heiligen zitieren, die Widerspruch zu erleiden hatten, womit von der eigentlichen Frage abgelenkt werden kann. Die Logik dieser Behauptung geht von einem Postulat aus, das unbestritten ist, weil es als unbestreitbar gilt: Die Gemeinschaft ist rein wie ein Unschuldslamm. Deshalb sind unsere »Feinde« die Feinde Gottes. Oder um es einfacher zu sagen: Wir haben automatisch Recht, also haben sie automatisch Unrecht. Damit kommt man auf die Diagnose von Erzbischof Carballo zurück: Wenn eine Gemeinschaft überzeugt ist, über allen anderen und erst recht über der Kirche zu stehen, ist die sektiererische Fehlentwicklung bereits vorhanden. Die oben zitierte Zeugin fährt fort:

> »Für mich ist diese Frage des konkret gelebten Gehorsams der Oberen gegenüber der Kirche, und des Gehorsams, der gleichzeitig innerhalb der Gemeinschaft gefordert wird, wirklich die Kernfrage, an der ein sektiererisches Abdriften am schnellsten erkennbar wird. Ich bin mir absolut sicher, dass dort, wo es keine (oder nur eine sehr geringe) Diskrepanz zwischen diesen beiden Formen des Gehorsams gibt, auch keine große Gefahr sektiererischer Fehlentwicklungen besteht.«

Alles, was weiter oben über den Gehorsam gesagt wurde, gilt auch für die Oberen; das heißt, auch sie haben das Recht, die Schwierigkeiten darzulegen, die sich aus dem, was die Kirche fordert, ergeben können, und sie haben das Recht, in einem offenen Dialog nach einer gemeinsamen Lösung zu suchen. Aber es braucht auch eine echte Bereitschaft zum Gehorsam, denn ein Charisma muss in seiner Zielsetzung und in der Art und Weise, wie es ausgeübt wird, einer Unterscheidung unterzogen werden und diese Unterscheidung ist Sache der Kirche. Wird dies von der Gemeinschaft verweigert, kapselt sie sich ausschließlich in ihre eigene Sicht von Kirche und Welt ein. Dann läuft sie Gefahr, sich allmählich vom Leib der Kirche zu trennen – und dafür gibt es schmerzliche Beispiele. Die Vision des Gründers mag vielleicht schön und prophetisch sein, dennoch kann sie nur innerhalb des Leibes der Kirche Frucht bringen.

6.7 Der königliche Weg des Gehorsams

Vielleicht befürchten manche, dass der Nachdruck, der auf die Grenzen des Gehorsams gelegt wird, dessen Wert zu sehr reduziert. Ihnen sei versichert, dass das Feld innerhalb der aufgezeigten Grenzen immens bleibt. Im Alltag gibt es reichlich Gelegenheiten, bis zum erwähnten dritten Grad zu gehorchen, denn es gibt so viele Situationen, in denen man die Meinung anderer unbesorgt vorziehen kann. Die Entscheidung für den Menüplan oder welche Pflanzen im Garten kultiviert oder welche Bücher gekauft werden sollen, das weite Feld der Liturgie – die ein Ort des Gehorsams und des ständigen Verzichts ist – die Dienste, die zu leisten sind, die lästigen Eigenheiten jenes Bruders oder jener Schwester, denn auch da gilt es, ein Ja zum Herrn zu sagen: Bekannt ist das berühmte Beispiel der hl. Therese vom Kinde Jesu und der Mitschwester, die während der Betrachtungszeit mit ihrem Fingernagel an den Zähnen ein ständiges Geräusch machte[54]. Und man muss natürlich auch das vollständige Einhalten der Regel, die in unserem Leben allgegenwärtig ist, mitzählen. Jede Tätigkeit ist voller Entscheidungsmöglichkeiten, die nicht kritisch sind und bei denen es auch nicht um die Wahrheit geht. Bei all diesen Gelegenheiten ist es möglich, Verzicht auf seinen Eigenwillen zu üben, frei und ohne die geringste Gefahr – bis hin zur Unterwerfung des Verstandes, die auf der Grundlage der Demut gedeiht und darin besteht, sich um die Überzeugung zu bemühen, dass mein Bruder oder meine Schwester sicherlich genauso intelligent sind wie ich und dass ihre Meinungen durchaus besser sein könnten als meine. Dies gedeiht ebenso auf der Grundlage der Nächstenliebe, die es sich zur Freude machen wird, den Vorlieben meines Bruders, meiner Schwester zu folgen – als Ausdruck meiner Wertschätzung für sie und um ihnen Freude zu bereiten. Wenn man auf diese Weise das Geflecht der Tugenden in die Praxis umsetzt, führt das zu einem freudigen und leuchtenden Gehorsam, der das tiefste Wesen aufblühen lässt, weil er als Freiheit und nicht als Zwang erlebt wird.

Dom Guillaume Jedrzejczak schrieb, »dass das Erlernen von Gehorsam vielleicht das Erlernen von Ungehorsam ist«[55] und er erklärte, dass wir, ohne es zu merken, vielen unbewussten oder unkontrollierten Prozessen gehorchen, die meist egozentrisch sind und uns hindern, wirklich frei zu sein. Wir gehorchen ihnen blindlings, ohne uns dessen bewusst zu sein. Ungehorsam gegenüber den automatischen Impulsen, den tief verwurzelten Reflexen

---

54 Therese von Lisieux, *Geschichte einer Seele*, 380.
55 Austausch vor der Sitzung der Ausbildungsleiterinnen in der Großen Kartause, 2018.

6.7 Der königliche Weg des Gehorsams

und dem, was man heute als Süchte bezeichnet, und was früher im klösterlichen Sprachgebrauch Laster genannt wurde – all das ist notwendig, um frei zu werden. Denn Freiheit besteht nicht nur einfach in einer Entscheidung, sondern erfordert auch, dass die entsprechende Fähigkeiten vorhanden ist: Wer beschließt, Pianist zu werden, kann sich nicht damit begnügen zu sagen »ich will«, damit sein Entschluss Wirklichkeit wird, sondern es bedarf einer langen Ausbildung. Der Gehorsam lehrt uns die Freiheit der Hingabe, indem er uns lehrt, der Tyrannei des Ich nicht zu gehorchen. Der christliche Gehorsam ist ein königlicher Gehorsam und nicht der Gehorsam eines Sklaven oder eines passiven Werkzeugs; wir sind »ein auserwähltes Geschlecht, eine königliche Priesterschaft«[56] und »Gott beruft uns zu seinem Reich und zu seiner Herrlichkeit«[57]. Der Ordensmann und die Ordensfrau gehorchen, weil sie gehorchen wollen; sie haben diese Entscheidung mit einem Gelübde besiegelt, um lieben zu lernen. Aber sie sind ein König, eine Königin oder zumindest zur Königsherrschaft berufen – und das wissen sie. Der Christ, der berufen ist, der Demut Christi zu folgen, der Ordenschrist, der einen anspruchsvolleren Weg des Gehorsams gewählt hat, darf niemals seine herausragende Würde als Kind Gottes aus dem Blick verlieren. Zugleich sollen sie sich an das Vorbild dessen erinnern, der sie an seiner Sohnschaft und an seiner Königsherrschaft teilhaben lässt, und der auf so besondere Weise herrscht, weil er seinen Jüngern höchstpersönlich die Füße wäscht. »Wenn nun ich, der Herr und Meister, euch die Füße gewaschen habe, dann müsst auch ihr einander die Füße waschen.«[58]

Das Beharren auf den Grenzen des Gehorsams, mindert in keiner Weise den Anspruch des Gehorsams, sondern stellt ihn nur wieder an seinen Platz als Mittel und nicht als Zweck und lehrt uns, die verschiedenen Arten des Gehorsams zu hierarchisieren. Um Gott zu gehorchen, muss der Märtyrer einer zivilen Autorität gegenüber ungehorsam sein; einer Autorität, die in ihrer Ordnung zwar legitim ist, jedoch die Grenzen ihrer Macht überschritten hat. Abgesehen von dieser extremen Situation bleibt er der zivilen Autorität unterworfen, wie uns der hl. Petrus in Erinnerung ruft[59].

---

56 Siehe auch Offb. 1,6.9; 5,10 usw.
57 1 Thess 2,12.
58 Joh 13,14.
59 1 Petr 2,13–18.

Ebenso überlassen die dargelegten Grenzen den Ordensleuten den weiten Raum des Gehorsams gegenüber der Regel und den Oberen, wenn diese gemäß den Konstitutionen Anweisungen erteilen, und sogar gegenüber den Brüdern und Schwestern, wie es der hl. Benedikt empfiehlt[60]. Das ist Arbeit für ein ganzes Leben!

Der Weg des rechten Gehorsams ist also nicht reduktionistisch; man braucht nur die zitierten Texte vollständig lesen, um sich davon zu überzeugen. Der hl. Benedikt, der hl. Franz von Sales oder der hl. Ignatius, sie alle stellen uns einen hohen und schwierigen Weg vor Augen: Die Gleichgestaltung mit dem vollkommen gehorsamen Christus. Was die Oberen betrifft, so ist auch ihre Verantwortung ein Weg der Heiligkeit, wenn sie sie so ausüben wie die Kirche es vorsieht:

> »Die Oberen haben im Geist des Dienens ihre von Gott durch den Dienst der Kirche empfangene Vollmacht auszuüben. Dem Willen Gottes also in der Ausführung ihres Amtes ergeben, haben sie ihre Untergebenen wie Söhne Gottes zu leiten und mit Achtung vor der menschlichen Person deren freiwilligen Gehorsam zu fördern, gern auf sie zu hören und ihre Einigkeit zum Wohle des Instituts und der Kirche zu fördern, unbeschadet allerdings ihrer Autorität, zu entscheiden und vorzuschreiben, was zu tun ist.«[61]

---

60 *Benediktsregel*, 71,1f.
61 *CIC*, Can. 618.

7 Askese und Verzicht
Zwischen Weisheit und Torheit

7.1 Die Risiken einer auf die Spitze getriebenen Spiritualität

Wandert man in einem flachen Gelände durch einen friedlichen Wald und kommt vom Weg ab, ist das mit keinem Risiko verbunden. Vielleicht wird man ein wenig schmutzig, mehr aber nicht. Auf einem Bergpfad, der an einem Abgrund entlangführt, sind Abwege jedoch nicht mehr erlaubt. Wird das Ordensleben glühend und leidenschaftlich gelebt, gleicht es eher einem Bergpfad. Viele Fehler entstehen einfach durch übermäßigen Eifer, verbunden mit mangelndem Unterscheidungsvermögen. Damit die Novizen und Novizinnen schneller vorankommen, geht man mit den traditionellen Praktiken über das vernünftige Maß hinaus, als wolle man versuchen, einer Pflanze beim Wachsen zu helfen, indem man an ihr zieht. Was Fügsamkeit gegenüber dem Heiligen Geist sein sollte, wird zu angespanntem Voluntarismus. Das bekannte Apophtegma von Abba Antonius illustriert dies gut:

> »Da war einer, der in der Wüste nach wilden Tieren Jagd machte. Er sah, wie der Altvater Antonius mit den Brüdern Kurzweil trieb, und er nahm Ärgernis daran. Da nun der Greis ihm klarmachen wollte, dass man sich zuweilen zu den Brüdern herablassen müsse, sprach er zu ihm: ›Lege einen Pfeil auf den Bogen und spanne!‹ Er machte es so. Da sagte er zu ihm: ›Spanne noch mehr!‹, und er spannte. Abermals forderte er ihn auf: ›Spanne!‹ Da antwortete der Jäger: ›Wenn ich über das Maß spanne, dann bricht der Bogen‹. Da belehrte ihn der Greis: ›So ist es auch mit dem Werk Gottes. Wenn wir die Brüder übers Maß anstrengen, versagen sie schnell. Man muss also den Brüdern ab und zu entgegenkommen.‹ Als der Jäger das hörte, ging er in sich, und mit großem Gewinn schied er von dem Altvater. Die Brüder aber kehrten gefestigt an ihren Ort zurück.«[1]

---

1 *Weisung der Väter* (Abba Antonius, Apophthegma 13), 17.

Den Bogen so sehr zu spannen, dass er zerbricht, kann im Ordensleben auf vielerlei Weise geschehen.

Nehmen Sie siebenmal so viel

»Diese Arznei hat mich innerhalb einer Woche geheilt. Nehmen Sie siebenmal so viel davon und Sie werden morgen geheilt sein.« So ausgedrückt, bringt einen diese Formulierung zum Schmunzeln. Dennoch wird diese simplifizierende Logik manchmal auf das geistliche Leben angewandt. Der Ordensmann oder die Ordensfrau, die vierzig Jahre gebraucht haben, um eine Tugend zu erwerben, können versuchen, einen kürzeren Weg für diejenigen zu finden, die sie begleiten. Das geschieht nicht in böser Absicht, aber diese Einstellung missachtet das Leben und seine langsame Entfaltung. Sie kann sich sogar als gefährlich entpuppen, denn viele Elemente, die auf dem Weg des asketischen Lebens hilfreich sein können, sind wie Medikamente, bei denen klar angegeben ist: Überschreiten Sie nicht die verschriebene Dosis!

Nicht die vierzig Jahre des Bemühens haben dem Ordensmann oder der Ordensfrau diese Tugend verliehen, die ihnen wertvoll geworden ist; natürlich hatten sie ihren Anteil daran, aber fast alles ist das Werk des Heiligen Geistes gewesen, das weder angeordnet noch beschleunigt werden kann. Lange Reifezeiten waren notwendig, weitere Tugenden und Aspekte des geistlichen Lebens mussten vertieft werden, und sie wurden auf diesem Weg sehr viel mehr geführt, als dass sie sich selbst geführt haben. Gott ist unendlich geduldig mit uns und vor allem unendlich diskret. Sein Handeln bleibt weitgehend unbemerkt und kann uns daher zu dem Trugschluss verleiten, dass *wir* die ganze Arbeit leisten würden.

Jesus hat diesen langsamen Prozess selbst durchlaufen, was uns in einen Abgrund des Staunens versetzt. Von dreiunddreißig Jahren seines irdischen Lebens waren dreißig Jahre verborgenes Leben, Jahre, in denen nichts Besonderes geschah: »Er wuchs heran und seine Weisheit nahm zu und er fand Gefallen vor Gott und den Menschen«[2]. »Vor Gott«: Dieses langsame Reifen ist wertvoll in den Augen Gottes, sonst hätte es der Vater nicht für seinen Sohn

---

2 Lk 2,52.

vorgesehen. Wenn wir in die Fußstapfen Jesu treten, dürfen wir nicht schneller sein als er.

Traditionell ist nicht genug

Junge Menschen fühlen sich heute oft von althergebrachten Traditionen angezogen, die ihnen in einer Welt, die sich so sehr verändert, dass man nicht mehr weiß, worauf man vertrauen kann, Sicherheit zu bieten scheinen. Sie müssen lernen, dass dieses Kriterium nicht ausreicht. Eine Tradition, sei sie althergebracht oder nicht, wird Früchte bringen, wenn sie zum richtigen Zeitpunkt und mit dem richtigen Maß angewendet wird. Entscheidend ist nicht so sehr die konkrete Praxis, die mehr oder weniger austauschbar ist, sondern die Weisheit, die sie leitet, und diese Weisheit zeigt sich an bestimmten Zeichen, zu denen man die bereits erwähnte Ausgewogenheit der Tugenden und Unterscheidungsvermögen zählen kann, sowie ein weites Blickfeld, das die gesamte christliche Spiritualität mit ihrer zweitausendjährigen Geschichte umfasst, die Fähigkeit des Zuhörens, Respekt vor der menschlichen Person und anderes mehr.

Sie zeigt sich auch an ihren Früchten. Nicht an quantitativen Früchten wie z.B. der Anzahl an Berufungen, die besonders irreführend sein kann, sondern wenn in der Seele die Früchte des Heiligen Geistes heranwachsen: »Liebe, Freude, Friede, Langmut, Freundlichkeit, Güte, Treue, Sanftmut und Selbstbeherrschung«[3]. Gleichwohl müssen sie hinreichend tief verstanden werden, denn die Freude, um die es geht, schließt schwierige Phasen nicht aus, und der Friede schließt den Kampf nicht aus. Aber in den Schwierigkeiten und Kämpfen, die Jesus uns angekündigt hat, kann es eine tiefere Freude und einen tieferen Frieden geben, die uns mit ihm vereinen, während die Herausforderungen des Weges eher äußerlich bleiben. Der Novize oder der Mönch, der zu seinem Abt sagen kann: »Ich bin glücklich«, gibt ihm eines der besten Zeichen dafür, dass er auf dem richtigen Weg ist. Wie schwierig es auch sein mag – er ist nicht ins Kloster eingetreten, um den einfachen Weg zu gehen – in der Tiefe seines Herzens spürt er, dass das Leben zunimmt.

---

[3] Gal 5,22f.

Diese Zunahme an Leben ist ein weiteres Zeichen dafür, dass Weisheit in der Lebensführung vorhanden ist. Gott sagt: »Ich habe kein Gefallen am Tod des Schuldigen, sondern daran, dass er auf seinem Weg umkehrt und am Leben bleibt«[4]. »Ich bin gekommen, damit sie das Leben haben und es in Fülle haben.«[5] Wenn es aber den Anschein hat, dass alles Leben entschwindet, ist dies ein Warnsignal, das nicht ignoriert werden darf. Will man beispielsweise den Verzicht auf den Eigenwillen beschleunigen indem man alles unterdrückt, was dem Ordensmann oder der Ordensfrau eine gewisse Zufriedenheit schenkt, kann das zu einem schwerwiegenden Ungleichgewicht führen, denn »der Mensch«, so sagt Thomas von Aquin, »kann seiner Natur nach nicht ohne irgendwelches sinnliche Ergötzen leben«[6]. Das wird ihn dann dazu bringen, nach skurrilen Kompensationen in Bereichen zu suchen, die nicht dafür vorgesehen sind, wie z.B. eine übermäßige Ästhetisierung der Liturgie oder hypochondrisches Verhalten. Es kann zu klassischen Kompensationen wie Arbeitswut oder Suche nach Beziehungen außerhalb des normalen Rahmens führen; es kann auch das Gegenteil bewirken und Selbstentwertung oder Überdruss, Akedia, hervorrufen.

> Unser Menschsein wurde nicht berücksichtigt. Man sagte uns, dass nur unsere Seelenspitze, unser tiefes Herz, in den Himmel kommen werde, während unsere Empfindungsfähigkeit auf der Erde zurückbleiben werde und daher sollte man sich bereits darauf einstellen, ein Leben auf der Ebene des tiefen Herzens, d.h. der Ebene der Vernunft und des tiefen Willens, zu führen, und der Rest war nicht wichtig. Das Empfindungsvermögen war vollständig abgetötet und vor lauter Abtötung gab es kein Leben mehr. Man lebt, wenn man sich lebendig fühlt, aber wenn man überhaupt nichts mehr spürt ... Ich fühlte mich allmählich wie ein abgestorbener Baum, wie ein Baum, dessen Äste abgeschnitten worden waren. Durch das ständige Abschneiden blieb schließlich nur noch ein Stamm übrig, und wenn ich davon sprach, wurde mir gesagt: »Wirklich, das ist ja wunderbar, da bist du wirklich für den Himmel beschnitten worden«. Also sagte ich mir: »Nun gut, das ist normal, aber das Seltsame ist, dass ich mich immer weniger lebendig für diese Erde fühle.« Aber man sagte mir: »Das

---

4 Ez 33,11.
5 Joh 10,10.
6 Thomas von Aquin, *Sum. theol.* Ia IIæ, q.34, a.1.

7.1 Die Risiken einer auf die Spitze getriebenen Spiritualität

ist normal, das ist das Kreuz, betrachte den Baum des Kreuzes, er ist wie ein toter Baum und trägt doch das Leben«. Aber eigentlich war ich nie davon überzeugt, sondern allmählich erloschen alle Lebenszeichen in mir.

Die geforderten Verzichte waren wahrscheinlich nicht übermenschlich, und bestanden aus ganz traditionellen Bräuchen, aber zu viele aufeinanderfolgende oder verfrühte Entsagungen überfordern die menschlichen Fähigkeiten.

Der Mangel an Weisheit zeigt sich hier vor allem darin, dass der Tod als freudiges Ereignis gedeutet wird, indem er so interpretiert wird, als würde er automatisch zum Leben führen. Das ist gleichbedeutend mit unterlassener Hilfeleistung gegenüber einem Menschen, der sich in Gefahr befindet. Stattdessen wird eine sonderbare Überlegung angestellt, die nicht auf den Hilfeschrei hört, sondern das Bild des Baumes aufgreift, um zu sagen: »Es ist wunderbar, dass du stirbst, aber Christus lebt«. Ist es denn die Nonne, die Christus durch ihren Tod das Leben schenkt? Welch' sonderbare Umkehrung.

Die Tragik dieser Art von Interpretation liegt in ihrer Verdinglichung. Das durch Christus gewirkte Heil besteht nämlich nicht in der einfachen paradoxen Gleichung: Tod = Leben, noch dazu, wenn dieser Tod nicht gewollt, sondern erlitten wird. Jesus sagt: »Ich gebe mein Leben hin, um es wieder zu nehmen. Niemand entreißt es mir, sondern ich gebe es aus freiem Willen hin. Ich habe Macht, es hinzugeben, und ich habe Macht, es wieder zu nehmen. Diesen Auftrag habe ich von meinem Vater empfangen«[7]. Im Zentrum dieser Dynamik von Tod und Leben steht immer die Liebe, und um zu lieben, muss man existieren, muss man glauben können, dass man jemand ist. Und man muss glauben können, dass man nicht nur fähig ist, zu lieben, sondern auch würdig, geliebt zu werden. Wer sich selbst nicht für würdig hält, geliebt zu werden, kann auch nicht lieben, es erschiene ihm völlig unangemessen, denn man kann nicht lieben, ohne sich nach Gegenliebe zu sehnen. Und wenn man sich einer solchen Gegenliebe unwürdig fühlt, was dann?

---

7   Joh 10,17f.

Es kann vorkommen, dass die Person, die diesen unheilvollen Zustand verursacht hat, sagt: »Aber das habe ich nie gesagt!« Sie hat es vielleicht nie gesagt, vielleicht nicht einmal gedacht, aber sie hat es dennoch vermittelt. Wenn in ihr, die eine längere Erfahrung hat, Korrektive vorhanden sind, kann sie in ihr Nichts versinken und meinen, dass sie nichts ist, denn sie weiß genau, dass dieses Nichts nur *ein* Aspekt der Dinge ist; sie weiß, dass es dieses Nichts nur in Relation mit der Unendlichkeit Gottes gibt und dass Gottes Liebe zu ihr unendlich ist. Aber wenn sie nun eine junge Seele diesen Weg lehrt, die nicht über die entsprechenden Korrektive verfügt, die sich noch nicht von Gott geliebt weiß, die noch nicht die Erfahrung der Gabe Gottes gemacht hat, dann kann das Ergebnis katastrophal sein. Man kann es mit einem geübten Skifahrer vergleichen, der einem Anfänger die schwarze Piste empfiehlt und ihm versichert: »Du wirst sehen, es ist ganz einfach«. Ja, vielleicht für ihn, aber nicht für den anderen.

7.2 Askese und körperliche Buße

Askese und körperliche Buße bieten den ersten Anwendungsbereich für das eben Gesagte. Eine allzu konkret-dingliche Sichtweise (»Dieser oder jener Heilige hat das und das getan, also ist es gut«) führt unweigerlich zu mehr oder weniger schwerwiegenden Torheiten – zu groß sind die Unterschiede von Zeit, Ort, Lebensweise, Kultur und auch von der Belastbarkeit des Einzelnen. Es ist unmöglich, allgemeingültige Regeln für alle aufzustellen. Weisheit besteht genau darin, zu wissen, wie man allgemeine Regeln, die nicht für jeden Einzelfall gelten, auf konkrete Gegebenheiten anwendet.

Ein erster Fehler, den es zu vermeiden gilt: Die Bußübungen eines Einsiedlers können nicht als Vorbild für eine Gemeinschaft dienen. Der Einsiedler hat sie sich selbst auferlegt, und da er direkt mit den Konsequenzen in Berührung kommt, ist es für ihn leicht, sie anzupassen. Werden dieselben Bußübungen von einer Regel oder einem Oberen auferlegt, wird die Regulierungsmöglichkeit weitaus weniger gut funktionieren, vor allem, wenn der Obere kein guter Zuhörer ist und zudem glaubt, selbst von der Bußübung dispensiert zu sein.

Amma Synkletia betont einen weiteren Aspekt: »Da wir in einem Koinobion sind, wollen wir den Gehorsam der Askese vorziehen, denn Letztere lehrt Hochmut, Ersterer aber Demut«[8].

Ein häufiges Merkmal bei sektiererischen Fehlentwicklungen ist die extreme Bedeutung, die Ernährungsfragen beigemessen wird. Gewiss, die Wüstenväter haben in diesem Punkt ein Beispiel rigoroser Askese gegeben, aber eine solche Sicht konzentriert sich auf das Äußere, während jedoch nur die Früchte entscheidend sind. Wird es geistliche Früchte bringen, wenn man die Kommunität zwingt, ständig Hunger zu haben? Die alten Mitbrüder, die den Krieg erlebt hatten, sagten uns, dass sie von morgens bis abends an den Hunger dachten. Das zehrt an den Kräften, fesselt den Geist unablässig an den Körper und ist damit weit davon entfernt, spirituell förderlich zu sein.

Die hl. Mutter Teresa von Kalkutta fragte sich, was diesbezüglich angemessen wäre: Sollten die Schwestern, die mitten unter den Armen lebten, ihr Leben nicht vollständig mit ihnen teilen, einschließlich des Hungers? Da sich ihre Schwestern jedoch ganz einsetzten und verausgabten und nach Aussage einiger erschöpft waren, riet man ihr, sie gut zu ernähren, und sie folgte diesem Rat. Erschöpfung plus Hunger wäre eine zu große Belastung gewesen.

In den *Statuten des Kartäuserordens* gibt es im Kapitel über die Armut eine interessante Bemerkung, die übrigens eine Anspielung auf Kapitel 55 der *Benediktsregel* ist:

> »Wir mahnen die Prioren, sich entsprechend den Mitteln ihrer Häuser ihren Mönchen in allem, was sie notwendig brauchen, entgegenkommend zu zeigen. Von der Liebe Christi gedrängt, sollen sie in keiner Weise dulden, dass man ihnen in dieser Hinsicht einen berechtigten Vorwurf machen kann, und nicht durch ihre Hartnäckigkeit die Mönche zum Laster des Eigenbesitzes verleiten.«[9]

Wer eine auferlegte Armut zu weit treiben will, provoziert damit den Reflex, zu sammeln und zu horten, wie es die Ameise für die Wintervorsorge macht. Das Ergebnis ist also genau das Gegenteil des beabsichtigten Ziels. Dies lässt sich auch auf andere Situatio-

---

8 Vgl. *Weisung der Väter* (Amma Synkletia, Apophthegma 907), 295.
9 *Statuten des Kartäuserordens*, 28.10.

nen übertragen. Wenn es ums Essen geht, wird derjenige, der allzu hungrig ist, wahrscheinlich nach Auswegen suchen und aus der Küche stibitzen, was er nur kann. Er wird es umso eher tun, wenn er sieht, dass sich die Oberen selten der gleichen Askese unterwerfen.

Der zitierte Text geht weiter und gibt noch einen tieferen Grund an, der keines Kommentars bedarf:

> »Denn die Armut wird Gott umso angenehmer sein, je freiwilliger sie ist. Nicht der Verlust der weltlichen Annehmlichkeiten ist lobenswert, sondern der Verzicht auf sie«.[10]

Ausgewogenheit

Alle christlichen Tugenden sind zwischen zwei Abgründen ausgespannt: zwischen unserem Sein als Geschöpfe, die aus dem Nichts kommen, und der Unendlichkeit Gottes, der uns zu sich zieht. Wenn einer dieser beiden Ankerpunkte nachgibt, verwandelt sich Tugend in Wahn. Wir müssen uns nicht zwischen dem Menschlichen und dem Göttlichen entscheiden. Christus, der unser Weg ist, hat beides in seiner Person vereint, und Spiritualität ist nicht mehr christlich (d.h. nach dem Bild Christi), wenn sie Menschliches und Göttliches nicht zusammenhält. Das geistliche Leben besteht aus zahlreichen Balancen, und darin liegen sein Reichtum und seine Schönheit. Wagemut und Besonnenheit, Intimität und Transzendenz in der Beziehung zu Gott[11], Vertrauen in die Barmherzigkeit und Sündenbewusstsein, Treue zur Regel und Anpassung durch Dispens; Glaube und Werke, Gnade und Natur – alles kommt von Gott, und doch ist meine Mitarbeit erforderlich; Gebet und Aktion, Hingabe an die Vorsehung und die Notwendigkeit, mit dem Verstand und in kluger Voraussicht zu handeln, usw. In Kapitel 55 seiner *Regel* schreibt der hl. Benedikt:

> »Der Abt durchsuche häufig die Betten, ob sich dort nicht Eigenbesitz finde. Wenn sich bei einem etwas findet, was er nicht vom Abt bekommen hat, treffe ihn strengste Strafe. Um dieses Laster des Eigenbesitzes mit der Wurzel auszurotten, muss der Abt alles Notwendige geben: Kukulle, Tunika, Socken, Schuhe, Gürtel, Messer, Griffel, Nadel, Tuch, Schreibtafel; so kann sich keiner damit entschuldigen, es habe ihm etwas Notwendiges gefehlt.

---

10 Ebd.
11 »Du aber warst tiefer in mir als meine innerste Tiefe und höher als mein Höchstes«. Augustinus, *Bekenntnisse*, III, 6, 11, 51.

7.2 Askese und körperliche Buße

Der Abt erwäge aber immer den Satz der Apostelgeschichte: ›Jedem wurde so viel zugeteilt, wie er nötig hatte‹ (Apg 4,35). So berücksichtigt der Abt die Schwäche der Bedürftigen, nicht die Missgunst der Neider. Doch bei all seinen Entscheidungen denke er an die Vergeltung Gottes.«

Dieser Text wurde zitiert, weil er die große Tradition veranschaulicht. Sie besteht nicht darin, Betten zu inspizieren oder genau das zu geben, was in der Liste angeführt ist, denn das wäre ein rein dinglicher Ansatz, der außer Acht ließe, dass uns vierzehn Jahrhunderte von dem Text trennen, und dass man heutzutage die Dinge nicht mehr unter seinem Bett versteckt. Die große Tradition kommt in der Ausgewogenheit dieses Textes zum Ausdruck, der damit beginnt, die Gegenstände anzugeben, die von der Armut erlaubt oder die überflüssig sind, und so eine klare Richtung gibt. Anschließend scheut er sich nicht, auf Übertretungen hinzuweisen, mahnt ein Mindestmaß an Klugheit und Weisheit an, um zu vermeiden, dass ein Übermaß an Sparsamkeit die Mönche in das der Armut entgegengesetzte Laster treibt, und empfiehlt abschließend Güte und Barmherzigkeit, insbesondere gegenüber den Schwachen. Diese Ausgewogenheit ist heutzutage noch immer gültig und wird es auch noch in tausend Jahren sein. Abschließend stoßen wir auf eine der zahlreichen Empfehlungen, die dem Abt von der *Regel* gegeben werden: Er soll daran denken, dass auch er einen Richter hat. Sollte es vorkommen, dass er seine Mönche darben lässt, könnte dieser Richter zu ihm sagen: »Ich war hungrig und du hast mir nicht zu essen gegeben, ich war nackt und du hast mich nicht bekleidet«. Und dieser Satz würde umso schrecklicher klingen, wenn er selbst in dieser Zeit alles Nötige gehabt hätte. »Weh auch euch Gesetzeslehrern! Ihr ladet den Menschen Lasten auf, die sie kaum tragen können, selbst aber rührt ihr keinen Finger dafür«[12].

Die lange Tradition führt uns also zurück zu dieser essentiellen Ausgewogenheit von Anspruch und Barmherzigkeit, von Festigkeit und Güte, die unter dem Blick Christi gelebt werden, dem wir einst Rechenschaft ablegen müssen. Und all dies findet sich in einem scheinbar unbedeutenden Kapitel mit der Überschrift *Kleidung und Schuhe der Brüder*.

---

12 Lk 11, 46.

7.3 Demut

Diese Tugend hat in der christlichen Spiritualität schon immer einen besonderen Platz eingenommen. Der hl. Bernhard schreibt: »Sucht die Demut, denn sie ist die Grundlage und Wächterin der Tugenden; strebt ihr nach, denn sie allein kann eure Seele retten«[13]. Dorotheus von Gaza, aus dessen Text bereits mehrere Abschnitte zitiert wurden[14], drückt es mit dem Bild vom Mörtel aus, der die Steine (die Tugenden) verbinden soll, damit sie nicht mehr verrutschen[15]. Der hl. Bernhard sagt auch, dass wir durch die Demut die anderen Tugenden erhalten und dass diese Tugenden durch die Demut bewahrt und schließlich durch sie vollendet werden[16]. Der Pfarrer von Ars, der uns zeitlich näher steht, sagt: »Die Demut ist für die Tugenden das, was die Schnur für den Rosenkranz ist: Entfernt die Schnur und alle Perlen entgleiten; entfernt die Demut, und alle Tugenden verschwinden«[17].

Gleichwohl ist es nicht zwangsläufig so, dass ein bestimmter Mensch zu einem bestimmten Zeitpunkt seinen ganzen geistlichen Elan auf das Streben nach Demut richten soll. Verbirgt sich hinter dieser unablässigen Suche das Bild von einem Gott, der Freude daran hat, seine Geschöpfe zu demütigen, oder aber eine psychische Schwäche wie mangelndes Selbstwertgefühl[18], dann sollte sich dieser Mensch ganz auf die Betrachtung der Liebe konzentrieren, die Christus und sein Vater ihm entgegenbringen, und nicht auf die Betrachtung seines eigenen Nichts, die ihn nicht zu Gott führen würde. Ein Blick auf Gottes Größe ist eher geeignet, uns zur Demut zu führen, als Überlegungen über unser Nichts.

Einen Menschen zu sehr in die Demut zu drängen, birgt menschlich und geistlich echte Risiken. Wahre Demut kann nur auf der Grundlage eines gesunden Selbstwertgefühls aufgebaut werden, und wenn wir wissen, welchen Wert wir vor Gott haben.

---

13 Bernhard von Clairvaux: *Erste Predigt zum Fest der Geburt des Herrn* (Über die fünf Quellen), Werke, Bd. VII, 227.
14 Siehe den Abschnitt *Die Verknüpfung der Tugenden*, hier 48–50.
15 Dorotheus von Gaza, *Unterweisung XIV* (Über das Haus der Tugenden und ihr Zusammenspiel in der Seele), 399.
16 Vgl. Bernhard von Clairvaux: *Brief 42* (An Heinrich, den Erzbischof von Sens), Werke, Bd. II, 467f.
17 Francis Trochu, *Le Curé d'Ars*, 537.
18 Low self-esteem, sagen die Angelsachsen.

7.3 Demut

Der entscheidende Zugang zu dieser Ausgewogenheit wurde vom hl. Paulus formuliert: »Was hast du, das du nicht empfangen hättest? Wenn du es aber empfangen hast, warum rühmst du dich, als hättest du es nicht empfangen?«[19]. Nun, wir haben nichts weniger empfangen als die göttliche Kindschaft. Demut besteht also nicht darin, zu sagen: »Ich bin nichts«, sondern vielmehr in der Überzeugung: «Ich habe alles ohne mein Verdienst empfangen«. Der hl. Paulus bleibt der unbestrittene Meister auf diesem Weg; er geht sogar so weit zu sagen, dass Gott uns «auch verherrlicht hat«[20]. »Alles gehört euch, ihr aber gehört Christus und Christus gehört Gott«[21].

Die Demut gründet auf dem Mysterium des Menschen, der als Ebenbild erschaffen wurde – eine Formulierung, an die wir uns so sehr gewöhnt haben, dass wir vergessen, wie tief sie ist: Wie kann ein erschaffenes Wesen Ebenbild des Unerschaffenen sein? Wie kann der, der alles empfangen hat – bis hin zu seiner eigenen Existenz –, berufen sein, in das Leben Gottes einzutreten, der alles schenkt? Die Antwort liegt im Mysterium Christi, das seinerseits im Mysterium des ewig gezeugten Wortes verwurzelt ist. Gesunde Demut wird also eine Demut sein, die über das unglaubliche Geschenk, das sie empfangen hat, staunt. Weit davon entfernt, das Selbstwertgefühl zu zerstören, reinigt sie es und bringt es zu seiner höchsten Fülle, indem sie es auf sein wahres Fundament stellt, das der Schöpfergott ist. »[Gott] hat seinen eigenen Sohn nicht verschont, sondern ihn für uns alle hingegeben – wie sollte er uns mit ihm nicht alles schenken?«[22].

Die Demut pendelt gleichsam zwischen unserer Würde als Kinder Gottes und dem Nichts, aus dem wir gezogen wurden. In dieser Art Schwebezustand befinden wir uns nicht im Leeren, denn die unübertreffliche Demut Christi hat sich für immer mit der Unendlichkeit Gottes und den Grenzen des Geschöpfes verbunden und in ihm finden wir das Gleichgewicht, das uns erlaubt, weder unseren Ursprung zu vergessen – »aus Staub sind wir« (Gen 3, 19) –, noch auch unser Ziel, das die Kirchenväter gerne »Vergöttlichung«

---

[19] 1 Kor 4,7.
[20] Röm 8,30.
[21] 1 Kor 3,22f.
[22] Röm 8,32.

7 Askese und Verzicht

nennen. Die Demut kann nur in diesem Gleichgewicht auf gesunde Weise wachsen, das Wachstum muss also auf beiden Seiten zugleich stattfinden. »Demut ist Wandeln in der Wahrheit«, sagt die hl. Teresa von Ávila:

> »Ich ging einmal mit dem Gedanken um, warum unser Herr wohl sehr Freund der Tugend der Demut sei, und da kam mir – meines Erachtens ganz plötzlich, ohne Überlegung – dies: Weil Gott die höchste Wahrheit, und Demut [ein] Leben in der Wahrheit ist. Es ist nämlich eine ganz große Wahrheit, dass wir von uns aus nichts Gutes haben, sondern nur Elend und Nichtssein; wer das nicht erkennt, lebt in einer Lüge. Je besser ein Mensch das erkennt, desto wohlgefälliger ist er der höchsten Wahrheit, da er in ihr lebt. Möge es Gott gefallen, Schwestern, uns die Gnade zu schenken, dieser Selbsterkenntnis nie davonzulaufen!«[23]

Ja, heilige Teresa, aber wenn du willst, dass wir in der Wahrheit wandeln, dann vergiss nicht die andere Hälfte, die in deinem Werk so deutlich wird: Wir sind nichts durch uns selbst, aber wir sind alles durch die Gnade. Zu Beginn der sechsten Wohnung, in der sich dieser soeben zitierte Text findet, schreibst du: »Die Seele ist bereits fest entschlossen, keinen anderen zum Bräutigam zu nehmen. Doch schaut der Bräutigam nicht auf die heißen Wünsche, die sie hat, damit die Verlobung schon jetzt stattfinde«[24]. Sag mir nicht, dass sie ernsthaft meint, sie sei ein Nichts, denn sonst würde sie nicht so sehnsüchtig auf die Verlobung warten, sondern vor dem Bräutigam fliehen, indem sie – wie einst der hl. Petrus – zu ihm sagen würde: »Herr, geh weg von mir; ich bin ein Sünder«[25].

Geistliche Autoren sprechen gerne vom »Nichts der Kreatur«. Wir haben diesen Ausdruck vermieden, der, wenn er richtig verstanden wird, durchaus gerechtfertigt, aber in sich ungenau ist. Das Geschöpf entstammt zwar dem Nichts, aber es existiert und gehört deshalb nicht dem Nichts an. Überdies ist der Mensch Gottes Ebenbild. In der Erfahrung der Mystiker ist jedoch der Abgrund zwischen der göttlichen Unermesslichkeit und ihrem eigenen Kleinsein so groß, dass sie den Eindruck haben, nichts mehr zu sein, daher die Tendenz, von ihrem eigenen Nichts zu

---

23 Teresa von Ávila, *Die Seelenburg* (6. Wohnung), *Werke*, Bd. 1, 1859.
24 *Ebd.*
25 Lk 5,8.

sprechen. Umgekehrt sprechen andere Mystiker, die ganz und gar authentisch sind, in einer Art und Weise von der Vereinigung mit Gott, die an Pantheismus grenzt, so als gäbe es keinen Unterschied mehr zwischen Gott und ihnen selbst. Auch hier geht es um eine Erfahrung, die sich nicht in die zu engen Grenzen der Worte einfangen lässt. Die Vereinigung mit Gott hat sie so mitgerissen, dass sie keinen Unterschied mehr spüren; das versuchen sie auszudrücken, aber es hebt keineswegs den ontologischen Unterschied zwischen dem Schöpfer und dem Geschöpf auf, und oft genug erwähnen sie es anschließend ausdrücklich, um diese Klarstellung hinzuzufügen.

Bei einem allzu voluntaristischen Ansatz der Demut wird diese Ausgewogenheit oft übersehen. Bezieht man sich nur auf die Texte, die von unserem Nichts sprechen – und davon gibt es unzählige! –, verleitet uns dieser Ansatz zu der Überzeugung, dass wir umso fähiger werden, das göttliche Handeln in uns aufzunehmen, je mehr wir davon überzeugt sind, dass wir nichts sind, was weder wahr noch falsch ist: Es ist eine nützliche und sogar notwendige, aber nicht hinreichende Bedingung. Zu sagen, dass wir aus uns selbst nichts sind, bedeutet nicht, dass wir nichts sind. Ein einseitiges Beharren auf dieser letzten Formulierung führt fatalerweise zu psychischen und auch geistlichen Katastrophen. Wenn ich nichts bin, hat mein Leben keinen Sinn, hat selbst meine Existenz keinen Sinn; ich kann nicht geliebt werden, denn niemand, nicht einmal Gott, kann »nichts« lieben. Sich als »Nichts« zu fühlen, bedeutet, das Leben eines Verdammten zu führen. Drängt man zu weit in diese Richtung, kann das einen Menschen in den Selbstmord führen. Ohne so weit zu gehen, betont die Demütigung nur eine Seite, und aus diesem Grund sollte sie fast nie unmittelbar von den Ordensleuten angestrebt und noch weniger von den Oberen provoziert werden. Die Demütigung kann nur dann zur Demut führen, wenn sie auf gute Weise gelebt wird, was eine bereits fortgeschrittene geistliche Reife voraussetzt. Sie kann ebenso leicht zu Groll, Bitterkeit und krankhafter Selbstverachtung führen. Das Leben bietet uns genügend Gelegenheiten, gedemütigt zu werden, so dass es unnütz und ziemlich töricht ist, Demütigungen zu provozieren. Dieses Mittel ist von allen das gefährlichste und wird nur von der göttlichen Vorsehung richtig gehandhabt. Der Königsweg besteht darin, zu lernen, die Demütigungen, die das Leben uns bringt, in der Nachfolge Christi gut zu ertragen. Um Demut zu bitten, sollte allen Ordensleuten ein Herzensanliegen sein, solange daraus keine Obsession wird. Um Demütigung zu bitten, ist weit weniger vernünftig und birgt die Gefahr, versteckten Stolz zu verschleiern: Bin ich mir sicher, dass ich die Demütigung in Liebe und Dankbarkeit tragen kann? Eine Demütigung zu provozieren ist ein riskantes Unterfangen, und es ist fraglich, ob dies jemals gerechtfertigt ist.

Die hl. Teresa von Ávila warnt uns vor der entgegengesetzten Unausgewogenheit:

> »Und da dieses gesamte Gebäude auf Demut gegründet ist, muss diese Tugend umso mehr wachsen, je näher man zu Gott kommt; wenn nicht, geht alles verloren. Es sieht aber nach einer gewissen Art von Hochmut aus, wenn wir selbst höher hinauswollen, denn in Anbetracht dessen, was wir sind, macht Gott schon mehr als genug, indem er uns zu sich heranholt«[26].

Die Angst vor Stolz sollte jedoch nicht dazu führen, dass eine Seele durch das Empfinden ihres Elends erdrückt wird. Als der verlorene Sohn nach Hause zurückkehrt, behandelt ihn der Vater wie einen Prinzen. Der hl. Basilius ruft in seiner Abhandlung »Über den Ursprung des Menschen« aus: »Mensch, du wurdest zum Prinzen der Schöpfung erwählt!«[27]. Dabei vergisst er jedoch nicht die rechte Balance: »Gott geruht, unseren Leib mit seinen eigenen Händen zu formen. [...] Wenn du bedenkst, was er dafür verwendet hat, was ist dann der Mensch? Wenn du aber über ihn, der den Menschen geformt hat, nachdenkst – wie großartig ist dann der Mensch!«[28].

Hinter einem lockeren und etwas selbstgefälligen Auftreten verbergen die heutigen Novizen oft die große Leere unserer Kultur, die nicht mehr an die Größe des Menschen glaubt. *Wer bin ich?* Diese Frage beschäftigt sie mehr, als ihnen bewusst ist. Erklärt man ihnen mit zu viel Nachdruck, dass sie nichts sind, ist ihnen das keine Hilfe, da der Glaube an die göttliche Kindschaft, die mit der Taufe empfangen wurde, in der heutigen christlichen Kultur generell kaum noch ausgeprägt ist.

26 Teresa von Ávila, *Werke, Bd.1*, 204.
27 Basilius der Große, *Sur l'origine de l'homme*, I, 8, 185.
28 Ebd., II, 2, 231.

7.3 Demut

Selbst in der Ordenswelt bleibt er oft schwach, obwohl er den Grundstein für ein solides und ausgewogenes Ordensleben bildet. Wirklich zu glauben, dass Gott uns liebt, und zwar mit einem Glauben, der in der Prüfung standhält, ist die Frucht eines langen Weges. Daher ist es angebracht, zuerst diese Grundlagen zu schaffen oder zu festigen, anstatt zuzulassen, dass sich der junge Enthusiast einer Freude an Demütigung und Opfer hingibt, die auf Dauer keinen Bestand haben wird. Dieses Spiel ist nicht ohne Risiko und man kann sich dabei die Flügel verbrennen.

Der Ausbilder, der diese Dinge kennen sollte, wird mit den Grundlagen beginnen: mit der Erschaffung als Ebenbild Gottes, der göttlichen Kindschaft, die uns in Christus geschenkt wurde, der vollständig frei geschenkten Liebe Gottes, die nicht nur eine wohltätige Liebe, sondern auch eine lebensfrohe Liebe ist, der geheimnisvollen Beziehung zwischen dem Werk der Gnade und unserem persönlichen Handeln, dem Antlitz Gottes, das fast immer durch familiäre oder andere Erfahrungen deformiert ist. Das Themenfeld ist weit. Auf einem solchen Weg wird echte Demut auf natürliche Weise entstehen, und zwar viel stärker und viel besser, als wenn wir unablässig um unser eigenes Elend kreisen, d.h. letztlich um uns selbst, was das genaue Gegenteil von Demut ist. Hören wir noch einmal die große Teresa:

> »Meines Erachtens kommen wir mit der Selbsterkenntnis an kein Ende, wenn wir uns nicht auch bemühen, Gott zu erkennen. Beim Anblick seiner Größe mag uns unsere Unzulänglichkeit aufgehen, und beim Anblick seiner Reinheit werden wir unseren Schmutz sehen; bei der Betrachtung seiner Demut sehen wir, wie viel uns fehlt, um demütig zu sein.
>
> Das bringt einen doppelten Gewinn. Der erste: Es ist klar, dass etwas Weißes neben etwas Schwarzem viel weißer erscheint, und umgekehrt auch das Schwarze neben dem Weißen. Der zweite ist, dass unser Verstand und unser Wille edler und fähiger werden für alles Gute, wenn sie sich abwechselnd mit sich und mit Gott beschäftigen. Und wenn wir nie aus dem Schlamm unserer Erbärmlichkeiten herausgehen, ist das von großem Nachteil. [...] Wenn wir immer im Elend unserer Erde stecken bleiben, wird die Strömung nie aus dem Schlamm der Ängste, des Kleinmuts und der Feigheit herauskommen. [...] Darum sage ich, Töchter, dass wir unsere Augen auf Christus, unser Gut, richten sollen; von da-

her, wie auch von seinen Heiligen, werden wir die wahre Demut lernen; dann wird der Verstand veredelt, wie ich schon gesagt habe.«[29].

7.4 Das Opfer

Nach dem Vorbild Christi kann der Wert des Opfers im christlichen Leben nicht hoch genug eingeschätzt werden. Aber es gelten hier die gleichen Vorbehalte wie bei der Demut. Der Novize oder die Novizin müssen auf diesem Weg weise geführt werden. Das Opfer muss aus der Liebe kommen, die es zum Ausdruck bringen will. Wenn sich die Freude an der Leistung – selbst mit den besten Absichten der Welt – damit vermischt, wird es noch viel ambivalenter. Das Verhältnis zum Leiden ist eine heikle Sache, und es ist immer besser, das Leiden, das die Vorsehung uns schickt, anzunehmen, als es sich selbst zu suchen. Die hl. Therese von Lisieux, die den Wert des Leidens sehr hoch schätzte, schrieb:

> »Der liebe Gott schickt mir genau das, was ich tragen kann.«[30].

> »Niemals möchte ich den lieben Gott um größere Schmerzen bitten [...]. Wenn ich um Leiden bäte, so wären es meine eigenen Leiden, ich müsste sie allein tragen, und ich habe nie allein etwas zustande bringen können.«[31]

> »Ich bin wirklich froh, den lieben Gott um nichts gebeten zu haben, so ist er gezwungen, mir Mut zu geben.«[32]

Sehr oft wird die goldene Regel in der Empfehlung des hl. Franz von Sales liegen: »Wir sollen nichts verlangen und nichts abschlagen«[33].

Es geht also keineswegs darum, das Opfer abzuwerten, sondern sich bewusst zu bleiben, dass es seinen rechten Platz wahren soll – im Dienst der Liebe, die an erster Stelle bleiben muss. Und da Gott besser weiß als wir, welches Maß uns entspricht, wird eine weise Begleitung die jungen Ordensleute lehren, dass es unvergleichlich sicherer ist, zu allem, was das Leben, d.h. die Vorsehung, von uns

---

29 Teresa von Ávila, *Die Seelenburg*, 1. Wohnung, Kap. 2, 9–11, *Werke*, Bd. 1, 1698f.
30 Theresia von Lisieux, *Ich gehe ins Leben ein*, 186.
31 Ebd., 11. August, 159f.
32 Ebd., 26. August, 187.
33 Franz von Sales, 23. Gespräch, *Geistliche Gespräche*, 317.

verlangt, Ja zu sagen. Das erste Opfer des Novizen oder der Novizin besteht übrigens darin, die Regel ihrer Institute treu zu befolgen. Diese Aufgabe ist bereits umfangreich genug, sodass man nicht noch danach trachten sollte, Weiteres hinzuzufügen.

Es geht nicht darum, für Lauheit zu plädieren, sondern für Dauerhaftigkeit. Ein großer Elan, der keine Zukunft hat, ist nicht nur nutzlos, sondern erweist sich letztlich als schädlich und kann eine Versuchung unter dem Deckmantel des Guten sein.

7.5 Die Versuchung unter dem Deckmantel des Guten

Von dieser Versuchung unter dem Deckmantel des Guten spricht der hl. Ignatius von Loyola in seinen »Regeln zur Unterscheidung der Geister«, einem grundlegenden Text, den jeder Ordensmann und jede Ordensfrau kennen sollte. Diese Regeln finden sich in dem Buch »Geistliche Übungen«.

> »Es ist dem bösen Engel eigen, der Gestalt unter einem Lichtengel annimmt, bei der frommen Seele einzutreten und bei sich selbst hinauszugehen; nämlich gute und heilige Gedanken zu bringen, wie es dieser gerechten Seele entspricht; und danach bemüht er sich allmählich, bei sich hinauszugehen, indem er die Seele zu seinen verborgenen Täuschungen und verkommenen Absichten zieht.«[34]

Wir überlassen es den Jesuiten, diesen Text ihres Gründers zu kommentieren:

> »Wir gehen natürlich davon aus, dass es sich um eine hochherzige Seele handelt, die auf dem rechten Weg voranschreitet. Die ganze Taktik des bösen Geistes ist auf diese Disposition abgestimmt: Er präsentiert sich und handelt unter der Maske des Guten, ›er nimmt die Gestalt eines Lichtengels an‹. Er hütet sich davor, das beabsichtigte Ziel zu enthüllen und erkennbar verwerfliche Schritte vorzuschlagen, sondern er bemüht sich, in Hinblick auf scheinbar lobenswerte Ziele eine unmerkliche Abweichung von der ursprünglichen Richtung zu bewirken. Die Seele glaubt sich noch immer auf dem anfangs eingeschlagenen Weg; vielleicht glaubt sie sogar, eifriger zu sein, besser voranzu-

---

[34] Ignatius von Loyola, *Geistliche Übungen*, Nr. 332, 140. Die Regeln zur Unterscheidung der Geister finden sich in den Nummern 313 bis 351.

kommen, bis sie sich bei einer unvorhergesehenen Weggabelung oder bei einem unverhofften Vorfall nicht mehr selbst wiedererkennt; sie hat sich verirrt. Der böse Geist hatte sie auf ihrem eigenen Weg begleitet und jetzt ist sie auf seinem Weg. Er hat sein Ziel erreicht.

Bei der hl. Teresa finden wir ein Echo dieser überaus klaren Beschreibung des hl. Ignatius: ›Doch der Teufel verleitet die Seele unter scheinbar begründetem Vorwand zu manchen kleinen Versäumnissen und kleinen Fehlschritten, die nach und nach ihren Verstand verfinstern, ihren Willen lähmen und ihre Eigenliebe auf solche Weise erregen und stärken, dass sie sich bald in der einen, bald in der anderen Sache vom Willen Gottes entfernt und zu ihrem eigenen zurückkehrt‹[35].«[36]

Ein Beispiel für eine Versuchung unter dem Deckmantel des Guten, die im Ordensleben ganz klassisch ist und sehr gut zum Thema dieses Kapitels passt, hat P. Jacques Fédry SJ beschrieben:

»Ein weiteres Zeichen des bösen Geistes ist es, unablässig auf ein ›noch mehr‹ zu drängen ... Es ist die rastlose Obsession eines ›immer mehr‹ in der Ordnung des Tuns, was eine Perversion des authentischen ›mehr‹ ist, das in der Ordnung der Seinsqualität und der Liebe liegt. Satan präsentiert die Dinge als gute Taten, die getan werden sollen, dann macht er eine Kehrtwende und versucht, alles ins Schleudern zu bringen.

Eine Methode, mit der wir verleitet werden, uns dem zu entziehen, was Gott von uns verlangt, besteht darin, die Anzahl jener ›Dinge‹, die er nicht von uns verlangt, reichlich zu vermehren. Die einen praktizieren Frömmigkeitsübungen oder nehmen ständig an Treffen christlicher Bewegungen teil, die anderen verzetteln sich in einer Vielzahl von Aktivitäten, die sie an den Rand der Überlastung bringen.«[37].

Die Taktik des Widersachers besteht hier in einem Ablenkungsmanöver, durch das die Kräfte unnötig in Handlungen von begrenztem Wert erschöpft werden sollen, damit die Seele keine Energie mehr für das wahre Gut hat oder einfach ihre Kraft verliert

---

[35] Teresa von Ávila, *Die Seelenburg* (5. Wohnung), Kap. 4,8.
[36] Hervé Coathalem SJ, *Commentaire du livre des Exercices*, 310.
[37] Jacques Fedry SJ, *La tentation sous couleur de bien.*

und schließlich zusammenbricht. Diese Versuchung des »immer mehr« trifft man besonders leicht in einer enthusiastischen Gemeinschaft an, wie die folgenden Worte bezeugen, die eine Oberin gerne sagte: »Alles, sofort, intensiv, bis zum Tod«. Es ist das perfekte Beispiel einer Versuchung unter dem Deckmantel des Guten, das die Grenzen des Menschseins völlig ignoriert. »Der Geist ist willig, aber das Fleisch ist schwach.«[38] Beachten wir das nicht, werden wir auf die Nase fallen. Wenn wir aus dieser Erfahrung unsere Lehre ziehen, umso besser! Werden aber andere auf solche Weise geführt, darf man zu Recht denken, dass der Führende regelrecht gefährlich ist.

Der Volksmund hat diese Erkenntnis in einem Spruch zusammengefasst: »Wer weit reisen will, kümmert sich gut um sein Ross«, ein Spruch, der Raum lässt für Urteilsvermögen, denn es ist auch wahr, dass man möglicherweise nie ankommt, wenn man sein Ross zu sehr schont. Es geht also nicht nur darum, ausgewogen zu leben, sondern vielmehr darum, Prioritäten zu setzen, die Dinge in eine Reihenfolge zu bringen, was für die Frage des Verzichtes besonders wichtig ist.

7.6 Verzicht steht nie an erster Stelle

Niemand bestreitet, dass Entsagung zum Weg des geistlichen Lebens gehört, aber man muss wissen, wie sie einzuordnen und zu bemessen ist. Verzicht steht nie an erster Stelle. Man entsagt einem Gut nur um eines größeren Gutes willen, daher muss einer Loslösung zuerst immer eine Anhaftung, eine Verbundenheit vorausgehen, worin übrigens der große Unterschied zwischen christlicher und buddhistischer Loslösung besteht.

Wenn die Sonne aufgeht, verschwinden die Sterne. Dieses Verschwinden lässt aber die Sonne nicht aufgehen, da die Sterne sie nicht verborgen hatten. Die Sterne sind auch nur unseren Augen entschwunden, denn sie sind weiterhin da – allerdings unsichtbar für uns – weil die Sonne den ganzen Himmel heller gemacht hat als die Sterne.

---

38 Mt 26,41.

7 Askese und Verzicht

Je weiter man in der Entdeckung Gottes voranschreitet, desto mehr verblassen die kleinen Sterne der Welt und verlieren allmählich ihre Anziehungskraft, da sie vom Licht der göttlichen Sonne überstrahlt werden. Angesichts der Unermesslichkeit der Liebe Gottes erscheinen die irdischen Güter nur allzu klein und verlieren ihre Faszination. Es ist die Sonne, die die Sterne verschwinden lässt. Diese Gleichzeitigkeit führt, wenn sie missverstanden wird, manchmal zu der Annahme, dass es genügt, alle Sterne auszulöschen, damit die Sonne erscheint – mit anderen Worten, dass es genügt, sich von allen Anhänglichkeiten an die Geschöpfe zu lösen, damit Gott alles erfüllt, was jedoch keineswegs ein automatischer Vorgang ist. Wenn man die Sterne zum Erlöschen bringt, bevor die Morgendämmerung einsetzt, würde das, falls es möglich wäre, nur zu vollständiger Dunkelheit führen.

Der gravierende Fehler eines solchen Ansatzes ist sein fehlender Realismus: Selbstvergessenheit kann nur praktiziert werden, wenn die Person ein gut aufgebautes und solides Selbst hat, sowohl psychisch als auch spirituell, sonst wird die Leere leer bleiben. Entäußert man sich von allem, was den Wert der Person ausmacht – oder wird man davon entäußert –, wird der Elan versiegen und aus der Leere oder dem Nichts entsteht Angst. Wer nichts ist, oder wer sich als Nichts empfindet, kann nach nichts streben.

Es gibt Wege der Entäußerung, auf die nur Gott allein führen darf, weil er die Seele und ihre Grenzen kennt, und weil er sie am Rande des Abgrunds sicher halten kann. Kein Mensch ist dazu in der Lage. Eine Spiritualität, deren Grundlage Entäußerung, Leere, Vernichtung ist, respektiert das Werk der Gnade nicht und verlangt von Gott, dass Er zu kommen hat, um die Leere, die man selbst geschaffen hat, auszufüllen. Dieser Weg läuft Gefahr, in Ernüchterung oder Verzweiflung zu enden. Wenn der Begleiter an diesem Punkt die Alarmzeichen, die bis hin zu Suizidgedanken reichen können, nicht zu deuten vermag, und diese Phänomene stattdessen auf eine vermeintlich spirituelle Weise interpretiert, treibt er den Betroffenen noch weiter in Richtung Zerstörung. Von psychischem Mord kann man sprechen, wenn der junge Mönch oder die junge Nonne in einer inneren, sinnlosen Nacht verloren sind, und dann gesagt bekommen, dass alles in Ordnung sei, da Gott umso mehr in ihnen existieren werde, je weniger sie aus sich selbst existieren.

7.6 Verzicht steht nie an erster Stelle

Nun mag diese Formulierung in einem bestimmten Rahmen sinnvoll sein, aber sie ist es überhaupt nicht mehr, wenn man sie an jemanden richtet, der psychisch noch mehr als spirituell den Boden unter seinen Füßen verliert.

Die Vorstellung, dass die Seele zuerst leer werden muss, damit Gott in ihr Raum einnehmen kann, ist in der Spiritualität ganz klassisch, aber sie muss richtig interpretiert werden. Gott kann nicht den Platz der irdischen Dinge einnehmen, weil er kein irdisches Ding ist. Wer eine Bekehrung erlebt hat, weiß, dass Gott in sein inneres Chaos eingebrochen ist und dass die Gegenwart Gottes, die Gegenwart seines Lichtes, das Chaos verwandelt, etwas Ordnung hineingebracht und vieles, was nutzlos war, hinausgeworfen hat.

Daher ist es wichtig, sich klar vor Augen zu halten, was an erster Stelle steht. Das Opfer kommt aus der Liebe, und zwar viel stärker als die Liebe aus dem Opfer. Eine Spiritualität der Entäußerung wird schnell morbide werden, wenn nicht hinreichend deutlich wird, dass die Entäußerung die Liebe zeigt, sie jedoch nicht hervorbringt. Die tiefe Triebfeder von Opfer und Entäußerung ist die »exklusive« Liebe. Um dem Geliebten zu sagen, dass er *alles* für uns ist, lösen wir uns von allem, was nicht unverzichtbar ist und was nicht er ist. Wenn man die Liebe in der konkreten Wirklichkeit manifestiert und ihr Substanz und Dichte verleiht, damit sie nicht nur auf der Ebene schöner Reden bleibt, wird der Verzicht zum Wachstum der Liebe beitragen und ihr eine unerlässliche Dimension verleihen, aber er wird die Liebe nicht entstehen lassen. Einfacher ausgedrückt: Wer Liebe durch Verzicht, Entäußerung, Leere oder Opfer entdecken will, zäumt das Pferd von hinten auf.

Unterscheidungsvermögen ist daher gefragt. Anhänglichkeit und Loslösung wachsen in der Regel gemeinsam. Manchmal übernimmt das eine die Führung, manchmal das andere. Manchmal übertrifft die Gottesliebe die Anhänglichkeit und zeigt uns die Bedeutungslosigkeit dessen, was uns blockiert, und wir erkennen, dass Gott uns zum Loslassen auffordert. Manchmal fordert er von uns zuerst einen schmerzlichen Verzicht und kommt erst später – vielleicht viel später –, um den so geschaffenen Raum mit sich selbst zu füllen. Aber wenn wir genau hinschauen, geht in allen Fällen die Gottverbundenheit voraus, sonst könnte der Verzicht nicht akzeptiert werden und fruchtbar sein.

Verzicht ist also die Folge einer Präferenz. Dieses letzte Wort verdient es, unterstrichen zu werden, denn es zeigt auf vollendete Weise die normale Bewegung an: Die geistliche Weisheit muss beobachten, ob das Bemühen um Loslösung begleitet wird von einem Wachsen in der Liebe zu Gott. Ist dies nicht der Fall, muss der Weg hinterfragt werden.

Die Realitäten dieser Welt haben Sinn und Bedeutung: Gott spricht durch sie zu uns. Alle wahre Liebe, die wir erfahren haben, lässt uns etwas von der Liebe Gottes entdecken, sei es die Liebe unserer Eltern oder z.B. eine schöne Freundschaft. Wir werden über diese Vermittlungen hinausgehen müssen, indem wir entdecken, dass Gottes Liebe noch größer ist. Gott kann uns auffordern, einzig seine Liebe zu erfahren, indem er uns alle Stützen nimmt. Da seine Liebe bereits begonnen hat, unser tiefstes Herz zu erfüllen, wird die Entäußerung, so schmerzlich sie auch sein mag, keine Leere hinterlassen, denn die entstandene Leere wird von Gottes Liebe ausgefüllt werden. Wenn man hingegen selbst eine Leere schafft, indem man systematisch jede Sehnsucht, jedes Verlangen unterbindet, bevor Gott das Zentrum der Seele geworden ist, wird diese Leere nicht gefüllt, und die Seele, die an nichts mehr Geschmack hat, läuft Gefahr, in der Akedia zu versinken.

Der königliche Weg der Entsagung, der uns auf die Entäußerungen vorbereitet, die Gott eines Tages von uns verlangen könnte, hat einen Namen: vertrauende Hingabe. Wenn wir uns unseres Willens durch Willensakte entledigen wollen, hat das etwas Widersprüchliches und kann uns eher verhärten, anstatt weicher zu machen. Die vertrauende Hingabe an den Willen Gottes – auch Hingabe an die göttliche Vorsehung genannt – lässt Gott Töpfermeister über unseren Ton sein, damit er nach Belieben damit umgeht (vgl. Jer 18). Das Ziel ist das gleiche, aber der Weg dorthin ist anders: Zustimmung aus Liebe, nicht voluntaristische Vernichtung. Dieser Weg stellt keine Gefahr dar, weil die Initiative für den Weg bei Gott selbst liegt. Dieser Weg lässt keinen Raum für Stolz oder Leistung. Er respektiert die Ordnung des geistlichen Lebens: Zu Gott Ja zu sagen, geht der Selbstentsagung voraus. Ja noch mehr: Zu Gott Ja zu sagen bedeutet, Ja zu sagen zu meinem tiefen Sein, das für Gott geschaffen ist und sich nach Ihm sehnt. Das impliziert oft, ein Nein zu meinem oberflächlicheren, noch nicht evangelisierten Ich zu sagen, was jedoch nur eine Konsequenz davon ist.

Das Leben bietet ständig Gelegenheiten zur Entsagung, daher ist es nicht notwendig, sie selbst zu fabrizieren. Ein alter Bruder vom Montserrat sagte zu einem jungen Novizen, der etwas übereifrig war: »Oh! M., es lohnt sich nicht, die Kreuze suchen zu gehen, der Herr liefert sie frei Haus«. Und man muss sie nicht einmal bestellen! Die wirkliche Ausbildung wird darin bestehen, den jungen Menschen beizubringen, all die kleinen Entsagungen des täglichen Lebens mit Liebe zu ertragen, den Nachbarn, der falsch singt, die Arbeit, die mich nervt, das Aufstehen am Morgen, ein unangenehmes Wort, das Wetter, das schon seit einer Woche trüb ist, die Äpfel, die wir seit sechs Monaten essen, weil man uns eine ganze Lkw-Ladung davon geschenkt hat, usw.

Wenn wir in diesen kleinen Dingen, die Gott uns jeden Tag im ganz gewöhnlichen Leben präsentiert, Ja zu ihm sagen, und daraus Akte der Liebe für ihn machen, ist das eine Vorbereitung auf die großen Prüfungen, falls sie eines Tages kommen sollten, und auch auf jene große Prüfung, die mit Gewissheit kommen wird, die Prüfung der radikalen Loslösung im Tod. Auf diese Weise werden unser Wille und unser Verstand Schritt für Schritt geformt, um sie an den liebevollen Plan, den Gott für unser Leben hat, anzupassen. Die vertrauende Hingabe ist Quelle von Frieden, Freude und tiefer Liebe, sie verwandelt die Seele und strahlt auf das gesamte Umfeld aus; der ganzen Kommunität werden die Früchte zuteil.

7.7 Spiritualität der Substitution

Für die Beziehung zu Christus ist Ausgewogenheit nicht weniger wichtig. Nicht mehr ich lebe, sondern Christus lebt in mir (Gal 2, 20). Diese Aussage, eine der bekanntesten des hl. Paulus, hat die gesamte christliche Spiritualität geprägt, und ihre Bedeutung kann nicht hoch genug eingeschätzt werden. Gleichwohl ist es notwendig, sie richtig zu verstehen und Paulus nicht sagen zu lassen: »Du bist nichts wert, du musst ganz ausgelöscht werden, damit Christus deinen Platz einnimmt[39]«. Ein solcher Ansatz hat

---

[39] Dass eine solche Auslegung möglich ist, zeigt Luthers Erfahrung. Für ihn ist der Mensch vollständig und endgültig verdorben. Die Rechtfertigung kann

nichts mehr mit der Liebe Christi zu tun und ist zudem auf der psychischen Ebene zerstörerisch, da ein gesundes Selbstwertgefühl für ein normales Leben unerlässlich ist. Er beinhaltet auch einen gravierenden pädagogischen Fehler, denn um ein hohes Ideal anzustreben, muss man glauben, dazu fähig zu sein. Diese Vorstellung muss geläutert werden, indem man sich bewusst macht, dass alles ein Werk der Gnade ist, was jedoch keineswegs die immense Wertschätzung Gottes für sein Geschöpf mindert. Die Muttergottes sprach zu Bernadette wie zu einer Prinzessin: »Wollen Sie mir die Gnade erweisen, vierzehn Tage lang hierher zu kommen?« Bernadette war davon überwältigt. Noch nie hatte jemand so zu ihr gesprochen; es war das erste Mal, dass sie mit »Sie« angesprochen worden war.

Durch die Taufe nimmt die Dreifaltigkeit höchstpersönlich Wohnung in uns, sie macht unser ganzes Wesen zu einem Tempel ihrer Herrlichkeit, sie macht uns zu Söhnen und Töchtern Gottes. Dass dieser Tempel von Ochsen, Geflügel und Geldwechslern, die ihn verunreinigen, leergeräumt werden muss, steht außer Zweifel, aber dabei geht es nicht so sehr darum, uns von uns selbst zu entleeren, sondern uns von allem zu entleeren, was nicht wir sind, unter der Bedingung, dass wir verstehen, was hier mit »wir« gemeint ist: wir als Ebenbild Gottes, hervorgegangen aus den Händen des Schöpfers; wir mit all den natürlichen und übernatürlichen Gaben, die er uns gegeben hat. Er will in uns wohnen und nicht unseren Platz einnehmen. Er möchte diesen Tempel seiner Herrlichkeit würdig machen. »Wisst ihr nicht, dass ihr Gottes Tempel seid und der Geist Gottes in euch wohnt? Wer den Tempel Gottes verdirbt, den wird Gott verderben. Denn Gottes Tempel ist heilig, und der seid ihr.«[40]

Tastet man das Selbstwertgefühl an, kann dies nicht nur auf der psychischen, sondern auch auf der spirituellen Ebene gravierende Schäden zur Folge haben: das Selbstwertgefühl zu zerstören

---

also nur von außen kommen, wenn wir durch den Glauben mit den Verdiensten Christi bekleidet werden, die unsere Verdorbenheit, die weiterhin bleibt, nur verhüllt. Vereinfacht dargestellt, vermittelt der Gedanke der Substitution dieselbe Auffassung und dieselbe Weigerung zu glauben, dass wir gereinigt und verwandelt werden können.

40 1 Kor 3,16.

bedeutet, die Möglichkeit zu zerstören, mit Gott eine Beziehung eingehen zu können.

Wenn alle meine Qualitäten aus Angst, ich könnte darauf stolz sein, verleugnet werden, und wenn man mir beibringt, alles, was ich tue, alles, was von mir kommt, alles, was ich bin, als irdisch (im negativen Sinne) zu betrachten, und wenn man dabei die Vorstellung hat, dass alles Natürliche durch Übernatürliches ersetzt werden müsse – wie kann ich dann noch glauben, dass Gott mich lieben kann? Er liebt dann nicht mich, sondern das, was er an meine Stelle setzen will, das heißt sich selbst. Und wer bin ich dann noch in all dem? Nichts als ein Eindringling, der vertrieben werden muss. Kann ich in ihm dann noch einen Vater sehen?

Es lohnt sich, hier darauf hinzuweisen, dass ein scheinbar leichter Fehler schwerwiegende Folgen haben kann, wenn er die grundlegenden Realitäten des geistlichen Lebens berührt. Wir wissen, dass es die Mystik vom Herzenstausch gibt, z.B. im Leben der hl. Katharina von Siena. Eines Tages, als sie Christus ihr Herz anbot, erschien er ihr und nahm ihr Herz an. Mehrere Tage lang hatte sie das Empfinden, kein Herz mehr zu haben. Dann erschien ihr der Herr abermals; er hielt ein leuchtend rotes Menschenherz in der Hand, öffnete ihre Brust, legte es hinein und sagte: »Meine liebste Tochter, so wie ich einst das Herz angenommen habe, das du mir angeboten hattest, so gebe ich dir jetzt meines, und von nun an wird es den Platz einnehmen, den deines hatte«[41].

Eine mystische Gnade kann man aber nicht in eine Methode verwandeln. Man kann nicht von dieser gänzlich ungeschuldeten Gnade, die Frucht eines langen geistlichen Weges ist, ausgehen und zu Anfängern sagen: »Wenn ihr kein Herz mehr habt, wenn nichts mehr von euch da ist, dann werden Jesus (oder Maria) euch ihr Herz schenken«. Es wäre lächerlich, die Visionen der hl. Katharina materiell zu interpretieren, denn sonst müsste man daraus folgern, dass das Herz Jesu jetzt das Herz Katharinas sei und dass das Herz-Jesu-Fest geändert werden müsse. Wenn Jesus sein Herz gibt, verliert er es nicht, und deshalb kann er es unendlich oft geben. Und wenn wir ihm unser Herz schenken, nimmt er es uns nicht weg, sondern er nimmt es entgegen und verklärt es.

---

41 Raimund von Capua, *Vie de sainte Catherine*, 199.

Wahrscheinlich ist das Schlüsselwort, das den Unterschied ausmacht, nicht Substitution, sondern Transfiguration, Verklärung. Die Visionen der hl. Katharina bringen zum Ausdruck, dass ihr Herz so sehr in das Herz Christi eingetaucht ist, dass er es ihr mit seiner eigenen Liebe erfüllt und verklärt zurückgibt. Aber es ist sehr wohl ihr eigenes Herz, das Herz der Katharina Benincasa, das in ihrer Brust schlägt und das nun vom Leben und von der Liebe ihres Geliebten lebt. »Nicht mehr ich lebe, sondern Christus lebt in mir.«

8 Geistliche Begleitung

Eine schmerzliche und schwierige Frage muss noch thematisiert werden. Wie ist es möglich, dass in einer engagierten Gemeinschaft, in der alles auf Gott ausgerichtet zu sein scheint, in der die Freiheit eines jeden nachdrücklich betont wird, in der ständig von Liebe die Rede ist, die Mönche und Nonnen dennoch in Depressionen versinken, bis hin zur Versuchung, sich das Leben zu nehmen? Dies ist bei Menschen vorgekommen, nach deren Austritt sich gezeigt hat, dass sie völlig ausgeglichen waren und nichts Krankhaftes aufwiesen. Der Widerspruch ist so tief, dass man fast zwangsläufig nach einer beschwichtigenden Erklärung sucht, aber die Fakten sind da und sie sind zu zahlreich, um bestritten werden zu können: Eine Spiritualität, die Leben und absolute Liebe bringen wollte, kann sich als tödlich erweisen, menschlich und geistlich, und manchmal führt sie sogar zu einem Bruch mit Gott. »Wenn ich nicht allzu schnell sterbe, werde ich vielleicht eines Tages zu einem Leben mit Gott zurückfinden ...«, sagte eine ehemalige Nonne, die einer engagierten Kongregation angehört hatte, nachdem sie vor mehr als zwanzig Jahren ausgetreten war. Heute hat sie dieses Leben wiedergefunden. Die Auseinandersetzung mit der Wahrheit, die Auseinandersetzung mit dem, was sie in dieser Gemeinschaft erlebt hatte, ermöglichte es ihr, sich von einem Gottesbild zu befreien, an das sie aus gutem Grund nicht mehr glauben konnte.

Natürlich gleicht kein Fall dem anderen, aber es lassen sich einige Gefahrenbereiche aufzeigen.

Eine Frau, die anonym bleiben möchte, beschreibt einen eindrucksvollen »Abkürzungsweg«:

> »Damals begleitete ich regelmäßig Ordensleute, denen gesagt worden war, dass sie ihre Kongregation verlassen müssen. Meistens wurden gesundheitliche Gründe dafür angegeben. Ich begleitete sie bei ihrer Arbeitssuche. Eine kontemplative Gemeinschaft, der ich nahestand, schickte mir ungefähr fünfzehn Schwestern. Was mir besonders auffiel, war, dass diese Nonnen Selbstmordgedanken hatten. Keine von ihnen war jedoch depressiv oder unausge-

glichen. Es war etwas anderes. Hier meine Analyse: Sie fühlten sich in einer Sackgasse. Man hatte von ihnen verlangt, alles, was ihre Persönlichkeit ausmacht, alles, was sie interessiert, alle ihre Talente aufzugeben. So lernten sie, sich in einem Übermaß anzupassen, um die perfekte, lächelnde und geschmeidige Nonne zu werden, die erwartet wurde, um den Weg der Heiligkeit und der Selbsttranszendenz zu beschreiben, nach dem sie sich sehnten. Die Richtlinien der Gemeinschaft wiesen ihnen einen Weg, während ihr Herz in eine andere Richtung tendierte. Und je mehr sie sich anpassten, desto mehr nahmen die Zweifel, die Kämpfe und das schlechte Bild, das sie von sich selbst hatten, zu. Allmählich löschten sie ihre Identität als einzigartiges Kind Gottes aus. Da die Schuldgefühle zunahmen und ihr Leid so tief war, verstärkte sich bei ihnen der Eindruck, vom Teufel besessen zu sein ... Nur der Tod könnte sie von diesen Qualen befreien. Welchen Sinn hätte es, auszutreten? Ihr Weltbild wurde so negativ; die Welt war in ihren Augen allmählich ganz zerstörerisch, menschenunwürdig und beklemmend geworden und ihr zurückgezogenes Leben so kompliziert. Ihr natürlicher Impuls hatte sie oft gedrängt, zu handeln, aber es wurde ihnen gesagt, dass sie nicht auf diesen inneren Dialog hören sollten. Er komme nicht von Gott ... Sie waren in einer doppelten Zwickmühle. Nur der Tod konnte sie befreien. Sie schienen alle in dasselbe Schema gepresst worden zu sein, obwohl ihre Persönlichkeiten ganz unterschiedlich waren. ...«

Und doch wurde dies ganz aufrichtig als der vollkommenste Weg der Gottesliebe dargestellt. Es geht hier nicht mehr nur um Askese, sondern um das innere Leben, das Selbstbild und das Gottesbild. Wie kann man das erklären?

Die Suche nach dem Antlitz Christi, nach ihm, der gesagt hat: »Wer mich gesehen hat, hat den Vater gesehen«[1], durchzieht das ganze christliche Leben und kennzeichnet besonders diejenigen, die ihr Leben ganz dieser Suche widmen. Die gesamte Tradition spricht von der Notwendigkeit eines Lehrers auf diesem Weg; es genügt, Cassian zu zitieren, der lange Jahre damit verbrachte, auf die Alten zu hören, denen er in der Wüste begegnete:

> »Auch alle Künste und Wissenschaften, die vom menschlichen Geist erfunden wurden, und die zu nichts weiter dienen, als dieses Leben angenehm zu gestalten, können ja von keinem recht verstanden werden ohne Unterweisung durch einen Lehrer, ob-

---

1 Joh 14,9.

wohl man sie [diese Künste] mit Händen greifen und mit den Augen sehen kann. Wie töricht ist es da, zu glauben, allein diese [Kunst] benötige keinen Lehrer, die doch unsichtbar und verborgen ist, derer man nur mit reinstem Herzen ansichtig wird; deren fehlerhafte Ausübung nicht einen zeitlichen Schaden gebiert, oder einen, der leicht zu beheben wäre, sondern das Verderben der Seele und den ewigen Tod. Denn sie liegt bei Tag und Nacht im Widerstreit, nicht mit sichtbaren, sondern mit unsichtbaren und grausamen Feinden; auch führt sie nicht gegen einen oder zwei Feinde einen geistlichen Kampf, sondern gegen unzählige Scharen. Eine Niederlage in diesem Kampf ist in jeder Hinsicht umso vernichtender, je wütender der Feind und je verborgener der Zusammenstoß ist. Deshalb also sollen wir allezeit unter äußerster Vorsicht den Fußstapfen der Väter folgen und vor ihnen unter Wegziehen des Schleiers einer falschen Scham alles offenlegen, was sich in unserem Herzen regt.«[2]

Diese Empfehlung wirft jedoch die beängstigende Frage nach der Vertrauenswürdigkeit des Lehrers auf.

8.1 Geistliche Vaterschaft

Wir können uns über eine gewisse Wiederentdeckung der geistlichen Vaterschaft nur freuen. Sie war nie ganz aus dem Abendland verschwunden, aber der neu intensivierte Kontakt mit den Traditionen des christlichen Ostens hat sie neu belebt. In der Tradition der Wüstenväter war die geistliche Vaterschaft durchaus bekannt; Barsanuphius und Johannes von Gaza haben uns ein sehr konkretes Zeugnis davon hinterlassen[3]. Wer einen geistlichen Vater (oder eine geistliche Mutter) gefunden hat, zu dem er volles Vertrauen hat und dem er alles sagen kann, hat einen wahren Schatz gefunden. Die Tiefe seines Herzens zu eröffnen ist eine Erfahrung von großer Schönheit, aber diese Erfahrung ist selten, denn sie erfordert einen geistlichen Vater oder eine geistliche Mutter, die selbst vorbehaltlos offen, sowie äußerst diskret sind und unbedingten Respekt vor der Freiheit desjenigen haben, der sich ihnen anvertraut. Die Aufgabe dieses Lehrers besteht nur darin, dem Wirken des Heiligen Geistes in einer Seele zu assistieren, wobei er nicht

---

2 Johannes Cassian, *Unterredungen mit den Vätern*, Collatio 2,11, 100.
3 Eugen Häcki, *Schulung des Herzens*.

nur der Seele, die er führt, alle Freiheit lässt, sondern vor allem dem Heiligen Geist selbst, den er nicht ersetzen darf. Das ist eine delikate Aufgabe, die er nur mit großer Demut erfüllen kann, indem er im Voraus akzeptiert, dass andere klarsichtiger sein können als er. Er wird dem Mönch helfen, seine Fügsamkeit gegenüber der inneren Stimme, durch die sich Gott offenbart, zu vertiefen. Und er wird ihm nach und nach beibringen, auf eigenen Füßen zu stehen.

Allerdings muss man die Augen offen halten, denn auch in diesem Bereich gibt es Risiken, besonders das Risiko der Inkompetenz. Nicht jeder kann sich nach eigenem Belieben zum geistlichen Vater oder zur geistlichen Mutter ausrufen. Im Allgemeinen gilt, dass demjenigen, der nachdrücklich seine Dienste anbietet, zumindest ein Minimum an Vorsicht entgegengebracht werden sollte. Die hl. Johanna Franziska von Chantal machte eine solche bittere Erfahrung.

Der Vogel im Käfig

Auf folgende Weise wurde sie von ihrem ersten Seelenführer geradezu in einen Käfig gesperrt.

> »Zu jener Zeit hatte ein ›rechtschaffener Ordensmann‹« (die Geschichte kennt zum Glück seinen Namen nicht) als Seelenführer großen Erfolg bei frommen Personen. Wie uns berichtet wird, begegnete Johanna Franziska ihm eines Tages zufällig, als sie zum Gebet nach Notre-Dame d'Étang ging, einem Heiligtum, das ungefähr zwei Meilen von Dijon entfernt liegt. Er drängte sie sofort, sich seiner Leitung zu unterstellen. Johanna Franziska war sich durchaus bewusst, dass dieser Seelenführer nicht derjenige war, den sie in einer Vision gesehen hatte, aber in der Verwirrung, in der sie sich befand, war sie dazu bereit: ›Wie ein demütiges Schaf ließ sie sich von diesem Hirten fesseln, im Glauben, dass es der Wille Gottes sei. Der Seelenführer band sie durch vier Gelübde an seine Führung: Das erste, dass sie ihm gehorchen werde; das zweite, dass sie nie zu einem anderen Seelenführer wechseln werde; das dritte, dass sie über alles, was er ihr sagen werde, Verschwiegenheit bewahre; das vierte, dass sie nur mit ihm über ihr Inneres sprechen werde‹. Und das tat sie zwei Jahre lang. Die großherzige Johanna Franziska bemühte sich, alle Gebete, Fastenvorschriften, Methoden, Praktiken, usw., die der unbesonnene Hirte ihr auferlegte, einzuhalten. Man glaubt zu träumen ...«[4]

---

[4] André Ravier SJ, Petite vie de Jeanne de Chantal, 39. Der Rest der Geschichte

Der Sinn dieser Forderungen ist glasklar: Der Ordensmann will ein exklusives und ewiges Recht auf die Seele dieser Frau haben und ist damit das perfekte Beispiel für eine typische Fehlhaltung bei der Seelenführung: Machtausübung. Und die diktatorische Macht, die dieser Ordensmann über die hl. Johanna Franziska von Chantal ausübte, ist erklärungsbedürftig.

Wir wissen, dass sich Johanna Franziska im Jahr 1602 in großer seelischer Not befand und Gott dringend um einen Seelenführer bat. Gott antwortete ihr durch eine Vision, in der sie den hl. Franz von Sales genau so sah, wie sie ihn zwei Jahre später in Dijon erkannte. Zum Zeitpunkt der Vision wusste sie aber noch nicht, wer er war. Auch Franz von Sales hatte seinerseits die junge Witwe, die er ebenfalls nicht kannte, in einer Vision gesehen. Als sie ihn 1604, am Freitag nach Aschermittwoch, auf der Kanzel in Dijon sah, erkannte sie ihn sofort und er erkannte sie ebenfalls. Mehrmals kam er zum Abendessen in das Haus ihres Vaters. Sie »brannte« darauf, ihm ihre inneren Nöte zu offenbaren, aber sie konnte es nicht, da sie durch ihr vierfaches Gelübde an ihren Seelenführer gebunden war. Am Mittwoch in der Karwoche, »schickte unser Herr ihr eine so heftige Versuchungsattacke, dass sie, da ihr Seelenführer abwesend war, unbedingt bei unserem seligen Vater Ruhe suchen musste«, schreibt Mutter de Chaugy. Aufgrund ihres Gelübdes wagte sie es jedoch nicht, frei zu sprechen. Später bekam sie so heftige Skrupel, dass sie sich an ihren Beichtvater, Pfarrer de Villars, wandte, der sie vollständig beruhigte. »Es schien mir« – so Johanna Franziska – »als würde mir ein Berg von meinem Herzen genommen«. Der Ordensmann, den sie aufrichtig darüber informierte, wurde wütend und verstärkte ihre Skrupel. Er ging sogar so weit, von ihr zu verlangen, das Gehorsamsgelübde, das sie ihm gegenüber abgelegt hatte, zu erneuern. Es bedurfte der nachdrücklichen Klarstellung durch Pfarrer de Villars, der ihr erklärte, sie widersetze sich dem Heiligen Geist, wenn sie sich nicht von der Seelenführung dieses Ordensmannes lösen würde und es bedurfte der unverblümten Aussage des hl. Franz von Sales, dass die vier Gelübde, die ihr der erste Seelenführer aufgenötigt hatte, »nur den Frieden eines Gewissens zerstört hatten«. Erst dann fühlte sie sich

ist eine Zusammenfassung desselben Buches.

endlich befreit. Später sagte sie: »O Gott, wie glücklich wurde ich an diesem Tag! Es schien mir, als verändere sich das Antlitz meiner Seele und als entkäme sie der inneren Gefangenschaft, in der mich die Ratschläge meines ersten Seelenführers bis dahin gehalten hatten«.

Innere Gefangenschaft: Diese Formulierung ist stark, aber realistisch. Die geistliche Vaterschaft, die eine Schule der inneren Freiheit sein sollte, kann zur Sklaverei werden, wenn sie sich aufdrängt und Exklusivität beansprucht. Das ist eine furchtbare Entgleisung, denn es bedeutet, sich an die Stelle Gottes zu setzen, der der einzige Meister der Seelen ist.

Im Fall von Johanna Franziskas Seelenführer sind die Anzeichen einer Entgleisung ganz eindeutig, da er sie ganz und für immer an sich binden will, ohne dass ein anderer eingreifen darf. Dafür benutzt er die Lauterkeit ihrer Seele und macht sie zu einem Werkzeug der Knechtschaft. Johanna Franziska wird durch ihre eigene Lauterkeit gefesselt, und zwar durch Schuldgefühle. Würde sie sich an einen anderen wenden, wäre das für sie eine Untreue gegenüber Gott, weil sie durch ihr Gelübde – so denkt sie – vor Gott gebunden ist. Je reiner und lauterer die Seele, desto machiavellistischer die Falle. Der unbedingte Wunsch nach exklusivem Einfluss ist eindeutig mit dem Wunsch verbunden, besitzen zu wollen.

Die Befreiung aus dieser Gefangenschaft kam nicht durch eine neue exklusive Einflussnahme, denn die göttliche Vorsehung bediente sich nicht nur des hl. Franz von Sales. Es war Pfarrer de Villars, der das befreiende Wort sprach. Johanna Franziska wechselte nicht von einer Kette an die andere, und der hl. Franz von Sales achtete sehr darauf, dass sie nicht in eine weitere Gefangenschaft geriet, auch nicht in einen »goldenen« Käfig. Ihre Beziehung wurde von sehr langen, reisebedingten Trennungen geprägt, die sich manchmal über mehrere Jahre hinzogen. Der hl. Franz von Sales verlor das Ziel nicht aus den Augen, das darin bestand, sie zu Gott allein zu führen, und während der Pfingstexerzitien im Jahr 1616, die einen Wendepunkt in Johanna Franziskas Leben darstellten, schrieb er ihr: »Denken Sie nicht länger an die Freundschaft, noch an die Einheit, die Gott zwischen uns bewirkt hat!« Sie antwortete ihm: »Mein Gott, teurer Vater, wie weit ist das Messer vorgedrungen!«[5]

---

5   Franz von Sales, *Briefe an Frau von Chantal*, 293.

8.1 Geistliche Vaterschaft

Ida Friederike Görres formuliert treffend, was an jenem Tag geschah:

»Alle großen Seelenführer haben gewusst, dass der Priester der Seele zur Freiheit und Selbständigkeit verhelfen muss, auch zur Freiheit von ihm selbst, dass er nur Brautführer sein darf, dass er diese Unfreiheit, die sich an ihn klammert und nicht von ihm lassen will, sanft aber streng von sich ablösen muss. Auch in diesem Kampf muss er der Frau gegen ihre Natur und oft gegen sich selbst beistehen.«[6]

Im Fall der hl. Johanna Franziska von Chantal war das Übel noch keine vollständige Katastrophe, denn ihr erster Seelenführer interessierte sich nicht für ihr Inneres; ihm genügte es, dass sie ihm gehorchte. Der Vogel war im Käfig, aber er war nicht getötet worden. Eine derart äußere Herangehensweise ist heute kaum noch anzutreffen, aber der Wunsch, eine Seele an sich zu binden, ist deshalb nicht verschwunden. Die Krankheit hat nur ihr Auftreten verändert.

Freiheit und Zwang in der Begleitung

Um den Vorgang zu verstehen, wird ein Bild helfen: Ein Segelflugzeug kann nicht alleine losfliegen, es braucht ein Motorflugzeug, um vom Boden abheben zu können. Wenn aber die erforderliche Höhe erreicht ist, und das Motorflugzeug der Meinung ist, dem Segelflugzeug einen wirklich großen Dienst erwiesen zu haben und diesen Dienst unbedingt fortsetzen zu müssen, indem es sich weigert, sich von ihm zu lösen, wird die Situation absurd. Der Dienst, den das Motorflugzeug dem Segelflugzeug erweisen sollte, bestand darin, ihm die Freiheit des Fluges zu ermöglichen, und nun ist das Segelflugzeug buchstäblich gefangen.

Wenn es um geistliche Begleitung geht, entdeckt die zu begleitende Person in einer ersten, oft sehr schönen Phase, ihr inneres Leben. Das Herz zu eröffnen, bringt Früchte hervor und erschließt neue Perspektiven. Sie entdeckt, wie schön es sein kann, sich zu Gott führen zu lassen, ihn durch das Wort eines anderen zu hören. Das kann Monate und oft sogar Jahre andauern. Die Fortschritte im geistlichen Leben sind real, die Früchte greifbar, bis eines

---

[6] Ida-Friederike Görres, *Laiengedanken zum Zölibat,* 80. Das Zitat steht im zweiten Teil: *Einige Erwägungen über die Begegnung des Priesters mit der Frau.*

Tages etwas zu »knirschen« beginnt. Während der ersten Jahre taucht der junge Ordensmann, die junge Ordensfrau aufgrund der eigenen Unerfahrenheit leicht in das Denken und die Spiritualität dessen ein, der sie begleitet. Wenn aber die eigene spirituelle Persönlichkeit zum Vorschein kommt, wenn der Herr beginnt, unmittelbarer zu ihnen zu sprechen, und die normale Rolle des Begleiters weniger darin besteht, zu führen, sondern zu bestätigen, zu ermuntern, weiter voranzugehen und sich selbst zurückzunehmen, verläuft alles gut, da der Begleiter diese Veränderung versteht und gewissermaßen alles an den Heiligen Geist, den einzig wahren inneren Meister, übergibt. Kurz gesagt: Alles verläuft gut, wenn das Schlepp-Flugzeug zum richtigen Zeitpunkt bereit ist, das Segelflugzeug loszulassen.[7]

Wenn aber das Motorflugzeug darauf besteht, seine Rolle zu behalten, und wenn der Begleiter nicht will, dass diese Seele zur Reife kommt, weil er Angst hat, dass sie ihm entgleitet, verfügt er über verschiedenste Möglichkeiten, um sie in seiner Macht zu halten. Es wird ein Leichtes für ihn sein, dieser Seele, die danach verlangt, dem inneren Meister auf ihrem Weg folgen zu dürfen, zu versichern, sie werde von ihrem Eigenwillen geführt und dass, wenn sie die Transparenz und den absoluten Gehorsam, den sie ihm bis dahin entgegengebracht hat, aufgeben will, sie dies tut, weil der Widersacher sie dazu bringt, den sanften Pfad der totalen, vertrauenden Hingabe zu verlassen, deren Vorbild Jesus ist.

Und siehe da, es ist die gleiche Falle, in die Johanna Franziska von Chantal tappte, nur ist sie jetzt etwas subtiler. Die Seele ist auf die gleiche Weise in den Netzen des geistlichen Begleiters gefangen und kann nicht mehr entkommen. Wenn sie dem Begleiter gehorcht, muss sie sich selbst verleugnen, muss sie den inneren Meister verleugnen, der sie zu führen begann, und sie kann einem Empfinden von Ungerechtigkeit und Unruhe nicht entfliehen. Entschließt sie sich, dem inneren Meister zu folgen, empfindet sie Schuldgefühle und Skrupel, weil sie aus dem Gehorsam und der Transparenz ausgebrochen ist. Sie wird sich also in einem stän-

---

7 Dieses Bild ist, wie alle Bilder, unvollkommen. Wir behaupten nicht, dass jegliche geistliche Begleitung überflüssig wird. Wir wollen nur betonen, dass es eine Veränderung gibt, die übrigens nicht so grundlegend ist: Von Anfang an hört der geistliche Vater auf den Heiligen Geist, der im Leben der begleiteten Person spricht.

digen Kampf befinden: Auf der einen Seite steht das, was sie am tiefsten in sich trägt, aber ihr wurde gesagt, dass es vom Widersacher kommt, und auf der anderen steht eine Unterwerfung, die sie als den Willen Gottes zu betrachten hat, denn so wurde es ihr beigebracht. Sie erahnt jedoch vage, dass es sich um eine Versklavung handelt, auch wenn sie es nicht deutlich erklären kann. Die einzige Möglichkeit, einer solchen Falle zu entkommen, wäre für sie, sich an jemanden außerhalb der Gemeinschaft zu wenden, der eine objektive Meinung äußern könnte. Was aber, wenn diese Möglichkeit von der Gemeinschaft abgelehnt wird, weil Außenstehende ihr Charisma nicht verstehen können?

Dann gibt es keinen Ausweg. Die tiefe Einsamkeit, die psychische Anspannung, das Gefühl, in einer Falle gefangen zu sein, ohne es verstehen zu können, drohen die Seele in eine Depression zu stürzen. Wo ist Gott, der sich zu widersprechen scheint, wenn er in der Tiefe des Herzens ruft, und gleichzeitig durch den Gehorsam den Weg versperrt? Wer ist dieser Gott, der verlangt, all das tiefe Sehnen zu verleugnen, das zu ihm geführt hatte? Wenn das Gefühl der Ungerechtigkeit Schuldgefühle hervorruft, und wenn die Schuldgefühle – die man irgendwie als unpassend empfindet – das Gefühl von Ungerechtigkeit nähren, schließt sich der Kreis und raubt der Seele alles Licht und alle Freude, die sie am Anfang erfahren hatte.

Wenn der Begleiter dies als eine göttliche Prüfung, als eine Läuterung interpretiert, und die Seele auffordert, sich zu unterwerfen, und ihr dazu das Vorbild Jesu in Gethsemane vor Augen stellt, wird die Qual nur noch größer, da sie spürt, dass nicht Gott es ist, der sie quält, sondern die Bande, mit denen ihr Begleiter sie eng gefesselt hält, anstatt sie fliegen zu lassen. Furchtbare Skrupel hindern sie jedoch daran, diesen Gedanken in aller Klarheit zuzulassen, denn sie würde glauben, gegen Gott zu kämpfen, von dem ihr gesagt wird, dass er die Quelle ihrer Finsternis sei. Unter solchen Umständen kann sich der Gedanke an den Tod als einziger Ausweg festsetzen, wie die zu Beginn dieses Kapitels zitierte Person feststellte.

Die Risiken »importierter« Begriffe

Was soeben erläutert wurde, wird manchen unrealistisch erscheinen und glücklicherweise ist es eher die Ausnahme, aber eine Ausnahme, die noch zu häufig vorkommt, um ignoriert zu werden. Für die überwiegende Mehrheit der Begleiter und Begleiterinnen sind der Geist des Dienens und die Achtung vor der Freiheit eine Selbstverständlichkeit. Die Faszination, die manche der Gestalt des aus der russischen Tradition stammenden *Starez* entgegenbringen, muss uns jedoch vorsichtig machen, denn oft ist es gerade die totale, bedingungslose und scheinbar ohne Unterscheidungsvermögen getroffene Unterwerfung unter den *Starez*, die fasziniert. Eine unbedachte Interpretation würde dies auf den blinden Gehorsam in seinem inakzeptablen Sinn reduzieren. Dostojewski schrieb in seinem Roman *Die Brüder Karamasow*:

> »Was ist ein Starez? Der Starez ist derjenige, der deine Seele und deinen Willen in seine Seele und seinen Willen aufnimmt. Nachdem du dich für einen Starez entschieden hast, gib deinen Willen auf und übergib ihn dem Starez in völligem Gehorsam und gänzlicher Ergebung«.[8]

Dostojewski ist kein Spezialist für das geistliche Leben; was er schreibt, ist eine populäre Interpretation, die sich im Allgemeinen auf bestimmte sichtbare, aber nicht unbedingt ausgewogene Aspekte bezieht. So hat die Literatur das Bild einer idealtypischen Starez-Figur verbreitet, das Bild eines spirituellen, charismatischen Meisters, dem man blinden Gehorsam entgegenbringt, weil er im Namen des Heiligen Geistes spricht.

Ein so zuverlässiger Meister wie Ignatius Brjantschaninow macht sich die Mühe, die Voraussetzungen zu klären und zitiert dabei zuerst Cassian: »Es ist gut, von wirklich Weisen geführt zu werden«. Dann erläutert er: »Der gefallene Wille kann nicht durch den gefallenen Willen eines Meisters, der noch selbst Sklave der Leidenschaften ist, erfolgreich wiederaufgerichtet werden«. Er betont dies und zitiert dann Simeon, den neuen Theologen:

> »Wenn du der Welt entsagen willst, übergib dich nicht einem Lehrer, der unerfahren oder von Leidenschaften beherrscht ist, damit du nicht von ihm statt eines evangelischen Lebens ein teuflisches Leben lernst. Denn die Unterweisung der guten Lehrer ist gut, aber die der schlechten Lehrer ist schlecht.«[9]

Nichts davon ähnelt einer blinden Unterwerfung des Schülers.

---

8 Fjodor Dostojewski, *Die Brüder Karamasow*, I, 5, *Die Starzen*.
9 Ignatius Brjantschaninow, *Introduction à la tradition ascétique*, 63.

8.1 Geistliche Vaterschaft

Um diese Dinge eindeutig zu präzisieren, war P. Pavel Syssoev, ein Dominikaner russischer Abstammung, so freundlich, für unsere Arbeit eine kurze Abhandlung zu diesem Thema zu verfassen.

Der Starez

Das Wort *Starez* stammt aus der russisch-orthodoxen Tradition. Ein *Starez* ist ein Alter (das ist die Bedeutung des Wortes), der als geistlicher Meister anerkannt und oft charismatisch ist.

Der *Starez* ist ein Mann mit immenser Erfahrung, der oftmals nach einem jahrzehntelangen, zurückgezogenen Einsiedlerleben gesundheitlich hart geprüft ist. Er ist dafür bekannt, besondere Gnaden vom Heiligen Geist empfangen zu haben, wie die Gabe der Heilung oder der Prophetie, aber vor allem die Fähigkeit, geistlichen Rat für die Wege des inneren Lebens zu geben.

Starzen[10] werden von niemandem ernannt, sie bezeichnen sich selbst nie als *Starez*, sondern sie werden einfach von den Gläubigen als geistliche Autoritäten anerkannt. Es ist also die *Vox Populi*, die sie anerkennt. Außerhalb der Zeiten, in denen sie in tieferer Sammlung und freiwilliger Einsamkeit leben, empfangen sie Besucher (manche kommen von sehr weit her), die sie um ihren Segen bitten, die aber vor allem kommen, um ihnen ihr Herz zu öffnen. Viele *Starzen* haben den Ruf, die Herzensgeheimnisse der Besucher zu kennen, denen sie zuvor noch nie begegnet sind.

Ein echter *Starez* wird niemals sagen: »Ich bin ein pneumatophorer Starez, der dir das Wort des Lebens sagen wird«, das wäre ganz einfach lächerlich. An der Heiligkeit ihres Lebens, an ihrem demütigen Gehorsam, an ihrer heroischen Sanftmut, an ihrem Verzicht auf Macht, an ihrer äußersten Feinfühligkeit erkennen und entdecken wir sie als überaus seltene Geschenke, die der Herr uns gewährt.

Die Unterwerfung unter den *Starez* geschieht in völliger Freiheit, sie ist in der russischen Welt jedoch oft sehr tief. In diesem Sinne ist der Begriff *Starez* nicht dasselbe wie der Begriff »geistlicher Vater«, sondern er geht viel weiter. Deshalb sind echte *Starzen* selten, es gibt sie nicht unbedingt in jedem Kloster, denn man erteilt der Gnade Gottes keine Befehle. Die meist völlige Selbstaufgabe der Schüler verlangt, dass der *Starez* absolut transparent für die Gnade ist.

---

10 Die Pluralform des russischen Wortes *Starez*.

Der echte und der falsche Starez

So wie es im Alten Testament echte und falsche Propheten gibt, so gibt es auch echte und falsche *Starzen*. Die russische Tradition hat ihnen sogar einen Namen gegeben: Mladostartchestvo, »die jungen Alten«, die *Starez* spielen, ohne die Erfahrung, die Berufung oder das Charisma dafür zu haben. Es lohnt sich, auf die strengen Warnungen von Ignatius Brjantschaninow zu hören, der in der russischen Tradition große Autorität genießt. In seinem Buch, das eine Einführung in die aszetische Tradition der Ostkirche[11] ist, warnt er in dem berühmten 12. Kapitel mit der Überschrift *Über ein Leben im Gehorsam gegenüber einem Alten,* vor den falschen Alten und unterstreicht, dass es in »unserer Epoche«[12] oft klüger ist, den bewährten Ratschlägen aus Büchern zu folgen als falschen Lehrern, die sich selbst als Geistträger, als Pneumatophoren, bezeichnen. Der Mönch wird größere Fortschritte durch Gehorsam gegenüber der Regel, dem Oberen und der allgemeinen Lehre machen, als durch die Suche nach selbsternannten *Starzen*.

> »Die Alten, die diese Rolle übernehmen – wir entlehnen diesen unschönen Begriff absichtlich aus der Sprache der säkularen Welt, um die Sache, die in Wirklichkeit nichts anderes als ein seelenzerstörendes Spiel und die beklagenswerteste aller Komödien ist, deutlicher zu charakterisieren –, die Alten also, die die Rolle der früheren, heiligen Starzen übernehmen, ohne jedoch dafür die geistlichen Gaben zu haben, müssen begreifen, dass ihre Absichten, ihre Gedanken und ihre Vorstellungen über das hohe monastische Werk, das der Gehorsam ist, falsch sind. Sie sollen wissen: Ihre Art, zu denken, ihre Weisheit und ihr Wissen sind nichts als Verblendung und dämonische Illusion, die in den Menschen, die sie führen, unweigerlich Früchte derselben Art hervorbringen. Ihre übersteigerte Anmaßung wird vom unerfahrenen Anfänger, der unter ihrer Leitung steht, nur eine Zeit lang unbemerkt bleiben, vorausgesetzt, er verfügt über etwas Intelligenz und widmet sich mit dem aufrichtigen Wunsch, gerettet zu werden, heiliger Lektüre …

---

11 Der russische Titel bedeutet wörtlich »Was das spirituelle Leben ist und wie man sich darauf einstimmt«.
12 Er schrieb zu einer Zeit (1861), als das Kloster Optina *Starzen* hatte, die berühmt geblieben sind.

8.1 Geistliche Vaterschaft

Es ist furchtbar, aus Anmaßung und aus eigenem Antrieb Verpflichtungen zu übernehmen, die man nur im Auftrag des Heiligen Geistes und nur mit seinem Beistand erfüllen kann; es ist furchtbar, sich als Gefäß des Heiligen Geistes zu präsentieren, während die Bande mit Satan noch nicht durchtrennt sind und dieses Gefäß von ihm beschmutzt ist. Eine solche Komödie und eine solche Heuchelei sind empörend. Sie sind sowohl für ihn selbst als auch für seinen Nächsten verhängnisvoll. Es ist ein Verbrechen, eine Blasphemie vor Gott.«[13]

Man kann schwerlich noch energischere Worte verwenden. Die Beauftragung durch den Heiligen Geist, von der die Rede war, definiert eindeutig das Charisma des Starez: die Fähigkeit zur Unterscheidung der Geister. Dieses Charisma ist so selten, dass Ignatius Brjantschaninow etwas später schreibt:

»Wir müssen anerkennen, dass wir nicht in der Lage sind, die Praktiken der Väter in ihrer Gesamtheit und in ihrer ganzen Vielfalt zu übernehmen. Aber es ist schon ein großer Segen Gottes und ein großes Glück, dass wir uns von den Brosamen ernähren dürfen, die vom Tisch der Väter fallen. Diese Brosamen sind nicht die sättigendste Nahrung, aber sie können uns vor dem geistigen Tod bewahren, nicht ohne bei uns ein Gefühl von Frustration und Hunger zurückzulassen.«[14]

Die folgenden Kapitel werden sich mit den Unterweisungen der Väter aus der frühen Christenheit befassen, die uns in Zeiten, in denen Gott keinen *Starez* erweckt, auf die gewohnte Weise leiten sollen.

Der Heilige Geist ist der einzige Herr über die Charismen, die ihrerseits dazu da sind, um unseren Glauben zu stärken oder unsere Zweifel zu klären, ohne dass wir jedoch Macht über sie haben. Der Heilige Geist lässt uns nie hilflos zurück, denn er wirkt auch durch die gewöhnlichen, institutionellen Mittel, die unmittelbar von Gott (wie beispielsweise die Heilige Schrift, das Priestertum, usw.) oder die Tradition der Kirche gegeben wurden (wie u. a. der große Reichtum der geistlichen Traditionen, die Lehren der Heiligen, die Ordensregeln, usw.) Diese Mittel sind vielfältig, reich, aus-

---

13 IIgnatius Brjantschaninow, *Introduction à la tradition ascétique*, 64–65.
14 Ebd., 67.

gewogen. Sie unterstützen und erhellen sich gegenseitig. Der Obere empfängt sein Amt durch Wahl oder Ernennung und empfängt damit das, was man die *Standesgnade* nennt, d.h. die Gnade, die Gott ihm gibt, damit er die ihm anvertraute Aufgabe erfüllen kann. Es handelt sich um eine spezifische Gnade, die wir aber im Gegensatz zur außergewöhnlichen Gnade des Charismas als gewöhnliche Gnade bezeichnen können. Diese Gnade soll ihm helfen, der Gemeinschaft trotz seiner eigenen Begrenztheit und seiner Schwächen zu dienen und die Lehre darzulegen, die er selbst als Erster in die Praxis umsetzen soll, ohne sich etwas auf seine Weisheit oder seine geistlichen Gaben einzubilden.

Manchmal erweckt der Herr in dieser oder jener Gemeinschaft einen P. Pio, eine Katharina von Siena, einen Ignatius Brjantschaninow, einen Seraphim von Sarow. Manchmal gewährt er einem Beichtvater in einer bestimmten Situation, einen erleuchteten Rat zu geben, überlässt ihn aber in den gewöhnlichen Situationen seinem eigenen Urteil: Die Ernennung zum Oberen eines Kapuzinerklosters macht einen Bruder nicht zu einem P. Pio. Umgekehrt – und das ist von grundlegender Bedeutung – hätte eine Katharina von Siena wohl kaum Priorin eines Dominikanerinnenklosters sein können: Sie war einfach zu groß, zu sehr außerhalb der Normen, zu integer, ohne die notwendige besonnene Zurückhaltung. In größerer zeitlicher Nähe zu uns galt Ähnliches für Charles de Foucauld: Abbé Huvelin musste ihm mehrmals sagen, dass er nicht als Gründer geeignet sei. Daneben gibt es eine Agnes von Langeac, eine Katharina von Ricci: Mystikerinnen und geniale Oberinnen im Sinne Gottes. Aber eine solche Verbindung ist wundersamer als das Charisma selbst.

Die Beziehungen des Gläubigen zur Institution und zum Charisma sind nicht dieselben. Ich bin verpflichtet, meinen Vorgesetzten zu gehorchen, aber niemand ist verpflichtet, zu einem P. Pio zu gehen. Umgekehrt kann ich einem P. Pio innere Geheimnisse anvertrauen, während meine Oberen kein Anrecht darauf haben, diese zu kennen. Mein Oberer wird mich bei der Heiligung des alltäglichen und gewöhnlichen Lebens leiten, und nur für Entscheidungen von außerordentlicher Dringlichkeit werde ich mich an einen *Starez* wenden. Vom *Starez* werde ich einen Rat, niemals jedoch eine Anordnung empfangen, von meinem Oberen muss ich eine

Anordnung entgegennehmen können, die in der Objektivität der Regel, der Tradition, der Lehre der Kirche gründet.

Es gibt hervorragende Obere und heilige Obere, aber sie geben nicht vor, ein Pfarrer von Ars oder ein Antonius von Florenz zu sein. Sie werden ernannt oder gewählt, aber diese Entscheidung verleiht ihnen nicht die tiefere Erfahrung eines *Starez*. Falls sie über sie verfügen, wird es für die Gemeinschaft ein Segen sein, aber sie selbst werden sicher die Letzten sein, die das von sich behaupten. Der junge Obere, der gerne *Starez* spielen möchte, wird höchstwahrscheinlich nur ein *Mladostartchestvo*, ein »junger Alter« sein.

P. Pavel Syssoev, dessen Beitrag hier endet, verweist uns also wieder auf die Ausgewogenheit und die gegenseitige Ergänzung von Charisma und Institution. Es geht weder um Trennung noch um Vermischung.

Die Rolle des Abtes oder des Priors

Das soll nicht heißen, dass Abt oder Äbtissin, Prior oder Priorin keine pastorale Aufgabe gegenüber ihren Mönchen oder Nonnen haben. Als Vater oder Mutter aller[15], müssen sie nicht nur auf das materielle Wohl, sondern vor allem auf das geistliche Wohl ihrer Mönche und Nonnen achten. Es gehört durchaus zu ihren Aufgaben, mit jedem Einzelnen über alles zu sprechen, was ihr Leben ausmacht, und damit vor allem über ihre Beziehung zu Gott und zu ihren Brüdern und Schwestern. Sie müssen spüren können, ob ihre Seelen im Frieden sind, ob sie freudig auf dem Weg zu Gott sind oder ob sie einen Klotz hinter sich herziehen. Aber sie werden nicht zu ihren Seelenführern und dürfen ihre Dienste keineswegs aufdrängen[16]. Der Obere ist auf dem geistlichen Weg nicht notwendigerweise am weitesten fortgeschritten und auch nicht unbedingt am besten geeignet für die Begleitung.

Das Beispiel des hl. Benedikt im Hinblick auf die Oberen, die auf »Lebenszeit« oder, wie heutzutage, zumindest »auf unbestimmte Zeit« gewählt werden, ist aufschlussreich. In einem solchen zeitlichen Rahmen wird der Abt, die Äbtissin natürlich eine tiefere

---

15 Dieser Ausdruck wird in monastischen Gemeinschaften verwendet und sollte für andere Gemeinschaftsformen nuanciert oder modifiziert werden.
16 Und vielleicht nicht einmal vorschlagen. Wäre der Mönch oder die Nonne wirklich frei, Nein zu sagen?

Vater- oder Mutterschaft ausüben als ein für drei oder sechs Jahre eingesetzter Oberer. Jemandem, der nur für kurze Zeit ein Mandat innehat, kann man sich nicht vollständig öffnen. Diese Oberen übernehmen ebenfalls eine wirkliche Vater- oder Mutterrolle für ihre Gemeinschaft und die einzelnen Mitglieder, aber im Allgemeinen auf eine weniger intensive Weise als ein Abt oder eine Äbtissin, die »auf Lebenszeit« im Amt sind. Was Letztere betrifft, erinnert der hl. Benedikt in seiner *Regel* daran, dass der Abt nicht unbedingt der geistliche Vater aller ist, sondern dass es auch andere geistliche Väter in der Gemeinschaft gibt. Die vom Abt ausgeübte Vaterschaft gehört in erster Linie einer anderen Ordnung an.

Durch alle Entscheidungen, die der Abt für die gesamte Gemeinschaft trifft, fördert oder erschwert er das geistliche Leben der Mitbrüder und dadurch wirkt er auf ihre Seelen ein: Er erleichtert oder behindert ihre Beziehung zu Gott; er ermöglicht ihnen Wachstum oder eben nicht. Das gilt natürlich auch für die Entscheidungen, die für jeden einzelnen Mitbruder getroffen werden: Sie werden sein Leben mit Gott, sein geistliches Wachstum fördern oder nicht. Hierin liegt ein echter väterlicher Auftrag.

Dafür ist es jedoch glücklicherweise nicht unbedingt notwendig, dass er jeden Mitbruder geistlich begleitet, denn in großen Gemeinschaften wäre das praktisch unmöglich. Und dann gibt es da noch die Seelenverwandtschaften oder, im Gegenteil, die Seelenunterschiede, die man nicht ungestraft übergehen darf. Wenn der Obere nicht von diesem schlichten Realismus durchdrungen ist, läuft er Gefahr, seine Gemeinschaft in ernste Schwierigkeiten zu bringen.

Das hindert den Bruder nicht daran, seinem Oberen ein Mindestmaß an Offenheit entgegenzubringen, um nicht eine reine Arbeitsbeziehung zu ihm zu haben. Will man in einer Gemeinschaft ein familiäres Klima schaffen, muss man dem Oberen genügend Information über sich selbst geben, damit er entsprechend mit uns umgehen kann, sonst ist er nur ein Arbeitschef.

Die Aufmerksamkeit, die er seinen Mönchen entgegenbringt, sollte daher feinfühlig sein. Er sollte gerne mit ihnen über Gott, über seine Liebe, über die Wege, die zu ihm führen und die von ihm wegführen, sprechen. Wenn er zum Abt gewählt wurde, dann deshalb, weil seine Brüder in ihm eine Weisheit erkannt haben. Und er hat nicht nur das Recht, sondern die Pflicht, diese Weisheit mit seinen Mönchen zu teilen. Die tiefe Eröffnung des Herzens darf er jedoch nicht einfordern. Wenn ihn ein Mönch von sich aus bittet, sein geistlicher Vater im engen Sinne des Wortes zu sein, wird das für ihn natürlich eine Freude sein, aber auch eine Verantwortung.

Was die anderen betrifft, so wird es sein Wunsch sein, dass jeder auf dem Weg Gottes voranschreitet, ohne dass er alle Einzelheiten dieses Weges kennen muss. Ohne auf indiskrete Weise neugierig zu sein, wird er aufmerksam und verfügbar sein, ohne Druck auszuüben. Er wird davon überzeugt sein, dass er sicher nicht der größte Heilige in der Gemeinschaft ist, denn wahrscheinlich wurde er nicht aus diesem Grund zum Abt gewählt, und er wird sich diskret zurücknehmen können, wenn ein Mönch nicht ihn, sondern einen anderen zum Begleiter gewählt hat.

8.2 Unterscheidung der Geister und Begleitung

Aufnahme ins Kloster

Wenn es um die Kandidaten und die Jüngeren geht, müssen diejenigen, die für sie verantwortlich sind, über dieselbe Feinfühligkeit verfügen. Jemanden zu drängen, in das Institut einzutreten, oder jemanden zum Bleiben zu nötigen, dem die Bürde zu schwer ist und der sich berechtigte Fragen stellt, respektiert weder die Freiheit der Person noch den Ruf Gottes. Marie-Laure Janssens erzählt, wie die Novizenmeisterin, die sie nur vom Hörensagen kannte, sofort zu ihr sagte: »Dein Fall ist glasklar, dein Platz ist bei den Schwestern, wann willst du eintreten?«[17] Mit einem einzigen Satz hatte sie ihr die Grundlage ihrer Berufung gestohlen. Denn selbst wenn der Herr Marie-Laure wirklich zu den Schwestern gerufen hätte, hätte er von ihr selbst das »Ja« erwartet und nicht von einer anderen. Ein geschulter Mensch hätte den Machtmissbrauch erkennen können, den ein solcher Satz darstellt, und ihr geraten, die Flucht zu ergreifen, aber die Kandidatin, die nicht darauf vorbereitet war, tappte in die Falle, ohne es zu merken.

---

17 Marie-Laure Janssens, *Le silence de la Vierge*, 40.

»Ihre Worte waren so eindeutig und spontan, dass ich sie nicht als das Ergebnis menschlicher Überlegungen aufnahm, sondern als eine blitzartige Antwort des Himmels auf die sehr ambivalente Anziehung, die ich verspürte.«[18]

Niemals darf ein Ausbilder zu einem Kandidaten sagen: »Du bist berufen, bei uns einzutreten«, denn wenn er sich so ausdrückt, sagt er ihm – ohne es explizit so zu formulieren: »Du musst«. Da er aber selbst so deutlich ruft, ist der Ruf Christi nicht mehr erkennbar. Er kann sagen: »Wenn du um Aufnahme bei uns bittest, sehen wir nichts, was dagegen spricht«. Weiter darf er nicht gehen. Der Ausgangspunkt einer Berufung, von dem alles andere abhängt, ist eine innige Beziehung zwischen Christus und dem Kandidaten, eine Beziehung, in die niemand eingreifen darf, weil die Freiheit vollkommen gewahrt werden muss. Es geht um die Weichenstellung für ein ganzes Leben!

Schwierigkeiten auf dem Weg

Jemanden zu lange zum Bleiben zu ermutigen, wenn er eindeutig gehen will, bezeugt den gleichen Mangel an Respekt vor der Person. Tritt eine Schwierigkeit auf, ist es normal, abzuwarten und zu sehen, ob sie überwunden werden kann. Wenn jedoch Monate vergehen und der Zweifel bleibt, wird das Beharren zu einer Fessel und die Gemeinschaft kann zu einem Gefängnis werden.

Eine lapidare Interpretation nach der Art: »Das ist eine Versuchung« oder »Das ist der Teufel« zeigt fehlendes Unterscheidungsvermögen, nicht nur im Hinblick auf das, was mit der jungen Ordensperson geschieht, sondern auch im Hinblick auf den, der diese Worte äußert. Wenn solche Worte von einem Exorzismus begleitet werden – das scheint surreal zu sein, ist aber vorgekommen –, wird die ausgeübte Gewalt unerträglich. Unter solchen Gegebenheiten behandelt der Begleiter den Begleiteten wie ein Kind, das unfähig ist, selbst zu urteilen, und vor allem nötigt er ihm seine Sichtweise a priori auf. Die Schwierigkeiten auf dem Weg sind Teil des Lebens und des Wachstums. Ein Novize kann nicht wissen, ob seine Berufung solide ist, bis er den ersten Sturm überstanden hat. Es geht nicht darum, den Novizen sich selbst zu überlassen, wenn er Hilfe

18 Ebd.

braucht, sondern er muss seinen Weg selbst gehen und wenn er eine Mama sucht, die ihm sagt, was er tun soll, dann besteht die Erziehung in diesem Moment darin, ihm zu zeigen, dass er seine eigenen Ressourcen, seine Vernunft, eine gewisse Erfahrung hat, und dass er diese zuerst nutzen soll, bevor er jemanden sucht, der die Arbeit an seiner Stelle erledigt. In einer solchen Phase besteht die Aufgabe des Begleiters oft darin, zu beruhigen, weil er weiß, dass die Stürme nichts Ungewöhnliches sind, und zu ermutigen, weil er davon überzeugt ist, dass der Novize nicht aus Zucker ist und etwas Wasser ihn nicht schmelzen lassen wird. Die Botschaft, die an diesem Punkt vermittelt werden sollte, könnte in etwa so lauten: »Es gibt einen Sturm, du stellst dich ihm, und wir werden sehen, was er bedeutet; so wirst du lernen, zu unterscheiden«. Heißt es nicht, dass der alte Seemann zum jungen Matrosen, der seinen ersten Sturm erlebt, sagt: »Nun weißt du, was das Meer ist«?

Idealismus und Unkenntnis des Menschlichen

Der junge Matrose wird auch lernen, was ein Boot ist und warum ein Segelschiff einen Kiel haben muss. Für einen Süßwassersegler mag ein Kiel sehr lästig sein. Er ist schwer und geht weit nach unten, so dass die Gefahr besteht, dass er die Untiefen berührt. Wäre es nicht besser, das alles loszuwerden, um unbeschwerter zu segeln? Auf einem ruhigen See vielleicht, aber im Sturm wird unser Matrose verstehen, wie unverzichtbar dieser schwere Kiel ist, damit das Boot nicht kentert und sinkt.

In Blick auf das geistliche Leben wäre es verlockend zu sagen, man solle alles Menschliche ablegen, damit das Göttliche zum Vorschein kommt. Eine solche Dichotomie würde Gottes Plan jedoch nicht respektieren. *Gaudium et spes* beginnt mit der Aussage: »Und es gibt nichts wahrhaft Menschliches, dass nicht in den Herzen der Jünger Christi seinen Widerhall fände«[19], weil all das im Herzen Christi Widerhall fand, der Mitleid hatte mit der Witwe von Nain, mit dem Aussätzigen, mit den Blinden, mit den Kranken, mit den Menschen, die ohne Hirten waren; er, der barmherzige Samariter, hatte Mitleid mit dem Mann, dem er auf seinem Weg begegnete. Er zeigt uns seinen Vater, der voll Mitleid für den Sohn ist, der

---

19 *Gaudium et spes*, 1.

nach einem ungeordneten Leben zu ihm zurückkehrt[20]. Jesus hat Johannes geliebt, er weinte um Lazarus, und wie sympathisch ist es zu sehen, dass er wütend wird, weil die Jünger die Kinder, die er berühren soll, wegstoßen[21]. Er weinte über Jerusalem, war voll Zorn und Trauer über die verstockten Herzen derer, die ihn beobachteten[22]. Die Verachtung des Menschlichen ist eine Verachtung Christi. *Das Wort ist Fleisch* und nicht Engel geworden. Und doch hätte das unserer begrenzten Sichtweise von Gott, dem reinen Geist, angemessener erscheinen können, aber das Törichte an Gott ist weiser als die Menschen, und das Schwache an Gott ist stärker als die Menschen. Die Versuchung des Angelismus entfernt sich genauso von der Inkarnation wie der Doketismus, der nicht nachvollziehen kann, wie sich das Göttliche wirklich mit dem Menschlichen vereinen könnte. Das Ordensleben, das man *Sequela Christi* (Nachfolge Christi) und nicht: *Nachfolge des Wortes* nennt, gründet sich vollständig auf die Inkarnation, wie das Konzil von Chalcedon zum Ausdruck brachte, als es von Christus sagte: »Der eine und selbe ist wesensgleich dem Vater der Gottheit nach und wesensgleich auch uns der Menschheit nach, er ist uns in allem ähnlich geworden, die Sünde ausgenommen«[23]. Jesus forderte Maria Magdalena auf: »Geh zu meinen Brüdern und sag ihnen: Ich gehe hinauf zu meinem Vater und zu eurem Vater, zu meinem Gott und zu eurem Gott« (Joh 20,17). Wie kann in unserer Liebesantwort an ihn, der uns so geliebt hat, Platz für ein *engelgleiches*[24] *Leben* sein, so als wären die Engel höher als er?! Die Quelle des Ordenslebens ist der Mensch und Gott Christus, der durch seine Gnade unser Menschsein mit seiner Gottheit verbindet und uns in Gott hineinführt, uns

---

20 Vgl. Lk 7,13; Mk 1,41; Mt 20,34; Mt 14,14; Mt 9,36; Lk 10,33 Lk 15,20; usw.
21 Joh 13,23; Joh 11,35.
22 Mk 3,5.
23 Neuner-Roos, 129.
24 Jeder, der schon einmal in einer Gemeinschaft gelebt hat, weiß, dass sie nichts Engelhaftes an sich hat. Diese Bemerkung soll keine Kritik sein, sondern nur darauf hinweisen, dass dieser Ausdruck, wenn er auf das religiöse Leben angewandt wird, etwas inkongruent ist, zumal wir nichts über das Leben der Engel wissen. Wenn nur das Vortreffliche, das Erhabene, das ganz Reine, das Himmlische, das Vergöttlichte als wahrhaft menschlich angesehen wird, ist zu befürchten, dass ein so konstruiertes Bild nicht das eines Engels, sondern das eines Übermenschen ist, der keinen Bezug zu dem vom Schöpfer gewollten Menschen hat. Gibt es etwa einen spirituellen Transhumanismus?

– Männer und Frauen –, denn durch seine Menschwerdung wurde die Natur des Menschen – und nicht die der Engel – in das Innerste der Dreifaltigkeit hineingenommen. Nur als Folge davon ist die gesamte Schöpfung, einschließlich der Engel, in Gott, aber die geheimnisvolle göttliche Entscheidung bestand darin, dass das Wort Mensch werden sollte, und da eine Frau aus unserem Menschengeschlecht seine Mutter wurde, setzte er sie als Königin der Engel ein.

So wurde offenkundig, dass alles, was den Menschen ausmacht, im Einklang mit Gott steht, und da der Mensch als Ebenbild Gottes erschaffen wurde, ist dies gewissermaßen eine normale Konsequenz daraus, was aber von unserer alltäglichen Erfahrung bestritten wird, da unser Leben alles andere als göttlich zu sein scheint. Und doch gibt es nur eine einzige Ausnahme: die Sünde. Das Menschsein Christi ist nicht verstümmelt, es umfasst das Fleisch, die Empfindungsfähigkeit, die Gefühlswelt, die Vorstellungskraft, die Leidenschaften[25], Freude und Lust, eine vollständige Psyche, zu der auch das Unbewusste gehört – und dies alles nicht nur während seiner irdischen Pilgerschaft, sondern auch jetzt, in seinem verherrlichten Menschsein. Jede andere Aussage hätte einen Beigeschmack von Doketismus. Nach seiner Auferstehung gibt Christus seinem Leib neues Leben, er wird nicht ein Engel, sondern alles, was menschlich ist, erhält neues Leben. Hat er nicht vor seinen Jüngern gegessen, wie uns der Evangelist Lukas überliefert? Als die Mutter Gottes mit ihrem Leib in den Himmel aufgenommen wurde, hat sie nicht die Hälfte ihres Menschseins auf der Erde zurückgelassen. Christus und seine Mutter sind wirklich Mann, wirklich Frau in der Herrlichkeit und als solche sind sie heute, in diesem Moment, die Erstlingsfrüchte der verherrlichten Menschheit, die wir uns so schwer vorstellen können; in vollkommener Pracht und Schönheit, die ganz und gar Gott übereignet ist, wie Adam und Eva am ersten Tag und weit mehr als sie; sie sind nicht weniger Mann und Frau, sondern noch viel mehr, mit dieser ganzen geheimnisvollen Vereinigung von Fleisch und Geist, von Psyche und Gnade, von Empfindungsfähigkeit und göttlichem Licht, die den Menschen in seiner Fülle ausmachen. Alle diese Kräfte unseres Menschseins sind so-

---

25 Leidenschaften an sich sind neutral. Der hl. Thomas zitiert den hl. Augustinus, der über die Leidenschaften sagt: »Sie sind schlecht, wenn die Liebe schlecht ist; gut, wenn die Liebe gut ist«. *Summa Theologica*, Ia IIæ, q.24, a.1, sed contra.

wohl Teil des Lebens Christi als auch Teil unseres Lebens. All dies ist in seiner Person für immer mit der göttlichen Natur vereint. Die Theologie nennt es *communicatio idiomatum*[26]. All dies muss in uns von den Spuren der Sünde gereinigt und in die göttliche Ebenbildlichkeit zurückgeführt werden – gereinigt, nicht verachtet oder unterdrückt, was ohnehin nicht möglich ist. »Wesensgleich auch uns der Menschheit nach«: Diese kühne Formulierung von Chalcedon darf nicht verwässert werden, wie es die so erstaunliche Episode von der Versuchung in der Wüste zeigt. Wenn diese Worte einen Sinn haben, bedeuten sie, dass Christus so weit ging, die Anziehungskraft des Bösen zu fühlen – nicht aber: sich für sie zu entscheiden! Christus wollte sich bis zu diesem Punkt auf unsere menschliche Erfahrung einlassen, denn die Versuchung als solche ist keine Sünde, sondern sie bietet die Gelegenheit, für das Gute zu kämpfen.

Wenn man das Ordensleben als ein engelgleiches Leben bezeichnet, scheint das zumindest unangemessen zu sein, selbst wenn man es als ein realitätsfernes Ideal versteht. Das Kirchenrecht sagt von den Ordensleuten, dass »sie die himmlische Herrlichkeit ankündigen«[27]. Die Apostolische Konstitution von Papst Franziskus, *Vultum Dei quærere,* spricht wiederholt von einem prophetischen Leben:

> »Die gottgeweihten Personen folgen aufgrund ihrer Weihe ›dem Herrn auf besondere Art, auf prophetische Weise‹. Sie sind berufen, die Zeichen der Gegenwart Gottes im täglichen Leben zu erkennen.«[28]

---

[26] Dieser Ausdruck bedeutet, dass das, was jeder der beiden Naturen Christi eigen ist, der Person zugeschrieben werden kann, die in der einen wie in der anderen dieser beiden Naturen subsistiert. »Wegen dieser Einheit der Person also, an die man bei beiden Naturen denken muss, liest man sowohl: der *Menschensohn* sei herabgestiegen vom Himmel, obwohl doch der Sohn *Gottes* aus der Jungfrau, von welcher er geboren wurde, Fleisch angenommen hat, wie hingegen auch: der Sohn *Gottes* sei gekreuzigt und begraben worden, während er doch nicht in der Gottheit, nach welcher er als Eingeborener gleichewig und wesensgleich mit dem Vater ist, sondern in der Schwäche der menschlichen Natur gelitten hat.« Leo d. Gr., *28. Brief an den Bischof Flavianus von Konstantinopel gegen den Unglauben und die Häresie des Eutyches*, Kap. 5.

[27] Vgl. *CIC*, Can. 573.

[28] Papst Franziskus, *Vultum Dei quærere*, Nr. 2.

8.2 Unterscheidung der Geister und Begleitung

Prophetisch bedeutet nicht idyllisch oder engelsgleich. Es bedeutet, dass das Ordensleben auf dieses Leben im Gottesreich ausgerichtet ist, ohne das es keinen Sinn hätte, und dass es dabei dieses Reich schon verkündet. Der Prophet kündigt an, was noch nicht ist. Jesaja hatte das Land, wo »der Wolf beim Lamm wohnt«[29], nie mit eigenen Augen gesehen, denn er starb als Märtyrer und wurde der Überlieferung nach vom ruchlosen Manasse in zwei Teile zersägt. Die Geschichte Israels zu einer Erfüllung von Prophezeiungen zu machen, wäre ein offensichtliches Missverständnis, und dasselbe gilt für das Ordensleben.

Außerdem kann das Leben im Reich Gottes nicht engelgleich im eigentlichen Sinne des Wortes genannt werden, denn es wird menschlich sein, aber menschlich in seiner ganzen Fülle. Unser Leib ist dazu berufen, aufzuerstehen, was selbst Christen allzu oft vergessen. Daher auch der Respekt, den die Kirche diesem Leib immer entgegengebracht hat. Dieser Respekt vor allen Dimensionen des menschlichen Daseins, einschließlich der leiblichen Dimension, muss das Ordensleben prägen.

Deshalb beginnt der hl. Johannes Paul II. sein Apostolisches Schreiben *Vita consecrata* mit einer Meditation über die Verklärung:

> »Eine einzigartige Erfahrung des von dem fleischgewordenen Wort ausgestrahlten Lichtes machen mit Sicherheit jene, die zum geweihten Leben berufen sind. [...] Es ist gut, bei Dir zu sein, uns Dir zu widmen, unser Leben ausschließlich auf Dich zu konzentrieren!«[30]

Das Ideal des Ordenslebens ist nicht eine »Entkörperung«, eine Desinkarnation, sondern die Transfiguration, die Verklärung.

So ist jede Spiritualität, die eine Verachtung des Menschlichen beinhaltet, nicht mehr wirklich christlich, ihre Verbindung mit Christus ist geschwächt. Nur die Sünde wendet uns von Gott ab, und da sie alles durchdringt, ist unser ganzes Wesen davon geprägt und wir brauchen den Erlöser, der uns von ihr befreit. Wir brauchen den Erlöser, der uns von der Sünde befreit, nicht vom Menschsein; wir brauchen den Erlöser, der unsere menschlichen

---

29 Jes 11,6.
30 Johannes Paul II., *Vita consecrata*, Nr. 15.

Fähigkeiten von der Sünde reinigt, aber sie nicht durch sogenannte engelgleiche Fähigkeiten ersetzt.

> »Gregor hat die volle Menschennatur Christi stark hervorgehoben: Um den Menschen in seiner Ganzheit – Leib, Seele und Geist – zu erlösen, nahm Christus alle Elemente der menschlichen Natur an, denn sonst wäre der Mensch nicht gerettet worden. Gegen die Irrlehre des Apollinarios, der die Auffassung vertrat, dass Christus keine vernunftbegabte Seele angenommen habe, betrachtet Gregor das Problem im Licht des Geheimnisses der Erlösung: ›Das, was nicht angenommen wurde, wurde nicht geheilt‹[31], und wenn Christus ›keine Geistvernunft besessen hätte, wie hätte er dann Mensch sein können?‹[32]. Eben unser Verstand, unsere Vernunft ist es, die der Beziehung zu Gott und der Begegnung mit ihm in Christus bedurfte und bedarf. Indem er Mensch wurde, hat Christus es uns ermöglicht, unsererseits wie er zu werden. Der Nazianzener mahnt: ›Werden wir wie Christus, da Christus uns gleich geworden ist! Werden wir durch ihn Götter, da er durch uns Mensch geworden ist! Das Geringste nahm er auf sich, um das Beste zu geben‹[33].«[34]

Übertriebene Askese, Übermaß an Entäußerung, Nichtbeachtung von Abstufungen und der notwendigen Zeit, fehlende Berücksichtigung der Bedürfnisse des psychischen Lebens (wie z.B. ein gesundes Selbstwertgefühl oder das Bedürfnis, gebraucht zu werden), Misstrauen gegenüber gesunder Eigeninitiative und legitimer Autonomie, Unkenntnis des essenziellen Bedürfnisses geliebt und anerkannt zu sein oder sogar systematische Entwertung menschlicher Qualitäten – die Liste der Bereiche, in denen eine Nichtberücksichtigung der *conditio humana* langfristig gravierende Folgen für das menschliche und spirituelle Gleichgewicht einer Person haben kann, ist lang.

Dieser Idealismus beruht zum Teil auf einer Unkenntnis der Wachstumsgesetze. Einem Menschen, der die unendliche Liebe Gottes wirklich tief entdeckt hat, kann alle Unterstützung genommen werden, und doch steht er aufrecht auf einem unerschütterlichen Felsen, der allen Stürmen standhält. Was kann demjenigen

---

[31] Gregor von Nazianz, *Lettres Theologiques*, Ep 101, 32, 50.
[32] Ebd.
[33] Gregor von Nazianz, *Discours*, Oratio 1, 5, 78.
[34] Benedikt XVI., Generalaudienz vom 22. August 2007.

fehlen, der von Gott erfüllt ist? Johannes Tauler sagte einst: »Allzu gierig ist der, dem Gott nicht genügt«. Dieser Satz führte zur Bekehrung von Madame Acarie[35]. Gleichwohl ist es nicht der Anfang, sondern das Resultat, es ist ein Weg, auf den Gott führen kann, wen er will, es ist keine Methode. Es geht um Entäußerung, deren Ziel eine größere Liebe ist, es geht nicht um Entwertung – es geht also um mehr und nicht um weniger.

Die Gnade setzt die Natur voraus

»Die Gnade setzt die Natur voraus und vollendet sie.«[36] Dieser thomistische Satz, der zu Recht so berühmt geworden ist, findet seine wunderbarste Verwirklichung in der Menschwerdung des Wortes, das die menschliche Natur, die es annahm, nicht gesprengt hat. Vielmehr blieb diese menschliche Natur so sehr sie selbst, dass die Menschen in Nazareth dreißig Jahre lang absolut nichts bemerkten und erstaunt waren, als Jesus nach Nazareth zurückkehrte. Der Evangelist Markus schreibt: »Sie nahmen Anstoß an ihm und lehnten ihn ab«[37]. In Jesus fanden ausnahmslos alle menschlichen Fähigkeiten ihre Erfüllung in Gott. Durch die Gnade, die Sakramente und den Weg der Umkehr sind wir alle aufgerufen, in diese Verwandlung einzutreten, die sich in Jesus vollzogen hat und von der die Apostel auf dem Berg der Verklärung etwas erahnten. In Jesus und in uns wird sich kein göttliches Potenzial an die Stelle eines menschlichen Potenzials setzen; es ist das menschliche Potenzial, das in Jesus seine vollkommene Erfüllung findet – und in uns wird sich dieses menschliche Potenzial so entfalten, dass es allmählich wieder Gottes würdig wird. *Wieder wird*, denn seiner Natur nach ist es Gottes würdig, da es aus seinen Händen hervorging und Teil seines Bildes ist, dann aber durch die Sünde entstellt wurde. Die Kirchenväter betonen in Anspielung auf die Formulierung der Genesis »Lasst uns Menschen machen als unser Abbild, uns ähnlich[38]«, dass wir durch die Vergöttlichung die verlorene Ähnlichkeit wiedererlangen, dass jedoch das Abbild erhalten blieb, selbst als wir ihm unähnlich wurden.

---

[35] Johannes Tauler, *Institutions spirituelles*, Kapitel XX. Vgl. A. du Val, *La Vie admirable de la bienheureuse sœur Marie de l'incarnation*, 27.
[36] Thomas von Aquin, *Summa Theologica*, Ia, q. 1, a. 8, ad 2.
[37] Mk 6,3.
[38] Gen 1,26.

Die Gnade zerstört die Natur also nicht und setzt sich auch nicht an ihre Stelle, sondern sie führt die Natur in die ihr eigene Vollendung zurück und trägt sie kraft der Inkarnation unendlich weit über sich selbst hinaus. »Allmächtiger Gott, du hast den Menschen in seiner Würde wunderbar erschaffen und noch wunderbarer wiederhergestellt.«[39] Wiederherstellen, aufrichten, erfüllen, reinigen, begradigen – alle diese Begriffe sagen etwas über den Weg des geistlichen Lebens aus; einen Weg, den der geistliche Vater oder die geistliche Mutter begleitet, wohlwissend, dass sie nur Diener der Gnade sind. Es ist ein zutiefst positiver Weg, auf dem wir entdecken, wer wir sind. Der hl. Leo, der Große sagt:

> »Christ, erkenne deine Würde! Du bist der göttlichen Natur teilhaftig geworden, kehre nicht zu der alten Erbärmlichkeit zurück und lebe nicht unter deiner Würde. Denk an das Haupt und den Leib, dem du als Glied angehörst! Bedenke, dass du der Macht der Finsternis entrissen und in das Licht und das Reich Gottes aufgenommen bist.«[40]

Mögen die Leserinnen und Leser dieses etwas nachdrückliche Insistieren auf einem besonders wesentlichen Element des geistlichen Lebens verzeihen. Je höher das geistliche Gebäude wird, desto fester muss es in der Inkarnation und in der außerordentlichen Würde, die diese der menschlichen Natur verliehen hat, verwurzelt sein. Dieser Weg der Fülle macht es möglich, die Härten und die Dürren auf dem Weg zu ertragen.

Die Quelle in der Wüste

»Doch die Wanderung ist weit, und der Weg führt durch dürre und wasserlose Gegend, bis man zu den Wasserquellen und zum Land der Verheißung gelangt.«[41] Wüste, Akedia (Überdruss), Nacht – die geistliche Tradition kennt diese Zustände, die man nicht verwechseln sollte. Der Weg durch die Wüste gehört zum geistlichen Leben, während die Akedia eine Krankheit der Seele ist, die der *Katechis-*

---

39 Weihnachten, Oration der Messe »Am Tag«. Vor der Reform des II. Vatikanischen Konzils wurde diese Oration in jeder Messe gebetet.
40 Leo der Große, *Serm.* 21, 2-3; PL 54, 192A, zit. i. *Katechismus der Katholischen Kirche*, Nr. 1691.
41 *Statuten des Kartäuserordens*, 4.1. Vgl. Dtn 32,20; Weish 11,2; Ps 62,3; Offb 7,17; Gen 12,1.

mus der Katholischen Kirche als eine Art Depression[42] bezeichnet. Wir würden sie eine spirituelle Depression nennen. Gabriel Bunge definiert sie wie folgt:

> »Die Akedia ist vor allem eine gewisse Erschlaffung, eine Art Spannungsverlust der natürlichen Seelenkräfte, die den Menschen unfähig macht, sich gegen die ›Gedanken‹ zu wehren, die ihn in diesem Moment heftig überfallen.«[43]

Die echte Nacht hingegen kann nur von Gott kommen, sie kann niemals die Frucht menschlicher Bemühungen sein, die nur eine gefährliche Fälschung hervorbringen könnte. In der konkreten Realität ist die Unterscheidung zwischen diesen Zuständen jedoch nicht so einfach, vor allem, wenn auch depressive Elemente vorhanden sind.

Eine Fehldiagnose kann ernste Folgen haben, zumindest, wenn es um einen langandauernden Irrtum geht. Dieses sensible und vielschichtige Thema kann hier nicht behandelt werden, aber es soll wenigstens auf eine notwendige Voraussetzung hingewiesen werden: Der Begleiter muss sich in aller Klarheit bewusst sein, dass verschiedene Ursachen möglich sind. Wenn er a priori interpretiert und überall die geistliche Nacht sieht, muss das junge Ordensmitglied, das in der Gemeinschaft fehl am Platz ist und dies durch eine depressive Tendenz zum Ausdruck bringt, mit viel Leid rechnen. Interpretiert der Begleiter oder die Begleiterin hingegen überall eine Depression, werden diejenigen, die unter ihrer Führung eine geistliche Nacht durchmachen, ebenfalls leiden. Und wenn eine geistliche Nacht oder eine Depression als Akedia (Überdruss) gedeutet, und mit Ermutigungen oder Vorwürfen behandelt wird, wird das für diejenigen, die begleitet werden, sicher keine Hilfe sein. Die Weisheit empfiehlt, dass der Begleiter eine Zeit lang abwartet, um zu sehen, wie sich die Situation entwickelt; sie empfiehlt auch, dass er erfahrene Menschen um Rat bittet und dass er die begleitete Person ebenfalls andere konsultieren lässt. Dadurch werden viele Fehler und viel unnötiges Leid vermieden.

Anhand einiger Faktoren lässt sich feststellen, ob der Weg, selbst wenn er beschwerlich sein mag, noch gangbar ist.

---

42 *Katechismus der Katholischen Kirche* Nr. 2733, zusammengefasst in Nr. 2755.
43 Gabriel Bunge, *Akedia*, 38.

Zunächst muss, von einigen Ausnahmen[44] abgesehen, ein Gleichgewicht bestehen. Der Satz aus den Statuten des Kartäuserordens, der zu Beginn dieses Abschnitts zitiert wurde, folgt unmittelbar auf ein Zitat von Wilhelm von St. Thierry, in dem es um die innige Vertrautheit mit Gott in der Einsamkeit geht:

> »Oft zieht dort [= in der Zelle] das Wort Gottes die treue Seele an sich, der Bräutigam verbindet sich mit seiner Braut, Himmlisches wird dem Irdischen, Göttliches dem Menschlichen geeint.«[45]

Beides darf nicht getrennt werden.

Freude ist wohl das deutlichste Zeichen spiritueller Gesundheit. Nicht unbedingt eine spürbare, überbordende Freude, sondern die Freude der Liebe, selbst im Leid. Die Liebe schenkt gerne, und etwas zu schenken, was sie nichts kostet, wird ihr unzureichend erscheinen. Aber wenn es kostest und nur noch kostest, wenn der Schmerz nur noch Schmerz ist, wenn die Entsagung nur noch Entsagung ist, muss man sich Fragen stellen.

Der Friede in der Tiefe, trotz Aufruhrs an der Oberfläche, ist neben der Freude ein ebenso deutliches Zeichen.

Die Sinnhaftigkeit als Wurzel von Frieden und Freude ist weniger ein Zeichen als vielmehr eine Bedingung. Wenn wir lieben, kann das erlebte Leid einen Sinn haben, und weil es einen Sinn hat, kann es Teil der Ausdrucksform der Liebe sein. Ein Opfer, das wir bringen, ist genau das. Auf ein Fußballspiel zu verzichten, weil einem unterwegs wegen mangelnder Voraussicht der Sprit ausgegangen ist, ist schwer zu akzeptieren, da es keinen Sinn macht[46].

---

44 Wenn Gott selbst eine Seele in die Nacht führt, kann ihr niemand Licht bringen. Aber selbst dann bleibt eine Art Balance erhalten: Die so geführte Seele strahlt nach außen.

45 Wilhelm von Saint-Thierry, *Goldener Brief,* 30. Der vollständige Text dieses Absatzes in den *Statuten des Kartäuserordens* (4.1) lautet: »Unser Bemühen und unsere Berufung bestehen vornehmlich darin, uns dem Schweigen und der Einsamkeit der Zelle zu widmen. Denn die Zelle ist der heilige Boden und der Ort, wo sich der Herr und sein Diener häufig miteinander unterhalten wie jemand mit seinem Freund. Oft zieht dort das Wort Gottes die treue Seele an sich, der Bräutigam verbindet sich mit seiner Braut, Himmlisches wird dem Irdischen, Göttliches dem Menschlichen geeint. Doch die Wanderung ist weit, und der Weg führt durch dürre und wasserlose Gegend, bis man zu den Wasserquellen und zum Land der Verheißung gelangt.«

46 Es sei denn, man kann die Sache im Licht der göttlichen Vorsehung sehen:

8.2 Unterscheidung der Geister und Begleitung

Auf ein Fußballspiel zu verzichten, wenn Ihre Frau sehr erschöpft ist und Sie sie nicht alleine zu Hause zurücklassen wollen, zumal sie ganz offensichtlich möchte, dass Sie bei ihr bleiben, nimmt den Verzicht nicht weg, aber dieser Verzicht hat einen Sinn, nämlich die Freude, Ihrer Frau zu zeigen, dass Ihre Liebe echt und konkret ist. Wie bereits gesagt wurde, findet die Entsagung ihren Sinn in der Liebe, die ihr vorausgeht.

Die soeben erwähnten Zeichen sind nichts anderes als die Erstlingsfrüchte des Heiligen Geistes, wie Paulus sagt: »Die Frucht des Geistes aber ist Liebe, Freude, Friede, Langmut, Freundlichkeit, Güte, Treue, Sanftmut und Selbstbeherrschung«[47].

Dieselben Zeichen finden wir auch in der berühmten Beschreibung der Akedia im *Praktikos* von Evagrios: »Der Dämon des Überdrusses, der auch ›Mittagsdämon‹ genannt wird, ist von allen Dämonen der drückendste ...« Nach der malerischen Beschreibung, die allseits bekannt ist, schließt Evagrios: »Diesem Dämon nun folgt unmittelbar kein anderer Dämon. Vielmehr werden der Seele nach dem Kampf ein gewisser friedvoller Zustand und eine unaussprechliche Freude zuteil«[48]. Es geht nicht darum, mitten im Kampf Freude und Frieden zu finden, sondern diese bilden den unveränderlichen Untergrund, dessen Vorhandensein sich in der tiefen Stille erahnen lässt.

Ein wichtiges Zeichen, dass der Weg der Entäußerung der richtige ist, findet sich in einem Paradoxon, das verschiedene Formen annehmen kann: Licht – Finsternis, Freude – Leid, Friede – Prüfung. Die hl. Therese vom Kinde Jesu schreibt:

> »Meine Seele fühlte einen so lieblichen und tiefen FRIEDEN, dass ich ihn unmöglich beschreiben könnte. Dieser innere Frieden ist seit siebeneinhalb Jahren mein Anteil geblieben. Auch inmitten der größten Prüfungen hat er mich nicht verlassen.«[49]

Johannes vom Kreuz bringt es in seinem Gedicht »Ohne Halt und doch gehalten« noch stärker zum Ausdruck:

»Herr, was sagst du mir damit?«.

---
47 Gal 5,22f.
48 Evagrios Pontikos, *Der Praktikos*, 95f.
49 Therese von Lisieux, *Geschichte einer Seele*, 199f. Die Großbuchstaben sind im Original enthalten.

»Ohne Halt – und doch gehalten,
ohne Licht im Dunkeln lebend,
werd' ich gänzlich mich verzehren.

Losgelöst ist meine Seele.
Nichts Geschaff'nes hält sie fest.
Über sich hinausgehoben,
schmeckt sie das Leben wie noch nie.

Gott alleine gibt mir Halt.
Drum das Wort, das ich euch sage:
Das, was ich am meisten schätze,
ist, dass ich mich jetzt schon sehe
ohne Halt und doch gehalten.«[50]

Das Gedicht spricht von Dunkelheit, die aber vom blendenden Licht der Liebe verursacht wurde; es spricht vom *Sich-verzehren*, aber auch von *Leben wie noch nie*, von himmlischem Leben, von Wonne und von leuchtender Flamme. Das Paradoxon der Formulierung drückt die intime Erfahrung der Seele aus, die Gott nicht spürt, die jedoch weiß, dass er da ist. Es ist ein Wissen, dass mehr der Erfahrung als dem Intellekt angehört; es ist eine mysteriöse und nicht greifbare Erfahrung, die das Empfinden hinterlässt, von nichts gehalten zu sein; von einem Nichts, das alles tragen kann.

Nacht oder Depression? Die äußeren Symptome mögen sehr ähnlich sein. Hier kommt uns der hl. Paulus wieder einmal zu Hilfe: »Langmut, Freundlichkeit, Güte, Treue, Sanftmut (oder: Demut) …« Wenn wir sehen, dass die Seele in der Nacht Licht um sich herum verbreitet, wenn wir sehen, wie sie treu – manchmal sogar heroisch – alles erfüllt, was die Liebe von ihr verlangt, ohne irgendeine Freude zu empfinden, aber dennoch in ungetrübtem Frieden ist, wissen wir, dass der Heilige Geist sie leitet und ihr beisteht. Sie durchquert die Wüste, doch sie wird von einer unsichtbaren Quelle begleitet, die sich erahnen lässt, wenn auch nicht von der Seele selbst, so doch von den Menschen in ihrer Umgebung. Trifft man in der Seele dagegen nur Überdruss und

---

50 Johannes vom Kreuz, *Ohne Halt – und doch gehalten*. Verfasst 1585/1586.

Widerwillen an, aber keine Früchte, betritt man den Bereich der Akedia.

8.3 Das Herz eröffnen

Notwendigkeit der Herzenseröffnung

Wie kann man sich leiten lassen, wenn man sein Herz nicht eröffnet? Die *Statuten der Kartäuser* sagen es diskret, aber nachdrücklich am Ende des Kapitels über die Bekehrung des Lebens. Es lohnt sich, den ganzen Abschnitt zu zitieren:

> »Der Fortbestand unserer Lebensform hängt mehr von der Treue jedes Einzelnen als von der Vermehrung der Gesetze, der Anpassung der Gewohnheiten oder auch von der rührigen Tätigkeit der Prioren ab. Es wäre ja nicht genug, wenn wir den Befehlen der Vorgesetzten gehorchten und die Statuten dem Buchstaben nach treu beobachteten, wenn wir nicht unter der Führung des Geistes verstünden, was des Geistes ist. Der Mönch, der seit Beginn seines neuen Wandels in der Einsamkeit weilt, ist seinem eigenen Urteil überlassen. Er ist kein Kind mehr, sondern ein Mann. Darum soll er nicht länger ein Spiel der Wellen sein, hin und her getrieben von jedem Wind, sondern prüfen, was Gott wohlgefällig ist. Das befolge er aus eigenem Entscheid und genieße besonnen und weise die Freiheit der Kinder Gottes, über die er sich vor dem Herrn verantworten muss. Doch halte sich keiner selbst für klug. Denn wer es unterlässt, sein Herz einem weisen Führer zu erschließen, bei dem ist zu befürchten, dass er die rechte Unterscheidung vergisst und entweder weniger ausschreitet, als notwendig ist, oder im Lauf ermattet, oder in einer Ruhepause einschläft.«[1]

Die rechte Ausgewogenheit ist wichtig. Es wird empfohlen, sein Herz zu öffnen, aber das Ziel ist durch das oben Gesagte klar umrissen: Es geht darum, unter der Führung des Geistes zu verstehen, was des Geistes ist, die richtigen Entscheidungen zu treffen, selbst zu erkennen, was Gott wohlgefällig ist, die Freiheit der Kinder Gottes besonnen und weise zu genießen. Mit anderen Worten: zu lernen, ein menschlich und geistlich erwachsener Mann oder

---

1 *Statuten des Kartäuserordens*, Kap. 33, Nr. 2.

eine ebensolche Frau zu werden, die vielleicht selbst eines Tages fähig sein werden, ihrerseits ihre Brüder oder ihre Schwestern zu leiten. Die Ausgewogenheit ist keine andere als die der Erziehung: anleiten und unterstützen so lange wie nötig, aber nicht länger. Wenn der Mönch oder die Nonne nach zehn oder fünfzehn Jahren Ordensleben noch immer ein Kind ist, liegt das daran, dass die menschliche und spirituelle Erziehung versagt hat.

Andererseits kennt die Öffnung des Herzens viele Abstufungen. Ein Mindestmaß an Offenheit kann erforderlich sein. Die Jesuiten müssen beispielsweise ihrem Provinzial jährlich eine sogenannte *Gewissensrechenschaft* ablegen. Ohne eine solche Rechenschaft würden sie Gefahr laufen, völlig unabhängig zu sein und der in der Gesellschaft Jesu so wichtige Gehorsam würde sehr theoretisch werden. Aber das geschieht nur einmal jährlich und innerhalb eines festgesetzten Rahmens. Niemand hat das Recht, völlige Offenheit zu verlangen, sie kann nur angeboten werden, wenn eine ausreichend lange Erfahrung in der Beziehung sichergestellt hat, dass vollständiges Vertrauen möglich wäre. Aus diesem Grund kann sie niemals institutionalisiert oder eingefordert werden.

Darf man zur Herzenseröffnung ermutigen?

Das ist eine sehr heikle Frage und alles hängt davon ab, was man unter »ermutigen« versteht. In gewisser Weise ermutigt der oben zitierte Text aus den Statuten zur Öffnung des Herzens, jedoch nur in allgemeiner Form. Jemandem, der nach einer tieferen Begleitung sucht, muss man natürlich erklären, was die Herzenseröffnung ist, und ihm, wenn dies angebracht ist, helfen, in diese Richtung zu gehen, denn diese Öffnung ist für niemanden leicht. Man kann ihm mit den Worten des hl. Bernhard sagen, dass »der, der sich als Lehrer für sich einsetzt, sich einem Toren als Schüler unterwirft«[2]. Man kann ihm von den Wüstenvätern erzählen, die auf die Notwendigkeit eines Führers hinweisen[3]. Wer nicht die geringste Vorstellung davon hat, was es heißt, sein Herz zu eröffnen, muss daher erst eingeführt werden. Der Begleiter muss aber absolut frei gewählt werden, und alle Begleitung muss von größter Freiheit geprägt sein. Es gibt auch Menschen, die nicht über ihr

---

2 Bernhard von Clairvaux, *Brief* 87,7, Werke, Bd. 2, 697.
3 Zum Beispiel Cassian, *Collatio* II, 11.

8.3 Das Herz eröffnen

Inneres sprechen können, was bei Männern sicher häufiger vorkommt als bei Frauen. Dies muss respektiert werden.

Wenn jedoch jemand ausdrücklich ermuntert: »Du solltest mir dein Herz öffnen«, oder sogar auffordert: »Öffne mir dein Herz!«, ist bereits eine Schieflage da und die Absicht nicht rein. Auch wenn die Früchte zuerst gut sein können, weil die Herzenseröffnung hilft, sich selbst kennenzulernen, wird die betroffene Person auf lange Sicht das Gefühl haben, dass ihre geistliche Intimsphäre nicht respektiert worden ist. In schweren Fällen kann sie sich wie vergewaltigt fühlen (Vergewaltigung des Gewissens), weil sie das Empfinden hat, dass jemand ohne ihre Zustimmung in sie eingedrungen ist.

»Aber«, wird man entgegnen, »sie hat doch eingewilligt, da sie sich eröffnet hat«. Ein solcher Einwand würde außer Acht lassen, dass eine Einwilligung durch Verführung, Manipulation, Missbrauch von Autorität oder andere Mittel erreicht werden kann. Wir sind hier nicht auf der Ebene des Körpers, sondern des Geistes, die subtiler ist. Es ist möglich, jemanden zu nötigen, ohne dass er es merkt, oder ohne dass er es wagt »Nein« zu sagen, weil er vor einer Autoritätsperson steht, die er respektiert, auch wenn er in seinem Herzen spürt, dass da etwas nicht stimmt. Der Verstoß wäre daher noch schwerwiegender, wenn er vom Prior oder der Priorin ausginge, denn Autorität und Vertrauen würden es viel schwieriger machen, sich zu weigern, und die Freiheit würde nicht respektiert.

Der Vorschlag muss nicht unbedingt explizit gemacht werden, aber er wird auf jeden Fall von einer nachvollziehbaren Rechtfertigung begleitet sein. Zum Beispiel wird die betreffende Person sagen: »Damit ich dich führen kann, muss ich dich kennen, daher musst du dich ganz öffnen«. Oder: »Du bist frei, aber wenn du dich nicht öffnest, bist du nicht der Jünger, der von seinem Meister zur Heiligkeit geführt wird und du wirst in der Mittelmäßigkeit stecken bleiben«. Trotz der anfänglichen Aussage »Du bist frei« stellt ein solcher Satz aber eine Forderung dar, wenn er sich an jemanden richtet, der aufgrund seiner Berufung selbstverständlich nach Heiligkeit streben will. Im Grunde ist diese Formulierung eine paradoxe Forderung: *Du bist frei, aber du hast keine Wahl.*

Die echte Herzenseröffnung, jene, die alle Schatten aufdecken will, weil uneingeschränktes Vertrauen da ist, erfordert eine außergewöhnliche Begegnung. Will man sie auch nur ansatzweise erzwingen, wird die Verletzung furchtbar sein. Eine Schwester, die das erlebte, beschreibt es folgendermaßen: »Dieses unaussprechliche Gefühl, innerlich vergewaltigt, verwüstet, geplündert worden zu sein; nicht mehr das Recht auf eine Innenwelt zu haben, die vor Gott und für Gott allein gelebt wird«.

Transparenz oder Kontrolle?

Von Transparenz im Zusammenhang mit dem geistlichen Leben zu sprechen, ist nicht ohne Risiko. Dieser Begriff stammt aus dem gesellschaftlichen Alltagsleben, wo er heute für alles Mögliche verwendet wird. Er bezeichnet eine einfache Realität: nichts verbergen, nichts verstecken. Man verlangt von Banken Transparenz, man verlangt von Politikern oder Unternehmensführern Transparenz über ihre Einkünfte, usw. In den meisten Fällen ist diese Transparenz aber eine Verpflichtung. Verlangt nicht auch der Gefängniswärter Transparenz, wenn er die Häftlinge auffordert, das, was sie tun, nicht zu verbergen? In allen genannten Fällen weist Transparenz zwei Merkmale auf: Sie ist vorgeschrieben (per Gesetz), und sie ist ein Mittel der Kontrolle. Wird das im geistlichen Leben anders sein?

Bis zu einem gewissen Punkt und innerhalb eines bestimmten Rahmens kann es normal sein, Transparenz über etwas Geleistetes zu fordern. Der Obere hat das Recht zu wissen, was der Prokurator innerhalb der Grenzen seines Amtes tut. Transparenz im Bereich des Denkens oder des Gewissens zu fordern ist dagegen Machtmissbrauch. Alle Totalitarismen haben versucht, das Denken zu kontrollieren.

Die Psychologie lehrt, dass das Bedürfnis nach Kontrolle und Dominanz ein neutrales Bedürfnis ist, d.h. ein Bedürfnis, das positiv genutzt werden kann – z.B. um das eigene Leben zu organisieren, ein Ziel zu erreichen, eine Methode zu finden, um ein Ergebnis zu erzielen – oder das negativ in einem defensiven Modus genutzt werden kann, um Unsicherheit zu überdecken oder die eigene Vorherrschaft zu behaupten.

Transparenz der Brüder oder Schwestern zu erzwingen kann als Mittel zur Selbstbehauptung oder zum Schutz vor dem Risiko des Scheiterns, des Aufbegehrens und von allem, was dem Ansehen der Oberen schaden könnte, interpretiert werden. Das verborgene Denken, das wahrscheinlich auf einer unbewussten Ebene im Geist des Anführers der Gemeinschaft vorhanden ist, könnte wie folgt formuliert werden: »Wenn ich alles weiß, was in den Köpfen aller vor sich geht, habe ich alles unter Kontrolle, nichts entgeht meiner Aufmerksamkeit, nichts kann passieren, ohne dass ich es nicht vorhergesehen habe. Das gibt mir Sicherheit und ermöglicht mir, weiterhin Macht auszuüben.« Diese Haltung erinnert an das Gleichnis vom reichen Mann, der seine Güter in einem Speicher hortet – nur dass hier die Ebene des Reichtums auf die des Wissens übertragen wird[4].

Die Verletzung der Verschwiegenheit

Wenn ein geistlicher Vater einer dritten Person erzählt, was er außerhalb des Beichtsakramentes im Rahmen einer geistlichen Begleitung gehört hat, fühlt sich die begleitete Person verraten. Die dritte Person, die diese Indiskretion erlebt, kann ebenfalls schockiert sein, und wenn es jemand ist, der von demselben Priester begleitet wird, kann dieser Mensch befürchten, genauso verraten zu werden. Für manchen war dies Grund genug, die geistliche Begleitung bei einem Priester zu beenden. Im Rahmen einer erzwungenen Herzenseröffnung wird Indiskretion generell zur Regel; sie resultiert aus einer Haltung, die meint, ein Anrecht auf die Privatsphäre des anderen zu haben: »Ich habe das Recht, alles zu wissen und ich habe das Recht, mit diesem Wissen zu tun, was ich will«. In einer sternförmigen Struktur ist die Verletzung der Verschwiegenheit Teil der Struktur selbst, da alles zur Spitze, zum Haupt gebracht werden muss. Die Mittelsleute müssen alles sagen und dürfen daher keine Verschwiegenheit bewahren. Die Erfahrung zeigt, dass sogar das Empfinden für Verschwiegenheit verloren geht, wenn man lange genug in einem solchen Klima lebt. Viele können dann nicht anders, als auch das zu sagen, von dem sie dunkel wissen, dass sie es für sich behalten müssten. Sogar das Beichtgeheimnis kann gebrochen werden.

Hier geht es eigentlich um die Abschaffung von Grenzen. Wenn die Grenze der Privatsphäre des anderen nicht mehr respektiert wird, warum sollte sie dann nur in die eine Richtung und nicht

---

4 Schwester Anna Bissi, unveröffentlichter Text.

auch in die andere Richtung offen sein? Diese Fragen sind ernster als es den Anschein hat, denn es geht um die Frage, ob der andere dann noch als anderer existiert.

Besondere Aspekte von Frauengemeinschaften

Die Beziehungsdynamik wird in Männer- und in Frauengemeinschaften nicht immer gleich erlebt. Ohne allzu scharfe Unterscheidungen treffen zu wollen, ist es gut, einige Nuancen zu kennen. Um den unterschiedlichen Ansatz zu beschreiben, bedurfte es einer weiblichen Feder. Eine Äbtissin legt uns dar, wie sie die Dinge wahrnimmt:

Frauen sind sicherlich anfälliger für Schuldgefühle als Männer, da sie ein stärkeres Verantwortungsgefühl für das ihnen anvertraute Leben (Mutterschaft) haben. Daher kann man bei einer Frau relativ leicht Schuldgefühle auf der emotionalen Ebene erzeugen; für sie ist es dann so, als sei sie unmittelbar in ihrer Weiblichkeit (und damit in ihrem innersten Wesen) betroffen.

Daher kann der Druck, das Herz zu eröffnen, auch rein emotional ausgeübt werden. Ein weiblicher Schwachpunkt ist nämlich das Bedürfnis nach Aufmerksamkeit, und der Wunsch, für einen anderen von besonderer Bedeutung zu sein. Eine Frau hat – mehr als ein Mann – das Bedürfnis, angenommen, angeschaut, auserkoren, bevorzugt zu werden. Sie kann ihre Phantasie in Gang setzen, um herauszufinden, was sie tun muss, um angesehen, wahrgenommen, bevorzugt zu werden. Es ist klar, dass eine Oberin dieses weibliche Bedürfnis leicht, und ohne sich dessen bewusst zu sein, unter dem Deckmantel eines angeblich authentisch-mütterlichen Verhaltens zu ihrem eigenen Vorteil ausnutzen kann: »Du bist meine Lieblingsschwester« oder »Du stehst mir am nächsten« oder »Meine Schwester, die ich mehr als alles auf der Welt liebe«, usw. Es ist sehr schwer, dem Druck, der auf diese Weise ausgeübt wird, zu widerstehen, denn dann fühlt man sich undankbar. »Sollte ich mein Herz nicht derjenigen öffnen, die mir so viel Fürsorge entgegenbringt?« Sträubt man sich trotzdem dagegen, kommen Schuldgefühle auf, die möglicherweise durch Worte wie: »Nach allem, was ich für dich getan habe ...« ausgelöst werden.

Eine der größten Sicherheiten für eine Frau liegt in der Möglichkeit, sich zu eröffnen, zu sprechen, angehört zu werden. Sie ahnt, dass sie nur dann sie selbst werden kann, wenn sie ein

Gegenüber hat. Die Zeit, die den Schwestern von der Oberin gewidmet wird, und das geistliche Gespräch können im Eiltempo zu einem echten Druck- und Manipulationsinstrument werden. Die Schwester, die nicht weiß, wann ihre Oberin sie zu sich in ihr Büro ruft, denkt möglicherweise an nichts anderes mehr. Die Oberin kann dies leicht einsetzen, um ihre Mitschwestern völlig zu verunsichern und sie noch abhängiger zu machen. Manipulative Persönlichkeiten nutzen oft den Wechsel von Zuckerbrot und Peitsche, oder setzen heftige und unerwartete Wutausbrüche ein, um den Widerstand zu brechen und eine Anhängerschaft zu bilden.

Die Liebe zum Detail, die bei Frauen besonders ausgebildet ist, kann dazu führen, dass eine Schwester meint, nicht alles gesagt zu haben, oder sogar, die Wahrheit nicht gesagt zu haben, wenn sie nicht alle Details gesagt hat. Ebenso könnte die Oberin im Namen der Wahrheit genau diese detaillierten Vertraulichkeiten einfordern. Je detaillierter man sich eröffnet, desto stärker werden die Bande und desto mehr kann sich eine Abhängigkeit einstellen.

Frauen haben auch einen ausgeprägten Sinn für Ganzheitlichkeit: Wenn eine Frau gibt, gibt sie alles. Wahrt sie eine gewisse Distanz (was sehr gesund ist), hat sie möglicherweise das Empfinden, in der Hingabe ihrer selbst nicht ganz ehrlich zu sein. Dies kann sich auch in ihrer Beziehung zur Oberin zeigen. Die Oberin kann ihrerseits Ausschließlichkeit einfordern, die sie im Namen von Authentizität und Beziehungsqualität geltend macht.

Andererseits hat eine Frau, die dazu geschaffen ist, Leben weiterzugeben, das Bedürfnis, qualitativ hochwertige Beziehungen zu den ihr nahestehenden Menschen aufzubauen. In einer monastischen Gemeinschaft drückt sich das natürlich in der Haltung der Oberin zu ihren Mitschwestern aus, aber auch in der Haltung der Schwestern, denen es schwerfallen wird, ein mittelmäßiges Verhältnis zu ihrer Oberin zu haben. Eine Schwester kann alles dafür tun, damit sich ihre Oberin um sie kümmert, was der mütterlichen Seite der Verantwortlichen schmeichelt. Eine Oberin kann bei ihren Schwestern eine tiefe Herzenseröffnung fordern, was dem Bedürfnis der Schwestern nach einer privilegierten Beziehung schmeichelt.

Eine weitere Facette der emotionalen Erpressung durch die Oberin kann sich durch längeres oder systematisches Schmollen äußern. Ist die Oberin lange beleidigt, sind alle Schwestern beunruhigt und können es nur schwer ertragen, dass dadurch die Beziehung zu ihrer »Mutter« gestört oder unterbrochen ist. Sobald sich die Oberin herablässt, ihren Schmollwinkel zu verlassen und eine Schwester um etwas bittet, wird diese alles tun, um ihrer Erwartung zu entsprechen, damit sie wieder in eine lebendige Verbindung mit ihrer Oberin treten kann. Wiederholt sich eine solche Situation zwei- oder dreimal, werden die meisten Schwestern nicht mehr wagen, eine andere Position als die ihrer Oberin einzunehmen, weil sie zu viel Angst haben, sie könne sonst wieder beleidigt sein.

Die Überlegungen dieser Äbtissin lassen sich durch folgende drei Sätze einer Betroffenen illustrieren: »Ich war gekommen, um in der Gegenwart Gottes zu sein. Ich landete schließlich in der Gegenwart der Priorin und wurde von ihr definiert. Das war sehr hart und völlig absurd.«

9 Geistlicher Missbrauch

Geistlicher Missbrauch ist äußerst vielgestaltig und kann sich sehr geschickt hinter fadenscheinigen Begründungen verbergen, weshalb er eigens thematisiert werden soll[1]. »Vor 20 Jahren bin ich aus X. ausgetreten, aber ich bleibe von dem Brandmal, das mir wie mit glühendem Eisen eingeprägt wurde, gezeichnet. Ich glaube nicht (von einigen Ausnahmen abgesehen), dass die Verantwortlichen uns absichtlich zerstören und brechen wollten.« Aber selbst wenn sie es nicht wollten, so haben sie es dennoch getan, wenigstens für die Verfasserin dieses Zeugnisses, die nur sehr schwer über diese Vergangenheit sprechen kann: Allein schon das Reden darüber löst allzu schmerzhafte Reaktionen aus. Für die Verantwortlichen besteht gewöhnlich die größte Schwierigkeit darin, zu akzeptieren, dass im spirituellen Bereich ganz realer Schaden angerichtet wurde. Außerdem wird dieser Schaden fast immer auf ein einziges Problem reduziert, nämlich auf die erforderliche Trennung von forum externum und forum internum, was leider unzureichend ist. Auch wenn diese Trennung grundsätzlich wertvoll ist, werden viele Lebensbereiche damit nicht erfasst.

Ursprünglich ist diese Trennung der Foren eine Antwort auf ein spezifisches Problem in einem spezifischen Rahmen: »Das Forum ist die Instanz, in der das Urteil über die Berufung einer Person zum priesterlichen Dienst gefällt wird«[2]. Die Trennung der Foren soll ein Urteil ermöglichen, das einerseits fundiert und aufschlussreich ist und andererseits die Privatsphäre der involvierten Person respektiert. Diese Trennung bietet Schutz vor Missbrauch

---

1 Anmerkung: Dieses Kapitel basiert zum Teil auf einer Studie, die im Sammelband CORREF (Hg.) [Konferenz der Ordensmänner und Ordensfrauen in Frankreich], *Vie Religieuse et liberté* veröffentlicht wurde. Die Frage des forum internum wird darin ausführlicher behandelt. Dom Dysmas de Lassus, *La paternité de l'Abbé et l'accompagnement des frères*, 51–149.
2 P. Bernard Pitaud, »*L'école française de spiritualité*, 117–130; Zitat auf 118. Vgl. ders., *Les rapports du for interne et du for externe*. Dieser Text wurde in einem Anhang der in Anmerkung 1 zitierten Sammlung wiedergegeben, ebd.,112–123.

durch Macht, den eine Autorität, über die Gewissen ausüben will, allerdings kann sie keinen Schutz vor geistlichem Missbrauch bieten, wenn dieser im forum internum stattfindet. Daher muss der Blickwinkel erweitert werden.

9.1 Auswertung einer Feldstudie

Eine Untersuchung von Beiträgen aus einem Forum, in dem sich Opfer geistlichen Missbrauchs austauschen, zeigt, wie diese den Begriff »forum internum« und andere damit verbundene Begriffe verwenden[3].

Am deutlichsten tritt hierbei der Begriff eines erzwungenen Zugangs zum forum internum, zum Gewissen oder zur geistigen Intimität hervor – diese drei Formulierungen wurden in der Regel synonym verwendet: »Der erzwungene Zugang zu meinem Inneren«. Dieses Erzwingen wird nicht nur als Gewalt erlebt, sondern als echte Verachtung: »mein zertrampeltes Inneres«. Etwas anschaulicher ausgedrückt: Es ging darum, »unmittelbar in mein Bewusstsein oder mein Unterbewusstsein gelangen wollen«. Und die betroffene Person fügt einen Satz hinzu, der sehr gut verdeutlicht, wie dies erlebt wurde: »Es war die Vernichtung meiner Person, die angestrebt wurde«. Das Wort Vergewaltigung wird regelmäßig verwendet: »Vergewaltigt in meiner inneren Intimität« oder auch: Verletzung der «Keuschheit des Herzens«.

Dieser erzwungene Zutritt geschieht durch die Verpflichtung, sein Inneres zu eröffnen.

Die Konsequenzen einer solchen Übergriffigkeit werden als ein Verschwinden des »Ich« beschrieben: »Ich weiß nicht mehr, wer ich bin. Man soll so vernichtet werden, dass das ›Ich‹, das sich hingibt, in gewisser Weise verschwunden ist. Ich existiere nicht mehr. Man existiert kaum.«

Verletzungen der Verschwiegenheitspflicht werden erwähnt und als skandalös verurteilt, aber nicht als schwerster Missbrauch eingestuft. Der zentrale Punkt ist der erzwungene Zutritt zum Heiligtum des inneren Lebens, der im Namen der Autorität geschieht. Der Ausdruck »geistlicher Missbrauch« kann wegen seiner Paral-

---

3 Insgesamt mehr als 150 Seiten. Die Autoren und Autorinnen haben zugestimmt, dass daraus zitiert werden darf, unter der Bedingung, dass sie anonym bleiben.

lele zum sexuellen Missbrauch übertrieben erscheinen, aber die Opfer selbst verwenden ähnliche Begriffe, wenn sie beispielsweise von der Vergewaltigung des Gewissens sprechen. Es geht um einen Vertrauensmissbrauch, der die innere Bereitschaft der Person ausnutzt, um sich Zugang zu ihrem tiefsten Inneren zu verschaffen und schließlich Macht über ihr Gewissen zu erlangen. Hierfür werden die Grundlagen des geistlichen Lebens ausgenutzt. In besonders schwerwiegenden Fällen kann es dazu kommen, dass man sich einer Person regelrecht bemächtigt. Aus dieser Analyse ergeben sich drei Hauptachsen:

Erste Achse: Macht über das Gewissen erlangen

Im Kontext des Ordenslebens kommt es zu Missbrauch, wenn Begleitung auf der Ebene einer Autoritätsbeziehung geschieht. Der weiter oben beschriebene Fall der hl. Johanna Franziska von Chantal mag wie eine Karikatur erscheinen, doch einige der aktuellen Situationen unterscheiden sich nicht sehr davon.

Der Seelenführer von Johanna Franziska verlangt vier Gelübde:	Eine Gemeinschaft mit sektiererischen Zügen
Das erste, dass sie ihm gehorchen soll;	Der Begleiter wird aufgezwungen. Im forum internum wird Gehorsam eingesetzt. Es wird Druck zur Herzenseröffnung ausgeübt.
das zweite, dass sie ihn nie wechseln wird;	Um ein Verlassen der Gemeinschaft zu verhindern, wird Druck ausgeübt.
das dritte, Verschwiegenheit über alles zu bewahren, was er ihr sagt;	Verschwiegenheit gegenüber der Außenwelt was die interne Doktrin der Gemeinschaft betrifft.
das vierte, dass sie ausschließlich mit ihm über ihr Inneres spricht.	Verbot, mit den Beichtvätern zu sprechen, die von außerhalb kommen.

Die Gemeinschaft oder das Institut ist an die Stelle des Seelenführers getreten, sonst hat sich nichts geändert. Es kann auch jemand innerhalb der Gemeinschaft sein – die Gründerin, der Obere oder irgendeine geistliche Pseudo-Meisterin – die eine ähnliche Beziehung aufbaut wie jene, die Johanna Franziska von Chantal aufgezwungen wurde. Es heißt, ihr erster Seelenführer sei »ein rechtschaffener Ordensmann« gewesen. Das darf man glauben; er mag aus Dummheit und nicht aus Bosheit so gehandelt haben, aber es führte zum selben Ergebnis, und Johanna Franziska empfand diese Beziehung als erdrückend, sie sprach von »einem Berg auf ihrem Herzen«.

Niemand kann Autorität über das Gewissen beanspruchen

Das Gehorsamsgelübde kann sich naturgemäß nicht auf das geistliche Leben beziehen, weil es sich auf Handlungen und nicht auf das Innerste der Person bezieht. Daher kann ein Grundprinzip aufgestellt werden, das keine Ausnahmen zulässt: Kein Mensch hat Autorität über das Gewissen eines anderen, denn würde er diese beanspruchen, träte er in Konkurrenz zu Gott. Ein Text des Zweiten Vatikanischen Konzils, der im Katechismus der Katholischen Kirche wieder aufgegriffen wurde, begründet uns das:

> »Im Innersten seines Gewissens entdeckt der Mensch ein Gesetz, das er sich nicht selbst gibt, sondern dem er gehorchen muss, und dessen Stimme ihn immer anruft, das Gute zu lieben und zu tun und das Böse zu meiden – und das zum rechten Zeitpunkt in den Ohren des Herzens erklingt [...] Denn der Mensch hat ein Gesetz, das von Gott seinem Herzen eingeschrieben ist, dem zu gehorchen eben seine Würde ist [...] Und das Gewissen ist der verborgenste Kern und das Heiligtum des Menschen, in dem er allein ist mit Gott, dessen Stimme in seinem Innersten widerhallt«.[4]

Dass dieses Gesetz in uns eingeschrieben ist, liegt daran, dass wir als Ebenbild Gottes erschaffen sind. Der Mensch ist unfähig, das Böse um des Bösen willen zu wollen, denn wenn er etwas will, das objektiv böse ist, so will er es, weil es ihm als gut erscheint. Eine weitere Unfähigkeit, nämlich die, eine bewusste[5] Handlung ohne Grund auszuführen, zeigt die fundamentale Ausrichtung des Ge-

---

4 *Gaudium et Spes*, Nr. 16, vgl. *Katechismus der Katholischen Kirche*, Nr. 1776.
5 Im Gegensatz zu automatischen, unbewussten Handlungen.

9.1 Auswertung einer Feldstudie

wissens auf das Wahre. Dadurch wird dieses geheimnisvolle Gesetz bewusst wahrnehmbar[6], der »Seelenfunke« im Innersten des Gewissens, wo sich das Abbild, das wir sind, in der Gegenwart seines Urbildes befindet. Das ist der Grund, warum Gott allein Autorität über das Gewissen hat, und zwar nicht als äußere Autorität, die ihr Gesetz diktiert, sondern als Quelle des Seins und ganz besonders des freien Mensch-Seins. Die Unantastbarkeit des Gewissens erklärt sich also aus der Tatsache, dass es der Ort einer elementaren Gottesbeziehung ist.

> »Keine menschliche Autorität hat das Recht, in das Gewissen eines Menschen einzugreifen. Das Gewissen ist Zeuge der Transzendenz der Person, auch gegenüber der Gesellschaft, und als solches ist es unantastbar. [...] Einer Person die volle Gewissensfreiheit zu verweigern und insbesondere die Freiheit, nach der Wahrheit zu suchen, oder ihr eine bestimmte Art von Wahrheitsverständnis aufzuzwingen, verstößt gegen das innerste Recht des Menschen.«[7]

Daraus folgt nicht, dass das Gewissen ein unfehlbares Orakel ist. Auch derjenige, der missbraucht, hat ein Gewissen, das ihm allerdings keine Vorwürfe macht, weil er es deformiert oder erstickt hat. Wir müssen also unserem Gewissen folgen, uns aber auch fragen: Wie ist denn mein Gewissen? Ist es das eines Heiligen oder das eines überzeugten Sünders?

> »Es genügt daher nicht, einem Menschen zu sagen: ›Gehorche immer deinem Gewissen!‹, sondern man muss sofort hinzufügen: ›Frage dich, ob dein Gewissen das Wahre oder das Falsche sagt und suche unermüdlich danach, die Wahrheit zu erkennen.«[8]

In einem kurzen Artikel erklärt P. Servais Pinckaers die wenig bekannte Unterscheidung zwischen dem Gewissen und diesem Licht des Gewissens, das auch Synderesis, Gewissensfunke oder Seelenfunke genannt wird[9].

---

6   Da uns dieses geheimnisvolle Gesetz nicht unmittelbar und bewusst zugänglich ist, leiten wir seine Existenz durch Nachdenken ab. Die grundlegende Ausrichtung all unseres Begehrens auf das Gute ist hingegen auf viel direktere Weise wahrnehmbar. Man kann es mit dem Bild von der Spitze eines Eisberges vergleichen: Nur ein kleiner Teil des Eisberges ist für uns auf direkte Weise erkennbar; aus dieser partiellen Erkennbarkeit lassen sich aber weiterführende Schlussfolgerungen ableiten.
7   Johannes Paul II., *Botschaft zum Weltfriedenstag 1991*.
8   Johannes Paul II., Generalaudienz vom 17. August 1983.
9   In der deutschen Sprache werden diese beiden Aspekte des Gewissens mit

»Die Synderesis ist eine direkte Teilhabe am Licht Gottes, das in uns, die wir nach seinem Bild geschaffen sind, leuchtet. Der Gewissensakt, den sie erleuchtet, spiegelt daher dieses Licht Gottes in unseren Handlungsurteilen wider. [...] Die Synderesis ist das Licht der ersten Prinzipien über Gut und Böse. Der Gewissensakt wendet diese Prinzipien durch Überlegungen, Reflexion, Erforschen und Abwägen unserer Handlungen entsprechend ihres Gegenstandes, ihrer Ziele und ihrer Umstände an. Er bildet ein Urteil über die Qualität der Handlungen, die zu tun sind oder bereits getan wurden. Dieses Urteil drückt sich in Form von inneren Verpflichtungen, Verboten oder Gewissensbissen aus. [...] Aufgrund von Unwissenheit, für die man zumindest durch Nachlässigkeit verantwortlich sein kann, kommt es dazu, dass man im Gewissen etwas für gut hält, was nicht gut ist, oder dass man etwas für schlecht hält, was gut oder indifferent ist, wie – z.B. für Christen – das Essen von Götzenopferfleisch.«[10]

Das Licht, das das Gewissen erleuchtet, ist unveränderlich und »[der hl. Thomas] ist der Ansicht, dass die Synderesis, verstanden als das ursprüngliche Licht über das Gute und das Böse im Herzen des Menschen, weder irren noch sündigen noch ausgelöscht werden kann«[11]. Das Urteil des Gewissens ist nicht unfehlbar, denn unsere Begrenztheit, unsere Unwissenheit, unsere Trägheit und unsere Sünden bilden einen mehr oder weniger dichten Schleier vor diesem Licht. Nach der schönen Formulierung von Pater Pinckaers ist das Gewissen also »ein Wahrheitssucher« und man könnte noch genauer sagen: Es sucht »die Wahrheit des Guten«; es sucht unermüdlich das wahre Gut. Es ist Sucher, nicht Orakel.

Aber warum muss man seinem Gewissen immer gehorchen, selbst wenn es sich irrt? Da das Gewissen von jenem geheimnisvollen Licht-Gesetz erleuchtet wird, das es mit Gott, dem schlechthin Guten verbindet, kann es nicht absichtlich irren, sondern es äußert das, was ihm das Gute zu sein scheint. Sich von seinem Gewissen

     zwei von Thomas von Aquin eingeführten Begriffen ausgedrückt: *Gewissensakt* (conscientia) und *Gewissensanlage* (synderesis). Diese Begrifflichkeit ist bei der Übersetzung des anschließenden Zitats von P. Pinckaers beibehalten worden (Anm. d. Übers.).
10 Servais Pinckaers OP., *La conscience et l'erreur*, 31f. Siehe auch *Katechismus der Katholischen Kirche, Nr.* 1778: »Das Gewissen ist ein Urteil der Vernunft, in welchem der Mensch erkennt, ob eine konkrete Handlung, die er beabsichtigt, gerade ausführt oder schon getan hat, sittlich gut oder schlecht ist«.
11 Ebd., 31.

zu entfernen hieße also, sich absichtlich für das zu entscheiden, was man für schlecht hält[12]. Daher ist es so wichtig, sein Gewissen zu bilden und zu verfeinern – wie Golderz, das geläutert werden muss.

Diese Überlegungen waren notwendig, um besser zu verstehen, warum niemand Autorität über das Gewissen haben kann. Wenn sich eine menschliche Autorität dem Gewissen eines anderen aufzwingen will – und sei es auch im Namen des Guten –, stellt sie ihr eigenes Licht über das der Synderesis, was unmöglich ist. Die Person, die in dieser Weise unter Druck gesetzt wird, befindet sich in einem Konflikt zwischen zwei »göttlichen« Stimmen. Welcher soll sie folgen? Folgt sie der äußeren Stimme, die behauptet, im Namen Gottes zu sprechen, muss sie diesen *Seelenfunken* ersticken, den Hort einer geheimnisvollen, aber sehr innigen Beziehung mit Gott. Dann hört sie aber auf, menschlich zu handeln, weil sie nicht mehr frei und Herrin ihrer Handlungen ist. Ebenbild Gottes ist der Mensch jedoch als freier Mensch, der Herr seiner Handlungen ist[13]. Wer sich dem Gewissen eines anderen aufzwingt, behandelt ihn daher nicht als Menschen, egal wie gut er es meinen mag.

Niemand darf sich also als Seelenführer, als geistlicher Begleiter aufdrängen – oder aufgedrängt werden –, und der frei gewählte geistliche Begleiter darf nicht mit Autorität handeln, indem er Anordnungen gibt.

Diese beiden einander ähnelnden Situationen müssen jedoch unterschieden werden. In der ersteren wird ein Oberer als geistlicher Begleiter auferlegt, sei es durch die Regel, sei es durch ihn selbst. Damit wird die Autorität, die auf der Ebene des Gemeinschaftslebens legitim ist, benutzt, um der betroffenen Person die Freiheit zu nehmen, die geistliche Begleitung selbst zu wählen. In diesem Fall handelt es sich um eine Verletzung der Grenzen des Gehorsams, den man seinem Oberen schuldet. Das bezieht sich nicht nur auf einen direkten Akt der Autorität, sondern der Druck kann auch indirekt ausgeübt werden: durch Aufforderung, Ermutigung, den Vorwurf mangelnden Vertrauens, usw., womit die bereits bekannte Botschaft vermittelt wird: »Du bist frei, aber wenn du es nicht tust, bist du kein guter Mönch, keine gute Nonne«. Hier handelt es sich um einen typischen Fall der Verwechslung von forum externum und

---

12 Thomas von Aquin, *Summa theologica*, Ia IIae, q. 19, a. 5.
13 Vgl. Thomas von Aquin, hier zit. im Abschnitt *Handlung des Menschen und menschliche Handlung*, 128.

forum internum, die durch die Trennung der beiden Foren – sofern sie eingehalten wird – normalerweise vermieden wird.

Eine andere Situation liegt allerdings vor, wenn der geistliche Vater oder die geistliche Mutter innerhalb der Beziehung, die mit der geistlichen Begleitung entsteht, als Autorität über das Gewissen auftritt. In einem solchen Fall handelt es sich um geistlichen Missbrauch im eigentlichen Sinn des Wortes, unabhängig davon, ob er (oder sie) im forum externum Autorität hat oder nicht.

Es muss also berücksichtigt werden, dass es nicht vorrangig um einen Unterschied in der Person, sondern um einen Unterschied in der Beziehung geht. Die Beziehung innerhalb einer geistlichen Begleitung unterscheidet sich grundlegend von derjenigen auf der Autoritätsebene. Es besteht die Gefahr, dass die Art und Weise einer Autoritätsbeziehung auf die Beziehung in der geistlichen Begleitung übertragen wird. Früher sprach man vom Gewissensführer, was nicht unproblematisch war, und oft zu Missbrauch führte.

Mitwirkung des Begleiteten

Es kommt auch vor, dass die begleitete Person mitwirkt, wie P. Adrien Candiard treffend sagt:

> »Ich denke dabei insbesondere an junge Menschen, die sich vielleicht Fragen zu ihrer Berufung stellen, oder sich zumindest fragen, wie sie ihr christliches Leben ernst nehmen können. Abgesehen von jenen unter ihnen, die schon eine gewisse Reife haben, sind es die jungen Menschen selbst, die den Missbrauch des Gewissens quasi fordern. Da sie mit schwindelerregenden und oft beunruhigenden Fragen zu kämpfen haben, wären sie offensichtlich sehr froh, wenn ihnen ein Wort der Autorität vom Himmel zufiele – nicht, um ihnen zu helfen, mühsam ihr Gewissen zu erhellen, sondern um es zu ersetzen. Ihnen zu helfen bedeutet aber nicht, dieser Forderung nachzukommen, ihnen zu helfen bedeutet vielmehr, diesem Wunsch Grenzen zu setzen.«[14]

Diese wichtige Bemerkung erklärt, wie eine missbrauchende Begleitung entstehen kann. Anfangs kann sie sehr gut angenommen

---

14 Vortrag von P. Adrien Candiard OP bei der Vollversammlung der CORREF (Konferenz der Ordensmänner und Ordensfrauen in Frankreich) in Lourdes, am 13. November 2018, zum Thema »Macht und geistliche Begleitung dürfen nicht vermischt werden«.

werden und sogar Früchte bringen. Erst später werden sich die negativen Folgen zeigen.

Zweite Achse: Die Forderung nach völliger Selbstaufgabe

Wenn in der Begleitung eine Autoritätsbeziehung hergestellt wurde, kann diese eingesetzt werden, um die völlige Selbstaufgabe zu erreichen.

> »Pater X. verlangte von mir, mich ihm vollständig zu ›unterwerfen‹. Das folgende Zitat schrieb ich nur wenige Minuten, nachdem ich es von ihm gehört hatte, nieder: ›Von einem Novizen erwarte ich absolute Ergebenheit, sonst kann ich nicht mit einem Anfänger zusammenarbeiten. Was ich Ihnen sage, müssen Sie ohne jeden inneren Widerspruch akzeptieren. Sie müssen anerkennen, dass ich für Sie als Novizenmeister der Stellvertreter Christi bin.‹ ›Ich spüre, dass Sie in Ihrem Kopf loyal sind, aber nicht in Ihrem Herzen. Da gibt es noch einen Widerstand, den Sie unbedingt überwinden müssen.‹ ›Ich fordere Sie auf, Ihr Herz und Ihren Verstand vollständig umzuwandeln.‹ ›Öffnen Sie sich mir ohne Vorbehalte. Ich kenne Sie überhaupt nicht. Zeigen Sie sich mir endlich so wie Sie sind.‹«

Der Missbrauch wird durch das Totalitäre erzeugt. Es ist normal, von einem Novizen ein gewisses Maß an Offenheit des Herzens zu erwarten, soweit ihm dies möglich ist, sonst ist es schwierig, ihm zu helfen. Es ist jedoch inakzeptabel, eine vollständige Herzenseröffnung zu verlangen. Die *vorbehaltlose* Offenheit, die Pater X. verlangte, ist schon in sich ein Missbrauch. Zudem steht sie im Dienst einer vorbehaltlosen Unterwerfung, so als wäre der Novizenmeister Christus höchstpersönlich. Wir befinden uns hier auf der gleichen Ebene wie beim blinden, bedingungslosen, unüberlegten Gehorsam, nur betrifft es diesmal die Ebene des inneren Lebens. Im Namen einer angeblich geistlichen Entäußerung bleibt nichts mehr von dem übrig, was die Würde des Menschen ausmacht. Die Opfer solcher Vorgehensweisen drückten es in den weiter oben erwähnten Zitaten so aus: »Ich existiere nicht mehr. Man existiert kaum.« Alles, was mich als Person vor Gott ausmacht, befindet sich in den Händen eines anderen Menschen. Wird dies weit genug getrieben, erreicht man schließlich den Punkt, an dem die Freiheit des Begleiteten ausgelöscht wird, weil man sich seiner ganz bemächtigt hat.

Dies tritt jedoch nicht sofort zutage, denn zu Beginn können sich echte Früchte zeigen:

> »Anfangs hat es mir wirklich geholfen, meine Gedanken transparent zu machen. Aber was mir nicht gefiel, war diese ›Pflicht‹ zur Transparenz. Mir gefiel nicht, dass ich nicht mehr frei war und dass ich Schuldgefühle bekam, wenn ich nicht alles gesagt hatte. Es wurde auf die Schwester zu viel Druck ausgeübt, damit sie sich ›ändert‹, damit sie ›verwandelt‹ wird. Die Herzenseröffnung wurde manchmal instrumentalisiert, um ›schnell‹ und ›effizient‹ zu diesem Ergebnis zu kommen … Indem man solchen Druck ausübt, erreicht man nur das Gegenteil. In solchen Momenten fühlte ich mich in meiner inneren Privatsphäre verletzt – als man die Kenntnis von meinem innersten Leben dazu benutzte, um mich zu ›modellieren‹, zu verändern, zu transformieren …«

Dieser Text betont, wie die Offenheit für etwas ganz anderes benutzt werden kann. Die schöne Anfangserfahrung, die mit einer gewissen Entdeckung der bis dahin kaum bekannten inneren Welt verbunden war, verändert sich langsam und wird zu einer Kontrolle des Lebens. Der Punkt, an dem es kippt, zeigt sich in einer Schwerpunktverlagerung. Die gesunde Offenheit ist für denjenigen, der sich öffnet, die Gelegenheit, um die Reichtümer und die Vielfältigkeit seiner inneren Welt zu entdecken. Alles bleibt ihm zur Verfügung, zu seinem eigenen Gebrauch und nicht zum Gebrauch oder zur Verfügung dessen, der ihm zuhört. Beginnt dieser jedoch, das Gehörte zu verwenden, um auf den anderen einzuwirken, ändert sich alles, weil sich der Schwerpunkt verlagert hat: Die Offenheit wird jetzt in den Dienst einer außenstehenden Person und ihres Handels gestellt. Selbst wenn sie die besten Absichten der Welt hat, beginnt sie die innere Welt des anderen zu *benutzen*, was hier mit einer Vergewaltigung verglichen wird. Und wenn die Handlungsabsicht darin besteht, dass dieser Mensch, der sich öffnet, in die Schablone des offiziellen Denkens oder der offiziellen Spiritualität gepresst wird, verstärkt sich das Gefühl der Gewissensverletzung, denn dann hat sich der Schwerpunkt vollständig verschoben. Derjenige, der als Begleiter zuhört, steht nicht mehr im Dienst der Person, die sich ihm eröffnet, sondern er hat sie, wenn nicht in seinen eigenen Dienst, so doch in den Dienst des von ihm Repräsentierten gestellt. Damit ist es zu einer vollständigen Verdrehung gekommen.

Dritte Achse: Die geistliche Doktrin

P. Adrien Candiard hat weiter oben angemerkt, dass »es die jungen Menschen selbst sind, die den Missbrauch des Gewissens quasi fordern«. Es sollte hinzugefügt werden, dass dieser Missbrauch des Gewissens auch von der Spiritualität des Hauses oder des Institutes verlangt werden kann.

Betont die vorherrschende Spiritualität zu sehr in allem den Willen Gottes, ist eine Verwechslung zwischen dem Willen des Oberen und dem Willen Gottes nahezu unumgänglich. Wenn ich Gott nämlich frage, ob ich heute einen Pullover anziehen soll oder nicht, wird er mir bestimmt nicht antworten. Wenn das vorherrschende Denken aber davon bestimmt ist, dass man in allem den *Willen Gottes* suchen muss, wird dieser unweigerlich durch die Stimme des Oberen gesagt werden – welche andere Lösung gibt es sonst? Die soeben verwendete Kursivschrift bedeutet, dass dieser angebliche Wille Gottes nicht der Wille Gottes ist, denn Gott ist keine überfürsorgliche Mutter, die mir auf Schritt und Tritt sagt, was ich tun soll, und Gott hat absolut keinen *Willen* im Hinblick auf die Frage, ob ich einen Pullover anziehe oder nicht. Er hat mir einen Verstand gegeben, damit ich selbst die Antwort auf solche Fragen finde. Diese pointillistische Herangehensweise an den *Willen Gottes* ist sehr infantilisierend, da sie keinerlei Raum zur Ausübung von Freiheit und Verantwortung lässt. Und genau hier liegt der Kern des Missbrauchs: Das, was Gott für dich will, kommt von außen auf dich zu, und du musst dich allem, was von dir gefordert wird, wie ein Kind unterwerfen.

Von diesem Augenblick an kann alles und jedes gefordert werden, wobei das Ausmaß des Missbrauchs vom Inhalt der Forderungen abhängt. Der gemeinsame Nenner besteht darin, dass dem Menschen, der begleitet wird, sowohl die menschliche als auch die geistliche Verantwortung für sein Leben weggenommen wurde.

Solange die Gefahr nur von einer einzigen Person ausgeht, von einem unbedachten oder gefährlichen geistlichen Vater, kann man von geistlichem Missbrauch, nicht aber von sektiererischem Verhalten sprechen. Der Obere sollte in der Lage sein, die Gefahr zu erkennen, und alle Personen aus dem Umfeld werden das Opfer vermutlich aufklären, wenn es ihm nur gelingt zu reden – trotz der Verpflichtung zur Geheimhaltung, die der Seelenführer ihm unter verschiedenen Vorwänden aufzuerlegen versuchen wird.

Wenn dieser gefährliche Ansatz jedoch nicht mehr nur von einer einzigen Person ausgeht, sondern zu einer Kultur geworden ist, von der die Gemeinschaft oder zumindest ihre Oberen geprägt sind, wird alles Hinterfragen im Keim erstickt, denn es ist sehr schwer, gegen alle Recht zu haben. Das interne Immunsystem funktioniert nicht mehr und nur eine Intervention von außen wird noch etwas bewirken können.

Das Übel genauer benennen

Geistlicher Missbrauch ist ein schreckliches Übel und ein absoluter Widerspruch zum Ideal des Ordenslebens. Es ist unerlässlich, sich der Gefahr bewusst zu werden, um sie besser vermeiden zu können. Zu diesem Zweck scheint ein exakteres Vokabular notwendig zu sein, das die Tragweite der Gefährdung aufzeigt. Der Begriff »geistlicher Missbrauch« bezeichnet das Übel selbst und hilft uns daher, das Geschehen besser zu begreifen, während der Ausdruck »Verwechslung von forum internum und forum externum« nur eine mögliche Ursache benennt[15]. Jacques Poujol gibt mehrere Definitionen, die eine gute Synthese bilden.

> »Hinter diesen Worten [geistlicher Missbrauch] steht für diejenigen, die ihn erlitten haben, eine Realität des Schmerzes, des Unverständnisses und der tiefen Wunden […] Geistlicher Missbrauch kann als spirituelle und psychische Misshandlung einer Person definiert werden, die dazu führt, dass sie geschwächt oder sogar zerstört wird und sowohl psychisch als auch spirituell abhängig wird. […] Geistlicher Missbrauch liegt vor, wenn jemand (ein Pfarrer, Priester, Hirte oder ein anderer christlicher Leiter in einer Gebetsgruppe, Gemeinschaft, Gemeinde) seine Autoritätsposition dazu benutzt, eine oder mehrere Personen zu kontrollieren oder zu beherrschen. […] Geistlicher Missbrauch liegt auch vor, wenn ein christlicher Leiter andere benutzt, um seine eigenen psychischen oder emotionalen Bedürfnisse oder die Bedürfnisse der Institution, die er leitet, zu befriedigen. […] Geistlicher Missbrauch ist ein Missbrauch von Autorität, der noch verschlimmert wird, indem göttliche Autorität beansprucht wird, um eine oder mehrere Personen zu beherrschen.«[16]

---

15   Es liegt uns fern, die Bedeutung der Trennung von forum internum und forum externum zu schmälern; diese Vorsichtsmaßnahme ist unerlässlich, um Missbrauch zu verhindern, aber es geht dabei eigentlich um eine Methode und wir brauchen eine Formulierung, die das Übel selbst bezeichnet.
16   Jacques Poujol, *Abus spirituel*, 9–12.

9.2 Das entstellte Gottesbild

Diese missbräuchliche Verwendung der göttlichen Autorität hat eine dramatische Konsequenz. Alle Ordensleute hatten sich in ihrer Herzenstiefe mit großer Liebe auf dieses Leben eingelassen, und glücklicherweise findet diese Liebe im Normalfall den nötigen Raum, um sich entfalten zu können. Bei denjenigen aber, die in einem Institut landeten, in dem sie sich unterdrückt fühlten, ist das ganz anders. In Briefen von Ordensleuten, denen es gelang, auszutreten, stößt man regelmäßig auf eine Formulierung, die schmerzt: »Ich weiß nicht mehr, wie ich beten soll; ich kann nicht mehr beten«. Die Beziehung zu Gott ist abgerissen. Manchmal ist sie ganz zerbrochen, wenn diese Personen sogar ihren Glauben verlieren, häufiger ist sie auf schmerzliche Weise abgebrochen: Die Sehnsucht nach Gott ist noch immer da, aber sein Bild ist so entstellt, dass eine Beziehung nicht mehr möglich ist.

Jacques Poujol beschreibt dieses falsche und verdrehte Gottesbild sehr gut:

> »Die missbrauchte Person nimmt ihn als ein forderndes, unberechenbares, nie zufriedenes, strenges Wesen war, das bereit ist, sie zu strafen oder zu demütigen; als einen Tyrannengott, der unerreichbare Ziele setzt und auf der Basis von Geben und Nehmen funktioniert. Das Opfer stellt sich vor, dass Gottes Geist sich bei der kleinsten Sünde zurückzieht, so als würde ein spirituelles Alarmsignal ausgelöst, sobald es einen schlechten Gedanken hat. Es bezweifelt, dass Gott sein Anwalt ist und sieht ihn eher als seinen Ankläger.«[17]

Diese letzte Bemerkung wird durch die schmerzliche Aussage eines Opfers zutiefst bestätigt: Für mich wurde Gott zum »Auge, das im Grab war und auf Kain schaute«[18].

Das Drama liegt in der Sakralisierung der Worte, ja sogar der Handlungen der Autoritätsperson; diese werden so dargestellt, als repräsentierten sie Gott im engen Wortsinn. Wenn jedes Wort der Oberen angeblich Gottes Wort ist, wenn jeder Wille der Oberen angeblich Gottes Wille ist, dann wird in einem generellen Missbrauchsumfeld Gott selbst als Missbrauchstäter wahrgenommen.

---

17 Ebd., 72.
18 Man muss Victor Hugos erschütterndes Gedicht *Das Gewissen* lesen, um die dramatische Bedeutung dieser Bemerkung zu verstehen.

Das Bild kann variieren, von der überfürsorglichen Mutter, die ihr Kind nicht erwachsen werden lassen will, sondern es in Abhängigkeit hält, weil sie es für sich selbst haben will, bis hin zu einem perversen Gott, der Freude daran hat, sein Geschöpf zu demütigen und zu vernichten, oder der als verantwortungsloser Despot mit den Menschen je nach seinen Launen spielt. Die Kultur der Lüge ist oft das endgültige Ärgernis: »Welche Wertschätzung kann man Gott noch entgegenbringen, wenn diese Menschen, die ihn repräsentieren und die im Namen Gottes sprechen, dermaßen lügen?«

Diese Entstellung des Gottesbildes wird noch dadurch verstärkt, dass sich die Argumentation in all diesen Fällen – von den leichtesten bis hin zu den gravierendsten – weiterhin auf die Heilige Schrift, das Evangelium, den hl. Paulus, die großen Glaubensmysterien, die Gottebenbildlichkeit beruft. Auch sexueller Missbrauch schlachtet die tiefsten Glaubensgeheimnisse aus, um sich zu rechtfertigen. Der Schaden, der den Menschen damit zugefügt wird, betrifft dann nicht mehr nur die psychische, sondern auch die spirituelle Ebene. Einige werden eine tiefe Abneigung gegen bestimmte Glaubenswahrheiten, ja sogar gegen Gott entwickeln, zumindest gegen den Gott, den man ihnen präsentierte.

Und sie haben zweifellos Recht damit, denn an einen perversen Gott zu glauben, wäre eine Beleidigung Gottes.

> »An Jesus Christus zu glauben ist in sich selbst gut und heilsnotwendig, aber der Wille ist nur dann bereit, sich für den Glauben einzusetzen, wenn ihm dies von der Vernunft vorgeschlagen wird. Wenn daher dieser Glaube von der Vernunft als etwas Schlechtes dargestellt wird, dann wäre auch das Festhalten an einem solchen Glauben etwas Schlechtes.«[19]

Genau das ist der Fall, wenn das Gottesbild dermaßen entstellt wurde, dass es nichts mehr mit Gott zu tun hat.

---

19 Das Zitat stammt vom hl. Thomas von Aquin. Für den modernen Leser ist der Text etwas schwierig und wurde daher paraphrasiert. Wörtlich lautet er: »Es ist ein Gut an sich und zum Heile notwendig, an Christus zu glauben. Der Wille aber richtet sich nur insoweit darauf, als dieses Gut von der Vernunft vorgestellt wird. Wird der Glaube also von der Vernunft als etwas Übles vorgestellt, so richtet sich der Wille darauf wie auf ein Übel; nicht als ob es in sich ein Übel wäre, sondern weil vermittelst der Auffassung der Vernunft dazu ein Übel hinzugetreten und somit für den betreffenden Gegenstand von etwas ihm Äußerlichen her ein Übel mit ihm verbunden ist.« *Summa theologica*, Ia IIae q. 19, a. 5.

Die Opfer sollten daher ermutigt werden. Was sie ablehnen, ist nur ein Götzenbild, und das Ablehnen von Götzenbildern gehört zur Ehrerbietung, die Gott gebührt. Die Betroffenen sind jedoch so tief gebrandmarkt, dass es ungewiss ist, ob sie ihre Ablehnung jemals überwinden können; eine Ablehnung, die von der Vernunft nicht beeinflusst werden kann. Aber Gott weiß und versteht das, und er weiß, dass sie sich letztlich nach ihm sehnen, wenn sie sich nach dem Guten, dem Wahren und nach Respekt sehnen.

9.3 Vorsichtsmaßnahmen treffen

Die betroffene Person, die weiter oben im Zusammenhang mit der erzwungenen Transparenz zitiert wurde, fährt fort:

> »Nach meinem Austritt habe ich mit einem Begleiter ebenfalls die Erfahrung von Transparenz gemacht, aber diesmal habe ich sie als sehr positiv empfunden, und zwar aus drei Gründen:
>
> 1) Ich war immer frei. Wenn ich nicht wollte, musste ich nichts sagen. Ich habe nur das gesagt, was ich sagen wollte, ohne mir jemals Gewalt anzutun. Und ich habe mich nie gezwungen, etwas zu sagen, wenn ich es nicht sagen wollte, selbst wenn es vielleicht etwas Wichtiges war.
>
> 2) Die Person, der ich mein Vertrauen schenkte, hatte in anderen Bereichen keinerlei Autorität über mich.
>
> 3) Die Person, der ich mein Vertrauen schenkte, war sehr diskret und feinfühlig, weise und klug, frei von jedem Verlangen nach Macht und Kontrolle.«

Mit diesen wenigen Zeilen, die das Ergebnis einer Erfahrung und vor allem einer Begegnung mit einem Begleiter sind, der ein echtes Zeugnis der göttlichen Güte gab, werden uns viele unverzichtbare Achsen aufgezeigt. Und was den letzten Satz betrifft: Besteht nicht einer der überraschendsten Aspekte des geistlichen Lebens darin, dass wir immer mehr entdecken können, wie sehr unser Gott – obwohl er unser Schöpfer ist – »frei von jedem Verlangen nach Macht und Kontrolle« ist?

Die Freiheit gewährleisten: Canon 630 des Codex von 1983

Die Weisheit der Kirche wurde bereits in früheren Zeiten bei geistlichem Missbrauch wirksam. Im 19. Jahrhundert hatten einige neue Kongregationen die »Gewissensrechenschaft« der Jesuiten in unangemessener Weise nachgeahmt, was zu Missbrauchsfällen führte. Rom reagierte sehr entschieden mit dem Dekret *Quemadmodum* vom 17. Dezember 1890. Der *Codex des Kanonischen Rechtes* von 1917 griff diese Frage in seinem Canon 530 auf, und der *Codex des Kanonischen Rechtes* von 1983 präzisierte diese Frage in seinem Canon 630 noch genauer.

Dieser Canon gewährleistet nachdrücklich die Freiheit, auf die eine begleitete Person ein Recht hat, nämlich die Freiheit, den Beichtvater und die geistliche Begleitung selbst zu wählen; die Freiheit, sich den Oberen zu eröffnen oder auch nicht. Canon 630 findet eine ausgewogene Position zu einem schwierigen Thema:

> »§ 1. Die Oberen haben den Mitgliedern die gebührende Freiheit zu lassen in Bezug auf das Bußsakrament und die geistliche Führung, jedoch unter Wahrung der Ordnung des Instituts.
>
> § 2. Die Oberen haben nach Vorschrift des Eigenrechts dafür zu sorgen, dass ihren Mitgliedern geeignete Beichtväter zur Verfügung stehen, bei denen sie häufig beichten können.
>
> § 3. In Nonnenklöstern, in Ausbildungshäusern und in größeren Laienkommunitäten haben nach Beratung mit der Kommunität vom Ortsordinarius genehmigte ordentliche Beichtväter zur Verfügung zu stehen, ohne dass jedoch die Verpflichtung besteht, sich an diese zu wenden.
>
> § 4. Die Oberen dürfen die Beichte Untergebener nicht hören, außer Mitglieder bitten von sich aus darum.
>
> § 5. Die Mitglieder sollen sich vertrauensvoll an ihre Oberen wenden, denen sie sich frei und von sich aus eröffnen können. Den Oberen ist es aber untersagt, sie auf irgendeine Weise anzuhalten, ihnen das Gewissen zu eröffnen.«

Dieser Canon wendet sich gegen zwei Auswüchse: Zum einen gegen die Verpflichtung, dass die Mitglieder einen Oberen für die geistliche Führung akzeptieren müssen, und zum anderen gegen eine Verkürzung der Rolle des Oberen auf eine rein äußerliche Aufgabe. Die Freiheit wird in § 1 bekräftigt. § 5 untersagt den Oberen, die Mitglieder »auf irgendeine Weise anzuhalten, ihnen das Gewissen zu eröffnen«. Diese Formulierung ist stark und schließt jede Form von Druck ein, so unscheinbar dieser auch sein mag. Vertrauen wird empfohlen; sich dem Oberen zu eröffnen ist möglich, unter der Voraussetzung, dass dies wirklich frei und unaufgefordert geschieht. Fühlt sich ein Ordensmitglied auch nur ansatzweise dazu genötigt, sich an einen Oberen wenden zu müssen, um sein Herz zu eröffnen, ist die Freiheit, die in diesem Canon gefordert wird, nicht mehr gewährleistet. Zu betonen ist, dass durch diesen Canon vollkommen ausgeschlossen wird, dass eine Ordensregel den Oberen als Seelenführer aller Mitglieder festlegen kann. Ein sehr ausführlicher Artikel von P. Gonçalves[20] erklärt die Entstehung dieses Canons ausgehend vom Dekret von 1890. Darin wird auch jene Ausnahme erläutert, die die »Gewissensrechenschaft« der Jesuiten darstellt.

Freiheit der Entscheidung bedeutet auch, dass man die Freiheit hat, nicht zu bleiben, sondern zu gehen. Für die Seelenführung und das Bußsakrament gilt das ebenfalls. Niemand darf einen anderen nötigen, bei einem Seelenführer zu bleiben, der ihm nicht zusagt. Was die Freiheit der Herzenseröffnung betrifft, so bezieht sich diese sowohl auf die Person als auch auf das, was man sagen oder nicht sagen will.

In rechter Weise begleiten

Die Entscheidungsfreiheit und die rechte Trennung von forum internum und forum externum bieten einen ersten Schutz vor Missbrauch. Natürlich reichen sie nicht aus, um die Qualität der Begleitung zu sichern. Manche Begleiter oder Begleiterinnen werden begabter sein als andere, das ist nichts Ungewöhnliches. Es muss jedoch sorgfältig auf die Beziehungsebene der Begleitung geachtet werden, die auf zwei unterschiedliche Arten konzipiert werden kann. Bei der ersten kommuniziert der Seelenführer mit Gott und empfängt sein Wort, das er an den Geführten weitergibt. Das Schema ist linear:

---

[20] P. Bruno Gonçalves CO, *For interne et autorité*. 95–121. Eine Kurzfassung in: CORREF (Hg.), *Vie religieuse et liberté*, Anhang 2, 124ff.

Der Seelenführer fungiert also als Vermittler in der Beziehung und bei Entscheidungen, die zu treffen sind. Durch die Position, die er einnimmt, ist er wie ein Sichtschutz. Alles geschieht so, als wäre der Geführte nicht selbst in der Lage, den Willen Gottes zu vernehmen, weshalb er sich an den Seelenführer wendet, der sich darum kümmert, die Fragen und Antworten zu übermitteln. In Wirklichkeit ist der Seelenführer nicht transparent und übermittelt auch sehr viel von sich selbst. Das ist an sich nicht schlimm, problematisch ist nur, dass alles für göttlich erklärt wird, während sich viel Menschliches hineinmischt. Dieses Schema fördert nicht die Beziehung zwischen dem Geführten und Gott, sondern ist ein Nährboden für gravierenden Missbrauch. In schwerwiegenden Fällen ist der Seelenführer wie ein komplett dichter Sichtschutz und verwendet dabei geistliche Formulierungen, mit denen er alles auf sich bezieht, manchmal kann es sogar bis zum sexuellen Missbrauch gehen.

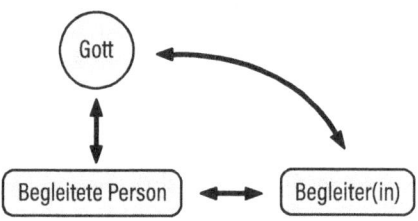

In der zweiten Konzeption ist die Beziehung dreiecksförmig, wobei dieses Dreieck nicht symmetrisch ist. Die vorrangige Beziehung ist die Beziehung zwischen Gott und der begleiteten Person. Der Begleiter, der nicht mehr Seelenführer ist, steht an der Seite, als Freund des Bräutigams, wie Johannes der Täufer sagt: »Wer die Braut hat, ist der Bräutigam; der Freund des Bräutigams aber, der dabeisteht und ihn hört, freut sich über die Stimme des Bräutigams. Diese Freude ist nun für mich Wirklichkeit geworden. Er muss wachsen, ich aber kleiner werden«[21]. Der Begleiter steht durch sein eigenes geistliches Leben in Beziehung mit Gott. Dieses geistliche Leben, das er selbst führt, verleiht ihm die Erfahrung, die ihn dazu befähigt, die begleitete Person, die auf diesem Weg noch unsicher ist, zu unterstützen. Zugleich hat er auch eine Beziehung

---

21 Joh 3,29f.

zu der Person, die er begleitet, aber er verstellt ihr nicht die Sicht auf Gott. Seine Aufgabe besteht nicht darin, Anordnungen zu erteilen, sondern zu ermutigen, wenn der Weg dunkel oder trocken erscheint; Intuitionen der begleiteten Person zu bestätigen, wenn sie selbst nicht so recht daran zu glauben wagt; Sicherheit zu vermitteln, wenn sie ein wenig verloren ist.

Der entscheidende Unterschied wird anhand einer kleinen, in Klammern gesetzten Bemerkung von P. Candiard sichtbar:

> »Selbst wenn man ein guter Mensch ist und die besten Absichten der Welt hat, kann man sehr, sehr viel Schaden anrichten. Das ist immer dann der Fall, wenn man die Prioritäten verwechselt. Die Priorität, und zwar die einzige Priorität, ist, dass die Person, die sich mir auf die eine oder andere Weise anvertraut, in Freiheit wachsen kann. Sie soll Gott freier lieben können, die Stimme des Heiligen Geistes, der sich an sie (und nicht an mich) richtet, hören können.« [22]

»Und nicht an mich«, das ist der entscheidende Punkt bei diesem zweiten Ansatz, bei dem der Begleiter wirklich davon überzeugt ist, dass sich der Heilige Geist, der Geist Jesu, in erster Linie an die begleitete Person richtet, aber auch an den Begleiter, den er durch seine Gaben erleuchtet, ohne ihn jedoch zu einem abschirmenden Vermittler zu machen.

Die Versuchungen des Seelenführers

Es versteht sich von selbst, dass diese beiden Ansätze nicht eindeutig voneinander abgegrenzt sind und dass es zwischen beiden die verschiedensten Abstufungen gibt. Sie zu kennen, kann jedem dabei helfen, zu prüfen, ob die eigene Vorgehensweise den Seelen hilft, in der Freiheit ihrer Gottesbeziehung zu wachsen, und ob sie das Wirken des Heiligen Geistes unterstützt, indem sie ihm allen Raum und alle Initiative überlässt. Einige mehr oder weniger schwerwiegende Versuchungen lauern auf diejenigen, die sich für Seelenführer halten:

Effektivität

»Das Problem ist, dass ich effektiv sein will, wenn [die Person, die sich mir anvertraut] zu mir kommt. Ich will ihre Probleme lösen,

---

22 Vortrag von Père Adrien Candiard bei der CORREF.

weil ich ein Problemlöser bin. Mit mir geht das flott, und doch wissen wir, dass sich der Heilige Geist oft Zeit lässt, und dass echtes geistliches Leben genau das braucht: Zeit. Jedenfalls hält es sich nie an irgendwelche im Voraus geplante Wachstumsraten. Ich habe nicht immer die erforderliche Geduld. Ich habe Angst, dass man schlecht über mich denkt, wenn ich das Problem nicht behebe. Dann ist die Versuchung groß, mit meinen groben Stiefeln in das Gewissen, das sich mir eröffnet, zu trampeln, um selbst das Problem zu lösen, vor allem, wenn ich sehr genau sehe, was zu tun wäre. Es wäre so einfach, den anderen zu seinem Glück zu zwingen! Ich glaube, der diabolische Mechanismus par excellence besteht darin, einen Abkürzungsweg zu nehmen: Du kannst dein Ziel schneller erreichen, wenn du die Mittel etwas anpasst ...«[23]

Der Seelenführer als Prophet

Der Seelenführer, der sich als Prophet versteht, verhält sich wie ein Orakel, das das göttliche Wort überbringt und dem daher in nichts widersprochen werden darf. Ein Dominikanerpater schrieb einmal[24]:

> »Ich kann nicht umhin, mich daran zu erinnern, was zu Beginn der charismatischen Erneuerungsbewegung oft gesagt wurde: ›der Heilige Geist sagt mir, dass ...‹ oder ›... er sagt dir, dass ...‹. Eines Tages sagte mir einer meiner Dominikanerbrüder: ›Sag *ich*, anstelle von: *der Heilige Geist*‹ und mir wurde schlagartig bewusst, wie sehr sich persönliches Machtstreben hinter solchen Ausdrucksweisen verbergen kann, die für Menschen, die noch wenig geformt sind, etwas einschüchternd sind ... Um es klar zu sagen: Ich glaube in keiner Weise an ›ein großes Projekt Gottes‹ für einen Menschen, und ich denke, dass eine solche Ausdrucksweise ein Taschenspielertrick ist, der es manchen Menschen ermöglicht, ihre Wünsche als die Wünsche Gottes auszugeben und ihnen dadurch mehr Gewicht zu verleihen.«

Damit soll nicht bestritten werden, dass der Heilige Geist dem geistlichen Berater beistehen kann. Aber dieser Beistand erfolgt nicht im direkten Kontakt; der Berater empfängt keine Botschaften, für die er nur das Sprachrohr wäre. Der Beistand vollzieht sich im Reflexionsprozess des Beraters, ohne dass dieser das unmittelbar wahrnehmen kann.

---

23 *Ebd.*
24 Das Zitat wurde aus Gründen der Diskretion leicht verändert.

Subtiler als »Der Herr sagt dir, dass ...«, ist die Formulierung: »Im Gebet habe ich für dich empfangen, dass der Herr dir sagt, oder dich auffordert ...«. Das ist kaum weniger diktatorisch. Ein Beispiel: Von Zeit zu Zeit nahm eine Person an den öffentlichen Gebetstreffen einer neuen Gemeinschaft teil. Einmal kam ein Mitglied der Gemeinschaft während eines solchen Abends auf sie zu und sagte zu ihr: »Im Gebet haben wir empfangen, dass dich der Herr in die Gemeinschaft ruft«. Sie ergriff die Flucht; andere hätten sich vielleicht davon blenden lassen, auf solche Weise auserwählt zu werden.

Es wäre falsch zu befürchten, dass ein respektvoller Umgang mit der inneren Privatsphäre des anderen zu einer lauen Spiritualität führe. In dem nachfolgenden Brief eines Laien, der im 17. Jahrhundert ein bedeutender geistlicher Begleiter war – sogar bei Karmeliten –, verhindert der tiefe Respekt vor der Freiheit keineswegs, einen sehr ambitionierten Weg vorzuschlagen.

> »Mein Stil war es und ist es noch immer, den Seelen nichts anzuraten, was ihnen zuwider ist. Ich warte darauf, dass die Gnade ihnen eine gegenteilige Neigung eingibt. Bis dahin lasse ich sie frei und will sie nicht zwingen. Wenn Sie gegenüber N. Ihr Herz weiterhin nicht öffnen wollen, tun Sie sich keine Gewalt an. Es stimmt, mir war der Gedanke gekommen, dass er geeignet sein könnte, Sie zu vervollkommnen, und ich glaubte, dass er sowohl die Begabung als auch die Gnade und die Neigung dazu hätte. Ich kann Ihnen nämlich versichern: Wenn Sie von den Geschöpfen unerkannt sein wollen, oder im Tod und in großer Ferne zu allen Dingen leben möchten, niemand besser dafür geeignet wäre als er, denn seine Vorgehensweise besteht darin, die Seelen zu führen, ohne sie erkennen zu lassen, wer sie sind oder was sie tun, um ihnen dadurch alle Sicherheit zu nehmen, die sie auf sich selbst setzen. Er schrieb mir, dass er sich nicht in Ihren Dienst gestellt habe, da er in Ihnen keine vollständige Offenheit des Herzens vorfand, und dass er darauf warte, dass Gott sowohl Ihnen als auch ihm die dafür erforderliche Bereitschaft gibt.«[25]

Herr von Bernières Louvigny spürte, dass dieser Mensch, der sich ihm anvertraut hatte, jemand war, der zu einem anspruchsvollen, verborgenen Weg der Entäußerung berufen war. Er schlägt ihm eine anspruchsvolle Begleitung vor, aber weder er noch Pater N.

---

25 *Les Œuvres spirituelles de Monsieur de Bernières Louvigny*, 122f.

wollen sie erzwingen; beide warten darauf, dass Gottes Gnade den Weg weist. Eine voluntaristische Entäußerung wäre das genaue Gegenteil ihres Führungsstils, da dies die Seele dazu drängen würde, sich auf ihren Willen – und damit auf sich selbst – und auf die Methode des Seelenführers zu verlassen. Selbst der erste Impuls kommt nicht vom Seelenführer, sondern von der Seele: »Wenn Sie ... wollen«. Ist in diesem Wunsch ein Ausdruck Gottes erkennbar? Für die beiden scheint das möglich zu sein, aber sie warten, bis die Seele es hören kann und damit den Weg weist.

Die besondere Stellung des Novizenmeisters

Die besondere Stellung des Novizenmeisters macht uns etwas stutzig; stellt sie etwa eine Ausnahme von Canon 630 dar? Der Novize sucht sich seinen Novizenmeister nicht aus, obwohl dieser großen Einfluss auf sein Ordensleben haben und von ihm eine gewisse Offenheit erwarten wird. Natürlich darf der Novize seinen Beichtvater frei wählen, zumindest wenn er die Wahl hat, denn in Nonnenklöstern ist diese Wahl beispielsweise oft eingeschränkt. Der Novizenmeister kann nicht auf die Rolle eines Zeremonienmeisters reduziert werden; er ist nicht nur für das Äußere zuständig. Angesichts der zunehmenden Fragilität von Berufungen liegt die Notwendigkeit einer tiefgehenden Ausbildung auf der Hand. Ordensmann, Ordensfrau zu werden bedeutet nicht nur, die Regel genau einzuhalten, sondern auch und vor allem, sich selbst kennenzulernen, die Schwächen und Wunden zu erkennen, die im persönlichen wie auch im gemeinschaftlichen Leben zum Vorschein kommen; es bedeutet zu lernen, mit anderen, mit Gott und mit sich selbst in Beziehung zu treten; zu lernen, sich zu entäußern und zu verleugnen, was nicht primär etwas Äußerliches ist; zu lernen, in den verschlungenen Gedankengängen die rechten Unterscheidungen zu treffen, usw. Jede ernsthafte Ausbildung muss sich damit befassen. Wo beginnt das forum internum und wo das forum externum? Es ist schwierig, eine genaue Grenze zu ziehen, vor allem, wenn es darum geht, beten zu lernen, also in Beziehung mit Gott zu treten.

Der Novizenmeister ist einerseits ein Ausbilder und hat die damit verbundene Autorität inne, und andererseits ein Begleiter. Für ihn ist es besonders wichtig, die unterschiedlichen Beziehungsebenen zu verstehen, die sich aus den beiden Aspekten seiner Rolle ergeben, zumal diese Aspekte asymmetrisch sind. Der erste Aspekt kann nicht umgangen werden: Der Novizenmeister ist für alle Novizen der Ausbilder und hier kann es keine Ausnahmen geben. Beim zweiten Aspekt sind Ausnahmen möglich. Wenn ein Novize mit dem Novizenmeister wirklich nicht zurechtkommt, kann dieser ihm vorschlagen – und manchmal sollte er das sogar –, einen anderen geistlichen Begleiter zu suchen. Die Ausbildung wird ein wenig darunter leiden, aber das würde sie auch, wenn der Novize im geistlichen Gespräch blockiert bliebe.

Dieser Ausnahmestatus des Novizenmeisters ist aus mehreren Gründen gerechtfertigt. Ein Novize, der ins Kloster eintritt, würde sich damit schwer tun, selbst einen geistlichen Vater zu wählen. Er kennt die Mönche noch nicht und oft kennt er sich selbst kaum. Er kann darauf vertrauen, dass der Novizenmeister aufgrund seiner Qualitäten ausgewählt wurde, auch wenn er weiß, dass dieser nicht vollkommen sein wird, denn das ist menschlich. Der Novizenmeister wird ernannt, er drängt sich nicht selbst auf und bleibt der Autorität des Oberen unterstellt. Außerdem hat das Noviziat eine zeitlich begrenzte Dauer und dieser Aspekt ist entscheidend, denn ein Ausnahmestatus kann nicht unbegrenzt verlängert werden.

Der Abt muss aber umsichtig bleiben. Es gab und gibt hier sicherlich immer noch Fälle von Missbrauch. Eine erste mögliche Form des Missbrauchs bezieht sich darauf, ob jemand eine Berufung hat oder nicht. Hier kann versucht werden, Menschen entweder anzuziehen und anschließend an sich zu binden, oder sie aus zweifelhaften Gründen abzulehnen, weil einem ein bestimmter Mensch liegt und ein anderer eben nicht[26]. Die Klugheit verlangt, dass solche Entscheidungen sorgfältig geprüft werden, denn es ist weder vernünftig, noch redlich, einer einzigen Person die Lebensausrichtung der Ordenskandidaten zu überlassen. Eine zweite mögliche Missbrauchsform ergibt sich aus dem großen Einfluss des Novizenmeisters. Lenkt er diesen Einfluss von seinem eigentlichen Ziel weg, kann das zu geistlichem oder sogar sexuellem Missbrauch führen. Der beste Schutz wird darin bestehen, dass die Gemeinschaft die Mechanismen von Missbrauch kennt. Dann sind Anzeichen möglichen Fehlverhaltens leichter zu erkennen.

---

26 Letzteres kommt heutzutage natürlich seltener vor, bleibt aber bedenkenswert, denn auch hier geht es um das Leben eines Menschen, der vielleicht von Gott berufen wurde.

Dennoch wird die Rolle des Novizenmeisters im Leben des jungen Mönchs von entscheidender Bedeutung sein und seine Verantwortung ist groß. Die häufigen Warnungen, die in der Benediktsregel dem Abt gelten, könnten auch auf ihn bezogen werden. Auch er wird vor Gott Rechenschaft darüber ablegen müssen, wie er die ihm anvertrauten Novizen geführt hat.

> »[Der Novizenmeister] sei ausgestattet mit Frömmigkeit, Ruhe, Schweigsamkeit, Urteilskraft und Klugheit, brennend vor aufrichtiger Liebe und voll Begeisterung für unsere Berufung. Er habe Verständnis für die verschiedenen Gemütsarten und ein offenes Herz für die Bedürfnisse der jungen Mönche.«[27]

Gott, Quelle unserer Freiheit

Gott hat uns als freie Wesen erschaffen. Angesichts der Tatsache, wie wir mit dieser Freiheit umgehen, könnte man denken, dass er damit ein waghalsiges Risiko eingegangen ist, doch da er alles mit Weisheit gemacht hat, müssen wir daraus schließen, dass er dieser Freiheit enorme Wertschätzung entgegenbringt, »denn das Törichte an Gott ist weiser als die Menschen und das Schwache an Gott ist stärker als die Menschen[28]«. Seine Vorsehung, die so selten auf direkte Weise in unser Leben und in die Geschichte eingreift, zeigt es eindrucksvoll. Die Erscheinungen auf dem Weg nach Damaskus werden immer die Ausnahme bleiben. Und doch gibt es nicht nur im Ordensleben, sondern weit darüber hinaus, eine sonderbare und weit verbreitete Vorstellung darüber, wie Gott unser Leben führt. In dieser Vorstellung scheint er einen Fahrplan für unser Leben geschrieben zu haben, dem wir folgen müssen. Natürlich ist dieser Fahrplan von einem liebenden Vater geschrieben, der nur das Beste will, aber er ist doch geschrieben, und unsere Hauptaufgabe lässt sich in zwei Aspekten zusammenfassen: diesen Fahrplan zu entdecken und uns nicht allzu weit von ihm zu entfernen. Alles ist im Voraus festgeschrieben, ohne dass uns der dazu passende Code gegeben wird. Dadurch gleicht das menschliche Leben einer Schnitzeljagd. Bei diesem Pfadfinderspiel haben die Anführer eine bestimmte Anzahl verschlüsselter Botschaften auf einer bestimm-

---

27 *Statuten des Kartäuserordens*, 20,1.
28 1 Kor 1,25.

ten Route hinterlegt. Diese müssen zuerst gefunden und dann entschlüsselt werden, damit man erfährt, wo sich die nächste Botschaft befindet. Man muss also seinen Verstand einsetzen, aber die Route ist vorgegeben, die Spieler haben keine Wahl.

Bei einem solchen Ansatz nimmt der *Wille Gottes* eine äußerst dirigistische Dimension an, die durch die göttliche Güte und Weisheit gerechtfertigt wird. »Er weiß es besser als wir«. Das ist unbestritten, ändert jedoch nichts an der Tatsache, dass sich diese Sichtweise vollständig auf das Tun und nicht auf die Beziehung konzentriert: Hauptsache, der Plan wird befolgt. Diese Vorstellung ist sehr präsent, wenn es um die Entscheidung geht, ob jemand eine Berufung hat oder nicht. Aber das gilt nicht nur in diesem Bereich. Verhält sich Gott uns gegenüber aber tatsächlich so?

Diese Vorstellung von der Bestimmung des Menschen vermittelt das Bild eines Gottes, der als Orchesterdirigent auftritt. Die Partitur wurde bereits geschrieben, und die Musiker und Musikerinnen – die Menschen – müssen ihr folgen. Weichen sie davon ab, entstehen Misstöne und damit eine Dissonanz. Andere mögen das Bild eines Theaterstücks bevorzugen, aber das Ergebnis ist das gleiche. Der Interpretationsspielraum ist etwas größer, aber das Stück ist bereits geschrieben. Die Geschichte des Volkes Gottes vermittelt uns jedoch keineswegs eine solche Sichtweise. Wir sehen, wie Gott sein Volk unermüdlich begleitet und ihm trotz seiner zahllosen Treulosigkeiten treu bleibt. So wollte Gott beispielsweise das Exil nicht ausdrücklich, denn er sandte Jeremia, um das Volk zu warnen und ihm zu zeigen, wie es zu vermeiden sei. Eine Klage zieht sich jedoch durch das Buch Jeremia: »Ich habe gesprochen und ihr habt nicht gehört«. Das Volk muss also ins Exil gehen und Gott wird es dorthin begleiten, um dieses Exil zu einer neuen Chance zu machen, die Israels Beziehung mit seinem Gott vollständig erneuern wird. Nach dem Exil ist von Götzen kaum noch die Rede. Die Geschichte Israels ist unsere eigene Geschichte, und Gott begleitet auch uns auf unserem Lebensweg, der von Entscheidungen durchzogen ist, von denen man sagen könnte, dass sie nicht oft seine Entscheidungen sind. Durch die Heilige Schrift, durch das Lehramt, durch unser Gewissen zeigt er uns, was er bevorzugt, aber die Entscheidung liegt bei uns, nichts ist im Voraus festgelegt.

Wir müssen also beherzt die Sichtweise einer Schnitzeljagd hinter uns lassen, wenn wir Gottes Handeln in unserem Leben auf eine Weise verstehen wollen, die seiner – und unserer – würdig ist. Die Achtung und die Wertschätzung, die wir unserer Freiheit entgegenbringen, müssen der Achtung und der Wertschätzung entsprechen, die Gott selbst ihr entgegenbringt. »Der Mensch ist vernünftig und dadurch das Ebenbild Gottes, geschaffen in Freiheit und Herr seines Tuns«[29], schreibt der hl. Irenäus. Wir wären nicht Gottes Ebenbild, wenn Gott an unserer Stelle über unser Leben entscheiden würde.

Gottes Ruf lädt uns auf einen Weg des Lichtes ein, aber die Antwort liegt bei uns, denn eine freie Antwort ist in Gottes Augen zu kostbar, als dass er sie auf irgendeine Weise erzwingen würde. Er begleitet uns unser ganzes Leben lang, er gibt uns Rat, und wenn wir einen schlechten Weg einschlagen, wird er uns auch dort bis zum Ende begleiten. Ganz anders als das Bild von der Schnitzeljagd leuchtet uns das Bild Jesu auf, der unbemerkt mit den Emmausjüngern auf dem Weg ist, ihren Verstand öffnet und ihr Herz zum Brennen bringt[30].

---

[29] Irenäus, *Gegen die Häresien*, IV, iv, 3. Zit. im *Katechismus der Katholischen Kirche*, Nr. 1730.
[30] Siehe Lk 24,32.45.

10 Sexueller Missbrauch

Das Nachdenken über geistlichen Missbrauch hat uns auf versteckten Missbrauch aufmerksam gemacht, der mit einer persönlichen Beziehung einhergeht. In einem solchen Kontext ist schwerster Missbrauch möglich, der lange Zeit unbemerkt bleiben kann, da er meist keine direkten Auswirkungen auf das Gemeinschaftsleben hat. Die schmerzlichen Fälle sexuellen Missbrauchs an Minderjährigen oder an erwachsenen Männern und Frauen haben gezeigt, wie sehr es auch im Ordensleben möglich ist, ein Doppelleben zu führen, das jedoch viel schlimmer ist als das Doppelleben eines Priesters, der eine Geliebte hat, denn in diesen Fällen tragen Menschen Wunden für ihr ganzes Leben davon. Es braucht Jahre, bis die Betroffenen das Erlebte verarbeiten können, wobei das Geschehene niemals ganz ausgelöscht werden kann.

Die Enthüllungen der letzten Jahrzehnte haben sich fast ausschließlich auf Pädophilie konzentriert. Seit Langem wird aber auch darauf hingewiesen, dass man sich mit Missbrauch von Erwachsenen beschäftigen muss. Inzwischen wird über dieses Thema sowohl in der Gesellschaft als auch in den Institutionen des geweihten Lebens gesprochen. Das Motu proprio *Vos estis lux mundi* sichert Minderjährigen und schutzbedürftigen Personen denselben Schutz zu. Als schutzbedürftig gilt:

> »Jede Person im Zustand von Krankheit, von physischer oder psychischer Beeinträchtigung oder von Freiheitsentzug, wodurch faktisch auch gelegentlich ihre Fähigkeit zu verstehen und zu wollen eingeschränkt ist, zumindest aber die Fähigkeit, der Schädigung Widerstand zu leisten.«[1]

Was bisher über den geistlichen Missbrauch gesagt wurde, macht deutlich, wie eine Beziehung der geistlichen Begleitung die Möglichkeit des Verstehens, des Wollens und des Widerstands gegen den Missbrauch einengen kann, da sie aus dem Ordensmann oder der Ordensfrau – auch wenn diese erwachsen sind – eine schutz-

---

1 Papst Franziskus, *Vos estis lux mundi*, 9, Art. 1, §2.b.

bedürftige Person machen. Das Gleiche gilt für Novizen gegenüber dem Novizenmeister, selbst in einer ganz normalen Beziehung.

Zu diesem Thema wurden mehrere sehr fundierte Studien veröffentlicht; wir werden hier nur die großen Linien nachzeichnen, die man unbedingt kennen sollte und uns fragen, was der besondere Rahmen des Ordenslebens zu diesen Überlegungen beitragen kann.

10.1 Um welche Dynamiken geht es?

Machtmissbrauch oder Vertrauensmissbrauch?

Machtmissbrauch ist ein Schlüsselbegriff für das Verständnis von Missbrauch, aber er führt auch zu Verwirrung, da Machtmissbrauch – juristisch gesehen – ein Überschreiten legaler Befugnisse darstellt, die durch ein Statut oder eine Funktion rechtmäßig sind, wie z.B. beim Cellerar, der unter der Autorität des Priors den Mönchen Anweisungen gibt. Dies gilt im rein äußeren Bereich. Wenn ein geistlicher Vater einem Ehepaar Anweisungen zum ehelichen Leben[2] gibt, kann man von Machtmissbrauch sprechen, aber der Ausdruck wird zunehmend unpassend werden, denn es geht hier bereits um etwas ganz anderes als um Macht: Es handelt sich um ein unrechtmäßiges Eindringen in die Privatsphäre des Ehepaares. Geistlicher und sexueller Missbrauch gehen in dieselbe Richtung, nur reichen sie noch sehr viel weiter. Der Begriff des Eindringens ist daher wichtig, aber er genügt noch nicht, da er nur das Tun, nicht aber die zugrundeliegende Dynamik bezeichnet. Die Schweizer Bischöfe definieren in ihrem ausgezeichneten Dokument *Sexuelle Übergriffe im kirchlichen Umfeld* zunächst einige grundlegende Begriffe. Zu *Machtmissbrauch* schreiben sie:

> »Bei sexuellen Übergriffen handelt es sich in der Regel um das Ausnützen einer Überlegenheit seitens des Täters. Dieser ist dem Opfer in einem oder mehreren Punkten überlegen, z.B. in hierarchischer Position, im Amt, im Alter, in der gefühlsmässigen Unabhängigkeit, im Wissen, im Prestige als Seelsorger. Deshalb spricht man in diesem Zusammenhang auch von Machtmissbrauch gegenüber ›Abhängigen‹.«[3]

[2] Das soll nicht heißen, dass der Priester nicht über christliche Moral sprechen kann.
[3] Schweizer Bischofskonferenz, *Sexuelle Übergriffe im kirchlichen Umfeld*, 5; 1.1.2: *Ausnützung eines Gefälles*.

10.1 Um welche Dynamiken geht es?

Machtmissbrauch bedeutet in diesem Zusammenhang also, dass ein Mensch seine Überlegenheit gegenüber einem anderen Menschen ausnutzt, um von diesem Menschen Besitz zu ergreifen und auf unrechtmäßige, ja sogar kriminelle Weise in dessen geistliche oder physische Intimsphäre einzudringen, indem er ihn in Handlungen verwickelt, die dieser in einer normalen Situation ablehnen würde. Der Ausdruck *Vertrauensmissbrauch* scheint dieser Realität näher zu kommen als *Machtmissbrauch*, auch wenn er etwas ambivalent ist. Der präziseste Ausdruck bleibt jedoch jener der Schweizer Bischöfe: »Das Ausnützen einer Überlegenheit«.

Vertrauen schwächt den kritischen Blick

> »Missbrauch ist kein gewöhnliches Verbrechen, weil der Missbrauch der Priester-, Lehrer- oder Elternmacht in der intimen Vertrauensbeziehung stattfindet.«[4]

Vertrauen aber mindert oder blockiert einen kritischen Blick. Eine Gemeinschaft hatte eine hohe Meinung von einem jungen, ausländischen Kandidaten, der mehrmals zu Exerzitien gekommen war. Sie dachte, er werde in die Gemeinschaft eintreten. Später bat er sie um finanzielle Hilfe für eine Gründung, mit der er – wie er sagte – in seinem Heimatland begonnen hatte. Die totale Diskrepanz zwischen der extremen Armut der Gemeinschaft und den Fotos des riesigen, nagelneuen Gebäudes, das angeblich als Noviziat gebaut worden war, hätte in die Augen springen müssen. Einigen fiel es auch auf, aber diese Intuition schaffte es nicht, die Vertrauensbarriere zu überwinden und zu einer echten Frage zu werden. Es bedurfte des Zweifels einer außenstehenden Person, um eine Überprüfung zu veranlassen, die alles als falsch entlarvte. In einem Klima von Vertrauen begegnet man aufkommendem Zweifel mit einem Reflex: *Das ist nicht möglich.*

Damit soll natürlich nicht für Misstrauen plädiert werden, denn eine Welt ohne Vertrauen wäre zutiefst unmenschlich. Dieses Beispiel zeigt jedoch, dass der gesunde, kritische Blick durch das Vertrauen vollständig getrübt werden kann, denn es ist sehr schmerzlich, einen Menschen, dem man vertraut, in Zweifel zu ziehen, besonders wenn man von ihm Gutes erfahren hat, was eine Pflicht zur Dankbarkeit auslöst. Dann erscheint der Zweifel als

---

4 Klaus Mertes, *Verlorenes Vertrauen*, 34.

große Undankbarkeit und wird durch einen natürlichen Abwehrmechanismus in den Hintergrund gedrängt. Der Täter wird diesen Mechanismus maximal ausnutzen.

Das Verständnis von *Einwilligung* oder *Zustimmung* ändert sich damit erheblich. Wenn ein Vater eine sexuelle Beziehung mit seinem Sohn will, kann man nicht sagen, dass der Sohn einwilligt, auch wenn er sich nicht wehrt. Er hat ganz einfach nicht die psychischen Möglichkeiten, um sich zu widersetzen oder auch nur zu verstehen, was vor sich geht, und der Vater kann das ausnutzen. Ein Priester kann eine Frau zu einer sexuellen Beziehung verleiten und sich später damit rechtfertigen, dass sie eingewilligt habe, da sie volljährig war. In Wirklichkeit war sie wie geblendet von der inneren Gewissheit, dass dieser heilige Mann keine schlechten Absichten haben könne und sie sich führen lassen müsse.

> »Der Priester tat diese Dinge kurz vor der Absolution. Und man muss wissen, dass ein Priester, wenn er Beichte hört, und dann der Augenblick der Lossprechung kommt, ›in persona Christi‹, in der Person Gottes handelt. Wenn er diese Dinge tat, habe ich mir immer gesagt, dass er im Namen Gottes handelt und ich mir daher keine Fragen stellen muss, sondern dass es Gott ist, der das so für mich will. Zudem geschah es in einer Kapelle, also gab es nichts, was in Frage zu stellen war.«[5]

Die Aura des Priesters lässt das Kind oder den Gläubigen denken, dass das, was er von ihm möchte, sicher gut ist. Wenn es mit ein paar schönen Worten und geistlichen Rechtfertigungen ausgeschmückt wird, kann die wahre Absicht verborgen bleiben.

> »Der Sondercharakter des Verbrechens sexualisierter Gewalt besteht darin, dass es im Vertrauensraum stattfindet. In diesem Raum gelingt es dem Täter, die Gewalttat als Liebesakt, als pädagogische Maßnahme, als gerechte Strafe oder als was auch immer zu verkaufen. Das Opfer ›weiß‹ dann zwar um alle Details der Missbrauchstat, kann sie aber oft noch nicht mit eindeutiger Klarheit als Missbrauchstat deuten.«[6]

---

5   Eric Quintin und Marie-Pierre Raimbault, *Gottes missbrauchte Dienerinnen* [Dokumentarfilm].
6   Klaus Mertes, *Verlorenes Vertrauen*, I, II, 5. *Mitwissen und Verantwortung*, 48.

10.1 Um welche Dynamiken geht es?

Spirituelle Rechtfertigungen

Das Ausnutzen heiligster Realitäten, die Unrecht rechtfertigen sollen, das nicht zu rechtfertigen ist, macht sprachlos, kommt aber bei Missbrauch im religiösen Kontext häufig vor. Jacques Poujol nennt einige Beispiele: »Betrachte es als einen Segen Gottes«; »Gott hat mir gesagt, dass es gut ist; unsere Liebe ist etwas Besonderes«; »Du hast Glück, ich habe dich auserwählt«; »Wenn du mich liebst, liebst du Jesus«.[7] Zweideutige oder unverblümt sündhafte Gesten werden als Ausdruck der Liebe Gottes dargestellt, die sich inkarnieren muss, um den Menschen zu erreichen. »Das brauchst du, um die Liebe Gottes zu entdecken.« Eine im Anhang zitierte Betroffene sagt: »Also hängt meine Heiligkeit – was sage ich: meine Daseinsberechtigung! –, an meiner Fähigkeit, mich von meinem geistlichen Vater prostituieren zu lassen«. Dann kann man wirklich von Blasphemie sprechen. Papst emeritus Benedikt XVI. schreibt:

> »Eine junge Frau, die als Ministrantin Altardienst leistete, hat mir erzählt, dass der Kaplan, ihr Vorgesetzter als Ministrantin, den sexuellen Missbrauch, den er mit ihr trieb, immer mit den Worten einleitete: ›Das ist mein Leib, der für dich hingegeben wird‹. Dass diese Frau die Wandlungsworte nicht mehr anhören kann, ohne die ganze Qual des Missbrauchs erschreckend in sich selbst zu spüren, ist offenkundig.«[8]

Das Geschehen als etwas Mystisches darzustellen, ist zudem das einfachste Mittel, um die Geheimhaltung zu rechtfertigen: »Was zwischen uns geschieht, ist eine Gnade der Auserwählung, die andere nicht verstehen können«. Eine simple Möglichkeit, unmoralische Gewalt als den Gipfel der Vereinigung mit Gott darzustellen.

Wenn Zweifel auftauchen, wird das Opfer mit dem Gedanken beruhigt, dass es sich um eine Ausnahmesituation handelt. »Für uns ist das erlaubt. Die Gnade, die wir erleben, ist so erhaben, dass sie uns über die gewöhnlichen Gesetze erhebt.« »Die Stufe der Liebe, auf der wir uns befinden, erlaubt alles.« Diese Behauptung des Täters ist für das Opfer so überzeugend, weil er wirklich davon überzeugt ist. Wäre es nur ein Spiel, wäre die Wirkung viel schwä-

---

[7] Jacques Poujol, *Abus spirituel, S'affranchir de l'emprise*, 38.
[8] Benedikt XVI., *Die Kirche und der Skandal des sexuellen Mißbrauchs*.

cher. Dieser Verlust des Bewusstseins für den Schaden, der dem anderen zugefügt wird, macht eine Bekehrung fast unmöglich.

Allmähliche Annäherung

Bei Kindesmissbrauch ist die blendende Wirkung stark genug, so dass der Täter schnell an sein Ziel kommt. Bei einem Erwachsenen werden die Annäherungsschritte viel vorsichtiger sein; das Opfer kann über Jahre hinweg vorbereitet werden, wie es ein Experiment mit Fröschen zeigt. Ein Forscherteam warf einen Frosch in einen Topf mit kochendem Wasser. Der Frosch hatte einen lebensrettenden Reflex und sprang sofort aus dem Topf. Er kam etwas angeschlagen, aber lebend davon. Dann nahm das Team denselben Frosch und legte ihn in einen Topf mit kaltem Wasser, das langsam erwärmt wurde. Und der Frosch wurde übertölpelt, weil es keinen abrupten Moment gab, der eine Reaktion in ihm auslöste. Er wurde zunehmend benommen, bis er das Gespür für die Gefahr verlor. Das im Anhang zitierte Zeugnis veranschaulicht alle Elemente des sexuellen Missbrauchs[9] besonders gut und macht diese allmähliche Entwicklung deutlich sichtbar.

Eine unzulässige Sakralisierung des Gehorsams

Der Täter will die völlige Unterwerfung des künftigen Opfers erreichen, so dass er es wirklich beherrschen und sich seiner bemächtigen kann. In den Zeugenaussagen taucht regelmäßig die Überlegung auf, dass diese totale und bedingungslose Unterwerfung durch das Gehorsamsgelübde geboten sei, insbesondere gegenüber Priestern:

> »Bei missbrauchten Ordensfrauen mischte sich die Scham, ihr Keuschheitsgelübde gebrochen zu haben, mit der Angst vor einer Falschaussage. Einen Priester zu denunzieren bedeutet, die Kirche zu beschuldigen, den Gehorsam, den sie gelobten, zu profanieren.«[10]

Dieser Irrtum ist tragisch. Er wurde hier bereits so ausführlich dargelegt[11], dass nicht nochmals darauf eingegangen werden soll, aber eines wird damit sehr deutlich: Wenn das Gehorsamsgelübde so ver-

---

9 Auch wenn es keine sexuelle Beziehung im eigentlichen Sinne war.
10 Eric Quintin u. Marie-Pierre Raimbault, *Gottes missbrauchte Dienerinnen* [Dokumentarfilm].
11 Siehe Kapitel 5.

standen wird, dass es bedingungslose Unterwerfung verlangt, kann es zu einer allmächtigen Waffe in Händen von Kriminellen werden.

Um diesen angeblichen Gehorsam zu verstärken, kann auch Angst eingesetzt werden. Der Psychotherapeut Pascal Ivy zitiert folgende Aussage eines Opfers: »Am schlimmsten war die Angst, in die Hölle zu kommen, wenn ich ihm nicht gehorchen würde, und so habe ich ihm schließlich nachgegeben«[12].

Das Unmögliche ist möglich

Die Wucht der Fassungslosigkeit muss hervorgehoben werden.

> »Das, was geschieht, ist so unfassbar, so ungeheuerlich, so unvorstellbar, dass die Beute nicht mehr den Reflex hat, nachzudenken oder gar wegzulaufen, zu schreien oder sich zu verteidigen«.

Jacques Poujol sagt das Gleiche: »Das Opfer leugnet die Realität, die es nicht als real begreifen kann, weil es fassungslos ist und ihm ein Verstehen völlig unmöglich ist«[13]. Der Dokumentarfilm von Arte spricht vom Vogel, der von der Schlange hypnotisiert wird und nicht mehr wegfliegen kann, obwohl er es rein äußerlich noch könnte. Die Verfasserin der im Anhang zitierten Zeugenaussage schreibt: »Es funktioniert nichts mehr; so als wäre ich auf einen Schlag dumm geworden. Blackout. Das Unmögliche kann nicht möglich sein. Es ist nicht. Es ist nichts passiert.«

Dieser Reflex ist von großer Bedeutung, denn er zeigt sich in allen Situationen, in denen es darum geht, sich eines anderen zu bemächtigen: »Das ist nicht möglich«. Vervollständigt wird dieser Reflex mit der sich daraus ableitenden Schlussfolgerung: »Was nicht möglich ist, ist nicht«. Aus der Distanz betrachtet, scheint dies unsinnig zu sein, aber in Wirklichkeit ist es ein Abwehrreflex gegen den drohenden Weltuntergang. Da es die Kraft der Psyche übersteigt, sich das Geschehene bewusst zu machen, wird es gelöscht. *Blackout.* Daher weigerten sich früher viele Eltern, ihrem Kind zu glauben, wenn es ihnen zu erklären versuchte, was ein Priester getan hatte: »So spricht man nicht über einen Priester«. Das kann einfach nicht sein, daher erzählt das Kind Unsinn. Einen solchen Reflex gibt es bei Pädophilie heute in Frankreich nicht mehr, eben weil jeder weiß, dass Missbrauch möglich ist, aber er ist in anderen

---

12 Jacques Poujol, *Abus spirituel*, 38.
13 Ebd., 30.

Bereichen, in denen es zu Missbrauch kommen kann, weiterhin sehr präsent: im Ordensleben, aber mehr noch in anderen sozialen Gefügen. Ein Ziel des vorliegenden Buches ist es, diesen Reflex zu bekämpfen, da er die Opfer daran hindert, sich zu wehren. Zu wissen, dass das, was sie sehen oder erleben, möglich ist, und es in Worte zu fassen, kann ihnen helfen, die Klarheit und die Kraft zu finden, »Nein« zu sagen. Aber es kann auch für Außenstehende, die von den Betroffenen um Rat gebeten werden, hilfreich sein, so dass sie ihnen achtsamer zuhören.

Schuldgefühle erzeugen

Dieser Mechanismus, der einen blind macht, ist auch eine der Ursachen für die Schuldgefühle des Opfers, das sich Vorwürfe macht, die Situation nicht richtig erkannt zu haben, denn der Täter versucht oft, es in die Entscheidung einzubeziehen. Schlimmer noch: Er versucht, die Verantwortung auf das Opfer abzuwälzen. Bischof Ravel schreibt im zweiten Teil seines Buches *Un cœur qui écoute*, unter der Überschrift »Opfer und Peiniger«:

> »Eine Tat, für die man sich verantwortlich fühlt, vergisst man nie. Im Gegensatz zu anderen Formen von Gewalt führt sexueller Missbrauch zu einem ›Austausch‹ der Verantwortung für die Gewalt. Die Schuld des Peinigers und die Unschuld des Opfers werden verdreht: Die Schuld liegt beim Opfer und die Unschuld beim Peiniger, der stolz auf sein reines Gewissen ist. Die Trauer wegen der Schuld ist nicht bei demjenigen, bei dem sie sein müsste. Diese nachgewiesene Faktenlage macht es dem Opfer sehr schwer, das Verbrechen selbst anzuzeigen, denn es betrachtet die Anzeige als Eingeständnis einer persönlichen Straftat. Beim Opfer werden die Schuldgefühle so lange bestehen bleiben wie der Urheber der Schuldgefühle diese selbst leugnet.«[14]

Die letzte Bemerkung ist von größter Wichtigkeit, denn sie zeigt, dass das Opfer, selbst wenn es keinen Kontakt mehr zum Täter hat, immer noch in seiner Hand ist und dass der Täter durch die traumatische Erinnerung Einfluss auf dessen Leben ausübt.

---

14 Mgr Ravel, *Comme un cœur qui écoute*, 68. Marie-Jo Thiel analysiert in ihrem Buch (Kapitel 4, »*Le mineur victime*«) die Erlebnisse der Opfer und betont, dass das kindliche Opfer unter einer überwältigenden Beeinflussung steht, was – zumindest teilweise – erklärt, dass der Gewalttäter völlig ungestraft wieder straffällig werden kann, indem er das Kind glauben lässt, es sei selbst der Verführer. Vgl. Marie-Jo Thiel, *L'Église catholique face aux abus*, 191.

10.1 Um welche Dynamiken geht es?

Die Schuldumkehr ist nicht auf sexuellen Missbrauch beschränkt. Jacques Poujol stellt dasselbe fest: »Das Opfer nimmt de facto die Schuld dessen auf sich, der es manipuliert«[15].

> »Die Theologin Lytta Basset hat die Schuldgefühle des Opfers gut beschrieben. Wenn ein Mensch ein Leid durchmacht, das weder erklärt noch verstanden wird, oder wenn diese Notlage weder wahrgenommen noch anerkannt wird, dann hat er Schuldgefühle wegen seines Leids. Bei Opfern von geistlichem Missbrauch ist das Schuldgefühl sehr stark. Es ist eine paradoxe Tatsache, dass hilflos erlittenes Unrecht sehr starke Schuldgefühle auslöst, zumal der Täter seine Verantwortung auf das Opfer abschiebt. Das Schuldgefühl ist hier ein erpresserisches oder parasitäres Gefühl, das an die Stelle eines anderen Gefühls tritt, das in dieser Situation legitimerweise empfunden werden sollte: Zorn.«[16]

Hervorzuheben sind die Worte in der Mitte des Zitates: »wenn diese Notlage weder wahrgenommen noch anerkannt wird«, denn sie beschreiben, was man »beschuldigendes Hören« nennen könnte. Auch wenn es nicht explizit ausgesprochen wird, führt die Weigerung, die Schuld des Täters wirklich in Betracht zu ziehen, dazu, dass dem Opfer die Schuld zugeschoben wird.

Wenn allerdings diejenigen, die der betroffenen Person nahestehen und Kenntnis von den Fakten haben, sich selbst fragen: »Aber warum hat sie sich nicht gewehrt?«, können sie einen solchen Mechanismus der Schuldverschiebung noch verstärken.

> »Was den Dokumentarfilm auf Arte[17] anbetrifft, muss ich gestehen, dass er mich sehr aufgewühlt hat. Noch aufgewühlter war ich, als ich dann in meinem Umfeld (bis hin zu meiner ältesten Freundin, die mich nach meinem Austritt ganz enorm unterstützt hatte) erleben musste, dass sie überhaupt nicht verstanden, was es bedeutet, wenn sich ein anderer Mensch der eigenen Person ganz und gar bemächtigt [sondern sie dachten]: ›Wie konnten sich die Frauen nur so etwas antun lassen?! Das hätte ich nie mit mir machen lassen! Ich hätte ein paar Ohrfeigen ausgeteilt und wäre gegangen‹.«

---

15 Jacques Poujol, *Abus spirituel*, 27.
16 *Ebd.*, 71. Wir erinnern daran, dass Jacques Poujol nicht über sexuellen, sondern über geistlichen Missbrauch spricht. Die Ähnlichkeit des Vokabulars ist daher umso frappierender.
17 Eric Quintin u. Marie-Pierre Raimbault, *Gottes missbrauchte Dienerinnen* [Dokumentarfilm].

So denkt jemand, der nicht in die Fänge einer Person geraten ist, die sich seiner bemächtigt hat.

10.2 Von einem anderen völlig beherrscht werden

Wenn sich eine Person einer anderen bemächtigt, handelt es sich um eine komplexe Realität, die heutzutage von kompetenten Fachleuten sehr gut analysiert, aber in der breiten Öffentlichkeit noch wenig bekannt ist. Dieses Phänomen muss mit Kompetenz und Klarheit angegangen werden, denn wenn das potenzielle Opfer die Mechanismen nicht kennt, hat es der Täter viel leichter. In diesem Buch war davon nur wenig die Rede, da dieses Thema Kompetenzen erfordert, die sich die Autoren nicht zuschreiben. Es soll mit Spezialisten in einem weiteren Buch, das dieses ergänzen soll, erörtert werden. Dennoch ist es möglich, auf der Grundlage einiger Zeugnisse Überlegungen anzustellen.

In einer persönlichen Beziehung

Das leidvolle Zeugnis, das im Anhang zitiert wird, veranschaulicht den Prozess der Besitzergreifung. Alle Dynamiken, die soeben erklärt wurden, findet man dort wieder. Alles beginnt mit einem großen Vertrauen. »Verloren vor Schmerz an den Gestaden meiner Kindheit, hat Ihr Licht meiner Existenz einen Sinn gegeben.« Die Aufforderung: »Sei gegenüber dem Heiligen Geist ganz fügsam« enthält die klare Botschaft, sich blindlings führen zu lassen, sich im Vertrauen ganz loszulassen – ein Vorspiel zum Vertrauensmissbrauch. »Die Liebe zwischen zwei Personen, die sich im Ordensleben ganz hingeben, ist eine göttliche Liebe« – mit diesen Worten kann die Unterwerfung unter die verborgenen Absichten des Täters auf eine sakrale Ebene gehoben werden, die eine Rechtfertigung für alle Abartigkeiten liefert. »Uns verbindet ein Geheimnis. Es ist nicht gut, davon zu erzählen, denn die anderen können es nicht verstehen«. So werden alle neugierigen Blicke vermieden. »Jesus liebt Maria Magdalena, die Prostituierte, ganz besonders, gerade weil sie seine Vergebung voll und ganz empfangen kann«. Damit rechtfertigt man die Ausnahme.

»Er hat mein Gehirn, mein Herz, meine Seele, meinen Verstand und meinen Leib in seinen Händen.« Dieser Satz beschreibt in einer einzigen Zeile das Wesen der Besitzergreifung. Es ist zu beachten, dass der Leib zuletzt genannt wird. Die aktuellen Enthüllungen konzentrieren sich vielleicht zu sehr auf die sexuelle Dimension, aber der Satz wäre nicht weniger schrecklich, wenn diese beiden Worte fehlen würden: »Er hat mein Gehirn, mein Herz, meine Seele, meinen Verstand in seinen Händen«. Das ist Sklaverei ohne sichtbare Ketten; der Täter hat totale Macht über die Person, was sich in dem ganz kleinen Satz zeigt: »Und ich treffe mich weiterhin mit ihm. Regelmäßig.«

Wer eine solche Besitzergreifung durch einen anderen nicht aus eigener Erfahrung kennt, kann das nicht nachvollziehen und interpretiert diese Unterwerfung als eine Zustimmung, was ein schwerwiegendes Fehlurteil ist, das es unmöglich macht, dem dramatischen Ereignis wirklich Gehör zu schenken.

> »Ich brauchte 15 Jahre, bis ich anfangen konnte, diesen Blackout zu beheben. 15 Jahre, um mich mit dem Schmerz abzufinden, in diesem Helden meines Lebens einen so schwer Kranken zu sehen. Und auch, um zu begreifen, dass ich nicht das Opfer von Stupidität, sondern von Manipulation, Besitzergreifung und Gehirnwäsche war. Und noch heute, mehr als ein Vierteljahrhundert später, versinke ich manchmal wieder in diesem Albtraum und verstehe das Ausmaß des Verrats noch tiefer. Andere junge Mädchen aus meiner damaligen Zeit, stehen noch immer unter dieser alles beherrschenden Fremdbestimmung.«

In einer Gemeinschaft

In dem Film »Emprise et abus spirituel«[18], der eine hervorragende und für jeden verständliche Zusammenfassung des Phänomens der Besitzergreifung gibt, erklärt Dr. Isabelle Siben:

> »Damit geistlicher Missbrauch möglich wird, muss zuvor bereits eine Beeinflussung, eine Beherrschung der Person stattgefunden haben, eine Beherrschung mittels vielfältiger Formen von Manipulation, denn die Menschen sind nicht dumm. Wären es nur gewöhnliche Verstöße oder Übergriffe, würden sie es merken und sich abwenden. Die Beeinflussung, die bis zur völligen Beherrschung geht, ist so, als würde man Ihnen in Ihr Inneres das Denken eines anderen injizieren.«[19]

---

18 Jean-Claude / A. Duret, *Emprise et abus spirituel* [Dokumentarfilm].
19 Isabelle Siben, in: Jean-Claude u. A. Duret, *Emprise et abus spirituel* [Dokumentarfilm].

Marie-Laure Janssens nennt es »ein Eindringen in das Leben der Person mit Hilfe eines geistlichen Druckmittels«[20].

Xavier Léger bezieht sich auf das Modell, das der Psychologe Steven Hassan entwickelte, »um zu erklären, wie man die Identität einer Person erfolgreich manipulieren und modifizieren kann. Ihm zufolge reicht es aus, vier Parameter zu kontrollieren: das Verhalten der betroffenen Person, ihr Denken, ihre Emotionen, die Informationen, die sie erhält«[21]. Die Kontrolle über Denken und Informationen wurde bereits ausführlich besprochen. Weniger wurde bisher über die Kontrolle der Emotionen gesagt. Xavier Léger spricht von der Praxis des

> »›love bombing‹ (Bombardieren mit Liebe), die beim Neuankömmling angewendet wird, damit dieser das Gefühl hat, im Mittelpunkt aller Aufmerksamkeit zu stehen. Das *love bombing* ist eine besonders wirksame Waffe bei Menschen, die mit emotionalem Schmerz in einer Situation der Isolation leben. Wenn der Köder dann geschluckt ist, weicht die Euphorie allmählich Schuldgefühlen und Ängsten. Steven Hassan erklärt, dass ›die Schuldgefühle wahrscheinlich der wichtigste emotionale Hebel sind, um Konformität und Unterwerfung zu erreichen‹.«[22]

In einer Ordensgemeinschaft kann das Schuldkapitel[23] zweckentfremdet und zu einer öffentlichen Anschuldigung werden. Dasselbe gilt für die Praxis der gemeinschaftlichen brüderlichen Zurechtweisung, die fast überall wegen ihrer Ambivalenz aufgegeben wurde.

10.3 Eine seltsame Ähnlichkeit

Obwohl in den vorangegangenen Abschnitten (mit Ausnahme des letzten) stets die Dynamiken von sexuellem Missbrauch innerhalb der Intimität einer Zweierbeziehung betrachtet wurden, darf man nicht übersehen, dass dieselben Dynamiken bereits bei sektiererischem Verhalten in Gemeinschaften oder bei geistlichem Missbrauch anzutreffen waren. Papst Franziskus hat diesen Zusammenhang vor allem in seinem *Schreiben an das Volk Gottes*[24] betont, wo

---

20 Marie-Laure Janssens, *Le silence de la Vierge*.
21 Xavier Léger, *Le statut épistémologique*, 38.
22 Ebd., 42.
23 Ein monastischer Brauch, der darin besteht, seine eigenen Fehler bei einer Zusammenkunft im Kapitel zu bekennen.
24 20. August 2018.

10.3 Eine seltsame Ähnlichkeit

er sexuellen Missbrauch, Machtmissbrauch und Missbrauch des Gewissens stets in einem Atemzug nennt. Bischof Ravel zeigt, dass sich alle Missbrauchsformen auf eine gewisse Weise ähneln:

> »Indem diese [geistliche] Macht von ihrem Ziel abgelenkt wird, wird sie zu einem persönlichen Vorteil umgelenkt, sei es als Macht (über die Seelen), sei es als Ansehen (im Hinblick auf die Gemeinschaften) oder als Sexualität (im Hinblick auf Individuen).«[25]

Die Ähnlichkeit der posttraumatischen Symptome sollte uns ermutigen, die Folgen einer nicht-sexuellen Vereinnahmung ernster zu nehmen, denn in beiden Fällen können sie bis zum Suizid führen. Es ist daher bedauerlich, dass der derzeitige Ansatz dazu neigt, Missbrauch in der Kirche mit sexuellem Missbrauch durch Kleriker gleichzusetzen, und zu sehr auf Klerikalismus als Hauptursache zu verweisen. Wenn alles unter einem ausschließlich männlich konnotierten Begriff zusammengefasst wird, der weit über das Problem des Missbrauchs hinausgeht, wird ein Teil des Problems verkannt. Bischof Ravel definiert Klerikalismus als eine Verschiebung der Macht, die *für* die Schafe ausgeübt wird, zu einer Macht *über* die Schafe. Zum Glück sind nicht alle Kleriker, die von dieser Krankheit betroffen sind, Missbrauchstäter! Man könnte sagen, dass Klerikalismus – verstanden in einem umfassenden Sinne, der alle Träger religiöser Macht, Männer und Frauen, Priester und Laien, einschließt – ein notwendiges, aber nicht hinreichendes Umfeld ist, damit Missbrauch gedeihen kann. Mit anderen Worten: Wird der Klerikalismus beseitigt, wäre auch der Missbrauch beseitigt. Um jedoch die unmittelbaren Ursachen von Missbrauch zu verstehen, ist eine genauere Analyse erforderlich.

Bischof Ravel bringt uns auf eine bessere Spur:

> »Zwei Elemente der geistlichen Unterscheidung können als zwei miteinander verbundene Gründe hervorgehoben werden, aus denen deutlich wird, warum der Täter zur Handlung übergeht: Das ist zum einen eine egozentrische Psyche und zum anderen eine fehlgeleitete geistliche Macht.«[26]

Die fehlgeleitete geistliche Macht verweist auf Klerikalismus, geht aber deutlich darüber hinaus. Vor allem muss diese Macht so stark

---

25 Mgr Luc Ravel, *Comme un cœur qui écoute,* 86.
26 Ebd., 84.

fehlgeleitet sein, dass sie dem Ego des Urhebers zugutekommt. Genau das sagen die Schweizer Bischöfe: *Ausnützung eines Gefälles*.

Die Kommission SOS-Missbrauch, die von der Johannes-Gemeinschaft eingesetzt wurde, um Missbrauchsfälle zu untersuchen, stellte fest, »dass Missbrauch von Erwachsenen zu 80 % zwischen einem geistlichen Vater und der von ihm begleiteten Person stattfanden«, womit einmal mehr unterstrichen wird, dass bei sexuellem Missbrauch von Erwachsenen fast immer ein geistlicher Missbrauch vorausgegangen ist. Im Fall von Pädophilie verhält es sich natürlich anders.

In 95% der Fälle sind Priester beteiligt: Ist dieser hohe Prozentsatz wirklich auf eine besondere Gefährlichkeit zurückzuführen, die der Priester aufgrund seiner überlegenen Stellung hat, oder liegt es eher daran, dass geistliche Begleitung hauptsächlich von Priestern ausgeübt wird? Eine weitere Bemerkung der Schweizer Bischöfe geht in diese Richtung:

> »Alle in der Pastoral Tätigen und alle, die ihr Leben besonders Gott zur Verfügung gestellt haben, geniessen eine besondere Stellung: Ratsuchende Menschen machen im Allgemeinen wenig Unterschied zwischen einem geweihten und einem nicht geweihten Seelsorger. Viele Seelsorger und Mitglieder von religiösen Gemeinschaften geniessen als Vertreter der Institution Kirche mit ihren hohen Prinzipien ein besonderes Prestige und werden um Hilfeleistungen angegangen.« [27]

Das Schlüsselelement wäre demnach also nicht so sehr der Priester, der durch das Sakrament geprägt ist, sondern der »Vertreter der Institution Kirche«, unabhängig davon, ob dieser Vertreter geweiht oder nicht geweiht, ob er männlich oder weiblich ist. Da er die Kirche repräsentiert, wird davon ausgegangen, dass er ihre »hohen Prinzipien« teilt, was höchstwahrscheinlich zutrifft, und dass er sie in die Praxis umsetzt, was vielleicht nicht zutrifft. Diese Bemerkung verdient eine vertiefte Reflexion, denn dadurch könnte man vermeiden, eine falsche Spur zu verfolgen.

Die Annahme, der Priester sei aufgrund seiner sakralen Unantastbarkeit der alleinige Verantwortliche für Missbrauch, wird durch das Ordensleben nicht bestätigt. Das überwiegend weiblich

---

27 Schweizer Bischofskonferenz, *Sexuelle Übergriffe im kirchlichen Umfeld*, 1.1.4.

10.3 Eine seltsame Ähnlichkeit

ausgeprägte Ordensleben leidet nicht unter der Unausgewogenheit, die man der Kirchenleitung vorwirft, und bietet daher einen guten Ausgangspunkt für Reflexionen. Die Erfahrung zeigt, dass Macht- und Missbrauchsprobleme bei Frauen genauso oft auftreten wie bei Männern. Die Modalitäten sind verschieden, da sexueller Missbrauch größtenteils von Männern[28] begangen wird, während geistlicher Missbrauch sehr gleichmäßig aufgeteilt ist. Ebenso gibt es keine großen Unterschiede zwischen dem Ordensleben im eigentlichen Sinn und den kirchlichen Laienbewegungen. Die Analyse von Jacques Poujol[29] zeigt, dass Missbrauch im protestantischen Milieu, trotz ganz anderer Strukturen und des Nichtvorhandenseins geweihter Amtsträger, mit Missbrauch im katholischen Milieu völlig identisch ist. Die Geschichte der Familie von Nazareth führt zu derselben Schlussfolgerung im Hinblick auf eine neue Form engagierten Lebens in der Kirche[30].

Es ist daher etwas zu simpel, den Priester als Priester anzuklagen. Wenn er zu Fall kommt, schockiert das mehr als bei anderen – das ist normal –, aber die Risikozone sollte eher in der Verbindung zweier Elemente gesucht werden: einer innig-vertrauten Beziehung und einer großen moralischen Überlegenheit. Die Verbindung dieser beiden Elemente bedeutet, dass die Person, die über diese moralische Überlegenheit verfügt, große Macht besitzt und viel Gutes oder viel Schlechtes tun kann.

Das Problem ergibt sich also aus der Diskrepanz zwischen moralischer Vorrangstellung und moralischem Anspruch, worauf die Kommission SOS-Missbrauch zu Recht hinweist. Ist es möglich, diese Diskrepanz zu verringern? Das ist ganz offensichtlich eine überaus wichtige Frage. Manche möchten die moralische Vorrangstellung des Priesters einschränken. Ein Übermaß sollte zweifellos unterbunden werden. Bischof Ravel betont, dass die Sakralisierung

---

28 Die unabhängige Kommission für sexuellen Missbrauch in der Kirche gab in ihrem ersten Tätigkeitsbericht (November 2019) an, dass sie 2.500 Zeugnisse erhalten hat. 98% der Missbrauchstäter sind Männer, Priester (70%) oder Ordensmänner (30%). Die Untersuchung bezog sich nur auf Priester und Ordensleute, nicht jedoch auf Pastoral- oder Gemeindereferenten.

29 Jacques Poujol, *Abus spirituel*, Kapitel 4: *Les systèmes chrétiens abusifs, 35*. Dieser Text, der vom Autor des vorliegenden Buches erst entdeckt wurde, nachdem der größte Teil dieses Buches bereits geschrieben war, enthält eine 9-seitige Zusammenfassung, die dem hier Geschriebenen verblüffend ähnlich ist.

30 Siehe das Zitat hier, 43.

des Priesters zu Unrecht auf sein ganzes Leben ausgeweitet worden ist, so als müsse er sich nicht an das bürgerliche Gesetz halten. Der Priester oder der Ordensmann sind keine göttlichen Wesen, sie müssen ihre Stromrechnungen bezahlen und die Straßenverkehrsordnung[31] einhalten wie alle anderen auch. Die sakrale Dimension des Priesters bezieht sich auf die Sakramente, sie erstreckt sich nicht auf seine gesamte Person und auf all seine Worte.

> »Die Wahrheit des Priesters, das, was ich sein Mysterium nenne, liegt nicht in einer menschlichen Sakralisierung, sondern in einer göttlichen Sakramentalisierung.«[32]

Es ist unerlässlich, das Mysterium des Priesters wieder an seinen richtigen Platz zu stellen und seine konkreten Grenzen zu betonen. Seine moralische Vorrangstellung aus Prinzip anzugreifen, scheint keine Lösung zu sein, denn dann wird diese auf andere Personen übertragen, das Problem bleibt jedoch bestehen. Moralische Überlegenheit ist Teil des menschlichen Lebens; welche Gesellschaft könnte ohne sie leben? Es wäre notwendig, die moralische Vorrangstellung an den moralischen Anspruch zu binden, der ihr zwingend vorausgehen muss, und nicht an eine Funktion. Wenn man jedoch Missbrauch durch Vorgesetzte, Ausbilder, Gründer oder Gründerinnen sieht, kann man entmutigt sein, denn wem kann man noch vertrauen? Marie-Jo Thiel verweist in ihrem Buch auf ein soziologisches Element der Zunahme von Missbrauchsfällen: einen Niedergang der moralischen Werte[33]. Man könnte entgegnen, dass diese Erklärung nicht ausreicht, denn auch in Kongregationen, in denen die traditionellen moralischen Werte sehr geschätzt wurden, kam es zu schweren Missbrauchsfällen. Diese Ungereimtheit unterstreicht jedoch nur, dass Ordensleute Kinder ihrer Kultur sind, und dass es nicht ausreicht, einen Habit zu tragen, damit sich alles ändert. Die jungen Menschen, die zu uns kommen, tragen die Werte – und damit den Relativismus – der heutigen Welt in sich. Sie können sich für eine Wiederentdeckung der moralischen Werte be-

---

31 In seinem Hirtenbrief fügt Mgr Ravel humorvoll hinzu: »Ich habe unlängst einen Punkt kassiert«.
32 Mgr Ravel, *Mieux vaut tard*. Dieser Hirtenbrief hat die Struktur, die später in seinem Buch *Comme un cœur qui écoute* übernommen wurde.
33 Marie-Jo Thiel, *L'Église catholique face aux abus*, 62.

geistern und voll Leidenschaft darüber sprechen, ohne dass jedoch ihre Psyche davon schon umgestaltet wäre. Es scheint, dass eine allzu intellektuelle Ausbildung die Ursache vieler Dramen war. Die Worte schufen Illusionen, vielleicht sogar auch für den Urheber der Worte, aber die Leidenschaften waren noch nicht evangelisiert worden. Kurzum, das Thema ist komplex und es wäre klug, nicht alles auf ein einziges Element – den Klerikalismus – zu reduzieren, so bedeutsam er auch sein mag.

10.4 Homosexueller Missbrauch im Ordensleben

In einer Ordensgemeinschaft können der Novizenmeister oder die Novizenmeisterin ihre Position ausnutzen, um einen bestimmten Novizen oder eine bestimmte Novizin auf eine Beziehung vorzubereiten, die verdeckt oder explizit homosexuell ist. Ein Oberer, eine Oberin, ein älterer Mitbruder kann sich ähnlich verhalten. In der heutigen Zeit, in der Homosexualität zunehmend ein eingefordertes Recht ist, wird diese Verhaltensweise vermutlich sehr verschleiert bleiben, obwohl es sich auch hier um massive Gewalt handelt. Der Novize oder die Novizin werden manipuliert, um ihr Gewissen zu betäuben und sie zu Verhaltensweisen zu bringen, mit denen sie niemals einverstanden gewesen wären, wenn sie erkannt hätten, was vor sich geht. Sie waren eingetreten, um ihr Leben Christus zu schenken, und das Gelübde der Keuschheit ist ein grundlegendes Element der Weihe ihres Lebens an Gott allein. Und nun kommt ein anderer Ordensmann oder eine andere Ordensfrau, die ebenfalls von diesem Gelübde geprägt sind, und instrumentalisieren es, um im anderen zu zerstören, was sie bei sich selbst nicht unversehrt bewahren konnten. Sie haben dasselbe Gelübde abgelegt und müssten sich daher der Verwüstung, die sie anrichten, und der heiligen Seite des Gelübdes bewusst sein. Wenn das Opfer erkennt, was passiert ist, wird es das Empfinden haben, die eigene Weihe an Christus verraten zu haben, aber auch, selbst verraten worden zu sein.

Dieser Bereich ist weniger bekannt und wird es wohl auch in Zukunft bleiben, insbesondere in Frauenorden, wo er die geläufigste Form sexuellen Missbrauchs darstellt. Dennoch sind die Worte, die von den Opfern verwendet werden, nicht weniger eindrücklich.

Nachdem eine ältere Schwester einer jungen Schwester lange nachgestellt hatte, bezeugte die junge Schwester:

> »Ich hatte in einem Semester eine Vorlesung über affektive und sexuelle Aspekte in der Moraltheologie belegt, bei der es um Inzest, Emotionalität, Sexualität ging. Mir wurde ganz deutlich bewusst, was passiert war. Auf einmal war es so, als ob die Vorlesung genau von dem berichtete, was mir mit der Mitschwester passiert war, und als würde sie in Worte fassen, was ich erlebt hatte: Inzest – Vergewaltigung – sexuelle Übergriffe – sexuelle Beziehungen, die es innerhalb einer Ordens-›Familie‹ nicht geben sollte. Ich habe enorme Schuldgefühle und Sr. Katharina hatte diese Schuldgefühle verstärkt. Für mich steht fest: Sr. Katharina ist verantwortlich für mein zerbrochenes Leben. Ich breche zusammen, ich verliere viel Gewicht. Ich esse nicht mehr, ich schlafe nicht mehr, ich versinke in einer Depression.«[34]

Die bereits erläuterten Dynamiken finden sich auch hier wieder: Schuldgefühle werden erzeugt, eine mystische Sichtweise, Vertrauen, das den kritischen Blick trübt. Eines Nachts, als Andrea Zuflucht beim Tabernakel sucht, und hofft, dort allein zu sein, findet Sr. Katharina sie dort. »Später sagte sie mir, dass dieses gemeinsame Gebet für sie ein ganz außergewöhnlicher Moment gewesen sei und dass Gott darin unsere Beziehung bestätigt habe.« Andreas geistige Verwirrung ist grenzenlos: »Ich bin wirklich verloren, am Boden zerstört, ich ›spüre‹, dass das nicht geht, aber da sie mir das Gegenteil sagt ...« Immer wieder ist es der hypnotisierte Vogel.

Klugheit, Wachsamkeit und Ausbildung sind wichtig. Es ist natürlich eine heikle Sache, jungen Menschen, die noch voller Idealismus sind, beizubringen, dass solche Dinge in einer Gemeinschaft passieren können. Andererseits sind sie keine Kinder mehr, und es muss keine Überforderung sein, einige Elemente der Analyse und sogar eine gesunde Selbstverteidigung zu erlernen. Der entscheidendste Punkt wird daher der Novizenmeister, die Novizenmeisterin bleiben, denn wenn sie involviert wären, wäre die gesamte Strategie der Ausbildung wirkungslos. Das im folgenden Kapitel angeführte Beispiel, bei dem eine Warnung ignoriert wurde, zeigt, dass das Wissen um Gefährdung ein guter Schutz ist, weil es uns

---

[34] Blandine de Dinechin/Xavier Leger, *Abus spirituel*, 146–147, 166.

ermöglicht, die Zeichen zu deuten, die nicht unbedingt gut sichtbar sind, während der Reflex des »Das ist unmöglich!« dazu führt, dass sogar ganz deutliche Zeichen ignoriert werden.

In der heutigen Kultur, die immer weniger akzeptiert, dass sich echte Freundschaft nicht körperlich ausdrückt, sollte eine unmissverständliche Formung der Affektivität dazu befähigen, die verschiedenen Ebenen zu unterscheiden und zweideutige Gesten oder Angebote, die im Namen der Geschwisterlichkeit gemacht werden, zu erkennen. Wer verstanden hat, dass Keuschheit nicht nur den sexuellen Aspekt betrifft, sondern auch die Qualität der gesamten Beziehungsdimension, sollte zu unterscheiden vermögen, was angemessen ist und was nicht. Letztlich ist die Versuchung immer dieselbe: den anderen zu besitzen.

11 Die Opfer

11.1 In den Mittelpunkt gehören die Opfer der Vergangenheit, der Gegenwart und der Zukunft

Die äußerst langsame Sensibilisierung beim Thema Pädophilie zeigt, dass es ein langer Weg bis zur offenen Anerkennung der Vergehen, zur Übernahme möglicher Verantwortung und mutiger Entscheidungen ist. Dieser Prozess wird von starken Widerständen gebremst. P. Klaus Mertes SJ gibt uns Einblick in seine eigenen Erfahrungen[1]. Als Direktor eines Gymnasiums, das er von 2008 bis 2011 leitete, hatte er Kenntnis von sexuellem Missbrauch an Minderjährigen in der Zeit von 1970 bis 1980. Da die Aussagen der Betroffenen übereinstimmend zu sein schienen, sandte er an die 600 Schüler aus jener Zeit einen Brief, der an die Presse weitergeleitet wurde, und eine enorme Medienwelle auslöste.

»Liebe ehemalige Schülerinnen und Schüler,

> in den vergangenen Jahren haben sich mehrere von Ihnen bei mir gemeldet, um sich mir gegenüber als Opfer von sexuellem Missbrauch durch einzelne Jesuiten am Canisius-Kolleg zu erkennen zu geben. Die Spur der Missbräuche zieht sich durch die 70er-Jahre hindurch bis in die 80er-Jahre hinein. Mit tiefer Erschütterung und Scham habe ich diese entsetzlichen, nicht nur vereinzelten, sondern systematischen und jahrelangen Übergriffe zur Kenntnis genommen. Es gehört auch zur Erfahrung der Opfer, dass es im Canisius-Kolleg und im Orden bei solchen, die eigentlich eine Schutzpflicht gegenüber den betroffenen Opfern gehabt hätten, ein Wegschauen gab. Allein schon deswegen gehen die Missbräuche nicht nur Täter und Opfer an, sondern das ganze Kolleg, sowohl die Schule als auch die verbandliche Jugendarbeit. Aus demselben Grund bitte ich hiermit zunächst alle betroffenen ehemaligen Canisianerinnen und Canisianer stellvertretend für das Kolleg um Entschuldigung für das, was ihnen am Kolleg angetan wurde.

---

1   Klaus Mertes, *Verlorenes Vertrauen*.

> In den Gesprächen mit einigen der Opfer habe ich besser verstanden, welche tiefen Wunden sexueller Missbrauch im Leben junger Menschen hinterlässt und wie die ganze Biografie eines Menschen dadurch jahrzehntelang verdunkelt und beschädigt werden kann. Zugleich konnte ich in den Gesprächen von den Opfern hören, wie befreiend es ist, wenn man beginnt, über die Erfahrungen zu sprechen, auch dann, wenn sie zeitlich weit zurückliegen. Es gibt nämlich Wunden, welche die Zeit nicht heilt.«[2]

Die im ersten Teil seines Buches vorgenommene Analyse ist von großem Interesse. Sie zeigt insbesondere, wie weit verbreitet die Versuchung ist, den Opfern nicht zuhören zu wollen. Das gilt selbst für diejenigen, die mit besten Absichten lautstark gegen Missbrauch protestieren, indem sie sich z.B. kopfüber in die Prävention stürzen. Bei der ersten Pressekonferenz wurde P. Mertes bereits nachdrücklich die Frage gestellt: »Was tun Sie für die Prävention?« Der Brief war zehn Tage zuvor abgeschickt und erst an diesem Morgen in der Zeitung veröffentlicht worden!

> »Der Ausweichcharakter eines übereilten Präventionsaktivismus wurde mir zudem deutlich im Gespräch mit einem Schülervater, der mir zurief, die Opfer von damals würden ihn nicht interessieren, sondern nur die Jugendlichen heute. Ganz abgesehen davon, dass das natürlich eine falsche Alternative ist, wurde mir mit dieser Bemerkung deutlich, dass die Präventionsfrage emotional mit einer Abwendung von den Opfern verbunden werden kann. [...] Deswegen entschied ich mich, gerade in den ersten Monaten nicht die Präventionsfrage in den Mittelpunkt zu stellen, sondern das Hinhören auf die Berichte der Opfer.«[3]

Die persönliche Begegnung mit den Opfern ist für sie unerlässlich.

> »Es ist für die Opfer notwendig, dass sie in ihrem Leid gehört werden, dass sie als unschuldig und nicht als schuldig anerkannt werden und dass sie Bestätigung erfahren durch die Anerkennung ihres Wertes in den Augen derer, die sie begleiten möchten.«[4]

Diese persönliche Begegnung ist auch unerlässlich, um überhaupt verstehen zu können. Nach mehreren Treffen in der letzten Zeit sagten die Teilnehmer, dass es sie am meisten beeindruckt habe,

2 Ebd., Anhang 207f.
3 Klaus Mertes, *Verlorenes Vertrauen*, 33.
4 Jacques Poujol, *Abus spirituel*, 9.

11.1 In den Mittelpunkt gehören die Opfer

die Aussagen der Opfer hören zu dürfen. Man könnte sich fragen: Warum erst so spät? Vermutlich, weil im Hinterkopf eine kleine, unbewusste Alarmglocke läutete: »Achtung, wenn du dich auf eine Begegnung mit ihnen einlässt, kommst du nicht ungeschoren davon«. Das ist völlig zutreffend, vorausgesetzt, dass die Worte »begegnen« und »zuhören« bei solchen Begegnungen wirklich ihrem Sinn entsprechend gefüllt sind, denn wenn man bewusst oder unbewusst davon ausgeht, dass die Opfer arglistig sind, wird keine Empathie möglich sein. Bischof Ravel teilt diese Ansicht:

> »Vor allem geht es um die konkreten Menschen. Sie sind der sichere Weg der Kirche. Genau diesen Aspekt hatten die Verantwortlichen im Sinn, als sie sich mit Missbrauchsfällen befassten, die ihnen bekannt wurden. Aber sie dachten vor allem an die Priester. Vielleicht auch an die Opfer, allerdings nur ganz nachgeordnet und sehr viel später und in erster Linie, um deren Schweigen zu erreichen. Die zweite Bekehrung, zu der wir aufgerufen sind, dreht die Perspektive um. Ziel dieser Bekehrung ist es, die Opfer in den Herzen aller an die erste Stelle zu setzen. Genau das hat in der Vergangenheit gefehlt. Dieser Perspektivenwechsel ist für die Kirche und ihre Arbeit an sich selbst, mit der sie jetzt beginnt, unerlässlich. Wenn er nicht stattfindet, werden wir unweigerlich zu den gleichen Verhaltensweisen zurückkehren.«[5]

Die letzte Bemerkung muss unterstrichen werden, denn sie gilt nicht nur für sexuellen Missbrauch, sondern für alle Missbrauchsformen im Ordensleben. Ein Institut reformieren zu wollen – auch nach einer Apostolischen Visitation –, ohne diesen schmerzlichen, aber unverzichtbaren Weg des ehrlichen Anhörens der Opfer gehen zu wollen, macht eine enorme Unzulänglichkeit in diesem Prozess offenkundig und lässt befürchten, dass man früher oder später wieder »zu den gleichen Verhaltensweisen zurückkehren« wird.

Eine weitere Reaktion beinhaltet eine Umkehrung der Rollen, durch die der Beschuldigte die Opferrolle einnimmt.

> »Fühlt man sich selber geschädigt, verliert man die eigentlichen Opfer aus dem Blick. Man empfindet Selbstmitleid: ›Wir sind die Opfer einer Pressekampagne, einer Kampagne, die die Kirche bekämpfen will.‹«[6]

---

[5] Mgr Luc Ravel, *Comme un cœur qui écoute*, 44, (gekürzter Text).
[6] Klaus Mertes, *Verlorenes Vertrauen*, 30.

Diesen Reflex, sich auf die Täter zu konzentrieren und die Opfer zu vergessen, gab es auch bei der Presse, die den Missbrauch anprangerte, während die Opfer viel seltener im Zentrum standen als die missbrauchenden Priester. Häufig galt ihnen das Interesse nur deshalb, weil sie Opfer eines Priesters waren. Als Opfer eines Sportlehrers wären sie nicht mehr so interessant gewesen. Selbst wenn die beiden Pole verdreht werden, bleibt die Dynamik doch dieselbe: Der Täter ist wichtiger als sein Opfer. Das schlägt sich sogar in einigen Präventionsvorschlägen nieder, beispielsweise in dem Vorschlag, Priester, die Missbrauchstäter sind, in den Laienstand zu versetzen. Das kann durchaus Sinn machen, aber wer kümmert sich dann um die potenziellen Opfer, zu denen es durch diesen Mann noch kommen kann, wenn er außerhalb jeder Kontrolle lebt? Würde man damit nicht seine Hände in Unschuld waschen? Wenn diese potenziellen Opfer nicht mehr von Mitgliedern der Kirche verursacht werden, gilt für sie also: Pech gehabt … Bischof Ravel hat den Mut, eine heikle Frage zu stellen:

> »Oft hört man: ›Man muss sie einfach aus dem Priesterstand entlassen!‹, sie in den Laienstand zurückversetzen!‹ […] Für einen Bischof wäre es sehr bequem, sie loszuwerden und sie ohne irgendeine Einschränkung oder Kontrolle durch die Welt ziehen zu lassen. Ist das aber vernünftig und verantwortungsvoll?«[7]

Es ist daher eine Bekehrung erforderlich und diese Bekehrung ist nie leicht. Wir würden lieber den schmerzlichen Prozess umgehen, der darin besteht, dass wir all denen ungefiltert zuhören, die durch Institutionen oder Personen, die wir lieben und achten, gelitten haben: die Kirche, die Gemeinschaft, die Schule, einen Priester, einen Ordensmann, eine Ordensfrau. Viel Leid hätte vermieden werden können, wenn man von Anfang an das Hören auf die Opfer in den Mittelpunkt gestellt hätte. Folgendes schreibt eine dieser leidvoll Betroffenen nach einer Begegnung mit den Apostolischen Visitatoren ihrer früheren Gemeinschaft[8]:

> »Ich habe die beiden in Paris getroffen. Welche Qualität des Zuhörens, welch' feines Urteilsvermögen, welche Menschlichkeit

---

7   Mgr Luc Ravel, *Comme un cœur qui écoute*, 89.
8   Es sei darauf hingewiesen, dass es in diesem Kapitel um alle Opfer geht, unabhängig davon, ob es sich um sexuellen Missbrauch handelt oder nicht.

11.1 In den Mittelpunkt gehören die Opfer

und welch' tiefe Geschwisterlichkeit. Endlich wurde mir zugehört, ich wurde gehört, mir wurde geglaubt. Plötzlich nicht mehr den Anstrich der ›abscheulichen‹ Kleinen Schwester zu haben, die es gewagt hatte, auszutreten und anzuprangern – und mich jetzt befreit, rehabilitiert und anerkannt zu fühlen. Heute, 35 Jahre nach diesem Austritt, tut es noch immer weh – es ist ein unsichtbarer Schmerz – eine Wunde, die im Innersten bleibt, im Verborgenen, und die mir noch immer Tränen in die Augen treibt. Wer kann diese Wunde der Liebe verstehen? ›Leg mich wie ein Siegel auf dein Herz‹ und ich sage Ihm ebenfalls: ›Leg dich wie ein Siegel auf mein Herz‹. Ich werde mit diesem unsagbaren Schmerz sterben.«

P. Mertes hat die Erfahrung gemacht, dass dieses echte Zuhören, das bereit ist, zu glauben, Ruhe schenkt.

»Im Blick auf die betroffenen ehemaligen Schüler empfinde ich zunächst Dankbarkeit. Ich bin bis heute bewegt von dem Vertrauen, das mir in dem Gespräch am 14. Januar 2010[9] und in vielen Begegnungen nach dem 28. Januar 2010[10] entgegengebracht wurde. Das schließt Auffassungsunterschiede und Konflikte nicht aus. Ich habe in diesem Vertrauen – neben der Trauer, der Enttäuschung und dem Zorn – auch eine große, angesichts des zurückliegenden Versagens mich beschämende Zuneigung zum Canisius-Kolleg und zu uns Jesuiten entdecken dürfen. Das gilt mutatis mutandis auch von vielen anderen Gesprächen, in denen von kirchlicher Gewalt Betroffene sich mir gegenüber öffneten. Das alles tut ja den Betroffenen auch deswegen so besonders weh, weil ihnen die Kirche oder die ehemalige Schule nicht egal sind.«[11]

Es stimmt, wir sollten nicht meinen, dass alles idyllisch ist.

»Bei den Opfern finden im Moment des möglich gewordenen Sprechens stachelige Gefühle ihren Raum – und richten sich gegen die erreichbaren Repräsentanten des Systems. Damit hatte ich zwar theoretisch gerechnet, aber die Heftigkeit insbesondere des Misstrauens verwirrte mich.«[12]

---

9 Drei ehemalige Schüler hatten P. Mertes von ihren Missbrauchserfahrungen berichtet, und dies überzeugte ihn vom Ernst der Lage. Einige Tage später, am 20. Januar, schickte er seinen Brief ab.
10 Der Tag, an dem der Brief in der Presse erschien.
11 Klaus Mertes, *Verlorenes Vertrauen*, 36.
12 Ebd.

Auch der Provinzial hatte sich eindeutig auf die Seite der Opfer gestellt:

> »Stefan Dartmann sagte auf der Pressekonferenz vom 1. Februar 2010: ›Wir danken den Opfern dafür, dass sie gesprochen haben‹. Diese Dankbarkeit gilt auch den Geschwistern, Kindern und Eltern von Opfern, denen ich in vielen Gesprächen begegnen durfte. Zentnerlasten wurden abgeladen. Lebensgeschichten wurden neu entschlüsselt, Vertrauen begegnete Vertrauen, Heilung und Versöhnung in viele Richtungen fanden statt – manchmal erst Wochen oder Monate später zurückgemeldet.«[13]

So schmerzhaft die Erfahrungen der Opfer auch waren, ist es für sie doch eine enorme Erleichterung, wenn ihnen endlich geglaubt wird, weil dann die Last der Schuld, die ihnen zugewiesen wurde, endlich abfallen kann.

11.2 Den Opfern glauben

P. Klaus Mertes erklärt detailliert, warum es schwer ist, den Opfern zu glauben. Es ist so schwer, weil es darum geht, »das Unglaubliche zu glauben«. In seinen Überlegungen über »Mitwissen und Verantwortung«[14], schreibt er:

> »Die Aufdeckung von Missbrauch schließt grundsätzlich die nachträgliche Erkenntnis ein, dass man die Symptome nicht als Symptome erkannte, obwohl man sie kannte – wie immer man dann auch von Fall zu Fall differenzieren darf und muss.«

In Bezug auf die Ereignisse, die sich in der Schule zugetragen hatten, in der er selbst Schüler gewesen war, schreibt er beeindruckend klar, dass sie als Schüler und später als Jesuiten manches

> »intuitiv nicht ausschlossen – und die Intuition doch nicht ganz zuließen, weil sie uns zu undenkbar erschien. [...] Und dennoch lässt sich nach den Enthüllungen von 2010 nicht von der Hand weisen, dass ich schon als Mitschüler und auch später als Jesuit ein ›Mitwisser‹ war, eine Ahnung hatte, der ich nicht weiter nachging.

---

13 Ebd.
14 Ebd., 48.

11.2 Den Opfern glauben

> Solange ich nicht weiß, dass ich weiß, bin ich noch nicht in der Verantwortung. Sobald ich aber mein Mitwissen entdecke, und sei es auch nur rückblickend, stehe ich in der Verantwortung. Ich kann mich dann nicht auf den Satz zurückziehen: ›Ich habe nichts gewusst‹, außer wenn er wirklich wahr ist.«[15]

Die Herausforderung besteht darin, dass das Opfer die Welt, in der wir leben, schrecklich durcheinanderbringt.

> »Eine Erfahrung mit familiärem Missbrauch stammt aus meiner Referendarszeit Ende der 80er-Jahre in Frankfurt. Ich wurde damals Zeuge, als ein Junge aus seiner Großfamilie verstoßen wurde, da er begonnen hatte, sich gegen die Gewalt in seiner Familie zu wehren. [...] Warum erfährt ein Jugendlicher oder auch ein Kind, das sich gegen die Gewalt wehrt, so viel Gewalt? Die Antwort lautet: aus Angst vor dem Opfer. Das Opfer hat eine Geschichte zu erzählen, die das Selbstverständnis von Gruppen, von Familien, Schulen und Gesellschaften erschüttert. Einem Opfer zuzuhören – nicht aus der beobachtenden, begleitenden oder therapeutischen Perspektive, sondern aus der beteiligten, sich selbst dem System zurechnenden Perspektive – bedeutet, sich einem anderen Blick auf sich selbst zu öffnen, Mythen des Selbstverständnisses loszulassen, den Stolz aufgrund von Zugehörigkeit zurückzustellen. Das tut weh. Um den Schmerz zu vermeiden, bietet sich als Alternative an, das Opfer zum Schweigen zu bringen.«[16]

Es ist daher gar nicht leicht, den Opfern zu glauben, vor allem, wenn man sich noch überhaupt nicht vorstellen kann, von welcher Art Missbrauch sie sprechen, so dass der Missbrauch dann im eigentlichen Sinne *unglaublich* erscheint. Zum Glück verändern die Enthüllungen der letzten Jahrzehnte diese Situation; es ist nicht länger möglich, die Tatsache zu ignorieren, dass es Missbrauch gibt. Damit sollte es einfacher werden, den Aussagen Beachtung zu schenken. Es wäre wünschenswert, dass Aussagen von Betroffenen nicht länger automatisch zurückgewiesen werden, wie es die folgenden zwei Beispiele zeigen.

Das erste Beispiel ist die offizielle Reaktion einer Kongregation auf jene Opfer, deren Aussagen in die Öffentlichkeit gelangten:

---

[15] Ebd.
[16] Ebd., 21.

»Was bedeutet es also heute für sie, vor Gott, aber auch vor der menschlichen Gesellschaft, solche falschen und verleumderischen Behauptungen aufzustellen, und dabei von Situationen auszugehen, die zwar zum Teil sachlich wahr, aber von der Realität losgelöst sind, weil sie [die früheren Ordensmitglieder] von böswilligen Absichten beseelt sind?«

Im zweiten Beispiel hatten zwei frühere Novizen aus einer anderen Kongregation das Verhalten eines Novizenmeisters infrage gestellt. Die Angelegenheit wurde geprüft und sie erhielten folgende Antwort:

»Auch wenn Sie einräumten, dass Ihre Briefe nach Ihrem Austritt aus X. von einem Gefühl des Schmerzes geprägt waren, war es offensichtlich, dass sie im Geist der Rache und der Vergeltung geschrieben wurden. Es war für jedermann leicht durchschaubar, dass viele der erwähnten Fakten durch den Filter einer böswilligen Interpretation gegangen waren. Diese Fakten waren entweder ungenau, wurden in ihrer Bedeutung übertrieben, oder aus ihrem konkreten Zusammenhang gerissen.«

Jahre später kam ein neuer, schwerwiegender Fall ans Licht und diesmal waren Zweifel nicht länger möglich. Das Problem, das die ehemaligen Novizen angesprochen hatten, war ganz real gewesen; hätte man ihre Aussage ernst genommen, wären weitere Opfer vermeidbar gewesen.

Auch wenn es sich um zwei ganz unterschiedliche Situationen handelt, ist die Ähnlichkeit der Begriffe frappierend: Falsche Behauptungen/ ungenaue Fakten. Losgelöst von der Realität / aus ihrem konkreten Zusammenhang gerissen. Böswillige Absicht / böswillige Interpretation

Ein Satz verdient besonders hervorgehoben zu werden: »Es war für jedermann leicht durchschaubar, dass viele der erwähnten Fakten durch den Filter einer böswilligen Interpretation gegangen waren«. Dieser Satz bringt in vollendeter Weise die automatische Reaktion auf die anklagende Aussage der Betroffenen zum Ausdruck, selbst wenn diese sehr maßvoll formuliert ist, wie es hier der Fall war. Liest man diese Texte heute erneut, findet man in ihnen weder Rache noch Vergeltung noch Bösartigkeit, sondern hier warnen lediglich zwei Menschen vor einer Gefahr. Den negativen

11.2 Den Opfern glauben

Charakter erhalten die Texte einzig durch die automatisch defensive Interpretation.

Ein bezeichnendes Detail bestätigt diese Angst vor dem Hinschauen. Im zweiten Beispiel folgte auf die beiden Aussagen eine Untersuchung. Allerdings wurden dabei nur der örtliche Obere und der Novizenmeister, um den es ging, befragt, und ihre Antworten wurden als schlüssig erachtet. Die mit der Untersuchung Beauftragten kontaktierten die beiden Betroffenen nicht persönlich.

Es ist also schwierig, den Opfern wirklich zuzuhören, und der Zuhörer muss sich bewusst bleiben, dass er nur teilweise versteht. Wenn er nicht selbst Ähnliches durchgemacht hat, wird ihm die Tiefe mancher Wunden immer entgehen, unabhängig davon, ob es sich um sexuelle oder geistliche Gewalt handelt, die vielleicht noch schwerer zu erfassen ist. Ein Ordensmann, der aus einer Kongregation ausgetreten war, für die Rom Apostolische Assistenten ernannte, schreibt:

»Wie kann man den Apostolischen Assistenten begreiflich machen, dass es nicht um ›Fehlfunktionen‹ geht, die insgesamt nur minimale Wunden in der Seele und dem Geist der Betroffenen hinterlassen; Wunden, die auf jeden Fall leicht zu heilen sind?

Was hier jedoch geschieht, ist sehr viel schwerwiegender! Wir haben jahrelang unter einer alles kontrollierenden Form der Beherrschung gelebt; man hat sich unserer bemächtigt. Für mich galt das in besonderer Weise, da ich in großer Nähe zu X. lebte und dieser Person ausgeliefert war.

Die Assistenten wissen nicht, worum es geht, sie können es sich nicht einmal vorstellen. Es ist dramatisch, dass sie nicht wissen, welche Traumata es hinterlässt, wenn sich andere jahrelang der eigenen Person bemächtigt haben ... Das passt einfach überhaupt nicht in ihre intellektuellen und spirituellen Kategorien; es liegt außerhalb ihres üblichen Denkhorizontes. Und im Grunde ist das normal, weil es eine Angelegenheit von Spezialisten ist. Die Wissenschaft von der psychischen Traumatologie hat heutzutage enorme Fortschritte gemacht. Wenn sie [die Apostolischen Assistenten] denjenigen helfen wollen, die durch das Ordensleben geschädigt wurden, sollten sie sich von denen helfen lassen, die Erfahrung im Umgang mit dieser Art von Gewalt haben. Sonst verschlimmern sie die Einsamkeit noch durch Isolation.«

Die Schlussbemerkung ist richtig. Wenn es darum geht, dass sich andere der eigenen Person bemächtigt haben, können ein multidisziplinärer Ansatz und professionelle Hilfe unerlässlich sein – natürlich für das Opfer, aber auch für diejenigen, die die Gemeinschaft begleiten. Niemand kann in allen Bereichen kompetent sein. Das ist auch der Grund, warum in diesem Buch die psychologischen Aspekte, mit Ausnahme einiger Bemerkungen aus dem Bereich des gesunden Menschenverstandes, nicht behandelt werden. Das würde einen Ergänzungsband erfordern, der sowohl fachspezifischer (Psychotraumatologie) als auch stärker auf die Begleitung von Gemeinschaften und von Opfern ausgerichtet ist.

Auch für die Oberen und die Bischöfe, die die Zeugenaussagen erhalten, wäre eine Schulung wichtig, damit sie lernen, wie sie zu lesen, oder besser gesagt: zu entschlüsseln sind. Das weiter oben erwähnte Beispiel zeigt, dass der Obere, der die Aussagen las, in gewisser Weise das war, was er selbst sagte: Ein »Jedermann«. Es kann nicht überraschen, dass sich die erlittene Gewalt in den Empfindungen und Äußerungen widerspiegelt. Wie soll man das Unsagbare sagen? Und wenn zudem diejenigen, die jahrelang versucht habe, sich zu Wort zu melden, auf eine Mauer prallen, werden Schmerz und Empörung nur noch größer. Wie kann man überrascht sein, dass viele Opfer nicht mehr an die institutionelle Kirche glauben?

11.3 Der lange Leidensweg der Opfer

In ihrem Buch »Étouffée« [»Erstickt, Bericht über einen geistlichen und sexuellen Missbrauch«], beschreibt Sophie Ducrey wie sie unaufhörlich darum kämpft, dass der Missbrauch, den sie erlitten hat, anerkannt und der Täter unschädlich gemacht wird. Ein ergreifendes Buch, in dem das Entsetzen über die Verleugnung mit einer Liebe zur Kirche verwoben ist; einer Liebe, die meist unterschwellig wie ein gedämpfter Bass wahrnehmbar ist, gelegentlich aber auch in Worten hervortritt, die in diesem Zusammenhang zutiefst bewegend sind:

»Kirche, meine Kirche, ich flehe dich an, werde fähig, die Perversen zu entlarven, die falschen Priester, damit du nicht vollständig zum Gespött wirst und man dir nur noch misstraut.«[17]

17 Sophie Ducrey, *Étouffée*, 147.

11.3 Der lange Leidensweg der Opfer

Noch deutlicher ist bei ihr die Angst spürbar, dass junge Mädchen gefährdet sind und sich niemand in Bewegung setzen will. Wenn man selbst durch diesen Horror gegangen ist, hat diese Starre etwas Furchtbares. Das Buch wurde bereits 2012 geschrieben, aber die Autorin fand keinen Verleger.

> »Es gab verschiedene Befürchtungen: Meine Geschichte sei nicht glaubwürdig[18], man würde sie wahrscheinlich beschuldigen, der Kirche schaden zu wollen, die katholischen Buchhandlungen würden den Verkauf des Buches boykottieren, usw.«[19]

Sieben Jahre später wird das Tabu endlich gebrochen und die sechs Verlage, denen sie ihr Buch anbietet, sind bereit, es zu veröffentlichen. Ohne es beabsichtigt zu haben, ist dieser Text eine Schule des Zuhörens für Verantwortungsträger; eine Schule, die wirksamer als theoretische Ratschläge ist.

Sophie Ducrey hat ihren Weg in dem Zeugnis, das im Anhang dieses Buches zitiert wird, in einer kürzeren Fassung beschrieben, aus der wir hier einige Passagen wiedergeben:

> »Wer zu reden beschließt, wird von den verschiedensten Druckmitteln förmlich erstickt. Sie brachten mich manchmal in so große innere Bedrängnis, wie ich es noch nie erlebt hatte. Sie setzen der Reihe nach ein:
>
> Zeit: sie beten und erwägen, bis das Opfer erschöpft ist.
> Scheinheiligkeit: sie tun ganz scheinheilig als seien sie entsetzt und als hätten sie Verständnis und Mitleid.
>
> Reue: ›Ja, wir sind alle große Sünder!‹
> Zerknirschung und Bitte um Vergebung (um im Frieden zu sein und wie bisher weitermachen zu können).
>
> Wenn sich das Opfer noch immer beklagt, werden Relativierung oder Zweifel eingesetzt.
>
> Dann werden Schuldgefühle erzeugt: ›Wie können Sie der Gemeinschaft und der ganzen Kirche so sehr schaden wollen?‹ Oder: ›Sie verrichten das Werk des diabolos, des Entzweiers!‹

---

18 Wie schmerzhaft muss diese Reaktion sein, wenn man die Dinge am eigenen Leib erfahren hat! Es ist ein weiteres Beispiel für die Reaktion: *Was nicht sein darf, ist nicht.*
19 Sophie Ducrey, *Étouffée*, 209.

Schließlich Drohungen oder perverse Unverschämtheit: ›Soweit ich weiß, hat er Sie nicht vergewaltigt! Es gab also eine Schwäche Ihrerseits. Haben Sie ihn zuerst einmal dafür um Verzeihung gebeten?‹

Und von denjenigen, die nicht manipulieren, wird mit Angst argumentiert: ›Wenn ich etwas unternehme, bin ich geliefert‹.

Bringt das Opfer den unglaublichen Mut auf, sich an die Bischöfe zu wenden und damit die eigene Gemeinschaft zu verraten, stellt es fassungslos fest, dass es dort auch nicht besser zugeht. Und wenn einer von ihnen dann doch aufsteht, um die Dinge beim Namen zu nennen und zu verurteilen, wird der Vatikan die Angelegenheit ausbügeln. In meinem Fall hat es zumindest zwanzig Jahre gedauert, bis das erste Opfer des Täters, der auch mich missbrauchte, es wagte, sich nach Rom zu wenden.«

Diese überaus traurige Geschichte hat sich schon viel zu oft wiederholt und wirft die Frage auf: Was ist zu tun, um hören zu lernen? Wird dieser Punkt bei all den derzeitigen Überlegungen zur Prävention oder einer Haltung der Nulltoleranz genügend berücksichtigt? Er scheint jedoch besonders wichtig zu sein, wenn man in dem Bericht von Sophie Ducrey die zahlreichen Beispiele eines Hörens erlebt, das kein Hören ist. Hätte sie das alles durchziehen können, wenn sie nicht von einem liebevollen Ehemann, ihrer Familie und Freunden unterstützt worden wäre? Warum sind so viele Kirchenmänner nicht in der Lage, auf das Leid zu hören? Müsste die Kirche nicht Expertin auf diesem Gebiet sein?

Zu lernen, den Berichten der Opfer zuzuhören, in Beziehung zu treten, zu begleiten und auch ganz konkret zu reagieren – all das setzt zweifellos eine spezielle Schulung voraus, und man würde sich wünschen, dass dies im aktuellen Kontext stärker thematisiert würde. Die weiter oben zitierte Betroffene musste fünfunddreißig Jahre warten, bis sie gehört wurde. Fünfunddreißig Jahre sind eine lange Zeit ...

Eine lange Zeit sind auch die fünfzig Jahre, in denen es Marcial Maciel[20] gelang, alle zu täuschen; er hatte Mitwisser, von denen wir nicht wissen können, ob sie schuldig sind oder nicht. Xavier Léger

---

20 Bei dem sexueller und spiritueller Missbrauch miteinander verwoben waren.

berichtet in seinen Memoiren[21] ausführlich darüber. Bereits fünfzehn Jahre nach der Gründung sandten zwei Legionäre – darunter der Generalvikar der Kongregation – mehrere Briefe an die mexikanischen Ordensoberen, um sie auf die Situation aufmerksam zu machen. Maciel spürte, dass sich der Wind drehte, und setzte ein neues Gelübde ein: das *Gelübde der Nächstenliebe*[22]. 1956 wurde er all seiner Funktionen enthoben. Der Visitator verfasste einen vernichtenden Bericht. Die Kongregation für die Ordensleute stellte eine Übersicht zusammen, die ebenfalls vernichtend war. Nach einigem Hin und Her ignorierte P. Mozicarelli, der für die Apostolische Visitation verantwortlich war, diese offiziellen Berichte und schlug eine Lösung vor, die Maciel praktisch reinwusch. Von da an präsentierte dieser sich als »Opfer von Verfolgungen« und überstand alle Anschuldigungen unbeschadet, und zwar mehr als vierzig Jahre lang.

Welche Schlussfolgerungen lassen sich daraus für das Ordensleben ziehen? Es muss anerkannt werden, dass ein Außenstehender nur sehr schwer verstehen kann, was innerhalb einer Gemeinschaft vor sich geht. Die Fassade bleibt stets adrett, und die Missstände sind schwer zu erfassen, wenn man diese Mechanismen nicht kennt und bestimmte Symptome nicht entschlüsseln kann. Heute ist es jedoch nicht mehr zulässig zu sagen: »Ich wusste nicht, dass es so etwas geben kann!«. Ein Dominikanerpater schreibt:

> »Es gibt Menschen, die solche Berichte für weitgehend erfunden halten und meinen, sie seien das Ergebnis verschiedener Ressentiments, die nur dazu dienen, der im Fokus stehenden Gemeinschaft zu schaden. Und es gibt Menschen, die in der Übereinstimmung solcher Zeugnisse, die aus verschiedenen Erfahrungshorizonten stammen, ein offenkundiges Zeichen für ihre Echtheit sehen.
>
> Ich mache keinen Hehl daraus, dass ich zu denen gehöre, die den Opfern glauben. Einerseits kenne ich einige von ihnen, andererseits – und das zählt für mich vor allem –, weiß ich, wie viel sie dieses Zeugnis kostet, zumal sie wissen, dass sie damit das Risiko eingehen, abgelehnt oder verachtet zu werden, und dass sie sich damit preisgeben und eine Angriffsfläche bieten. Im Hinblick auf

---

21 Xavier Léger, *Le statut épistémologique*, 56–66.
22 Siehe Kapitel 5, 104.

sie spreche ich dabei oft von einer ›doppelten Pein‹: der Pein, die sie in der Gemeinschaft, die sie verlassen haben, erduldeten, und der Pein, die sie noch immer erdulden, weil sie nicht gehört oder gar verurteilt werden. Und diese Pein ist manchmal sogar noch stärker. Es braucht Mut, unter solchen Umständen auszusagen, auch wenn man es unter einem Pseudonym tut! Wer das Gegenteil glaubt oder behauptet, ist solchen Zeugen wohl noch nie begegnet.«

Es ist heute nicht mehr zulässig, diese Zeugenaussagen auf die leichte Schulter zu nehmen und dadurch das Messer noch tiefer in die Wunde zu stoßen. Gebe Gott, dass der allzu lange Weg der Kirche vom Verschweigen bis zur Anerkennung des sexuellen Missbrauchs nun dem Ordensleben bei den nicht-sexuellen Formen von Missbrauch, die dort begangen werden, zugutekommt.

Einige praktische Ratschläge werden zwar unzureichend bleiben, aber nicht unbedingt nutzlos sein.

❡ »Die Übereinstimmung solcher Zeugnisse, die aus verschiedenen Erfahrungshorizonten stammen, sind ein offenkundiges Zeichen für ihre Echtheit.« Die Kohärenz der verschiedenen Berichte, die sich in ihrer Entstehungsgeschichte und ihrem Stil unterscheiden, ist ein sehr starkes Indiz. Wäre es eine fingierte Sache, ähnelten sich alle Zeugenaussagen zu sehr, um nicht glaubwürdig zu sein.

❡ *Pluralität der Sichtweise*: Angesichts eines anklagenden Briefes, der ein Mitglied der Kongregation oder der Gemeinschaft beschuldigt, sollte man nie alleine bleiben, sondern bei hinreichend klugen Personen, die ihrerseits unabhängig sind und Erfahrung mit dieser Art von Problemen haben, Rat einholen. Der Obere, der einen solchen Brief erhält, fühlt sich angegriffen, zumindest durch den impliziten Vorwurf, es zugelassen zu haben. Daraus entsteht ein Abwehrreflex, der die Objektivität untergräbt. Und dieser Verteidigungsreflex wird noch stärker werden, wenn sich der Obere unbewusst etwas schuldig fühlt. Auf den Reflex achten: *Was nicht sein darf, ist nicht.*

❡ *Die angeklagte Person anhören* – das ist selbstverständlich, aber nicht nur sie anhören, sondern auch die anklagende Person anhören, möglichst zu zweit, um anschließend die Eindrücke vergleichen

11.3 Der lange Leidensweg der Opfer

zu können. Das mag selbstverständlich erscheinen, aber genau das wurde im weiter oben angeführten Beispiel nicht getan. Darüber hinaus ist die Qualität des Zuhörens die wichtigste Voraussetzung. Ein *a priori* skeptisches Zuhören bringt nichts und kann verletzen.

Von Seiten des Opfers wäre es ratsam, sich beim Verfassen des Textes helfen zu lassen, damit er nicht nur verständlich, sondern auch nachvollziehbar ist. Wenn Schmerz und Zorn noch zu heftig sind und ungefiltert in den Text einfließen, wird es für eine unvorbereitete Person sehr schwierig sein, ihn zu interpretieren. Schließlich will man gehört werden, wenn man schreibt; daher sollte man versuchen, alle Möglichkeiten auf seiner Seite zu haben und dazu kann auch eine vorherige Auseinandersetzung mit der eigenen Person erforderlich sein, eine Auseinandersetzung, die man nicht allein führen kann.

11.4. Ein mitfühlendes Herz für die Opfer

Werden Vorwürfe gegen eine Gemeinschaft oder gegen eine Kongregation bekannt, besteht der erste Reflex gegenüber den Zeugen darin, dass man sie als eine Bedrohung betrachtet, die es abzuwehren gilt. Daher ist die innere Reaktion defensiv ausgerichtet. Hat sich die Situation weiterentwickelt und ist ein Aufarbeitungsprozess in Gang gekommen, ändert sich der Blick auf die Zeugen, die nun Opfer genannt werden können, nur allmählich. Der Misstrauensreflex gibt sich nicht so leicht geschlagen. Eine gewisse Bereitschaft, Kritik zu akzeptieren, geht weiterhin Hand in Hand mit dem Bemühen, die Gemeinschaft zu schützen. An diesem Punkt ist die Situation ähnlich wie beim sexuellen Missbrauch: Nicht die Opfer stehen im Mittelpunkt, sondern der Täter, auch wenn es darum geht, ihn zu kurieren. Da aber das Heilmittel ziemlich bitter ist, kann – sobald genügend Zeit verstrichen ist, die Opfer keinen Lärm mehr machen und die Interventionen von außen abgeschlossen sind – alles wieder wie zuvor weitergehen, da das eigentliche Zentrum nicht berührt wurde. Das eigentliche Zentrum sind nicht die Zeugen als Zeugen, die von manchen immer noch als diejenigen betrachtet werden, die so dreist und böswillig waren, das Wort zu ergreifen. Das eigentliche Zentrum sind die Menschen, die gelitten haben, die leiden, oder die wahrscheinlich noch leiden werden.

11 Die Opfer

Die Zeugen gehören dazu, aber sie sind nicht die Einzigen. Lässt man es dabei bewenden, wird man das Gebäude zwar ein wenig ausbessern, aber es wird wohl nur ein Übertünchen sein, das den Riss verdeckt, ohne ihn zu beheben.

Ein echter Weg der Bekehrung ist erforderlich, und man muss sich darauf einstellen, dass er langwierig und mühevoll ist. Bekehrung bedeutet Umkehr; eine Umkehr in der Art und Weise, die Opfer zu sehen: nicht mehr als Bedrohung, sondern als Menschen, die durch die Verfehlungen von Mitgliedern des Institutes oder des Institutes selbst gelitten haben. Der Tag, an dem das Herz von dem ungerechten Leid dieser verwundeten Glieder berührt wird; der Tag, an dem sowohl die Absicht, all das wiedergutzumachen, was wiedergutgemacht werden kann, als auch die Absicht zu ändern, was geändert werden muss, real und tätig wird; der Tag, an dem echtes Mitgefühl für die Opfer entsteht, ein Mit-Leid, das mitleidet und das von der angstvollen Sorge erfüllt ist: *Nie wieder!* – an jenem Tag ist der Punkt erreicht, an dem es kein Zurück mehr gibt, und dann wird die Heilung wirklich beginnen. An jenem Tag, nicht vorher.

Ein sichtbarer Ausdruck dieser Umkehr sollte die Dankbarkeit gegenüber denjenigen sein, die sich zu Wort gemeldet und auf ein schweres Krankheitsbild hingewiesen haben, das sich ohne ihren Einsatz noch verschlimmert hätte. Bedingung ist natürlich, dass es eine echte, aus der Tiefe des Herzens kommende Dankbarkeit ist und nicht nur eine vorgetäuschte. Diesen Weg zeigte der Vorsitzende der französischen Bischofskonferenz, Bischof de Moulins-Beaufort, in seiner Schlussrede anlässlich der jährlichen Bischofsvollversammlung im November 2019 in Lourdes auf:

> »In der Erschütterung der Bekehrung müssen wir bei uns selbst beginnen. Wir tun es dank der Opfer. Sie haben enthüllt, welche Taten sich manche Priester erlaubten oder erlauben, und das hat – um es mit den Worten eines Bischofs zu sagen – ›eine Infektion‹ ans Licht gebracht, ›die den Leib der Kirche auf verborgene Weise blutarm machte‹. Das Wort der Opfer hat uns eine dunkle Seite des kirchlichen Lebens entdecken lassen, von der wir keine Vorstellung hatten. Diese Unwissenheit kann jedoch nicht alles entschuldigen. Liebe Mitbrüder im Bischofsamt, ich möchte in eurem Namen den Opfern danken, die unsere Arbeit begleiten, und all jenen, mit denen sie in Kontakt stehen. Diese Menschen

helfen uns, unsere Kirche in ihrem konkreten Leben von dem zu reinigen, was niemals in sie hätte eindringen dürfen. Wir nehmen die Enthüllungen von sexueller Gewalt und von Machtmissbrauch, die sie ermöglicht haben, als ein Geschenk der Barmherzigkeit Gottes und als ein Werk Christi entgegen, der seine Kirche mit reinem Wasser reinigen will, damit sie heilig, makellos und ohne jeden Fehler vor ihm steht.

Wir haben verstanden, dass die Opfer weder Mitleid noch Entschädigung für ihre Leiden fordern. Sie wollen die Wahrheit. Was sie uns berichten, lässt uns verstehen: Sie haben gelitten und oft leiden sie noch immer unter den Taten, die an ihnen begangen wurden, aber sie leiden auch unter dem bisweilen sogar vorsätzlichen Schweigen, unter der Taubheit, unter der Blindheit vieler Menschen in ihrem Umfeld, auch im kirchlichen Bereich und von Seiten der kirchlichen Hierarchie. Wir verpflichten uns, mit den Opfern, die wir kennen, Kontakt aufzunehmen, um ihnen konkret zu zeigen, dass wir die zweifache Ursache ihres Leidens anerkennen. [...] Wir sind uns bewusst, dass keine Maßnahme das Geschehene wiedergutmachen oder das Erlebte lindern kann. Wir bitten demütig, zu versuchen, wieder eine Beziehung aufzunehmen.«

11.5. Keuschheit, Gerechtigkeit und Barmherzigkeit

»Alle unsere Recherchen haben uns letztlich auf die Frage nach der Keuschheit im umfassendsten Sinn zurückgeworfen; Keuschheit, verstanden als Weigerung, sich die andere Person zu eigen zu machen, und als Weigerung von Götzendienst, der sich Gott selbst zu eigen machen will. Es besteht kein Zweifel, dass die hier skizzierte Arbeit in dieser Richtung fortgesetzt werden muss.«

Dieser Satz, mit dem die Einführung des Dokumentes[23] über sektiererische Entgleisungen in katholischen Gemeinschaften schließt, ist umso bemerkenswerter, als er nicht den sexuellen Missbrauch als solchen betrifft. *Sich den anderen zu eigen machen* ist in der Tat der Kern von Missbrauch und damit das genaue Gegenteil des Weges, den uns Christus eröffnet hat, nämlich die Selbsthingabe aus Liebe. Im Text heißt es weiter:

---

23 *Documents épiscopat*, Nr. 11-2018.

11 Die Opfer

»In gleicher Weise sollte die Reflexion über die gewaltige Dialektik von Gerechtigkeit und Barmherzigkeit fortgesetzt werden, über deren Grundlagen der Leser hier einiges finden kann.«

Drei Monate später erschien das bereits mehrfach zitierte Buch von Bischof Ravel, in dem diese Frage ausführlich und auf bewundernswerte Weise behandelt wird. Da diese Fülle an Aussagen hier nicht vollumfänglich zitiert werden kann, werden wir versuchen, ihren Aufbau zu beschreiben. Der folgende Abschnitt ist aus Zitaten gewoben, die den Kapiteln 5 und 6 seines Buches[24] entnommen wurden.

Nur das menschliche Tor der Gerechtigkeit ermöglicht den Zugang zum göttlichen Ozean der Barmherzigkeit. Die Gerechtigkeit macht es möglich, den Opfern ihre Würde – trotz der Verletzung – zurückzugeben und die Täter – trotz der Verurteilung – wiederaufzurichten. Wenn auch ein hohes Risiko besteht, die Gerechtigkeit zu vernachlässigen, um Barmherzigkeit zu erweisen, so besteht ein nicht minder großes Risiko, die Barmherzigkeit zu vernachlässigen, um sich mit der Gerechtigkeit zufriedenzugeben. Es gibt Menschen, die sich vor der Gerechtigkeit fürchten, aber es gibt auch jene, die sich über die Barmherzigkeit ärgern. Chronologisch gesehen folgt die Barmherzigkeit der Gerechtigkeit, die ihr vorausgeht. Doch im Gegensatz zu anderen Abfolgen, bei denen die zweite Stufe die erste absorbiert und aufhebt, hebt die Barmherzigkeit die Gerechtigkeit niemals auf. Barmherzigkeit ist nicht die Kompensation für eine stümperhafte, unschlüssige oder unzulängliche Justiz. Es gibt eine Art, über die Barmherzigkeit zu sprechen, die die Gerechtigkeit in den Schatten stellt. Im Gegensatz zum reuigen Schächer forderte der andere Schächer die Abschaffung der Gerechtigkeit, als er Gottes Heil verspottete (»Hilf dir selbst und auch uns!«). Der reuige Schächer bittet um Barmherzigkeit und erhält sie, weil er anerkennt, dass seine Verurteilung gerecht ist. Bei den beiden Schächern gibt es keinen Unterschied im Hinblick auf ihre Verbrechen. Aber der eine akzeptiert die Gerechtigkeit, und als er Christus am Kreuz gegenwärtig wird, wendet er sich »ganz natürlich« der Barmherzigkeit zu, während der andere, der die Gerechtigkeit verachtet und Christus verspottet, sich »ganz natürlich« der Barmherzigkeit verschließt.

24 Mgr Luc Ravel, *Comme un cœur qui écoute*, 103f., 150, 153–157.

11.5 Keuschheit, Gerechtigkeit und Barmherzigkeit

Damit die Barmherzigkeit, die dem Sünder erwiesen wird, wirksam sein kann, muss ihr die Gerechtigkeit, die dem Verbrecher gilt, vorausgehen. Die Gerechtigkeit bezieht sich auf die Tat, die Barmherzigkeit auf die Person. Die Gerechtigkeit befasst sich mit Taten (und bewiesenen Fakten), auch wenn sie die Person verurteilt, die für ihre Taten verantwortlich ist. Die Barmherzigkeit konzentriert sich auf die Person, auch wenn sie die Taten, für die diese Person verantwortlich ist, reinigt. Es handelt sich nicht um dieselben Bewegungen, aber sie stehen auch nicht im Widerspruch zueinander.

Es wäre überdies angemessen, die Barmherzigkeit gegenüber den Opfern nicht zu vergessen, denn sie haben als Erste ein Anrecht darauf. »Ein Mann ging von Jerusalem nach Jericho hinab ...« Derjenige, »der barmherzig an ihm gehandelt hat[25]«, hat sich als sein Nächster erwiesen. Die Wunden, so gut es geht, zu verbinden, ist die erste Aufgabe der Barmherzigkeit. Wir dürfen hoffen, dass im Bereich des sexuellen Missbrauchs die erforderliche Umkehr stattgefunden hat, denn es gab eine Zeit, in der von Barmherzigkeit gegenüber dem Täter gesprochen wurde, und dem Opfer sogar nahegelegt wurde, zu vergeben, während man es halbtot am Wegesrand liegen ließ. Dass diese Bekehrung im Bereich des geistlichen Missbrauchs bereits erfolgt ist, ist nicht so sicher – zudem ist jeder Fall anders. Die Barmherzigkeit gegenüber den Opfern, die sich nicht mit einem Lippenbekenntnis begnügt, sondern sich die Mühe macht, Öl und Wein auszugießen; die Barmherzigkeit, die sich um den Verletzten kümmert und sich um seine Zukunft sorgt – diese Barmherzigkeit nach dem Vorbild Christi[26] wird eines der sichersten Zeichen für die Heilung einer Gemeinschaft sein.

Es geht natürlich nicht darum, zu verallgemeinern, was sich auf eine Minderheit bezieht, und wir sollten uns davor hüten, die unzähligen Gemeinschaften zu vergessen, die ihr Leben führen, ohne Aufsehen zu erregen, und die einen Weg der Umkehr, des Dienens und der Liebe gehen – mit dem klaren Wissen um ihre Grenzen. Wenn aber ein Glied des Leibes schwer erkrankt, geht es dem gan-

---

25 Lk 10,30-37. Der griechische Begriff *eleos* ist derselbe, der im Magnifikat (Lk 1,50.54) und in Bezug auf Elisabeth (Lk 1,58) verwendet wird.
26 Mehrere Kirchenväter lesen dieses Gleichnis wie folgt: Der Samariter ist Christus, der Verwundete ist der sündige Mensch, die Herberge ist die Kirche, »*wenn ich wieder wiederkomme*« bezeichnet die Parusie.

zen Leib schlecht, und wir dürfen nicht gleichgültig bleiben, wenn junge Menschen, die der Kirche und dem Ordensleben vertraut haben, erleben müssen, dass ihr Vertrauen verraten und ihr Leben zerstört wird. Gleichzeitig müssen wir, auch wenn wir in diesem Drama keine aktive Rolle gespielt haben, uns bemühen, wiedergutzumachen, mitzufühlen, wiederaufzurichten.

12 Elemente der Gesundung und der Prävention

12.1 Ein klarer Blick

Auch für die betroffenen Gemeinschaften ist Hoffnung erlaubt. Die *Communauté Saint-Jean*[1] hat in den letzten Jahren ein bemerkenswertes Beispiel für Klarheit und mutige Reformarbeit gegeben. Der erste Bericht der Kommission *SOS Missbrauch*[2], die von der Gemeinschaft eingesetzt worden war, zeugt von dieser Klarheit, die den Horizont absteckt und es möglich macht, Maßnahmen zur Abhilfe und zur Prävention realistisch in den Blick zu nehmen und umzusetzen. Die Ursachen werden ohne Umschweife und kompromisslos analysiert: Unzureichende Definition der Beziehung innerhalb der Begleitung, die mit einer Freundschaftsbeziehung verwechselt wird, deren Ausgestaltung vage bleibt. Fehlende oder äußerst inkompetente Supervision. Das Fehlen einer Formation, die in menschlicher Hinsicht angemessen ist, beziehungsweise affektive Unreife, so dass die Brüder den Anforderungen des Keuschheitsgelübdes nicht gewachsen sind. Der Schwerpunkt liegt auf der intellektuellen Ausbildung, was zu Lasten der Selbsterfahrung geht, oder es ist eine Spiritualität vermittelt worden, die nicht im Menschsein verankert, sondern davon losgelöst ist. Defizite bei der Schulung zur Übernahme von Führungsverantwortung, bzw. Klerikalismus, die zu Fällen von Machtmissbrauch führten, sei es als ein Eindringen in das Gewissen anderer, sei es als eine missbräuchliche Konzeption vom Gehorsam.

Dann folgt eine Reflexion über die Strukturen des Missbrauchs, denn die Kommission hatte festgestellt, dass zwischen den verschiedenen Missbrauchsformen Verbindungen bestehen, die ein gewisses »Missbrauchssystem« bilden, das sich je nach Fall in einer

---

1   Im deutschsprachigen Raum auch bekannt als *St. Johannesgemeinschaft* oder *Gemeinschaft vom heiligen Johannes*, abgekürzt CSJ – nicht zu verwechseln mit der von Hans Urs von Balthasar und Adrienne von Speyr als Säkularinstitut gegründeten *Johannesgemeinschaft* (Anm. d. Übers.).
2   *Premier rapport d'activité de la Commission SOS abus* beim Generalkapitel im Mai 2019.

eher diffusen oder einer deutlicheren und gravierenderen Form zeigen kann.

»Als eher diffuse Form kann man ein Defizit in der Ausbildung zur geistlichen Begleitung feststellen. Vor allem mangelt es ganz offenkundig an einer Ausbildung in Psychologie; zudem fehlt eine Schulung zur Selbsterkenntnis, die das Wissen um die eigene Sexualität einschließt.

Als deutlichere Form existiert auch eine direkte Kausalität in dem Sinne, dass Missbrauch wieder Missbrauch hervorbringt. In mehreren Fällen war ein geistlicher Begleiter, der sich selbst des Missbrauchs schuldig gemacht hatte, nicht in der Lage, den von ihm Begleiteten aufzuklären, als dieser in der Situation war, demnächst ebenfalls Missbrauch zu begehen. In manchen Fällen wurde ein missbrauchter Bruder zu einem Täter, der die Handlungen und die damit verbundenen Rechtfertigungen reproduzierte.«[3]

Diese Analyse verdiente es, zitiert zu werden, da sie von hoher Qualität ist. Sie zeigt beispielhaft, dass eine Gemeinschaft die Fähigkeit zur Gesundung hat, wenn sie bereit ist, sich von der Kirche kritisch anfragen und führen zu lassen.

»Ein gewisses Missbrauchssystem«. Das Wort *System* wird in den Zeugenaussagen über missbräuchliches Verhalten in Gemeinschaften häufig verwendet. Normalerweise erreicht man eine so umfassende Klarheit nicht sofort. Zunächst ist es naheliegender, andere Schuldige anzuklagen. Diese Feststellung ist daher Zeichen einer fundierten Diagnose. Vor dem Hintergrund der bereits zitierten Aussage von Jacques Poujol[4] ist dieses Zeichen sehr wichtig: »Innerhalb eines missbrauchenden Systems ist auch derjenige, der kein Missbrauchstäter ist, sich aber in einer solchen Gruppe befindet, nicht davor gefeit, wie ein Missbrauchstäter zu funktionieren«. Dieser unbewusste Hang zum Missbrauch verlangt eine klare öffentliche Analyse des Missbrauchssystems, um es unterbinden zu können. Daher ist die Veröffentlichung dieses Berichts auf der Website der Gemeinschaft ein mutiger und eindeutiger Akt, der den klaren Willen zum Ausdruck bringt, sich aus dieser Situation zu befreien und dafür die entsprechenden Mittel zu ergreifen.

3 *Ebd.*
4 Kapitel 1, *Les systèmes chrétiens abusif.*

12.1 Ein klarer Blick

Das erste öffentliche Eingeständnis des Missbrauchs durch Pater Marie-Dominique Philippe erfolgte auf dem Generalkapitel im Jahr 2013. Sechs Jahre später beschloss das Generalkapitel von 2019, dass eine echte Neugründung erforderlich sei.

> »Es ist wichtig, zwischen dem Charisma des Gründers und dem Charisma des Institutes selbst zu unterscheiden, das allein von der Kirche anerkannt ist. [...] Wenn das Charisma ein Leben nach dem Heiligen Geist ist, kann Pater M.-D. Philippe wegen des schweren Missbrauchs, den er begangen hat, kein Vorbild für dieses Leben sein. Infolgedessen beziehen sich die Brüder nicht mehr auf ihn als Norm, um ihr Charisma in der heutigen Zeit zu aktualisieren.«[5]

Es dauerte nur sechs Jahre, bis es ihnen gelungen war, sich gegenüber dem eigenen Gründer, der bis dahin ihre nahezu ausschließliche Referenz gewesen war, angemessen zu positionieren. Eine sehr schnelle und beeindruckende Entwicklung. Den eigenen Gründer in Frage zu stellen, ist immer ein außerordentlich schwieriger Prozess und die Brüder der Communauté Saint-Jean geben uns ein schönes Beispiel, indem sie uns zeigen, dass ein solcher Prozess möglich ist, ohne dass die Gemeinschaft zerbricht. Seit Jahren arbeiten sie mit der Kirche zusammen. Zu ihrem letzten Generalkapitel hatten sie Erzbischof José-Rodríguez Carballo[6] eingeladen. Es bleibt noch ein weiter Weg zu gehen, aber die Richtung ist mit mutigen Entscheidungen klar abgesteckt:

> »Wir wollen uns für unsere Ausbildung nicht mehr auf Pater M.-D. Philippe beziehen. Im Licht der geistlichen Erfahrung der Brüder und der Lehre der Kirche, werden unsere Lebensregel und unser Eigenrecht überarbeitet. In unseren Prioraten werden die Fotos von Pater M.-D. Philippe aus den öffentlichen Bereichen und den Gemeinschaftsräumen in der Klausur entfernt. Ebenso werden seine Bücher vorerst nicht mehr in unseren Klöstern verkauft und seine Audio-Vorlesungen nicht mehr verbreitet, bis eine Entscheidung getroffen ist.«

---

5   Schlusswort der zweiten Sitzung des Generalkapitels, 1. November 2019. Online.
6   Sekretär der Kongregation für die Institute geweihten Lebens und für die Gesellschaften apostolischen Lebens in Rom.

Man darf also hoffen: Ein Weg der Wahrheit und der Gesundung kann beschritten werden, unter der ausdrücklichen Bedingung, dass die Hilfe, die von der Kirche geleistet werden kann, angenommen wird.

12.2 Wie kommt man aus dieser Sackgasse wieder heraus?

Dom François You hat folgende Überlegungen zu diesem Thema:

Es wird äußerst heikel sein und es gibt keine zwei Gemeinschaften, in denen es auf die gleiche Weise zugeht, oder die auf die Anordnungen der Kirche in gleicher Weise reagieren. Ich wage lediglich, eine doppelte Überzeugung auszusprechen: Es braucht Fingerspitzengefühl und Entschlossenheit. *Fingerspitzengefühl*, um zu warten, bis der richtige Zeitpunkt gekommen ist, denn wenn zu früh eingegriffen wird und die Gemeinschaft noch vollkommen homogen zu sein scheint, wird sie die Kritik nicht positiv aufnehmen können. Sie lebt in ihrer eigenen Blase und wird den leisesten Versuch einer Infragestellung als Unerbittlichkeit der Kirche interpretieren, die ihre treuesten Kinder zu Märtyrern macht. Dabei sind sie überzeugt, nur ihrem Meister zu folgen, und es überrascht sie nicht, dass sie ein solches Schicksal trifft – im Gegenteil, es wird sie in ihrer Überzeugung stärken, auf dem richtigen Weg zu sein. Das Resultat einer solchen Intervention wird wahrscheinlich eine Verschärfung der Klausur sein, die den Blick der Außenwelt abschirmt und das Leben innerhalb der Gemeinschaft schützt.

Entschlossenheit ab dem Zeitpunkt, an dem objektive Mängel aufgedeckt werden. In diesem Fall scheint ein Machtwort unerlässlich zu sein, das die Missstände klar anprangert und dadurch den Opfern die Möglichkeit gibt, jene Klarheit zu erlangen, durch die sie ihrer eigenen Wahrnehmung wieder trauen und sich zurechtfinden können. Solange dieses Wort nicht gesprochen ist, kann jemand, der in einem geschlossenen Umfeld lebt, nur sehr schwer glauben, dass er angesichts all der anderen Mitglieder der Gemeinschaft, die so geeint zu sein scheinen, recht hat. Wird aber durch ein Wort der Autorität ein bestimmter Punkt angeprangert, kann sich das Licht von dort aus seinen Weg in die Seelen und in die Psyche bahnen und andere negative Aspekte ans Licht bringen. Dann kann es zu einem Wendepunkt kommen.

12.2 Wie kommt man aus dieser Sackgasse wieder heraus?

Bedenken wir, dass es nicht darum geht, alles zu verwerfen, was in dieser Gemeinschaft gelebt wird; es gab sicher auch Gutes und vielleicht sogar viel Gutes, aber es gab falsche Weichenstellungen, die sich für die Menschen zerstörerisch auswirken können. Diese müssen identifiziert und ausgemerzt werden. Und an diesem Punkt kann die Heilung oftmals nur von außen kommen, von der Kirche als Mutter und Lehrmeisterin. Innerhalb der Gemeinschaft wurde die Freiheit des Denkens und Beurteilens allzu oft durch verschiedene Formen von Druck aufgehoben; Klarheit wurde durch persönliches oder gemeinschaftliches Autoritätsgehabe vernebelt; schlechte Gewohnheiten haben die Sehnsucht nach einem anderen Leben erstickt. Nur eine Intervention von außen wird das Leben neu ordnen können, um freie Menschen zu formen, die Christus nachfolgen wollen.

Eine große Schwierigkeit liegt darin, dass die Kirche, die von außen auf diese Gemeinschaften schaut, nur das sieht, was man ihr zeigen will, und das ist meist das Positive. Solche Gemeinschaften haben Ausstrahlung, sie wirken jung, dynamisch, anspruchsvoll, wenn es um Heiligkeit geht. In der heutigen Welt ist es wohltuend, solche spirituellen Orte zu kennen. Niemand möchte hören, dass es dort nicht so wunderbar zugeht wie man dachte, und dass diese Gemeinschaft, die ein Vorbild zu sein schien, es doch nicht in dem Ausmaß ist, wie sie es gerne von sich vermitteln wollte. Ein psychologischer Schutzmechanismus baut sich dann in uns auf und verhindert, die harte Realität zu akzeptieren, die sich langsam offenbart. Es ist das Verleugnen, eine Reaktion, die sich häufig einstellt, wenn wir mit etwas konfrontiert werden, das zu stark, zu gewaltig ist, und das wir nur schwer verstehen können. Manchmal dauert es lange, bis unsere frühere Gewissheit weicht und Raum geschaffen wird, um die hässliche Realität zu akzeptieren. Dann neigen wir dazu, die Tatsachen herunterzuspielen, nach Ausreden zu suchen, denn die Wahrheit tut zu weh, ist zu enttäuschend, es braucht Zeit, um sie hören zu können …

Sodann erfordert die Wahrheit Sanktionen, eine Neuordnung, und die Verantwortlichen haben Angst, zu viel zu ändern, einen Scherbenhaufen anzurichten, mehr zu schaden als zu nützen, daher zaudern und verschieben sie es. Ist das Feigheit? Ist es kluger, vorsichtiger Realismus? Ist es pastorale Weisheit?

12 Elemente der Gesundung und der Prävention

Wie schwer ist es, solche Situationen mit einem unverstellten Blick zu betrachten! Hüten wir uns davor, jene zu verurteilen, die nicht so reagieren wie wir. Manche rufen in Erinnerung, dass Jesus empfiehlt, das Unkraut zusammen mit dem Weizen wachsen zu lassen, da erst später das eine vom anderen getrennt wird. Wenn es um Einzelpersonen geht, mag das zutreffen, aber darf man auf der institutionellen Ebene ein völlig verfehltes System bestehen lassen, das andere Menschen zerstört? Manchmal ist es notwendig, Klarheit und mutige Entschlossenheit zu zeigen, um das Inakzeptable anzuprangern und Maßnahmen zu ergreifen, damit andere nicht mehr durch ein deformiertes System zerstört werden: klare Aufdeckung, Absetzung des Drahtziehers, Auswechseln der Person, die die Gemeinschaft leitet, Neubearbeitung der Konstitutionen, usw.

In manchen Fällen, in denen der alles beherrschende Einfluss des Gründers oder der Gründerin besonders stark gewesen ist, können diese Maßnahmen möglicherweise nicht ausreichen. Sie müssen durch die Präsenz einiger solider und durch die Kirche beauftragter Persönlichkeiten in der Gemeinschaft (oder Kongregation) unterstützt werden. Diese sollen das dortige Klima erspüren und jedem helfen, die erforderliche Kehrtwende zu vollziehen. Ohne diese radikale Maßnahme bleibt die falsche Haltung so tief in den Überzeugungen der Mitglieder verankert, dass sie weiterhin Druck ausüben wird, um zur altbekannten Methode zurückzukehren. Es wird dann nicht möglich sein, sich vollständig von ihr zu distanzieren.

Wir beobachten, dass Menschen, die eine sektenartige Gemeinschaft verlassen haben, oft viele Jahre brauchen, um sich wieder vollständig zu erholen. Über einen langen Zeitraum zeigen sie gestörte Verhaltensmuster und Reaktionen, die durch das Erlebte geprägt sind. Das Gleiche gilt für diejenigen, die in der Gemeinschaft bleiben, selbst wenn diese sich in einem Reformprozess befindet. Wie könnte es auch anders sein? Ein Gründer oder eine Gründerin hat sie nach einer falschen Werteskala geformt. Sie haben diese Lehren verinnerlicht und sich damit identifiziert. All das lässt sich nicht im Handumdrehen beseitigen! Selbst wenn die Gemeinschaft als Ganze erkannt hat, dass etwas nicht stimmte, bleiben doch die Denkweisen bestehen. Man nimmt die Worte der Kirche auf, die

12.3 Wie kommt man aus dieser Sackgasse wieder heraus?

uns sagt, dass etwas nicht in Ordnung ist. Im konkreten Alltag reagiert man aber weiterhin wie bisher. Oder man lässt sich für einige Jahre auf das ein, was die Kirche fordert, und später können sich die alten Verhaltensmuster nach und nach wieder einschleichen! Diese Phänomene, die sich darin zeigen, dass von Menschen Besitz ergriffen wird, sind alles andere als harmlos. Die Kirche muss sich dessen bewusst sein, wenn sie solche Gemeinschaften begleitet.

12.3 Das freie Wort ermöglichen

Diese Überlegungen des Abtes laden zu kritischem Weiterdenken ein. Es wird notwendig sein, die vorhandenen Elemente [der Missstände], ihren Schweregrad und ihr Ausmaß zu bewerten. Es kann sein, dass die gesamte Kongregation oder ein Teil einer Gemeinschaft betroffen ist, z.b. das Noviziat, falls der Novizenmeister selbst die problematische Person ist.

Sind die Übel erst einmal erkannt und benannt, ergeben sich die Maßnahmen zur Abhilfe fast von selbst. Viele wurden bereits in den vorherigen Kapiteln angesprochen oder leiten sich daraus ab, so dass es nicht sinnvoll ist, sie hier aufzulisten – es reicht aus, die bereits analysierten Hauptfaktoren zu wiederholen. Gibt es eine Reihenfolge, die man einhalten sollte? Nein, nicht wirklich, abgesehen von einigen vorrangigen Elementen.

Eine erste Priorität besteht darin, das freie Wort zu ermöglichen und dadurch die sternförmige Struktur, die »political correctness« (auch bekannt als »fromme Floskeln« oder »Phrasendrescherei«) der Gemeinschaft zu durchbrechen. Mit anderen Worten: all das zu durchbrechen, was eine klare, gemeinschaftliche Reflexion verhindert. Man kann eine Gemeinschaft nicht reformieren, ohne sie einzubeziehen, denn sonst ergäbe sich ein Konstrukt desselben Typs, und die Pyramide würde lediglich verschoben. Wenn es also Strukturen gibt, die den Mitgliedern untersagen, miteinander frei zu kommunizieren, muss die vorrangige Aufgabe darin bestehen, diese Strukturen aufzuheben. Aus praktischer Sicht gibt es nur wenige Gründe, warum das kompliziert sein sollte. Das einzige Hindernis wird auf der psychologischen Ebene liegen. Es könnte hilfreich sein, in diesem Zusammenhang die drei Fragen des freien Willensaktes nach Vittoz zu stellen:

Was will ich?
Ist es möglich?
Bin ich aufrichtig?

Wenn die erste Antwort nicht klar ist, wird sich nichts ändern können. Die zweite Frage verweist uns einfach auf den gesunden Menschenverstand und auf Lebensweisheit. Die dritte Frage ist manchmal die wichtigste. Ein Beispiel, das uns allen bekannt ist, wenn morgens der Wecker läutet:

Was will ich? Aufstehen.
Ist es möglich? Ja.
Bin ich aufrichtig? Nein.

Eigentlich habe ich überhaupt keine Lust, aufzustehen und ich will es nicht wirklich. Ich würde es zwar gerne, wenn es mich nicht so viel Überwindung kosten würde. Und daher bleibe ich im Bett. Nebenbei sei auf den Unterschied zwischen »Lust haben« und »wollen« hingewiesen. Ich kann etwas wollen, wozu ich überhaupt keine Lust habe, wie beispielsweise einen chirurgischen Eingriff vornehmen zu lassen.

Eine solche Konstellation wird man mit Sicherheit in einem Reformprozess antreffen, zumindest bei einigen Beteiligten. Es ist sinnvoll, dies ausdrücklich zu thematisieren, denn hinter dieser Reaktion steht nicht unbedingt böser Wille. Wird es nicht thematisiert, kann es zu einem großen Hindernis werden. Jemand kann von einer Reform sehr begeistert sein, sich in Wirklichkeit aber als echter Bremsklotz entpuppen.

Innerhalb der Gemeinschaft über diese drei Fragen konkrete Überlegungen anzustellen, wäre ein hervorragender Anfang.

Natürlich muss vor der Frage »Was will ich?« die Situation analysiert werden, um festzustellen, welche Faktoren die legitime und wirklich freie Kommunikation zwischen den Mitgliedern der Gemeinschaft verhindern. Die Schwierigkeit besteht darin, dass das freie Wort möglich sein muss, damit diese Überlegungen überhaupt stattfinden können – und damit beißt sich die Katze in den Schwanz! Ein externer, vorzugsweise neutraler Moderator wird daher unabdingbar sein, und man muss sich Zeit nehmen. Wenn das freie Wort über Jahre verboten war, kann es nicht mit ein paar Arbeitssitzungen aktiviert werden, denn es sind so viele Ängste und konditionierte Reflexe zu überwinden. Geduld und Zeit wirken tiefgreifender als Härte oder Wut, vorausgesetzt, sie werden von Beharrlichkeit begleitet.

12.4 Der Dienst der Wahrheit

Solange die Kultur der Lüge herrscht, ist keine ernsthafte Änderung möglich, da diese Kultur von der Leitungsspitze ausgeht und in der Regel den ganzen Leib durchdringt. Und das ist ein zweiter, vorrangiger Punkt. Um aus der Lüge auszusteigen, braucht es Mut. Versteht man genauer, wie schädlich das Lügen ist, wird dadurch jenes Bemühen unterstützt, das notwendig ist, um die erforderlichen Korrekturen vorzunehmen. Die folgenden Überlegungen möchten dazu eine kleine Hilfestellung geben.

Die kleinen Lügen

Wenn es um das Thema Lüge geht, kommt einem sofort eine Frage in den Sinn: Ist es manchmal erlaubt, zu lügen? Das am häufigsten angeführte Beispiel entstammt einer ganz realen Situation: Die Gestapo klopft an der Tür eines Widerstandskämpfers und fragt ihn, wo die Juden sind, die er versteckt. Muss er die Wahrheit sagen? Es scheint ganz offensichtlich zu sein, dass diese Frage mit »Nein« zu beantworten ist. Will man diese Antwort jedoch rechtfertigen, stellt sich schnell heraus, dass die Schwierigkeit größer ist, als man gedacht hätte. Der hl. Augustinus hat sich in zwei Werken[7] mit dieser Frage befasst. Er plädiert für eine rigorose Antwort: Es ist niemals erlaubt zu lügen. Der hl. Thomas von Aquin folgt ihm: »Jede Lüge ist daher eine Sünde, wie der hl. Augustinus sagt«[8]. Immanuel Kant vertritt dieselbe Linie. P. Luc-Thomas Somme befasst sich mit dieser Frage in einem Artikel, dessen Titel die Problematik treffend zum Ausdruck bringt: »Die Wahrheit der Lüge«[9]. Gemeinsam mit anderen relativiert er die rigorose Position des hl. Augustinus, wenn es sich um etwas Schwerwiegendes handelt. Zu diesem Punkt führen alle Autoren in etwa die gleichen Beispiele an, nämlich das Beispiel eines Men-

---

7 *De Mendacio* (395) et *Contra Mendacium* (420).
8 Thomas von Aquin, *Summa theologica*, IIa-IIae, q. 110, a. 3, c.
9 Luc-Thomas Somme, *La vérité du mensonge*, 33–54.

schen, der gesucht wird, weil man ihm schweren Schaden zufügen will, oder das Beispiel eines Kranken, dem man nicht die Wahrheit über seinen Zustand sagen will.

Es ist nicht erforderlich, dass wir uns mit dem ersten Beispiel genauer befassen – auch wenn es für die Ausbildung durchaus sehr interessant ist –, denn bei den Missständen in einer Gemeinschaft geht es nicht um derart gravierende Fragen, sondern um eine Häufung, und vor allem um die Rechtfertigung der kleinen Lügen, die den Stellenwert der Wahrheit untergraben. Im Zusammenhang mit diesen kleinen Lügen sollte man sich fragen, ob sie manchmal gerechtfertigt sein können, ob man also beispielsweise »aus Nächstenliebe« lügen darf, um kein Leid zuzufügen, oder um einen todkranken Menschen nicht zu beunruhigen.

Die Umstände

Zunächst einmal sollte man sich davor hüten, zu relativieren, so dass eine Antwort nur von den Umständen abhängig gemacht wird, was dazu führt, dass man in bestimmten Situationen eine Antwort für zulässig hält, in anderen aber überhaupt nicht mehr. Bei einem Krebspatienten, der sich in der terminalen Phase befindet und nur noch eine Woche zu leben hat, kann sich der Arzt die Frage stellen, ob er ihm die Wahrheit sagen soll oder nicht. Diese Frage ist nicht mehr eine rein medizinische, da alle Behandlungsmöglichkeiten ausgeschöpft sind, sondern eine ethische und vielleicht eine religiöse. Wie gut kann der Kranke die Realität annehmen? Sollte man vermeiden, ihn zu verunsichern und ihn stattdessen lieber beruhigen? Solche Fragen sind berechtigt. Sie wären es nicht mehr, wenn ein Arzt bei einem Patienten gerade eine Krebserkrankung entdeckt hat, die bereits weit fortgeschritten ist. Er kann sich fragen, wie er den Kranken möglichst schonend darüber in Kenntnis setzt, aber man kann sich nicht vorstellen, dass der Arzt den Patienten nicht aufklärt, »um ihn nicht zu beunruhigen«.

Das Beispiel vom todkranken Patienten wird meistens gleichzeitig mit dem Thema Lüge behandelt, obwohl es sich um eine ganz andere Fragestellung handelt, denn es geht nicht unbedingt darum, zu lügen, sondern darum, ob es prinzipiell gut ist, jede Wahrheit zu sagen. Es erfordert ein gutes Urteilsvermögen, um zu erspüren,

12.4 Der Dienst der Wahrheit

was man sagen kann und was besser ungesagt bleibt. Einem Kranken in der terminalen Phase nicht zu sagen, dass er bald sterben wird, obwohl er diese Nachricht verkraften kann, hieße, ihm etwas von seinem Sterben vorzuenthalten und das wäre schade. Wenn jedoch ein anderer dadurch total in Panik geriete, wäre es dann wirklich gut, darüber zu sprechen? Hier geht es nicht darum, zu lügen, sondern darum, nicht alles zu sagen.

Dennoch muss hinzugefügt werden, dass eine weitere Klarstellung erforderlich ist. »Nicht alles sagen« kann nämlich auch eine stillschweigende Lüge beinhalten wie bei jenem Pönitenten, der zur Beichte kam und sich anklagte, ein Seil gestohlen zu haben. Der Pfarrer, der seinen Pappenheimer kannte, stellte ihm einige Fragen und erfuhr schließlich, dass am Ende des Seils eine Kuh gewesen war – ein Umstand, der offensichtlich nicht ganz zu vernachlässigen war.

Eine Lüge kann eine andere verdecken

Wenn eine Halbwahrheit unter bestimmten Umständen eine halbe Lüge sein kann, kann eine Lüge ebenso eine weitere Lüge verdecken und die offensichtlichste Lüge muss nicht immer die schwerwiegendste sein. Eine junge Nonne verlässt die Gemeinschaft. Die Priorin verkündet: »Schwester X. wurde in ein anderes Kloster versetzt«. Den wenigen Schwestern, die die Wahrheit kennen, erklärt sie: »Ich sage das, um die Gemeinschaft nicht zu verunsichern«.

Die erste Aussage, die ausdrücklich unwahr ist, erfüllt in allem die Definition von »Lüge«: etwas Unwahres sagen, von dem man weiß, dass es unwahr ist. Es handelt sich um eine Lüge in Worten, die leicht zu erkennen ist.

Die zweite Aussage: »Ich sage das, um die Gemeinschaft nicht zu verunsichern«, führt uns zur Rechtfertigung der Lüge und damit in eine übergeordnete, gravierendere Dimension. Ist diese Aussage nicht eine neue, noch versteckterer Lüge? Geht es wirklich um die Absicht, die Gemeinschaft nicht zu verunsichern? Diese durchaus reale Absicht ähnelt sehr dem Seil unseres Diebes, denn es ist zutreffend, dass man die Gemeinschaft nicht verunsichern will, aber ist das wirklich alles? Besteht der Zweck der Lüge nicht vielmehr darin, ein unangenehmes Ereignis vor der Gemeinschaft zu verbergen, weil es die makellose Fassade, die man aufrechterhalten möchte, beschädigt? Kurzum: Fürchtet sich die Priorin nicht vor allem davor, dass sich die Gemeinschaft Fragen stellen könnte? Da dies nicht zugegeben werden kann, wird eine plausiblere Ausrede gesucht. Es kann aber auch sein, dass es keine Ausrede, sondern eher eine Art Realitätsverweigerung ist, die zu einer unbewussten Blindheit führt. Diese zweite Ebene beinhaltet eine gewohnheitsmäßige Absicht, zu lügen, und zwar durch das Verschweigen von Dingen, die die Gemeinschaft zu Recht wissen müsste. Damit sind wir wieder beim Fall des Arztes, der bei seinem Patienten einen Tumor entdeckt, ihm aber nichts sagt, »um ihn nicht zu beunruhigen«. Was bei einem Arzt völlig undenkbar ist, kann in einer Gemeinschaft durchaus vorkommen.

Die Rechtfertigung der Lüge

Jeder kann sich einmal überraschend bei einer Lüge ertappen. Solange man sich bewusst bleibt, dass es eine Lüge ist, kann das Übel noch behoben werden, denn solange ein Übel als Übel bezeichnet wird, ist Umkehr möglich. Man kann um Verzeihung bitten und die Wahrheit wiederherstellen. Sobald man versucht, die Lüge zu rechtfertigen und sie damit nicht mehr als etwas Schlechtes, sondern als etwas Gutes betrachtet, verdunkelt sich das Gewissen, und die Sinnhaftigkeit der Wahrheit wird angegriffen. Damit beginnt ein Kreislauf, da eine Lüge zur nächsten führt. Was als zulässig angesehen wird, verändert sich durch die zunehmende Gewöhnung an die Lüge und die damit einhergehende Grenzverschiebung, wie es ein Sprichwort sagt: »Wer im Kleinen untreu ist, ist es auch im Großen«. Schließlich wird die Kultur der Lüge als normales Mittel zum Zweck eingesetzt.

Die Konflikte, die der Prophet Jeremia mit den falschen Propheten hatte, zeigen uns ein dramatisches Bild dieser Situation. In Kapitel 28 prophezeit der Prophet Hananja:

> »So spricht der Herr der Heere, der Gott Israels: Ich zerbreche das Joch des Königs von Babel. Noch zwei Jahre und ich bringe alle Geräte des Hauses des Herrn, die Nebukadnezzar, der König von Babel, von diesem Ort weggenommen und nach Babel gebracht hat, wieder an diesen Ort zurück.«

12.4 Der Dienst der Wahrheit

Und er nahm das Joch, das Jeremia um seinen Nacken gelegt hatte, und brach es entzwei. Jeremia antwortete ihm:

»Ganz recht! Mag der Herr so tun. Der Herr erfülle deine Worte, die du verkündet hast, und bringe die Geräte des Hauses des Herrn und alle Verschleppten aus Babel zurück an diesen Ort.«

Jeremia wünscht sich nichts sehnlicher, als dass all dies in Erfüllung geht; er prophezeit nicht gerne Unheil, sondern beklagt sich bitterlich beim Herrn darüber:

»Das Wort des Herrn bringt mir den ganzen Tag nur Spott und Hohn«[10]. Aber er sieht, dass Hananja nicht das Wohl des Volkes im Sinn hat, sondern ihm aus Eigennutz das sagt, was es hören will. Deshalb spricht er abermals:

»Höre, Hananja! Der Herr hat dich nicht gesandt und du hast dieses Volk dazu verführt, auf Lügen zu vertrauen. Darum – so spricht der Herr: Siehe, ich schaffe dich vom Erdboden fort. Noch in diesem Jahr bist du tot; denn du hast Auflehnung gegen den Herrn gepredigt.

Im siebten Monat desselben Jahres starb der Prophet Hananja.«[11]

Die Lüge des Hananja diente dazu, das Volk zu beruhigen. So konnte es sein Leben wie bisher weiterführen, während Jeremia unablässig von der Notwendigkeit einer Umkehr predigte, ohne die das Unheil mit Gewissheit eintreffen würde. Die Lügen, mit denen die Schwächen der Gemeinschaft vertuscht werden sollen, haben dieselbe Aufgabe. Sie sind wie die Tünche, von der Ezechiel spricht: »Sie führen mein Volk in die Irre und verkünden Heil, wo es kein Heil gibt, und wenn das Volk eine Mauer aufrichtet, dann übertünchen sie sie«[12]. Das ganze Buch Jeremia ist von einer immer wiederkehrenden Klage des Herrn durchzogen: »Ich habe gesprochen, aber ihr habt nicht gehört«[13]. Ja, die Übertüncher tun alles, damit

---

10 Jer 20,8.
11 Vgl. Jer 28, 2–17.
12 Ez 13,10. Siehe auch 22,28: »Seine Propheten aber übertünchen ihnen alles. Sie haben nichtige Visionen, verkünden ihnen falsche Orakel und sagen: ›So spricht Gott, der Herr‹ – obwohl der Herr gar nicht gesprochen hat«.
13 Zum Beispiel Jer 7,13: »Als ich immer wieder zu euch redete, habt ihr nicht gehört; als ich euch rief, habt ihr nicht geantwortet«.

das Volk die beunruhigende Botschaft des Jeremia nicht hört, und sie werden die Verantwortung für die Katastrophe tragen, wie es Ezechiel über den Wächter sagt[14].

Wir sind also weit entfernt von einer »kleinen« Lüge, denn am Horizont kündigt sich nichts Geringeres als die Verbannung an. Gibt es daher tatsächlich »kleine« Lügen? In unserem Beispiel kommt es zu einer gewaltigen Kettenreaktion, denn wenn diese Lüge erst einmal in der Öffentlichkeit gesagt wurde, muss man anschließend vermeiden, dass die Gemeinschaft die Wahrheit entdeckt. Dazu ist Vertuschung notwendig, die zu einer Aushöhlung der Beziehungen führt. Wenn die Wahrheit schließlich ans Licht kommt, wird das Vertrauen zutiefst erschüttert sein. Warum sollte man sich auf ein solches Verwirrspiel einlassen?

Es ist so viel einfacher, die Wahrheit zu sagen. Die Schwester ist gegangen – eine Gemeinschaft kann das verstehen, wenn sie gewohnt ist, dass man offen mit ihr spricht und sie nicht wie ein Kind behandelt. Eine Gemeinschaft, die die Nachricht von einem Austritt nicht ertragen könnte, wäre in einem sehr beunruhigenden Zustand der Unreife.

Die Lüge zerstört die Beziehung, weil sie das Vertrauen zerstört

Gibt es kleine Lügen, die man akzeptiere könnte und die keine allzu großen Konsequenzen hätten? Die Art von Lügen, die als akzeptabel angesehen werden, sind die Lügen »aus Nächstenliebe«, um nicht zu verletzen. Vom Primat der Liebe zu sprechen, ist eine allzu einfache Verkürzung. Wenn unser christlicher Glaube uns nicht zu lügen gestattet, so geschieht dies nicht grundlos durch ein göttliches *Gebot*. Es ist an dieser Stelle nicht möglich, alle Aspekte dieses umfangreichen Themas auszuführen; man findet sie im Artikel von P. Luc-Thomas Somme. Wir wollen die Frage hier unter dem Gesichtspunkt ihrer Konsequenzen betrachten.

»Um nicht zu verletzen, werde ich eine Notlüge sagen.« Die Absicht ist vielleicht gut, das Risiko aber deutlich höher. Nehmen wir an, ein Freund hat mir ein Buch geschenkt, und nach drei Seiten war ich so gelangweilt, dass ich nicht weitergelesen habe. Nach einiger Zeit treffe ich diesen Freund, der mich fragt, ob mir das Buch gefallen hat. Da ich ihn nicht verletzen will, sage ich ihm, dass ich

---

14 Ez 33,1–9.

12.4 Der Dienst der Wahrheit

es sehr interessant fand. Aber wenn dieser Freund später herausfindet, dass ich es in Wirklichkeit gar nicht gelesen habe, wird es ihn viel tiefer verletzen. Warum hatte ich so wenig Vertrauen zu ihm, dass ich ihn getäuscht habe? Ich nenne ihn meinen Freund, aber stimmt das wirklich? Kann er sich auf mein Wort verlassen? Vielleicht hat er jetzt Zweifel.

Es ist sicherlich anstrengender, aber ungemein wertvoller, einfach wahrhaftig zu sein: »Ich danke dir. Dieses Geschenk und deine Aufmerksamkeit mir gegenüber, haben mich berührt. Ich habe es mir angeschaut, und verzeih mir, ich möchte dich nicht verletzen, aber das Thema interessiert mich nicht so sehr und deshalb bin ich mit dem Lesen nicht sehr weit gekommen.« Natürlich wird das für den Freund etwas unerfreulich sein, aber er wird mit der tieferen Gewissheit gehen, in einer echten Beziehung mit mir zu sein, und er wird mehr darauf vertrauen können, dass er sich auf das verlassen kann, was ich ihm sage, weil es glaubwürdig ist.

Ist der Freund der Autor des Buches, ist die Frage heikler. In diesem Fall würde es das Taktgefühl gebieten, das Buch zu lesen, auch wenn es mich nicht interessiert.

Zeugen Gottes

Gottes Verheißungen an uns Menschen sind so einzigartig, dass es unserem Verstand sehr schwerfällt, sie für wahr zu halten. Wenn wir betrachten, was wir sind, ist es dann wahrscheinlich, dass wir zu einem göttlichen Leben berufen sind, welches wir uns nicht einmal vorstellen können? Ist es vernünftig, sein ganzes Leben für eine Realität einzusetzen, die wir nie erlebt haben? An der Tür des Glaubens lauert immer der Zweifel. Ein junger Mensch wird bereit sein, das Risiko einzugehen, vor allem angesichts der Zeugnisse von Älteren, die ihm den Weg weisen. Wenn sich aber eines Tages herausstellt, dass diejenigen, die ihm die Wahrheit Gottes bezeugt haben, selbst in kleinen Dingen lügen, kann der Schock weit darüber hinausgehen, und die Wahrhaftigkeit Gottes in Frage stellen. Vertritt das Umfeld, in dem man lebt, vehement die Überzeugung, dass der Obere Gott repräsentiert, und dass die Gemeinschaft die erhabene Sendung hat, die reine und ungetrübte Wahrheit, die sie selbst verkörpert, zu verteidigen, wird der Schock noch schmerzlicher sein. Bei denjenigen, die einer solchen Idealisierung willig gefolgt sind, kann es zu einem ernsthaften Zusammenbruch kommen, der alles mit sich reißen kann, auch die Berufung und sogar den Glauben. »Kann man – wenn diese Menschen, die sich Repräsentanten Gottes nennen, derart lügen – diesem Gott, den sie repräsentieren, noch Glauben schenken?« Die Vorsichtsmaßnahme der Priorin aus unserem Beispiel kehrt wie ein Bumerang zu ihr zurück. Sie wollte die Gemeinschaft nicht verunsichern, aber die Konsequenz der Lüge ist eine viel tiefere Verunsicherung. Es ähnelt den Vorgängen in der Kirche, als geschwiegen wurde, um die Täter zu schützen und Skandale zu vermeiden, was aber letztlich zu Skandalen führte, die weit schlimmer waren als der Missbrauch selbst.

Zum Glück ist es genau umgekehrt: Die Rückkehr zur Wahrheit, die Bereitschaft, Missstände klar in den Blick zu nehmen, kann neues Vertrauen schaffen – vielleicht nicht bei den Personen, die zu schändlich hintergangen wurden, aber doch wenigstens bei künftigen Mitgliedern.

Im alltäglichen Leben haben die Ordensleute, vor allem die älteren, die besondere Aufgabe, Gottes Wahrheit durch ihr Wort und ihr Leben zu bezeugen. Und gerade weil Gottes Wort so unglaublich ist, ist es für die jüngeren Ordensleute so wichtig, dass dieses Zeugnis ungetrübt ist, und dass es in der Realität unseres Alltags Gestalt annimmt. Wenn Gott die Wahrheit ist, dann ist jede Lüge ein Zeugnis gegen unseren Glauben.

Kann eine Gemeinschaft, die sich den Sinn für die Wahrheit bewahrt hat, Opfer sektiererischer Tendenzen werden? Das ist eher unwahrscheinlich, und folglich ist dieser Sinn für die Wahrheit ein hervorragendes Zeichen für Gesundheit. Diesen Sinn für die Wahrheit wiederzufinden – wenn er verloren ging –, stellt einen sehr wichtigen Schritt dar.

12.5 Das Immunsystem

Wie alles Lebendige trägt eine menschliche Gemeinschaft auch Elemente des Zerfalls in sich. Sehr bald nach dem Tod beginnt der Körper zu verwesen. Schon von Geburt an ist dieser Verfall im Körper angelegt, aber er wird durch das Immunsystem aufgehalten. Eine Gemeinschaft entsteht, wächst, wird schwächer und verschwindet. Niemandem, außer der Kirche selbst, wurde Unvergänglichkeit verheißen. Worauf stützt sich eine Ordensgemeinschaft, um die

12.5 Das Immunsystem

Integrität ihrer Lebensweise, die vielleicht über mehrere Jahrhunderte gelebt wird, zu sichern? Auch sie braucht ein Immunsystem, das zwei Seiten hat: eine institutionelle mit Regel, Kirchenrecht, Kapiteln, Visitationen, beratenden Gremien, etc. und eine innere, bei der in erster Linie die Gaben des Heiligen Geistes erwähnt werden müssten, sodann Demut, Gespür für das Dienen, Aufmerksamkeit für die anderen und zahlreiche weitere Tugenden, die einen Gegenpol zu diesem natürlichen Hang zur Egozentrik bilden, der jeden sozialen Organismus von innen her unterminiert.

Ordensregel und Kirchenrecht

Der institutionelle Aspekt wurde von P. Loïc-Marie Lebot OP in »*Vie religieuse et liberté*«[15] dargestellt. Als Kirchenrechtler beinhaltet für ihn der Begriff einer sektiererischen Fehlentwicklung »vor allem eine gravierende Unkenntnis der Ordensberufung, da die Freiheit und die Rechte der Ordensmitglieder negiert werden«.[16] Diese Aussage zeigt uns spiegelbildlich, warum das Kirchenrecht eingehalten werden soll: nämlich um die Freiheit und die Rechte der Ordensleute zu schützen, die von der Kirche als legitim anerkannt werden. Der weiter oben zitierte Canon 630 ist dafür ein bemerkenswertes Beispiel. Das Kirchenrecht enthält auch Vorschriften, die verhindern sollen, dass ein Oberer zum Autokraten wird.

»Für mich sind die drei wichtigsten kirchenrechtlichen Voraussetzungen zur gezielten institutionellen Vermeidung sektiererischer Fehlentwicklungen oder Übergriffe auf die Person der Ordensmitglieder folgende: Klare Konstitutionen, die mit den Prinzipien des Ordenslebens übereinstimmen; Institutionen, die gemäß den Konstitutionen handeln; eine wirksame interne und externe kirchliche Kontrolle.«[17]

Was den ersten Punkt betrifft, so ist es wichtig, einen sorgfältig ausgearbeiteten Leitfaden, bzw. Konstitutionen zu haben, die allgemein zugänglich sind[18]. Klarheit und Prägnanz sind empfehlenswert. Ein Text, der zu sehr bis in die kleinsten Details geht, wird sperrig und kann zu einer gewissen Starrheit führen. Andererseits

15 COREFF, *Vie religieuse et liberté*.
16 Ebd., 27.
17 Ebd., 29.
18 Ebd.

»ist es notwendig, dass das Eigenrecht so präzise wie möglich ist, wenn es die jeweiligen Befugnisse der Gemeinschaft, der verschiedenen Ratsgremien, der Verantwortlichen in den unterschiedlichen Bereichen und des Oberen festlegt. Fehlende Klarheit in diesen Punkten führt zu Verwirrung und gibt Anlass zu Konflikten.«[19]

Die Konstitutionen müssen Organe schaffen, die ein zusammenhängendes Ganzes bilden und ohne ständige und willkürliche Abänderungen funktionsfähig sein sollen: das Kapitel, der Obere, der Rat, die Ausbildungsleiter, der Cellerar. Ein ausgewogenes Kräfteverhältnis von Macht und Gegenmacht muss gewährleistet sein, damit man sich nicht in einer ausweglosen Situation befindet, sollte eines Tages die falsche Person am falschen Platz sein.

Was den Oberen betrifft, wurde bereits Canon 618 zitiert. Canon 619 geht in dieselbe Richtung:

»Die Oberen sollen sich eifrig ihrem Amt widmen und sich gemeinsam mit den ihnen anvertrauten Mitgliedern darum bemühen, eine brüderliche Gemeinschaft in Christus aufzubauen, in der Gott vor allem gesucht und geliebt wird. Darum sollen sie die Mitglieder oft mit dem Wort Gottes nähren und sie zur Feier der heiligen Liturgie hinführen. Sie sollen ihnen ein Vorbild sein in der Übung der Tugenden und in der Befolgung der Vorschriften und Überlieferungen des eigenen Institutes; in persönlichen Nöten sollen sie ihnen geziemend beistehen; sie sollen sich der Kranken sorgsam annehmen und sie besuchen, die Störenfriede zurechtweisen, die Kleinmütigen trösten, gegenüber allen geduldig sein.«

Canon 650 § 2 unterscheidet deutlich zwischen dem Novizenmeister und dem Oberen. Generell versucht der *Codex des Kanonischen Rechtes* aus nachvollziehbaren Gründen eine Ämterhäufung zu vermeiden, da eine solche Anhäufung die Gefahr einer allumfassenden Kontrolle erheblich erhöht. Die Erfahrung zeigt, dass es in einer Gemeinschaft monastischen Typs gut läuft, wenn in ihr die

---

[19] Kongregation für die Institute des geweihten Lebens, Über das brüderliche Leben in Gemeinschaft, Nr. 51. Dieser wichtige und qualitativ hochwertige Text verdient es, dass man ihn kennt. Die zitierte Nummer wird von derselben Kongregation in der Instruktion *Der Dienst der Autorität und der Gehorsam*, vom 11. Mai 2008, Nr. 20, wörtlich übernommen.

12.5 Das Immunsystem

drei Säulen, bestehend aus Abt, Cellerar und Novizenmeister, harmonisch miteinander kommunizieren. Man kann noch den Prior hinzufügen, der als Vierter mit im Bunde ist.

Kanonische und Apostolische Visitationen

Keine Gemeinschaft ist vor Krankheiten gefeit, daher ist kirchliche Wachsamkeit notwendig, die hauptsächlich durch die von der Regel vorgesehenen kanonischen Visitationen gewährleistet wird. Als kanonische Visitation wird der Besuch einer externen Autorität bezeichnet; bei Gemeinschaften diözesanen Rechts ist dies der Bischof, in anderen Fällen sind es Ordensobere. Die Visitation hat einen doppelten Aspekt: einen geschwisterlichen und einen juristischen. Ihre Aufgaben sind vielschichtig: Es geht um das Gemeinschaftsleben, die Qualität der Liturgie, die Treue zu den Konstitutionen und zum geistlichen Erbe des Institutes, die Ausübung der Leitungsfunktion durch die Oberen, die Ausbildung, die zeitlichen Güter, usw. Die Visitatoren müssen alle Mitglieder der Gemeinschaft anhören, um sich ein Bild vom Reichtum und von den Schwächen des Gemeinschaftslebens zu machen. Wenn eine gravierende Situation es erfordert, kann eine Visitation direkt in Rom beantragt werden; sie wird dann Apostolische Visitation genannt.

Kommt es innerhalb eines Orden oder einer Kongregation, die ihren eigenen Rhythmus an kanonischen Visitationen hat, zu Missständen in einer Gemeinschaft, können die höheren Oberen davon Kenntnis erhalten und Maßnahmen ergreifen. Eine kanonische Visitation bedeutet nie eine Revolution; der von ihr eingeleitete Prozess kann sich über Jahre erstrecken. Die Visitatoren müssen auch mit den erforderlichen Vollmachten ausgestattet sein, damit ihr Besuch nicht nur ein »touristischer Besuch« ist, wie es einmal eine Ordensschwester formulierte, um damit auf die notorische Ineffizienz der Visitationen hinzuweisen, die sie erlebt hatte. Falls die gesamte Kongregation in der Kritik steht, können interne Visitationen keine Abhilfe mehr schaffen. Dann wird es notwendig, eine Apostolische Visitation zu beantragen, auch wenn das stets eine schmerzliche Angelegenheit ist.

Die kanonische Visitation ermöglicht den Blick aus einer anderen Perspektive und kann daher kleine Mängel, die sich eingeschlichen haben und von der Gemeinschaft nicht mehr gesehen werden, besser aufzeigen. Die Früchte der Visitation werden sehr stark davon abhängen, wie sie einerseits durchgeführt und andererseits aufgenommen wird. Im Allgemeinen ist sie geprägt von Geschwisterlichkeit und Fürsorge gegenüber allen, aber sie muss trotzdem über die nötigen Befugnisse verfügen, um im Falle ernsterer Missstände reagieren zu können. Bei den Kartäusern haben die Visitatoren die Vollmacht, in sehr gravierenden Fällen einen Prior abzusetzen. Das kommt nur äußerst selten[20] vor, und die Visitatoren treffen eine solche Entscheidung nie allein, aber schon die Tatsache, dass sie diese Befugnis haben, verleiht ihrer Autorität echtes Gewicht.

Die Gemeinschaft kann ihrerseits die Arbeit der Visitatoren entweder behindern, was in der Regel passiv geschieht, oder sie kann die Effektivität der Visitation fördern.

»In dem Verlangen, die willkommene Zeit der Visitation möge sich zu einer Gnade Gottes wandeln, soll der Konvent die Visitatoren oder Kommissare, die ja mit der Vollmacht des Generalkapitels oder des Reverendus Pater ausgestattet sind, im Geist des Glaubens aufnehmen. Jeder Mönch soll ihnen beim Erfüllen ihrer Aufgabe mit hingebendem Willen Hilfe leisten. So sollen die Visitatoren und die Mönche alles unternehmen, damit unter ihnen gegenseitiges Vertrauen entsteht.«[21]

Eine »willkommene Zeit der [...] Gnade Gottes« und keine implizite Bedrohung, gegen die man sich wehren müsste. Im Grunde stellt sich für alle die Frage: Sind wir in einer Haltung der Bekehrung, wie es unserem dritten Gelübde[22] entspricht, oder sind wir vielmehr der Meinung, dass alles in Ordnung ist und uns niemand etwas zu sagen hat?

Während einer Visitation trägt jeder Verantwortung und muss wissen, dass eine Aufforderung, etwas zu verschweigen, null und nichtig wäre und sogar ein starkes Argument dafür sein könnte, sich erst recht zu äußern. Jeder muss also nach seinem Gewissen

20   Es sei denn, der Prior selbst bittet aus Alters- oder Gesundheitsgründen um seine Entlassung aus dem Amt.
21   Statuten des Kartäuserordens, 32.4.
22   Bei der monastischen Profess ist das dritte Gelübde das Gelübde der Bekehrung des Lebens.

12.5 Das Immunsystem

entscheiden, was er sagen soll und dabei das Gemeinwohl im Auge behalten. Eine Apostolische Visitation stellt das reale Vertrauen zur Kirche auf die Probe. Sie wird für diejenigen, die sich in Frage gestellt fühlen, immer eine Herausforderung sein. Aber sind wir nicht Ordensleute geworden, um zu lernen, uns zu bekehren?

Der Blick von außen

Das Immunsystem verfügt nicht nur über aktive Elemente, sondern auch über Warnsignale, die Aufmerksamkeit erregen sollen. Eines dieser Warnsignale ist die Beziehung zur Außenwelt. Was hat eine Gemeinschaft zu verbergen, wenn sie ganz normal lebt? Sie muss in der Lage sein, das Unverständnis, das ihr teilweise von außerhalb entgegengebracht wird, gelassen zu tragen. Die Erfahrung zeigt jedoch, dass dieses Unverständnis in der Regel eher marginal bleibt. Vor allem die Angehörigen werden die Entscheidung für das Ordensleben meistens von ganzem Herzen akzeptieren, auch wenn sie ein wenig unter der relativen Trennung leiden, die das Ordensleben mit sich bringt. Wenn sie spüren, dass der Ordensbruder heiter und ausgeglichen ist, sich am rechten Platz weiß und sich in einer Gemeinschaft wohlfühlt, die er schätzt, wobei er zugleich um deren Grenzen weiß –, kurzum: Wenn sie spüren, dass er glücklich ist, akzeptieren sie diese Entscheidung, weil sie deren Sinnhaftigkeit erahnen, auch wenn sie ihnen etwas abverlangt.

Man sollte es daher als gutes Zeichen ansehen, wenn sich eine Gemeinschaft frei fühlt, so gesehen zu werden, wie sie ist, und wenn sie keine besonderen Einschränkungen für Gespräche und Austausch zwischen dem Ordensmitglied und dessen Familie festsetzt. Wird jedoch dazu aufgefordert, etwas zu verschweigen oder geheim zu halten, ist das ein Warnsignal: Was läuft so schlecht, dass man es verbergen will? Der gesamte Bereich der Beziehung zur Familie sollte von gesunder Freiheit und etwas gesundem Menschenverstand geleitet werden. Ist das nicht der Fall, muss man sich Fragen stellen. *Mutatis mutandis* gilt dies auch für die anderen Beziehungen zur Außenwelt, insbesondere zu den Beichtvätern, von denen bereits weiter oben die Rede war.

In den Grenzbereichen des Ordenslebens

Die Schweizer Bischöfe betonen, dass das Ausnützen einer Überlegenheit nicht so sehr mit dem Weihesakrament, sondern mit den »Repräsentanten der Institution Kirche und ihren hohen Prinzipien« verbunden ist. Unter diesem Gesichtspunkt sind die neuen Formen geweihten oder engagierten[23] Lebens genauso von Missbrauch bedroht wie die Ordensgemeinschaften – aber sind sie auch gut geschützt? Hatten die recht neuen Strukturen gemeinschaftlichen Lebens, die in der Kirche entstanden und manchmal sehr schnell gewachsen sind, genügend Zeit, um die notwendigen Gegenkräfte und ein wirksames Immunsystem zu entwickeln? Einige Beispiele aus jüngster Zeit, in denen es zu gravierenden Vorfällen kam, lassen daran Zweifel aufkommen. Im Falle eines Missbrauchs kann der Bischof sehr in Bedrängnis geraten, vor allem wenn es sich um eine internationale Organisation handelt. Bei einer Kongregation oder einer Gesellschaft des apostolischen Lebens kann die entsprechende römische Kongregation eingreifen und tut dies auch regelmäßig. Aber wer wird aktiv, wenn es um eine Gruppierung geht, die nicht dieser römischen Kongregation untersteht? Es ist schwer vorstellbar, dass sich das *Dikasterium für die Laien, die Familie und das Leben* mit dieser komplizierten Angelegenheit befasst. Die am 8. Mai 2018[24] veröffentlichten Statuten weisen in Artikel 7 darauf hin:

> »In seinem eigenen Zuständigkeitsbereich begleitet das Dikasterium das Leben und die Entwicklung von Vereinigungen der Gläubigen und von Laienbewegungen; es errichtet Vereinigungen mit internationalem Charakter und genehmigt oder approbiert deren Statuten, unbeschadet der Zuständigkeit des Staatssekretariats; es befasst sich auch mit möglichen administrativen Beschwerden in Angelegenheiten, die in die Zuständigkeit des Dikasteriums fallen. Was die säkularen Dritten Orden und die Vereinigungen des geweihten Lebens betrifft, ist es nur für jene Bereiche zuständig, die sich auf deren apostolische Tätigkeit beziehen.«

---

23 Dieser Begriff wird verwendet, um Gruppierungen wie die Familie von Nazareth einzuschließen, bei denen es eine Bindung, u.U. auf Lebenszeit, aber keine Gelübde gab.
24 In Kraft getreten am 13. Mai 2018.

12.5 Das Immunsystem

»Administrative Beschwerden«, das ist recht dürftig. Eine Vereinigung oder eine Bewegung, deren Statuten von der Kirche anerkannt sind, erwirbt ein Ansehen, das ihr durch die Kirche zukommt und damit auch eine Verantwortung, die darin besteht, ein Leben zu führen, das wirklich dem Evangelium entspricht. Die Laien, die sich solchen Vereinigungen anschließen, werden denken, dass sie von der Weisheit der Kirche und der Sicherheit, die sie ihnen vermittelt, profitieren, während sich diese Weisheit aber nur auf die Anerkennung der Statuten zu beziehen scheint. Das ist gut, aber in einer Krisensituation völlig unzureichend. Der Leser wird sich daran erinnern, dass Olivier Braconnier eine fehlende Intervention seitens der Kirche beklagte, um die Statuten der Familie von Nazareth durchzusetzen[25]. Beispiele von nicht mehr existierenden Gemeinschaften zeigen, dass die Entgleisung einer Leitungsperson zu einem Schiffbruch führen kann, bei dem die Laien, die sich mit ihrer ganzen Person eingesetzt hatten, plötzlich vor dem Nichts stehen, sich selbst überlassen werden, schutzlos sind und keine Unterstützung erhalten. Schon vor einem Schiffbruch kann es zu gravierenden Vorfällen kommen, bei denen die Betroffenen nicht wissen, an wen sie sich wenden können, da der Ortsbischof die Dinge aus zu großer Distanz sieht und nicht genügend Kenntnis vom wirklichen Leben innerhalb des Institutes hat[26]. Meistens wird er nur das sehen, was man ihn sehen lassen will. Hier besteht ein juristisches Vakuum, das dringend gefüllt werden muss. Allerdings wird das nicht ohne weiteres möglich sein, weil die Kirche noch nicht genügend Erfahrungswerte im Umgang mit Problemen hat, die innerhalb dieser Bewegungen auftauchen können, und sich außerdem mit sich selbst im Zwiespalt befindet, weil sie Gefahr läuft, dass man sie des Klerikalismus bezichtigt, wenn sie in Strukturen eingreift, die ihrem Wesen nach Laien betreffen. Das Problem besteht darin, dass diese Strukturen die Kirche repräsentieren und daher ihre Verantwortung einfor-

---

25 Siehe Kapitel 3, 46.
26 Dies ist der wesentliche Unterschied zwischen der Visitation durch einen Bischof oder dessen Beauftragten und der Visitation durch Mitglieder des Instituts. Letztere können die Missstände viel leichter erkennen, was jedoch nur dann von Vorteil ist, wenn die Gesamtstruktur gesund ist und die Missstände lokal begrenzt sind. Ist das gesamte System betroffen, kann nur eine externe Visitation, die üblicherweise eine Apostolische Visitation ist, etwas bewirken.

dern, denn die Menschen, die sich in diesen Bewegungen engagieren, sind im Normalfall der Meinung, dass sie in eine Struktur der Kirche eintreten. Bis dieses Problem gelöst ist, gibt es Menschen, die leiden und nicht wissen, an wen sie sich wenden können. Es ist zu befürchten, dass nichts geschehen wird, solange es nicht zu einer Katastrophe kommt.

Ein Betroffener schreibt: »Angesichts des Bekanntheitsgrades der Bewegung wagt es niemand, den Mund aufzumachen, weil wir wissen, dass die kirchliche Hierarchie uns NIEMALS glauben wird«.[27] Dieses »NIEMALS« hat etwas Furchtbares an sich.

12.6 Ausbildung, Begleitung

Es versteht sich von selbst, dass die Qualität der Ausbildung, und zwar sowohl der Ausbildung am Anfang als auch der Weiterbildung, ein Grundstein für die menschliche und geistliche Gesundheit einer religiösen Gemeinschaft ist. Die Kirche legt heutzutage sehr großen Wert darauf.

Eine geistliche und theologische Ausbildung, die das durch Jahrhunderte geformte christliche Denken in seiner ganzen Weite und Vielfalt umfasst, ist ein wirksames Heilmittel gegen einspurige Denkmuster.

Die Vorbereitung der Führungskräfte auf die Ausübung von Autorität wird sie für Gefahren, die auf sie zukommen können, hellhörig machen und ihnen helfen, angemessene Wege zu beschreiten.

Das Wissen um abartige Mechanismen und deren Symptome verhindert, dass man durch zu große Naivität schuldig wird, und bietet zudem persönlichen Schutz.

»Dank der soliden Ausbildung in meiner ersten Gemeinschaft konnte ich mir meine innere Freiheit bewahren und wurde weder ein Opfer dieser sektiererischen Abwege noch des geistlichen Missbrauchs, obwohl es beides gab. Auch wenn diese Abwege für diejenigen, die nicht zu Opfern wurden, keine große Gefahr darstellten, verursachten sie dennoch einen immensen Verlust an Zeit und an Kraft, weil man sich mehr oder weniger lange die Frage stellt: Bin ich verrückt oder nicht? Liege ich mit meiner Einschätzung falsch oder nicht?«

27 Die Großbuchstaben stehen im Text.

12.6 Ausbildung, Begleitung

Fehlentwicklungen und ihre Mechanismen zu kennen ermöglicht uns, das Übel zu benennen, wenn wir es sehen. Dies in rechter Weise zu tun, ist ein Dienst an der Gemeinschaft. Man darf auch die Formung der Gemeinschaft nicht vergessen: Das Zusammenleben funktioniert nicht von selbst. So kann man beispielsweise lernen, in der Gemeinschaft über konfliktreiche Themen zu sprechen. Dadurch können Zeitbomben entschärft werden, bevor sie explodieren. Man kann lernen, wie die Gemeinschaft an Entscheidungen beteiligt werden kann, ohne die rechtmäßige Autorität aufzugeben. Man kann lernen zuzuhören, man kann lernen, sich auf eine wirklich persönliche Weise zu äußern, man kann lernen, dass Vergebung einen inneren Weg erfordert, der Zeit braucht, usw.

12.7 Der Reichtum der christlichen Tradition

Wir werden das Mysterium Gottes in seiner unendlichen Vielfalt immer tiefer ergründen und doch an kein Ende kommen. Zu diesem Zweck haben wir unseren Verstand erhalten, und der Reichtum von zweitausend Jahren christlichen Lebens kommt uns dabei zu Hilfe. Von den Briefen des hl. Ignatius von Antiochien bis zu den Schriften Mutter Teresas von Kalkutta oder eines P. André Louf wird uns ein riesiges Panorama geistlicher Lehren geboten. Die Heiligen sind ganz verschieden, jeder von ihnen hat in seinem Leben einen besonderen Aspekt des unergründlichen Reichtums Christi verkörpert. Der hl. Franz von Assisi ist nicht der hl. Antonius aus der Wüste, der hl. Ignatius von Loyola gleicht nicht der hl. Therese vom Kinde Jesu. Auch der christliche Osten steht uns offen, einschließlich der Autoren aus neuerer Zeit wie Matta èl Maskine. Die Entdeckung dieses Universums sollte einen in den ersten Jahren des Ordenslebens tief beglücken. Auch die Theologie ist kein Bereich von Uniformität, denn der Reichtum Christi ist zu groß, als dass ein einzelner Theologe ihn vollständig erfassen könnte. Im Großen und Ganzen wird jeder von ihnen einen besonderen Aspekt des Lebens Christi entfalten. Von den Kirchenvätern des Ostens und des Westens bis zum hl. Johannes Paul II. und Benedikt XVI., von den großen trinitarischen und christologischen Konzilen bis zu den beiden Vatikanischen Konzilen – die Bandbreite ist enorm.

Für Ordensleute ist eine umfassende Kenntnis der Geschichte der Theologie und der Spiritualität äußerst wünschenswert, ja sogar unverzichtbar, denn sie ist notwendig, um die besondere Spiritualität des eigenen Institutes, die keine *creatio ex nihilo* ist, gut einordnen zu können. Jede Spiritualität, jede Theologie ist eine Facette, die einen besonderen Zugang zu diesem unendlichen Diamanten, der Gott ist, zu ermöglichen. Die Facetten konkurrieren nicht miteinander, sie ergänzen sich. Die Kenntnis dieses Facettenreichtums wird auf jeden Fall der Versuchung vorbeugen, die eigene Doktrin des Institutes als allen anderen überlegen zu betrachten. Jeder kann sie als das sehen, was sie ist: eine schöne, aber nicht einzigartige Facette, die ihre eigene Schönheit nur durch die Integration in das Ganze finden kann.

13 Eine unaufdringliche Schönheit

Wir haben ausführlich über Krankheiten und kurz über Heilmittel gesprochen – sollten wir zum Schluss nicht noch ein wenig über die Gesundheit sprechen? Es ist viel schwieriger, wenn nicht sogar unmöglich, sie zu definieren, weil sie eine so vielgestaltige Fülle besitzt. Situationen, in denen es zu Missbrauch und Fehlentwicklungen kommt, sollten uns nicht die unzähligen Gemeinschaften vergessen lassen, die ohne Aufsehen zu erregen ihre Liebe zum Herrn in der Schlichtheit und der Hinfälligkeit unseres menschlichen Daseins leben, in der täglichen und läuternden Bewährungsprobe des Gemeinschaftslebens und der Selbsthingabe, die das Gemeinschaftsleben ermöglicht. Jesus ging durch Nazareth, ohne dass jemand begriff, wer er war. Die allermeisten Ordensgemeinschaften haben Anteil an diesem verborgenen Leben. Einige Gestalten heben sich ab, aber sind sie unbedingt größer als die anderen, die niemand kennt? Alle haben von Sr. Emmanuelle und ihrem erfolgreichen Einsatz für die Müllmenschen von Kairo gehört. Die Kirche brauchte diese helle Fackel ohne jeden Zweifel. Aber wer spricht von den Tausenden Kleinen Schwestern Jesu, dieser Kongregation, der sich Sr. Emmanuelle anschließen wollte und die dasselbe Ideal an Orten lebt, von denen niemand spricht? Dieselbe Liebe im Namen des desselben Jesus wird denselben Armen entgegengebracht, nur ohne Berühmtheit, und das ist in Ordnung. In den tausenderlei Formen des Ordenslebens wird so auf schlichte Weise, im Frieden und in der Freude, mit unserer Erdenschwere und den Schwierigkeiten des Alltags[1], ein Weg zu Gott gelebt, dessen unaufdringliche Schönheit es verdient, zumindest erwähnt zu werden.

Das Ordensleben wird so lange bestehen wie die Kirche, denn der Ruf zur Ganzhingabe wird immer wieder Herzen treffen, die sich für die vollkommene Liebe, die Gott uns entgegenbringt, öffnen werden. Heiligkeit steht jedem offen; sie ist die Berufung eines

---

1 Man denke an den Humor in Markus 10,30, wo das Hundertfache versprochen wird, »wenn auch unter Verfolgungen«.

jedes Christen und im Grunde die eines jedes Menschen. Unter den Formen der geheimnisvollen Liebe besitzt eine das Merkmal der Ausschließlichkeit. Sie kann in der Liebe zwischen einem Mann und einer Frau gelebt werden, und sie hat auch in der Kirche ihren Platz gefunden, nämlich in der Gestalt einer Liebe zu Gott, die eine Lebensgemeinschaft in der Ehe ausschließt. »Wer es erfassen kann, der erfasse es!«[2], sagt Jesus. Diejenigen, die es erfasst haben, würden diesen Schatz um nichts in der Welt aufgeben, denn für den, der dazu berufen ist, ist die Liebe Gottes so tief, dass sie es wirklich wert ist, das eigene Leben dafür einzusetzen.

13.1 Lob der Einfachheit

Wer nach Unterschieden zwischen normalen Gemeinschaften und solchen, die zu Fehlentwicklungen neigen, sucht, wird kaum nennenswerte Unterschiede in der Tugendhaftigkeit oder der Hochherzigkeit der Ordensmitglieder finden. Allerdings wird man bei Letzteren häufig eine ausgeprägte Vorliebe für das Außergewöhnliche feststellen, die für die heutige Gesellschaft ziemlich charakteristisch ist. Jesus von Nazareth ruft uns auf einen anderen Weg, auf einen Weg der Evangelisierung des menschlichen Lebens in all seinen Schichten, auf einen Weg, bei dem Gott den Alltag durchdringt, was den Dichter Paul Verlaine sagen ließ:

> »Das bescheidene Leben mit den langweiligen und einfachen Arbeiten
> Ist ein erlesenes Werk, das viel Liebe verlangt.«[3]

Dieses »erlesene Werk« hat Jesus während dreißig seiner dreiunddreißig Erdenjahre praktiziert, und genau dort finden ihn die meisten, die ihn lieben. Das Eheleben und das Ordensleben führen uns auf einen Weg der dauerhaften Treue, einer Treue, bei der es um die Erfüllung bescheidener Aufgaben geht, durch die regelmäßige Teilnahme an einer Liturgie, in der nichts Außergewöhnliches geschieht.

Wir sind vor allem Jünger Christi, der auf die ihm zustehende Herrlichkeit verzichtete und der die Versuchungen des Verführers,

---

2 Mt 19,12.
3 Paul Verlaine, Sagesse.

13.1 Lob der Einfachheit

die der sichtbaren Macht und dem Sensationellen galten, entschieden zurückwies. Werden die Versuchungen, die den sektiererischen Abwegen eigen sind, im Lichte der Versuchungen Jesu in der Wüste betrachtet, so bringt uns dies zum Nachdenken. Er hätte Steine in Brot verwandeln und wie ein Pascha in der Wüste leben können; er hatte die Macht dazu, aber er hatte diese Macht (als Mensch) im Dienst einer Sendung empfangen und wollte sie nicht zu seinem persönlichen Vorteil zweckentfremden. Er hätte sich vom Tempel stürzen können, um die Menschen zu beeindrucken. Für ihn, der über das Wasser gegangen war, wäre es kein Problem gewesen, in der Luft zu gehen. Aber er wollte sich den Menschen nicht durch ein oberflächliches Prestige aufdrängen, denn die Anhänger, die er auf diese Weise gewonnen hätte, wären wie Samen, die auf steinigem Boden ausgesät werden und schneller vertrocknen als wachsen. Der Widersacher legte ihm in jenem Moment also nahe, *viele Anhänger* mit wenig Aufwand *zu rekrutieren*. Und was die Versuchung zur Macht betrifft, für die man sich im Gegenzug dem Fürsten des Hochmuts und der Lüge unterwerfen muss: Haben wir das nicht in der Kultur der Lüge und der angeblichen Überlegenheit gefunden?

Die Betrachtung des Lebens Christi führt in die gleiche Richtung indem das, was Jesus in der Wüste gezeigt hat, auf das alltägliche Leben angewendet wird. Dreißig Jahre in Nazareth, ohne dass die Nazarener etwas bemerkten, bedeutet, dass Jesus nie etwas Außergewöhnliches getan hat. Mit einem einzigen Wort hätte er die Wäsche des Haushaltes waschen oder die Balken für den hl. Josef begradigen können. Er hat es in Kana gezeigt. Er hätte sich darauf berufen können, seinen Eltern dienstbar zu sein. Er war jedoch in einer höheren Mission gekommen, nämlich in unser ganz gewöhnliches Leben mit seinen Dimensionen von Schweiß, Erschöpfung, Geduld einzutauchen. Während seines öffentlichen Lebens fordert er die Menschen, die auf wunderbare Weise geheilt worden waren, regelmäßig auf, zu schweigen, damit seine Wunder nicht falsch interpretiert werden; sie alle sind Zeichen dieser höheren Wirklichkeit, Zeichen für Gottes Heil, das in die Welt gekommen ist. Während seines öffentlichen Wirkens hat er keinen Ort, wo er sein Haupt hinlegen kann, obwohl er so leicht eine große Schar von Anhängern hätte haben können, die ihn verehrt hätten. Als die begeisterte Menge ihn jedoch zum König machen will, zieht er

13 Eine unaufdringliche Schönheit

sich allein in die Berge zurück[4], und als sie ihn am nächsten Tag suchen, weil er ihnen Brot gegeben hatte, sagt er ihnen unverblümt, dass sie nichts verstanden haben[5]. Als er ihnen dann die Bedeutung des Wunders erklärt, ist es ihnen zu hoch und sie verstehen es nicht, denn sie wollen irdisches Brot und die meisten verlassen ihn daraufhin. Er hätte sie an sich binden können, dazu hätten einige Worte oder Zugeständnisse an ihre Sichtweise genügt. Er war um der Wahrheit willen gekommen, auch wenn sie für seine Zuhörer zu hoch war. Er konnte die Gabe des Vaters nicht herabsetzen, um eine trügerische Popularität zu bewahren.

Unser Leben in der Nachfolge Christi kann nur in der Ausrichtung, die sein eigenes Leben hatte, verstanden werden. Normalerweise ist es verborgen, schlicht, wie das Leben aller Menschen. Es enthält ein unvorstellbares Mysterium: das des ewigen Lebens, und dieses Mysterium muss durch Armut und Demut geschützt werden. Der hl. Franz von Assisi, der von der Liebe zum armen und demütigen Christus ergriffen war, ist in dieser Hinsicht ein großer Meister, wie auch der hl. Paulus, der uns sagt, dass wir diesen Schatz in zerbrechlichen Gefäßen tragen[6]. Das Außergewöhnliche ist für das Ordensleben wirklich unangemessen. Manchmal kommt es vor, aber es muss ein Zeichen bleiben, wie im Leben Jesu. Das große Zeichen im Leben Jesu ist sein Menschsein, das Zeugnis der unendlichen Liebe des Vaters. Das Außergewöhnlichste im Leben des menschgewordenen Wortes besteht darin, dass sein Leben so gewöhnlich, so menschlich ist. Wer hätte sich eine solche Liebe unseres Schöpfers vorstellen können?

Die Bekehrung des Herzens ist wie die Goldschmiedekunst, die mit Geduld vollbracht wird, mit der göttlichen Geduld, die uns durch unsere Widerstände hindurch begleitet, Tag für Tag, Jahr für Jahr. Könnte dies etwa eine Ursache für Langeweile sein? Keineswegs. Die inneren Horizonte übersteigen den Verstand nicht durch Außergewöhnlichkeit, sondern durch die Unermesslichkeit, die sie den engen Grenzen unseres menschlichen Lebens verleihen. Sie sprengen unser menschliches Leben nicht, so wie auch die Gottheit Jesu friedlich in den Grenzen seines Leibes blieb. Sie ersetzt das Gewöhnliche nicht durch das Außergewöhnliche, sondern sie zeigt,

4 Joh 6,14.
5 Joh 6,26–27.
6 2 Kor 4,7.

13.1 Lob der Einfachheit

wie sehr das außergewöhnlich Göttliche in unserem gewöhnlich Menschlichen wohnt, ohne es äußerlich verändern zu müssen. Das geschäftige Getue um menschliche Größe verdunkelt diesen Blick, und der Gottsucher lebt gewöhnlich nach der Devise: »Um glücklich zu leben, wollen wir verborgen leben«[7].

»Denn ihr seid gestorben und euer Leben ist mit Christus verborgen in Gott«[8], sagt der hl. Paulus mit noch größerer Tiefe. Das ist die Größe dieses Lebens, eine beständige Größe, die ein lebendiger Glaube in jeder Begegnung, in jeder Handlung und auch in jeder Stille wahrnehmen kann. Die verborgene Liebe, die in der Tiefe des Herzens von einer gottverliebten Seele gelebt wird, lässt allen Glanz der Welt weit hinter sich.

»Welchen Nutzen und welche göttliche Wonne aber die Einsamkeit und stille Abgeschiedenheit denen schenkt, die sie lieben, wissen allein diejenigen, welche sie erfahren haben. Denn hier können starke Charaktere nach Herzenslust in sich gehen und bei sich verweilen. Hier können sie die Tugend, die keimhaft in ihnen angelegt ist, entfalten und voll Freude die Früchte des Paradieses genießen. Hier lässt sich jener klare Blick finden, dessen Zauber den Bräutigam aus Liebe verwundet und dessen Reinheit Gott schauen lässt. Hier herrschen tätige Ruhe und geruhsame Tätigkeit. Hier teilt Gott den Kämpfern für die Mühsal des Streitens den ersehnten Preis zu, nämlich den Frieden, den die Welt nicht kennt, und die Freude im Heiligen Geist.«[9]

Diese Worte des hl. Bruno, die mit biblischen Reminiszenzen verwoben sind, sprechen vom kontemplativen Leben in der Einsamkeit, doch jede Form des Ordenslebens könnte diese Worte an ihre eigene Lebenswirklichkeit anpassen, im Wissen, dass Gott auch ihr diesen Frieden anbietet, »den die Welt nicht kennt, und die Freude im Heiligen Geist«.

13.2 Die Früchte des Heiligen Geistes

Die Früchte des Geistes, die der hl. Paulus im Galaterbrief aufzählt, sind zweifellos die besten Garanten für die Gesundheit einer Ge-

---

7 Letzte Zeile des Gedichts *Le grillon* von Jean-Pierre Claris de Florian (1755–1794).
8 Kol 3,3.
9 Bruno, *Brief an Radolf den Grünen*, 6, in: *Frühe Kartäuserbriefe*, 57f.

meinschaft und ihrer Mitglieder.«Liebe, Freude, Friede, Langmut, Freundlichkeit, Güte, Treue, Sanftmut und Selbstbeherrschung.«[10] Weiter oben ging es bereits um die Verbindungen zwischen den Tugenden. Es fällt auf, dass sie oft paarweise auftreten, auch wenn diese Verknüpfungen sehr lose sind. Eine isolierte Tugend ist weniger fragwürdig wenn sie mit einer anderen verknüpft ist, die sie vervollständigt oder ausgleicht.

Freude und Friede: Sind sie in einer Gemeinschaft wahrnehmbar, ist sie auf dem richtigen Weg. Die Freude allein reicht nicht aus, zumindest nicht die äußere Freude, die eine Frucht der Selbstbeherrschung und eines gepflegten Äußeren sein kann; wir müssen daher auf ihre Qualität und ihre Tiefe achten. Der Friede ist viel unmittelbarer echt. Auch bei ihm gibt es verschiedene Ebenen der Tiefe, und echter Friede kann mit großen Prüfungen vereinbar sein.

Liebe und Geduld: Man beachte, dass Liebe leichter vorzutäuschen ist als Geduld. Geduldige Liebe mit einer Haltung des Respektes gegenüber anderen ist daher ein sehr gutes Zeichen.

Güte, Freundlichkeit: zwei weitere konkrete Zeichen für Gottes Handeln. Diese Zeichen sind eher auf der persönlichen und nicht auf der gemeinschaftlichen Ebene, denn ein Mensch, der unter einem ungesunden Umfeld leidet, kann Schätze der Güte zeigen, wie es P. Maximilian Kolbe im Konzentrationslager tat. Güte und Freundlichkeit der Oberen bleiben aber ein hervorragendes Unterpfand für die Qualität des Gemeinschaftslebens, weil sie natürlich auf alle ausstrahlen.

Dasselbe gilt für die Sanftmut. Hat Jesus sie nicht in einer Seligpreisung erwähnt? Es ist jedoch gut, dass die Sanftmut z.B. mit der Aufrichtigkeit verknüpft wird. Ein weiteres unzertrennliches Paar.

Diese Tugenden harmonieren auf natürliche Weise miteinander. Manchmal kontrastieren sie aber auch. Das Leben besteht zu einem großen Teil aus verschiedenen Formen von Ausgewogenheit, ohne die es nicht bestehen könnte. Die kleinste Bewegung, die wir machen, aktiviert zwei antagonistische Muskeln, die sich gegenseitig kontrollieren. Ohne diesen Vorgang wären unsere Bewegungen völlig ungeordnet. Simone Weil stellt im ersten Teil ihres Buches »Die Verwurzelung«, der den *Bedürfnissen der Seele* gewidmet ist, diese Kontraste dar, ohne dabei rigide zu sein: Ordnung und Frei-

---

10   Gal 5,22f.

13.2 Die Früchte des Heiligen Geistes

heit, Gehorsam und Verantwortung, Gleichheit und Unterschied, sowie Hierarchie, Ehre und Strafe, Sicherheit und Risiko, Privateigentum und kollektives Eigentum. Fast alle sozialen und politischen Unruhen entstehen dadurch, dass eines dieser Elemente gegenüber dem kontrastierenden Element überbetont wird. Es kann von großem Nutzen sein, diese Überlegung auf das Ordensleben anzuwenden.

Demut und Wahrheit

Diese beiden Tugenden, die Hand in Hand gehen, verdienen besondere Erwähnung. Der Sinn für Wahrheit ist bei jedem, besonders aber bei den Oberen, eine herausragende Eigenschaft, die nur auf dem Boden von Demut gedeihen kann. Wenn alle, aber insbesondere die Oberen, fähig sind, einzugestehen: »Ja, wir haben uns getäuscht, hier irren wir uns«, und wenn sie anschließend die Mittel ergreifen, um diesen Zustand zu überwinden, ist das ein vorzügliches Zeichen von Gesundheit. Dieser letzte Punkt ist besonders hervorzuheben, weil ein Fehler erst dann wirklich anerkannt wird, wenn man tatsächlich beschlossen hat, ihn zu überwinden. Solange man diesen Punkt noch nicht erreicht hat, gibt es nur ein Lippenbekenntnis zur Wahrheit, von dem das Herz aber nicht berührt wird.

Die Wahrheit, um die es hier geht, ist keine dogmatische Wahrheit, sondern die Wahrheit im Alltag. Der Volksmund formuliert es treffend: *Das Kind beim Namen nennen* oder: *Ross und Reiter nennen*. Das bedeutet: Wenn eine Schwester beschlossen hat, die Gemeinschaft zu verlassen, wird der Gemeinschaft mitgeteilt, dass die Schwester beschlossen hat, die Gemeinschaft zu verlassen.

Die Wahrheit im alltäglichen Leben, durch die wir einem gegebenen Wort vertrauen können, weil wir wissen, dass es wahr ist; die Wahrheit, die einem den Mut verleiht, einzugestehen, eine Dummheit gemacht zu haben, wenn man eine Dummheit gemacht hat, und die einen auch sagen lässt, dass einem etwas gelungen ist, wenn einem etwas gelungen ist – falsche Demut ist keine Wahrheit! –, diese Wahrheit, die sich aus all den kleinen Wahrheiten des täglichen Lebens zusammensetzt, bildet den fruchtbaren Boden, auf dem echte Beziehungen zwischen allen Mönchen oder Nonnen gedeihen können, und zwar unabhängig davon, welche Verantwortung sie tragen oder wie schlicht ihr Arbeitsbereich sein mag. Ein solches Vertrauen ist Gold wert. Es bewirkt Einheit zwischen allen, eine solide Einheit, die auf dem Felsen gegründet ist, auf dem Felsen eines gegebenen Wortes, das solide ist, weil es wahr ist.

Begeisterung und Freiheit

Eine begeisterte Gemeinschaft ist anziehend. Wollen wir nicht alle begeisterte Menschen werden? Begeisterung allein ist jedoch noch kein Zeichen von Gesundheit. Das wird sie nur dann, wenn sie mit echter innerer Freiheit verbunden ist. Gebet ist Freiheit der Seele, sieht man von der Liturgie ab, die stärker reglementiert ist. Erinnern wir uns an den Segelflieger, der ganz frei ist, getragen vom Wind; er benötigt keinen Kraftaufwand, besitzt aber Kunstfertigkeit. Freiheit, den eigenen inneren Weg und damit auch den Begleiter zu wählen, zumindest nach den Jahren der Ausbildung, die normalerweise etwas stärker reglementiert sind. Der Ausbilder muss zur Freiheit erziehen. Er soll daran denken, dass er das Segelflugzeug eines Tages loslassen muss.

Was den geistlichen Vater betrifft, so besteht eine seiner Aufgaben darin, die Seele von hemmenden Bindungen zu befreien, damit die Glut ihrer Liebe zu Gott in einer Weise freigesetzt werden kann, die ihr persönlich entspricht und einzigartig ist.

Wer begleitet wird, muss sich auf dem geistlichen Weg, zu dem er sich hingezogen fühlt, in seiner Person und in seinem Geheimnis respektiert wissen.

Vertrauen

Das in einer Gemeinschaft gelebte Vertrauen der Ordensmitglieder gegenüber ihren Oberen, aber vor allem das Vertrauen der Oberen gegenüber ihren Ordensleuten, strahlt Gesundheit aus und ermöglicht jedem, sein Bestes zu geben. Vertrauen ist das genaue Gegenteil von Kontrolle. Vertrauen sagt dem anderen: »Du bist fähig« und vielleicht sogar noch mehr: »Ich möchte, dass du zeigen kannst, dass du fähig bist«. Während eine alles umfassende Kontrolle fürchtet, dass jemand auftreten und das Ansehen des Oberen in den Schatten stellen könnte, möchte das Vertrauen die Fähigkeiten der Person zur Entfaltung bringen, und ist es nicht eine großartige Sache, wenn sich jemand als fähig erweist, Oberer zu werden? Vertrauen bewirkt Wachstum, es verhilft der Person zu

13.2 Die Früchte des Heiligen Geistes

einer gesunden Autonomie, es freut sich, dass sie ihr Leben zunehmend selbst in die Hand nimmt. Die Dinge werden nicht genau so gemacht, wie der Obere es gerne gehabt hätte? Das ist eine kleine Entäußerung, die er zu akzeptieren hat, und die reichlich kompensiert wird, wenn er fähig ist, zu erkennen, wie sehr das entgegengebrachte Vertrauen dem anderen guttut. Selbst eine fehlerhafte Initiative ist besser als Passivität. Für den Oberen heißt das nicht, dass er den anderen sich selbst überlassen soll, ohne sich dafür zu interessieren, was dieser tut, sondern dass er die Initiative fördert und unterstützt und gegebenenfalls auch Hilfe leistet, allerdings nicht mehr als erforderlich, was eine große Kunst ist.

Vertrauen verleiht der Ausübung von Autorität eine gewisse Leichtigkeit, weil sie nicht eifersüchtig bewahrt, sondern, wo immer es möglich ist, geteilt wird. Vertrauen hilft, eine Autorität *für* die anderen und nicht *über* den anderen zu sein.

Geschwisterliche Liebe

Warum erst am Ende erwähnen, was an erster Stelle stehen sollte? Der Grund ist folgender: »Nicht jeder, der zu mir sagt: Herr! Herr!, wird in das Himmelreich kommen, sondern nur, wer den Willen meines Vaters im Himmel erfüllt«[11]. Man kann endlos über Freiheit, Barmherzigkeit und Nächstenliebe reden, während die konkrete Realität etwas ganz anderes zeigt. Die geschwisterliche Liebe lässt sich nur an Ort und Stelle verifizieren. Alles, was zuvor gesagt wurde, kann man zu einem guten Teil als konkrete Belege für eine gelebte Praxis der geschwisterlichen Liebe ansehen.

»Der Gerechte weiß, was sein Vieh braucht, doch das Herz der Frevler ist hart.«[12] Dieses Wort aus dem Buch der Sprichwörter sagt viel dazu aus. Fehlentwicklungen und Missstände sind Quellen von Leid, die merkwürdigerweise bisweilen ignoriert werden. Wenn die Oberen die Schwierigkeiten, Leiden und Bedürfnisse ihrer Brüder oder Schwestern kennen und darauf bedacht sind, im Rahmen ihrer Möglichkeiten Abhilfe zu schaffen, oder wenigstens wirkliches Verständnis als Linderung anbieten, dann herrscht echte Nächstenliebe im Haus. Normalerweise sollte sie auf die Ordensleute ausstrahlen, die dann von sich aus lernen werden, ebenso zu handeln.

11 Mt 7,21.
12 Spr 12,10.

Die Fähigkeit, sich über das Gute bei den anderen zu freuen, ist eines der schönsten Zeichen echter und tiefer geschwisterlicher Liebe, ein Zeichen, das kaum vorgetäuscht werden kann. Diese Fähigkeit ist vor allem ein Zeugnis für die geistliche Qualität eines Menschen und kann auch zu einer Atmosphäre in der Gemeinschaft werden, wenn sie entsprechend kommuniziert wird.

Ein Abt pflegte zu sagen:»Wenn zwei Mönche miteinander reden, sagen sie nach fünf Minuten etwas Schlechtes über einen anderen«. Diese kleine Marotte der menschlichen Natur zeigt, dass hier ein ganzes Stück Arbeit vor uns liegt. Wer sich an diese Arbeit wagt, wird als Erster davon profitieren, denn sein inneres Licht wird klarer, was allen in seiner Umgebung zugutekommen wird. Es ist so wohltuend, mit jemandem zusammenzuleben, der nie schlecht über andere spricht.

13.3 Glücklich

»Ich bin glücklich.« Welche Vorgesetzten würden sich nicht freuen, wenn sie von einem ihrer Mönche oder Nonnen diese drei Worte hören? Sie sind eines der schönsten Zeichen geistlicher Gesundheit, vorausgesetzt natürlich, dass sie wahr sind und nicht nur eine Floskel, was man jedoch leicht erkennen kann.

Eine weitere Bedingung ist, dass die Quelle dieses Glücks wirklich in der Berufung und nicht in verschiedenen Kompensationen liegt. Welche Freude sind doch ein Mönch oder eine Nonne, die in ihrer Berufung glücklich sind und dies auch in schwierigen Zeiten durch frohe Treue zeigen – und welche Freude ist es, wenn dieses Glück ausstrahlt!

Diese drei Worte werden natürlich umso mehr Gewicht haben, je länger jemand im Orden lebt. Wenn ein Ausbilder sie am Ende der Formation hört, kann er sich sagen: *Auftrag erfüllt*. Und wieviel mehr gilt das, wenn man sie aus dem Mund eines alten Mönchs oder einer alten Nonne hört, und das ist, Gott sei Dank, gar nicht so selten.

14 Schlusswort

Ein flammender Text, den wir aus Gründen der Diskretion nicht zitieren können, zeigt, dass der zerborstene, aber nicht entwurzelte Baum wieder zum Leben erwachen kann. Der Stamm und seine abgebrochenen Äste bleiben am Boden, weil das Leid der Vergangenheit nicht ausgelöscht wurde und das traumatische Gedächtnis lebendig bleibt, aber die Liebe Gottes war stärker. Was man sich beim Eintritt ins Ordensleben erhofft hatte und was endgültig verloren schien, als man unter schwierigen, ja dramatischen Umständen daraus entfliehen musste, als Gott weit weg, abwesend und verloren zu sein schien, das ist Jahre später in einem neuen Trieb wieder aufgeblüht, der sich für immer von der ersten Erfahrung unterscheiden wird und der so ganz anders ist, aber durch eine geheimnisvolle Abkürzung zu jener innigen Vertrautheit mit Gott führt, die dereinst erträumt, dann zerstört und schließlich dort entdeckt wurde, wo man sie nicht mehr erwartete.

> »Wiedergefunden oder gefunden? Das frage ich mich. Seit ich 14 Jahre alt war, fühlte ich mich zu Gott hingezogen, wollte beten, ihn lieben, für ihn leben; was ich jetzt lebe, ist ganz, ganz anders.
>
> Ich GLAUBE wirklich, dass er da ist, mich hört usw. Die Psalmen, die ich früher gerne gesungen habe, werden für mich zu einem lebendigen Wort. Trotz der Schwierigkeiten, der Einsamkeit und manchmal der Traurigkeit, glaube ich zutiefst sagen zu dürfen, dass ich glücklich bin, weil ich Ihn wiedergefunden habe ..., oder vielmehr umgekehrt.«

Wir dachten, es sei eine Tanne, und jetzt wächst aus demselben Stumpf eine Zeder. Das Mysterium der von Leid und Scheitern gezeichneten Wege, aus denen die Gnade Licht hervorbringen kann. Das Ordensleben ist kein Ziel, es ist nur eine Form. Das Ziel ist eine Person, Jesus Christus, oder vielmehr drei göttliche Personen, die eine einzige sind. Was im Zusammenhang mit dem Ordensleben nicht geschenkt wurde, wird auf andere Weise geschenkt, nichts geht verloren. Das Antlitz Gottes, das am Ende des Weges

14 Schlusswort

entdeckt wird, wird ein anderes sein, und vielleicht ist es schöner, tiefer, glühender und vor allem wahrer als das Antlitz, das auf dem normalen Weg entdeckt worden wäre. Auch das Ordensleben hat seine Trugbilder, die alle hinweggefegt werden müssen. Angesichts mancher Wege möchte man denken, dass Jesus und sein Heiliger Geist sagen können: *Auftrag erfüllt.*

Aber wir dürfen nicht träumen: Nicht alle Missbrauchswege enden mit einer Begegnung, und die Nachwirkungen des Erlittenen bleiben. Die Tatsache, dass ein behinderter Mensch ein sehr erfülltes Leben führen kann, hebt die Belastung der Behinderung nicht auf. Bischof Ravel, der Militärbischof war, kennt die unauslöschlichen Spuren bestimmter Formen von Gewalt, die im Laufe der Zeit sogar stärker statt schwächer werden können.

»Die emotionale Virulenz der Ereignisse ist auch nach fünfzig Jahren noch immer vorhanden, ja sogar noch stärker geworden. Das liegt daran, dass mit zunehmendem Alter unsere geistigen und körperlichen Kräfte nachlassen. Mit ihnen schwindet unsere Fähigkeit, diese Geschehnisse aus unserem Leben zu verdrängen. Ohne innere Schutzmechanismen kommen die traumatischen Folgen wieder zum Vorschein. Sie steigen aus dem Keller, wo wir sie einsperren wollten, in die noblen Stockwerke hinauf, in denen das normale Leben stattfindet. Deshalb sprechen wir von der psychischen und geistlichen Unauflösbarkeit dieser Verbrechen.«

Aus diesem Grund kann es für ein Opfer so schmerzlich sein, wenn ihm geraten wird, das Vergangene hinter sich zu lassen. Dennoch darf man für alle hoffen, auch für diejenigen, die den Glauben tatsächlich oder scheinbar verloren haben. In allen Fällen von Missbrauch darf man sagen, dass die Opfer nicht das Gute, sondern das Böse zurückgewiesen haben; sie haben nicht das Antlitz Gottes, sondern eine Theatermaske abgelehnt. Gott allein ist Richter, er allein kennt die Herzen.

»Du hast uns auf dich hin geschaffen, o Herr, und unruhig ist unser Herz, bis es Ruhe findet in dir.« Diesen Ruf, den du an alle richtest, weil du sie alle nach deinem Bild erschaffen hast, richtest du in besonderer Weise an jene, die du zu einer einzigartigen Gemeinschaft mit dir einlädst. Warum sind ihre Begleiter immer so unvollkommen und in manchen Fällen leider auch so verlogen? Wir wissen, dass du dich um alle kümmerst, weil sie dir gehören,

14 Schlusswort

aber manchmal ist es so schwer, das menschliche Schicksal zu verstehen und anzunehmen. Seit Jahren vertreibst du die Ochsen, die Schafe und die Geldwechsler aus deinem Tempel. Deine Geißel tut deiner gedemütigten Kirche weh, und manche ihrer Kinder verlassen sie. Kümmere dich um sie, denn du verstehst sie, aber höre nicht auf, bis alles aus deiner Kirche entfernt ist, was hinaus gehört, und hilf uns zu reinigen, was übrig bleibt, damit sie ihre verlorene Schönheit wiedererlangen kann. Gib uns den Mut, den Mund aufzumachen, wo es nötig ist, und die Konsequenzen zu tragen. Und wenn wir ein wenig – oder sogar sehr – aufgerüttelt werden müssen, weil wir zu zaghaft sind, dann rüttle uns auf, damit nicht andere die Leidtragenden sind. Gib uns den Mut, das Unannehmbare niemals zu akzeptieren, und unsere Augen und Ohren nicht zu verschließen, wenn du leidest, damit wir dich nicht eines Tages sagen hören: *Ich bin Jesus, und du hast zugelassen, dass ich missbraucht wurde, ohne etwas dagegen zu sagen.* Die tiefe Nacht des schuldhaften Schweigens geht zu Ende, und die Morgendämmerung naht. Hilf uns, dass wir die Arme nicht sinken lassen, denn es bleibt noch unermesslich viel zu tun; es muss noch so viel zugehört, verbunden, korrigiert, beschützt werden. Mache uns zu guten Samaritern für die vom Ordensleben Verwundeten.

Was wirst du mit denen machen, deren Leiden nur du allein kennst? Sei so gut und bewahre ihr Verlangen und ihre Sehnsucht, dich zu lieben und sich dir hinzugeben, wie ein kostbares Kleinod. Hast nicht du selbst diesen Schatz in all den Jahren ihrer Leiden verwandelt und veredelt? Wir möchten so gerne, dass sie dein Wirken schon in diesem Leben sehen können. Für alle wird das wohl nicht möglich sein, aber kommt es letztlich darauf an? Genügt es nicht, wenn diejenigen, die dich scheinbar verlassen haben, an dem Tag, an dem sie dir von Angesicht zu Angesicht begegnen werden, ausrufen können: *Ah, du warst das also?* Du, der ihnen weiterhin stillschweigend innewohnt, weil du nicht vergessen konntest, dass sie eines Tages beschlossen hatten, dir ihr Leben zu schenken.

Es ist eine entscheidende, schwere Stunde; hilf uns, sie nicht zu verpassen und keine halben Sachen zu machen. Wir haben große Verantwortung gegenüber jenen, die sich an uns wenden, ohne sich von all dem, was sie zu hören bekommen, aufhalten zu lassen, denn

DU bist es, den sie suchen. Lass uns demütig sein, damit der alte Hochmut, der weiterhin in den Trümmern lauert, nicht erneut zu sprießen beginnt, und damit wir ihnen keinen Schaden zufügen.

Wir lieben dich, Herr, weil du uns so sehr geliebt hast. Lass nicht zu, dass die Suche nach deinem Antlitz in eine Suche nach uns selbst pervertiert wird. Geleite uns alle, die Jungen, die Alten, die Oberen, die Kranken – bleibe mit uns auf dem Weg der Armut und der Hoffnung.

Amen, komm Herr Jesus.

Anhang

Zeugnis einer jungen Frau, die sich zum Ordensleben hingezogen fühlte

Es ist schwer, Missbrauch zu verstehen, wenn man nie einen Betroffenen kennengelernt hat. Viele Menschen sagen, dass solche Begegnungen ihnen die Augen geöffnet haben. Für diejenigen, die noch keine Gelegenheit dazu hatten, schien es uns wichtig zu sein, ein Zeugnis zu veröffentlichen, das den furchtbaren Ablauf eines Missbrauchs, aber auch die später auftretende Problematik der Anerkennung des Erlebten lebhaft vor Augen führt. Der Text mag vielleicht harsch erscheinen, aber er versucht nur, eine Realität in Worte zu fassen, die noch weitaus schrecklicher ist.

Stiller Schrei in der Nacht des Glaubens,
Die eingemauerten Schreie einer Frau,
Und dennoch ...
Ich war sechzehn, als ich Ihnen begegnet bin,
Und ich glaube, ohne Sie wäre ich nicht wieder aufgestanden.
Verloren vor Schmerz, an den Gestaden meiner Kindheit,
Hat Ihr Licht meiner Existenz einen Sinn gegeben.

Ich habe von Ihnen die kostbarsten Lichtperlen erhalten.
Warum sie den Schweinen vorwerfen?
Warum also ein so großes Geschenk verraten?
Und warum anschließend in der Stille der Scham verharren?

Sie haben mir beigebracht, in die Wahrheit verliebt zu sein,
Um daraus die Quelle meiner Freiheit zu schöpfen.
Lassen Sie mich heute ganz Ihre Jüngerin sein.
Ich will durch mein Schweigen nicht mitmachen bei dem, woran
Sie innerlich, von den Wurzeln her, zugrunde gehen.
So ist es mir ergangen:

Anhang

»Du willst alles geben? Das ist etwas sehr Großes. Mir war bereits im Gebet klar geworden, dass das kontemplative Leben für dich bestimmt ist.«

»Das kontemplative Leben? Wow!«

»Ja, ich denke, dass Gott dich für den königlichen Weg auserwählt hat, für den Weg des Ordenslebens, für den Weg der größten Glückseligkeit. Du wirst sehen, du wirst von Gipfel zu Gipfel schreiten, bis hin zu den allerhöchsten Höhen. Es ist gut, wenn du dich jetzt für einen geistlichen Vater entscheidest. Es entsteht ein einzigartiges und treues Bündnis mit dem Priester, der dir besonders nahe steht, damit er dich auf deinem Weg mit der wohlwollenden Festigkeit eines Vaters führt.«

»Nur Sie stehen mir so nahe, Pater. Sie sind seit zwei Jahren ein echter Vater für mich.«

»Sehr gut. Dann lass dich also von mir führen. Werde ganz fügsam gegenüber dem Heiligen Geist, um dich in eine Tochter des Lichts verwandeln zu lassen. Mache aus deinem Leben schon jetzt ein Leben der Anbetung, um alles in Gottes Hand zu legen. Wir werden uns einmal wöchentlich sehen und du wirst zur Messe kommen, die ich morgens in der Kapelle zelebriere.«

»Ja, Pater. Danke, Pater.«

Ich schwebte bereits. In den folgenden Tagen begann mein geistlicher Vater, mir die Geheimnisse des johanneischen Geistes zu offenbaren, der uns in die innigste Vertrautheit mit Gott eintauchen lässt.

»Wenn zwei kontemplative Seelen durch ein Band der liebenden Freundschaft vereint sind, leben sie die größte Liebe, die auf Erden gelebt werden kann. Größer als die der Eheleute, deren Liebe nur natürlich ist. Die Liebe zwischen zwei Personen, die sich im Ordensleben ganz hingeben, ist eine göttliche Liebe. In einer solchen Liebe kann eine gewisse Zärtlichkeit gelebt werden.«

Der Pater (= Gründer) hatte sehr schöne Texte zu diesem Thema geschrieben. »Es ist ein Geheimnis, das uns verbindet. Weil die anderen das nicht verstehen können, ist es nicht gut, darüber zu sprechen. Es ist ein äußerst filigranes Geschenk Gottes«, sagt er, und ergreift mit unglaublicher Zärtlichkeit meine Hand.

Ich habe noch nie so viel Sanftheit von einem Mann erfahren. Ich bin überwältigt. Umgepolt.

Ein kleiner Zweifel? Lass es geschehen, von diesem heiligmäßigen Mann. Alles wird in Gott gelebt. Genieße Seine Güte und danke Ihm.
Unsere Verbindung wird von Tag zu Tag stärker. Der Pater nimmt mich mit, um mir einen Ort zu zeigen, den er besonders liebt. Er nimmt mich in seine Arme. Er beginnt, von sich zu erzählen und mir das eine oder andere anzuvertrauen. Er bringt mich nach Hause und bleibt noch zum Essen. Er lädt mich zu einer Eucharistiefeier ein, bei der nur er und ich anwesend sind – das höchste Privileg.
Nach und nach wird er zum Mittelpunkt meines Lebens. Ich bin ganz beglückt von unserer Verbundenheit. Ich verstehe nicht, warum dieser überaus beschäftigte und hochgeschätzte Mann meiner unscheinbaren Person diese Zeit schenken kann. Ich fühle mich zutiefst aufgewertet. Endlich bin ich jemand, ich werde geschätzt, ich habe einen Wert. Weil ich den Tiefpunkt erreicht hatte, schenkt Gott mir die unglaubliche Gnade, die Gipfel in einem einzigen Augenblick zu erklimmen!
Manchmal denke ich, dass es zu schön ist, um wahr zu sein. Ach, hätte ich doch nur gemerkt, wie richtig diese Intuition war!
Er bittet mich um einige Gefälligkeiten. Ich merke, dass ich bereit bin, alles zu tun, was er von mir verlangt, und sogar noch mehr. So verbringe ich einen Nachmittag damit, Akten für ihn zu sortieren. An jenem Tag stellt er sich dicht vor mich hin, streichelt meine Wange, dann nähert er sich mir, um mich auf den Mund zu küssen. Ich weigere mich. Er sagt mir, dass ihm diese Entsagung schwer fallen wird.
In meinem Kopf gerät alles durcheinander. Wahrheiten prallen aufeinander. Je mehr ich versuche, die Knoten zu lösen, desto fester werden sie. Dann funktioniert überhaupt nichts mehr; so als wäre ich auf einen Schlag ganz stupide geworden. Blackout.
Das Unmögliche kann nicht möglich sein. Es ist nicht. Es ist nichts passiert.
Und ich treffe mich weiterhin mit ihm. Regelmäßig. Er hat mein Gehirn, mein Herz, meine Seele, meinen Verstand und meinen Leib in seinen Händen.
»Wir müssen reden, Pater.«
Er flüstert mir ins Ohr: »Nein. Müssen wir nicht. Wir brauchen keine Worte mehr.«
»Aber ich weiß nicht, ob ich das will ...«

Anhang

»Pst! In einer von Liebe erfüllten Freundschaft hat man dasselbe Verlangen.«

Das ist die Lehre des Gründers. Die Wahrheit. Wer bin ich, dass ich mich dem widersetze? Ich muss es wollen. Fügsamkeit. Sich führen lassen von etwas, das größer ist als man selbst, in einer Abhängigkeit, die frei macht. Mich nicht auf kritisches Denken einlassen; das wäre das Werk des großen Entzweiers. Ich brauche nichts anderes als das Gedankengebäude des Paters: Durch seinen Mund ist alles gesagt.

Als ich meinem geistlichen Vater eines Tages von einem jungen Mann erzähle, der mich auf eine so schöne Weise liebt und in den ich mich gerade verliebe, warnt er mich. Es sei eine Versuchung. Diese menschliche Beziehung mag vielleicht ein Trampolin sein, das ich jetzt brauche, um mich auf den Himmel auszurichten, aber mehr sei sie nicht. Meinem geistlichen Vater zufolge soll ich diesem Mann freundlich, aber bestimmt sagen, er möge sich zurückziehen, um den Plan, den Gott für mich hat, nicht zu behindern.

Ich werde Oblatin. Allein, ohne meine Freunde und ohne meine Familie, die solchen Extremismus nicht verstehen.

Kurz nach der Oblation werde ich immer mehr entkleidet.

»Und die Keuschheit?«

»Du hast es also noch immer nicht verstanden? Die von Liebe erfüllte Freundschaft will sich inkarnieren, will sich in Gesten zeigen. Solange es keine Penetration gibt, bleibt der Geist der Jungfräulichkeit erhalten. Hab keine Angst. Hab Vertrauen. Der Vater weiß davon. Er weiß, wie sehr ich unter dem Zölibat gelitten habe und noch immer leide. Du bist diejenige, die mir ermöglicht, mein Leben als Priester glücklich und in Heiligkeit zu leben. Meine ganze apostolische Fruchtbarkeit verdanke ich ein wenig unserer Beziehung!«

»Es gibt auch noch andere junge Mädchen, bei denen Sie sich genauso verhalten, nicht wahr?«

»Sag mir nicht, dass du vom Geist der Eifersucht beherrscht wirst!«

Dennoch bitte ich ihn eines Tages, mir zu versichern, dass unsere Handlungen nicht sündhaft sind. Er antwortet mir:

»Hast du nicht bemerkt, dass ich unmittelbar danach die hl. Messe gefeiert habe? Weißt du, dass uns bei der Eucharistiefeier alles

vergeben wird? Ich wasche meine Hände von jeder Sünde rein, bevor ich den Leib Christi berühre. Und du weißt genau, dass die Sünden des Fleisches in den Augen Gottes nicht schwerwiegend sind. Es sind die Sünden des Geistes, die unseren Herrn verletzen. Unsere Liebe ist rein, weil sie in Gott gelebt wird. Lies im Evangelium: Jesus liebt Maria Magdalena, die Prostituierte, ganz besonders, gerade weil sie seine Vergebung voll und ganz empfangen kann.«
Also hängt meine Heiligkeit – was sage ich: meine Daseinsberechtigung! –, an meiner Fähigkeit, mich von meinem geistlichen Vater prostituieren zu lassen. Blackout.

Ich brauchte 15 Jahre, bis ich anfangen konnte, diesen Blackout zu beheben. 15 Jahre, um den Schmerz anzunehmen, in diesem Helden meines Lebens einen so schwer Kranken zu sehen. Und auch, um zu begreifen, dass ich nicht das Opfer von Stupidität, sondern von Manipulation, Besitzergreifung und Gehirnwäsche war. Und noch heute, mehr als ein Vierteljahrhundert später, versinke ich manchmal wieder in diesem Albtraum und erfasse das Ausmaß des Verrats noch tiefer. Andere junge Mädchen aus meiner damaligen Zeit, stehen noch immer unter dieser alles beherrschenden Fremdbestimmung.

15 Jahre, um die Wut Jesu zu verstehen, als er die Händler aus dem Tempel trieb und dabei sagte: »Macht das Haus meines Vaters nicht zu einer Markthalle!« Dann verkündete er, dass er den Tempel, wenn er niedergerissen wird, in drei Tagen wieder aufrichten kann, denn er sprach von seinem LEIB. Und später sagte der hl. Paulus: »Euer Leib ist der Tempel des Heiligen Geistes«. Der Leib ist also der erste heilige Ort in unserem Leben. Er ist nicht unsere Hülle, sondern das Zentrum unserer Person. Die Ehrfurcht vor Gott beginnt mit der Ehrfurcht vor dem Leib.

Das Gegenteil eines Vaters: Wenn sich Liebe heimtückisch in ein Machtverhältnis verwandelt, ohne dass die Person, die geschändet wird, es bemerkt. Wenn die Ganzhingabe zur offenen Tür wird, um sich aus einem blinden, unstillbaren und narzisstischen Bedürfnis heraus des anderen ganz zu bemächtigen. Wenn die Geheimhaltung dazu dient, einen noch lebendigen Leib einzumauern. Er hat die knospende Blüte meines Leibes zertreten und sie verdorren lassen, noch bevor sie sich überhaupt öffnete. Und mein Herz hat sich im Argwohn zusammengezogen; betäubt, um nicht mehr allzu viel zu spüren. Sexueller Missbrauch ist ein unsichtbarer Mord.

Warum wird gewartet, bis die Mädchen 18 Jahre alt sind, und warum wird die Penetration vermieden? Es geht ausschließlich darum, durch die Gesetzeslücken zu schlüpfen. Es gibt zweifellos viele gesunde Menschen in der Gemeinschaft. Ich habe dort großartige, echte Freundschaften erlebt. Aber die Fälle von Missbrauch kommen leider nicht im Singular, sondern in einem viel zu großen Plural vor, denn die Wurzel war bereits erkrankt und durch sie wurde der ganze Baum befallen.

Die meisten Opfer sind sich sicher, dass sie das Richtige tun, wenn sie nicht reden. Von uns wird nämlich bedingungslose Barmherzigkeit und absolute Diskretion gefordert, um angeblich im johanneischen Geist zu leben. Unsere Lebensregel gebietet uns, alles, was die Gemeinschaft betrifft, geheim zu halten. Es wird uns gesagt, dass der Priester durch seine Weihe für alle Ewigkeit über den gewöhnlich Sterblichen steht, sogar wenn er im Himmel eine neue Schöpfung in Jesus ist. Mit anderen Worten: er ist Jesus bereits ganz ähnlich, er hat Jesu Gedanken, Jesu Worte, Jesu Verhalten. Und man erklärt uns, dass die Gemeinschaft über der Kirche steht, weil nur der Gemeinschaft die tiefsten Geheimnisse anvertraut wurden.

Andere Opfer leben in panischer Angst. Wieder andere haben erkannt, dass sie noch stärker leiden, wenn sie kämpfen, als wenn sie mit den physischen und psychischen Schäden, die sie bereits erlitten haben, zu leben versuchen.»Die Sache nicht noch schlimmer machen!« Und unterdessen verrottet der Baum weiter von innen her und verursacht dadurch noch weitere Opfer, auch heutzutage. Erst vor wenigen Wochen geriet ein junges Mädchen in die Hände eines Serientäters, der seit mehr als 20 Jahren sein Unwesen treibt. Aber die Eltern wollen das hinter sich lassen, einen Neuanfang machen; es ist zu schwer für ihre Tochter und für sie. Ihnen ist nicht bewusst, was sie damit tun, und gleichzeitig ist es so verständlich. Wer zu reden beschließt, wird von den verschiedensten Druckmitteln förmlich erstickt. Sie brachten mich manchmal in so große innere Bedrängnis, wie ich es noch nie erlebt hatte. Sie setzen der Reihe nach ein:

Zeit: sie beten und erwägen, bis das Opfer erschöpft ist.

Scheinheiligkeit: sie tun ganz scheinheilig als seien sie entsetzt und als hätten sie Verständnis und Mitleid.

Reue: »Ja, wir sind alle große Sünder!« Zerknirschung und Bitte um Vergebung (um im Frieden zu sein und wie bisher weitermachen zu können).

Wenn sich das Opfer noch immer beklagt, werden Relativierung oder Zweifel eingesetzt.

Dann werden Schuldgefühle erzeugt: »Wie können Sie der Gemeinschaft und der ganzen Kirche so sehr schaden wollen?« Oder: »Sie verrichten das Werk des diabolos, des Entzweiers!«

Schließlich Drohungen oder perverse Unverschämtheit: »Soweit ich weiß, hat er Sie nicht vergewaltigt! Es gab also eine Schwäche Ihrerseits. Haben Sie ihn zuerst einmal dafür um Verzeihung gebeten?«

Und von denjenigen, die nicht manipulieren, wird mit Angst argumentiert: »Wenn ich etwas unternehme, bin ich geliefert«.

Wenn das Opfer den unglaublichen Mut aufbringt, sich an die Bischöfe zu wenden und damit die eigene Gemeinschaft zu verraten, stellt es fassungslos fest, dass es dort auch nicht besser aussieht. Und wenn einer von ihnen dann doch aufsteht, um die Dinge beim Namen zu nennen und zu verurteilen, wird der Vatikan die Angelegenheit ausbügeln. In meinem Fall hat es zumindest zwanzig Jahre gedauert, bis das erste Opfer des Täters, der auch mich missbrauchte, es wagte, sich nach Rom zu wenden.

Mit anderen Worten: Die einzige Chance der Opfer besteht darin, vor Ablauf der Verjährungsfrist eine Zivilklage einzureichen. Die vorausgegangene Manipulation ist jedoch so tiefgreifend, dass ihnen dieser Schritt nicht möglich ist. Zu viele Jahre bleiben sie davon überzeugt, sie würden mit dieser Vorgehensweise einen Pakt mit dem Teufel schließen und dadurch zu echten Monstern werden. Und so endet die höllische Spirale der Perversität mit ihrer Vernichtung.

Literatur

Augustinus von Hippo, Des heiligen Augustinus' Bekenntnisse, eingel. v. Hubert Schiel, Herder: Freiburg 1950.
Basilius der Große, Sur l'origine de l'homme. Homélies X-XI de l'Hexaéméron (Sources chrétiennes 160), eingel. u. übers. v. Alexis Smets u. Michel Van Esbroeck, Cerf: Paris 1970.
Benedikt XVI., Die Kirche und der Skandal des sexuellen Mißbrauchs, vom 11. April 2019.
Bernhard von Clairvaux, L'Amour de Dieu – La Grâce et le libre arbitre (Sources chrétiennes 393), Cerf: Paris 1993.
— Sämtliche Werke, hg. v. Bernhard G. Winkler Tyrolia: Innsbruck 1992–2002.
Braconnier, Olivier, Radiographie d'une secte au-dessus de tout soupçon, Cerf: Paris 1995.
Brjantschaninow, Ignatius, Introduction à la tradition ascétique de l'Église d'Orient, Présence: Paris 1978.
Bunge, Gabriel, Akedia, Die geistliche Lehre des Evagrios Pontikos vom Überdruss, Luthe-Verlag: Köln 1989.
Coathalem, Hervé SJ, Commentaire du livre des Exercices (Collection Christus 18), Desclée de Brouwver: Paris 1965.
Conférence Monastique de France, Vie religieuse et liberté – approche canonique, pastorale, spirituelle et psychologique, CORREF: Paris 2018.
Dinechin, Blandine de/Leger, Xavier, Abus spirituels et dérives sectaires dans l'Église Mediaspaul: Paris 2019.
Donneaud, Henry OP, Les enjeux théologiques de l'obéissance dans la vie consacrée, in: Vies consacrées, 88/2 (2016) 33–42.
Dorotheus von Gaza, Die geistliche Lehre, 2. Teilbd. (Fontes Christiani Band 37/2), Herder: Freiburg 2000.
Dostojewski, Fjodor, Die Brüder Karamasow, DTV: München 1996.
Du Val A., La Vie admirable de la bienheureuse sœur Marie de l'Incarnation, A. Tauminart: Paris 1647.
Ducrey, Sophie, Étouffée Récit d'un abus spirituel et sexuel, Tallandier: Paris 2019.
Duret, Anne u. Jean-Claude, Emprise et abus spirituel, [Dokumentarfilm, 52 Min., JCD PRODUCTION/KTO 2018 (www.jcdproductions.fr)].
Evagrios Pontikos, Der Praktikos (Weisungen der Väter 8), hg. v. Gabriel Bunge, Beuroner-Kunstverlag: Beuron 2008.
Fedry, Jacques SJ, La tentation sous couleur de bien, in: Vie Chrétienne 12 (Juillet 2011), 27– 29.
Franz von Sales, Briefe an Frau von Chantal, (Franz von Sales Werkausgabe 5) Franz-Sales-Verlag: Eichstätt 1962.

Literatur

— Geistliche Gespräche. (Franz von Sales Werkausgabe 2), Franz-Sales-Verlag: Eichstätt 1957.
— Franziskus (Papst), Ansprache beim Weihnachtsempfang für die Römische Kurie, am Montag, 22. Dezember 2014.
— Apostolische Konstitution Vultum Dei quærere. Über das kontemplative Leben in Frauenorden, 29. Juni 2016.
— Motu Proprio Vos estis lux mundi, 7. Mai. 2019.
Greshake, Gisbert (Hg.), Frühe Kartäuserbriefe (Fontes christiani 10), Herder: Freiburg 1992.
Gonçalves, Bruno CO, For interne et autorité, in: P. Loïc-Marie Le Bot OP (Hg.), Autorité et gouvernement dans la vie consacrée. Des ordres religieux aux nouvelles formes de vie consacrée, Les Presses Universitaires / Institut Catholique de Toulouse: Langres 2017.
Görres, Ida-Friederike, Laiengedanken zum Zölibat, Knecht: Frankfurt/M. 1962.
Gregor von Nazianz, Lettres Théologiques (Sources chrétiennes 208), hg. u. üb. v. Maurice Jourion, Cerf: Paris 1974.
— Discours 1–3 (Sources chrétiennes 247), üb. u. hg. v. Jean Bernardi, Cerf: Paris 1978.
Guigues, Coutumes de Chartreuse (Sources chrétiennes 313) üb. u. hg. v. einem Kartäuser, Cerf: Paris 1984.
— Recueil de pensées (Sources chrétiennes 308) üb. u. hg. v. einem Kartäuser, Cerf: Paris 1983.
Häcki, Eugen, Schulung des Herzens, Begleitung in ein geistliches Leben nach den Schriften des hl. Barsanuphius und des hl. Johannes von Gaza (Weisungen der Väter 12/13), Beuroner Kunstverlag: Beuron 2011/12.
Harrington, Wilfrid OP, Nouvelle introduction à la Bible, Seuil: Paris 1971.
Ignatius von Loyola, Geistliche Briefe, hg. V. Otto Karrer u. Hugo Rahner, Benzinger: Einsiedeln 1942.
— Geistliche Übungen und erläuternde Texte, Styria: Wien 1987.
Janssens, Marie-Laure, Le silence de la Vierge, Bayard: Paris 2017.
Johannes Cassian, Unterredungen mit den Vätern – Collationes Patrum. Teil 1: Collatio 1–10. Vier Türme: Münsterschwarzach 2018.
— Unterredungen mit den Vätern: Collationes patrum 2,11 bis 17 (Quellen der Spiritualität), Vier-Türme-Verlag: Münsterschwarzach 2014.
Johannes Paul II., Nachsynodales Apostolisches Schreiben Vita consecrata 25.3.1996.
Johannes Tauler, Institutions spirituelles, Kapitel XX.
Johannes vom Kreuz, Ohne Halt – und doch gehalten. Die Gedichte, üb v. Walter Repges, Johannes-Verlag: Einsiedeln 1998.
Johannes vom Sinai, Klimax oder Die Himmelsleiter, hg. von der Berg-Sinai-Stiftung, Der Christliche Osten: Athen 2000.
Katechismus der Katholischen Kirche, Neuübersetzung aufgrund der Editio typica latina, Benno Verlag: Leipzig 2007.

Literatur

Kongregation für die Institute des geweihten Lebens und die Gesellschaften des apostolischen Lebens, Der Dienst der Autorität und der Gehorsam, 11. Mai 2008.
— Instruktion. Über das brüderliche Leben in Gemeinschaft, Congregavit nos in unum Christi amor, 2. Februar 1994.
La Fontaine, Jean de, Fabeln. Üb. v. Theodor Etzel, Prophyläen: Berlin 1923.
Labourdette, Michel, Cours de théologie morale, Bd. 2. Morale spéciale, Parole et Silence: Paris 2012.
Lacordaire, Henri-Dominique, Conférences de Notre-Dame de Paris, Bd. 1ff., Ambroise Bray: Paris 1855ff.
Lassus, Dysmas de, La paternité de l'Abbé et l'accompagnement des frères, in: Corref (Hg.), Vie religieuse et liberté. Approche canonique, pastorale, spirituelle et psychologique, Corref: Paris 2018, 51ff.
Léger, Xavier, Le statut épistémologique des concepts d'emprise, de manipulation mentale et de secte. Mémoire de fin d'études, Master Enseignement, option philosophie, Université catholique de Lyon, 2013/2014.
Lehmkühler, Karsten, Pouvoir de guérir et théologie des ministères, charisme et institution, in: Revue d'éthique et de théologie morale 266 (2011), 109–129.
Leo d. Große, Brief des Papstes an den Bischof Flavianus von Konstantinopel. Bibliothek der Kirchenväter, online: https://bkv.unifr.ch/de/works/273/versions/294/divisions/174947
Les Œuvres spirituelles de Monsieur de Bernières Louvigny, ou conduite asseurée pour ceux qui tendent à la perfection. Seconde partie contenant les lettres qui font voir la pratique des maximes, Charles Robustel rue Saint-Jacques au Palmier: ³Paris 1690.
Leuba, Jean-Louis, L'Institution et l'Événement. Les deux modes de l'œuvre de Dieu selon le Nouveau Testament, Delachaux und Niestlé: Neuchâtel 1950.
Martin, Therese, Ich gehe ins Leben ein: letzte Gespräche der Heiligen von Lisieux, Johannes-Verlag: Leutesdorf 1982.
Mertes, Klaus, Verlorenes Vertrauen. Katholisch sein in der Krise, Herder: Freiburg 2013.
Neuner-Roos: Der Glaube der Kirche in den Urkunden der Lehrverkündigung, hg. v. Karl-Weger, Josef Neuner, Karl Rahner, Pustet: ¹³Regensburg 1992.
O'Connor, Edward D. CSC, Charisme et institution, in: Nouvelle Revue Théologique, 96/1 (1974), 3–19
Paul VI., Apostolisches Schreiben Evangelica testificatio, 29. Juni 1971.
Pinckaers, Servais-Théodore OP, La conscience et l'erreur, in: Communio, 109 (1993), 23ff.
Pitaud, Bernard, L'école française de spiritualité et la protection du sujet: For internal et for external dans les séminaires, in: Revue d'éthique et de théologie morale, Supplément 222 (2002).
— Les rapports du for interne et du for externe dans la tradition de l'École Française de spiritualité, in: Bulletin de Saint-Sulpice, 30 (2004).

Literatur

Poujol, Jacques, Abus spirituel. S'affranchir de l'emprise, Éditions Empreinte temps présent: Tharaux 2015.
Puppinck, Grégor, Der denaturierte Mensch und seine Rechte, Bebe-Verlag: Heiligenkreuz 2020.
Quintin, Éric / Raimbault, Marie-Pierre Raimbault, Gottes missbrauchte Dienerinnen. [Franz. Originaltitel: Religieuses abusées, l'autre scandale de l'Église (Dokumentarfilm)]. Arte, Erstausstrahlung am 5. März 2019.
Raimund von Capua, Vie de sainte Catherine de Sienne par le Bx Raymond de Capoue, Lethielleux: Paris 1903.
Ravel, Luc, Comme un cœur qui écoute La parole vraie d'un évêque sur les abus sexuels, Artège: Perpignan 2019.
— Mieux vaut tard, lettre pastorale sur les abus sexuels, 9. August 2018.
Ravier, André SJ, Petite vie de Jeanne de Chantal, Desclée de Brouwer: Paris 1992.
Ricœur, Paul, Soi même comme un autre, Seuil: Paris 1990.
Schweizer Bischofskonferenz/Vereinigung der Höhern Ordensobern der Schweiz, Sexuelle Übergriffe im kirchlichen Umfeld, Richtlinien der Schweizer Bischofskonferenz und der Vereinigung der Höhern Ordensobern der Schweiz, 28.02.2019.
Somme, Luc-Thomas, La vérité du mensonge, in: Revue d'éthique et de théologie morale, 2005 (236), 33–54.
Sorlin, Sœur Chantal-Marie, Les dérives sectaires dans des communautés catholiques, in: CORREF (Hg.), Vie religieuse et liberté, approche canonique, pastorale, spirituelle et psychologique, CORREF: Paris 2018, 7–25.
Teresa von Ávila, Werke und Briefe (Gesamtausgabe), hg. v. Ulrich Dobhan u. Elisabeth Peeters, 2 Bde., Herder: Freiburg 2015.
— Les fioretti de sainte Thérèse d'Ávila Paroles traduites et présentes par J. Gicquel, OCD, Editions du Cerf: Paris 1977.
Therese von Lisieux, Geschichte einer Seele, hg. v. Andreas Wollbold Freiburg: Herder 2016.
Thiel, Marie-Jo, L'Église catholique face aux abus sexuels sur mineurs, Bayard: Paris 2019.
Trochu, Francis, Le Curé d'Ars, Saint Jean-Marie-Baptiste Vianney (1786–1859) – d'après toutes les pièces du procès de canonisation et nombreux documents inédits, Emmanuel Vitte: Lyon/Paris 1929.
Verlaine, Paul, Sagesse. Victor Palmé: Paris 1881.
Weil, Simone, Die Verwurzelung, Diaphanes: Zürich 2011.
Weisung der Väter. Apophthegmata Patrum, auch Gerontikon oder Alphabeticum genannt, hg. v. Julius Tyciak, Paulinus: Trier 1986.
Wilhelm von Saint-Thierry, Goldener Brief (Brief an die Brüder vom Berge Gottes), Eschenbach 1992.